한국 아동문학을 위한 탐색

정선혜

아동문학평론가. 1955년 서울에서 태어나 어린이 도서관 근처 사직동에서 성장했으며, 성신여대 국어국문학과 및 동 대학원 박사과정 수료. 1980년 『아동문학평론』에 「한국유년동화연구」로 추천. 한국아동문학인협회 회원. 현대아동문학작가회 부회장. 계간 『아동문학평론』 『아동문학담론』 편집위원. 저서로 『딸에게 주는 엄마의 편지』(문공사) 등. 현재 서울여대 강사.

■ 이 책은 고 정명채 변호사 기념사업회의 도움으로 발간되었습니다.

청동거울 학술총서 ❹

한국 아동문학을 위한 탐색

2000년 3월 10일 1판 1쇄 인쇄 / 2000년 3월 20일 1판 1쇄 발행

지은이 정선혜 / 펴낸이 임은주 / 펴낸곳 도서출판 청동거울 / 출판등록 1998년 5월 14일 제13-532호
주소 (135-080)서울 강남구 역삼동 832-52 상봉빌딩 301호 / 전화 564-1091~2
팩스 569-9889 / 하이텔I.D. 청동 / 전자우편 cheong21@netsgo.com

편집장 조태림 / 편집 박정화 / 디자인 박윤정 / 영업관리 정덕호

값 12,000원

잘못된 책은 바꾸어 드립니다.
지은이와의 협의에 의해 인지를 붙이지 않습니다.
무단 전재 및 무단 복제를 금합니다.
ⓒ 2000 정선혜

Copyright ⓒ 2000 JEONG, SUN HYE.
All right reserved.
First published in Korea in 2000 by CHEONGDONGKEOWOOL Publishing Co.
Printed in Korea.

ISBN 89-88286-23-5

청동거울 학술총서 ❹

한국 아동문학을 위한 탐색

청동거울

책머리에

"아동문학은 한국문학의 씨앗"

담쟁이 넝쿨이 우거진 동덕여고 도서관에서 그 책을 만났다. 이재철 교수님의 『아동문학개론』이었다. 그 책의 흡입력은 책 뒤의 주소만 가지고 출판사를 찾게 하였고 혜화동 로터리에서 만난 백차는 주소를 묻는 나를 태우고 언덕빼기의 오래된 '문운당'으로 데려다 주었다. 당시 『한국현대아동문학사』를 끝마치시고 하얀 모시 한복을 입고 나오신 이 교수님을 처음 뵈었다. 빨간 약호박을 들고…… 선생님은 '공부하다 시집만 가면 그만이기에' 여제자는 사양한다고 하셨었다. 저만은 다를 거라고 우겨 선생님께 누가 되는 논문을 썼다.

그 해 겨울, 가르치던 제자가 재개발로 들쑤셔졌던 광화문동에서 음주 트럭에 의해 죽었다. 내가 달아 주었던 명찰에 내 전화 번호가 적혀 있었기에 새벽 4시, 전화를 받고 서부병원 영안실에 가서 그 천진한 얼굴을 확인하게 된 것이다. 그런데 호주머니에서 꼬깃꼬깃 접혀진 종이 한 장이 나왔다. 성진이는 시장에서 장사하시는 부모님 탓에 늘 심심했고 그래서인지 가끔 좋아하는 동화책의 한 장면씩 찢어가곤 했다. 그 한 장의 종이가 내게 알려준 것은 '내가 그 아이가 만난 최초의 선생이자 마지막 선생'이었다는 것과 '내가 들려준 동화가 그가 알았던 문학의 전부'였다는 사실이었다. 돌아오는 길에 내가 할 수 있던 것은 '어린이들의 영혼을 위한 일'—아동문학에 나의 삶을 전력투구하리라는 결심뿐이었다. 그래서 나를 필요로 하는 곳이면 어느 곳이고 달려가 글짓기, 인형극, 동화구연, 하다 못 해 외국에서는 영어권 아이들에게 한국말을 가르치기도 했고 산타 할머니가 되어 무대에 올라 보기도 했다. 누군가의 이해가 나에게는 필요치 않았다. 왜냐하면 어린이들 자체가 나에게는 목적이었으므로.

　남편의 해외근무지 아이들과 수영장에서 놀면서도 느껴지던 그 노스탤지어의 의미를 이제야 알 것 같다. 그것은 아동문학을 벗어나 누렸던 원심력의 크기만큼의 구심력으로, 바로 나의 아동문학에 대한 열정이리라.

　그래서 쓰게 된 글들이 아이를 키우는 엄마의 입장에서 어린이들에게 가장 시급한 것—건강, 올바른 가치 판단력, 정체성을 가진 한국인으로 잘 키워야 한다는 의무감으로 책 읽기를 하였다. 그리고 내 글의 한계에 도달하였을 때 나의 가장 큰 후원자셨던 아버지가 83세란 나이에 수영하시다 돌아가셨다. 그때 친지들이 오셔서 던지신 말씀이 내게 늦공부의 용기를 주었다.

　"너희 아버지는 초등학교 때부터 수석만 하였고 일제 고등문관시험에도 수석으로 합격하여 '조선의 별'이라고 신문에도 나셨었지. 또 영어, 독어, 에스페란토어에도 능통하여 장안에 가르칠 사람이 없다고들

하였는데 너희들은 어떻게들 사냐?"

용기를 내어 은사님을 찾게 되었고 따뜻한 격려로 다시 박사과정을 시작하게 되었다. 그러면서 새삼 깨닫게 된 한국 아동문학의 현실이었다. 한국문학사에 수용되지 못한 현실 속에 너무도 외롭게 혼자 경주하시는 이재철 박사님의 외로운 모습이었다.

오월 한 달, 화려한 듯하나 아직도 처연한 아동문학의 현실 앞에 외롭게 싸웠던 영혼들과 아직도 자신의 좌표를 찾지 못하여 저마다 목말라 하는 작가들의 시린 어깨를 만나게 된 것이다. 그 이유가 무엇일까?

감히 말하건대 아동문학이라는 한국문학의 씨앗이 현대문학사라는 영역에 포함되어 있지 못하기에 느껴지는 빈곤함이었다. 그러한 결핍이 내 공부의 원동력이 됨을 알게 되었다.

문학비평이 가지고 있는 시효성과 호흡조차도 엉망인 나의 조악한 문장들, 빈곤한 앎을 얼버무리려고 빌려 쓴 여러 사람의 고뇌들—실로 은사님들에게 누가 될까 두렵지만, '바라봄이란 곧 앎에의 시작'이라는 믿음과 부족함도 역시 내 귀중했던 '젊음의 무늬'이기에 일부러 손보는 것을 포기하였다.

혹자는 내 글들이 평론이 아님을 이미 눈치하셨는데 역시 아동문학이 '국문학적 영역에 속해 보기 위한 접근을 위해 논문의 옷을 입은 채

활보하였음'을 밝히고 싶다. 사장되어 버리기에는 나에게는 절박했던 이슈들이었기 때문이다. 내 글의 벽에 도달했을 때마다 신기하게 용기를 주셨던 여러 얼굴들―김성도, 신현득, 엄기원, 신지식, 허미자, 손연자 선생님, 최효섭 목사님, 최규창 시인님, 어린 시절 한 무더기씩 동화책을 주셨던 어머님의 친구, 안성진 목사님께 감사드린다. 앞으로 내게 주어진 시간, 하얀 은발이 되도록 각 항목마다 깊이 있는 천착을 위하여 늘 공부할 생각을 하면 가슴이 뭉클해진다.

  이 책의 기대는 최소한 세 가지―아동문학이 국문학사에서 제자리를 찾는 일, 한국 아동문학의 세계화, 남북의 통일에 준비하는 것이다. 이것을 위해 애쓰다 보면 우리 아버지가 소원하던 '한국이 노벨문학상 타기'가 이루어지리라고 생각한다. 그러기 위해서는 무엇보다고 우리 국력을 키워야겠고 우리 문학을 외국어로 번역하는 일에 자부심을 갖도록 번역문학상이 많이 생겨야 한다고 보인다.

  희생과 정성의 법칙을 가르쳐 주신 시어머님과 도저히 흉내낼 수조차 없는 다이나믹한 힘의 원천인 우리 어머님, 그리고 본을 보여주신 학문의 아버지이신 사계 이재철 교수님, 끊임없는 사랑으로 이끌어 주신 이성교, 허영자, 배윤덕, 한영옥 교수님께 업드려 이 책을 바친다. 돌아가신 격정이 임한수 교수님께도.

  엄마의 글들을 교정해 줄 수 있을 정도로 자란 남규와 '이 책은 정말 재미있게 잘 썼어' 하며 전국에서 배달된 책들에 예리한 평을 하는 딸, 윤선이. 예민하고 별난 나를 선택하여 데리고 살며 '공부하는 나'를 대견해 하는 지고지순한 남편에게 사랑을 전한다.
  두세 시간씩 기도하시던 아버지의 그 무릎에 이 책을 바친다. 청동거울의 '아동문학 사랑'에도 감사를 드리며.

2000년 3월
정선혜

책머리에 ● 5

제1부 한국고전을 통한 아동문학의 탐색

1. 동화 소재 개발을 위한 탐색 ● 15
   ─삼국유사의 '임금님 귀는 당나귀 귀'를 중심으로
2. 풍자동화를 위한 고대우화소설 분석 ● 36
   ─조선 후기 우화소설을 중심으로
3. 불교동화에 나타난 민족 정체성 모색 ● 63
   ─이청준의 판소리 동화를 중심으로

제2부 한국 아동문학의 근대를 위한 경주

1. 한국아동문학사의 근대적 양상 고찰 ● 85
2. 임인수, 『아이생활』의 파수꾼 ● 104
   ─생명 사상의 불씨 심기
3. 회복을 위한 소년소설 ● 130
   ─강정규론
4. 분단을 소재로 한 · 중 단편동화 들여다보기 ● 155

제3부 한국 여성동화작가 연구

1. 신지식 동화의 변모 양상 연구 ● 193
   —꽃, 새 그리고 물
2. 발달에 따른 팬터지적 조형 ● 225
   —김영자의 유년동화를 중심으로
3. 레몬향 풍기는 환상공학 ● 249
4. 한국 동화 속에서 잃어버린 모성찾기 ● 279
   —문예진흥원대표선집에 실린 여성동화작가 작품 분석

제4부 한국 아동문학의 방향을 위한 고찰

1. 생명을 위한 아동문학 ● 317
   —대한민국문학상 수상 작품집을 중심으로
2. 도덕성 구현을 위한 모색 ● 337
3. 한국 동화의 구조를 위한 탐색 ● 359
   —「선녀와 나뭇꾼」과 「잉어색시」「바위나리와 아기별」「인어공주」 분석
4. 한국 동화의 세계화를 향한 발돋움 ● 375
   —생텍쥐페리의 『어린왕자』 분석

제1부
한국고전을 통한 아동문학의 탐색

동화 소재 개발을 위한 탐색
— 三國遺事의 '임금님 귀는 당나귀 귀'를 중심으로

1. 머리말

생애에 2500여 편의 서정시를 썼으며 독일을 명령하던 詩聖 괴테의 말이다.
"내가 인생의 불변법칙을 배우게 된 것은 시프라우스 대학에서가 아니라 어머니의 무릎을 베고 듣던 옛날 이야기에서였다."[1]
앞의 말은 어린 시절에 들은 옛날 이야기가 인생을 설계하는 기둥이 되었으며 삶의 지표가 되었다는 말이다.
전 시대의 문화유산인 설화를 오늘에 와서 다시금 논의하려는 것은 그 속에 담긴 숨결을 내일의 아동문학 속에 이어 보자는 데 있다.
그 중에서도 현존하는 기록으로 가장 오래되었으며 많은 설화와 전설이 풍부히 수록되어 '설화의 집대성'이라고 할 수 있는 『삼국유사』

---

1) 손동인, 『한국전래동화연구』(정음문화사, 1984), p.1.

에 대한 동화 소재로서의 연구를 시도해 보려고 한다.

세계에서 유일하게 존재하는 분단국으로서 깊어진 남북의 골을 메워 주는 것은 새롭게 다음 세대를 이어 갈 어린이에게 한 뿌리임을 확인 하게 하는 작업—반 만년 동안 내려온 우리 이야기를 다투어 읽게 하는 일이다.

반세기에 걸친 긴 세월의 공백—언어, 생활 정서, 행동 양식을 다시 하나 되게 하는 가장 적절한 역할을 담당할 것이 분명하다. 왜냐하면 설화 속에는 和解와, 共存과, 人本主義 정신이 오랜 세월 동안 용융되어 왔기 때문이다. 그 중에서도 '임금님 귀는 당나귀 귀'는 권 2紀異 '사십팔 경문왕' 조에 수록되어 있는데 이미 기원전 희랍의 문헌에 나타나고 있고 세계 도처에 전승 자료 예가 보고되고 있고 동일 설화권인 한·중·일 3국 중 유일하게 채록되었다는 점, 그 연대가 적어도 13세기 말까지 소급할 수 있고 역사상의 특정 인물과 결부되어 있다는 점에서 주목할 가치가 있다.

또한 초등학교 국정 교과인 『읽기』(2-1)에도 수록되고 있다는 점을 들어 궁극적으로 설화가 가지고 있는 의미가 무엇인가 밝혀봄으로써 빈약한 오늘날 한국동화의 소재를 보다 풍성히 하는 데 이바지하고자 한다.

2. 삼국유사와 경문왕 설화의 의미

1) 삼국유사의 공통의식

문학의 내용은 사상, 곧 감동적인 思想(affecting thought)이다. 이는 어떻게(how)라는 표현 기교보다는 무엇(what)이라는 면을 강조한다고 본다.

어제의 인간은 어떠했으며 오늘에 와서 그 의미는 무엇인가? 또 내일의 모습은 어떠해야 하는지를 성찰하고 예견할 수 있어야 한다.

여기에 참다운 문학의 존재 가치가 있고 위대한 인간의 작업으로서의 영속성을 지닐 수 있는 것이다.[2]

그렇다면 삼국유사 설화들은 어떻게 이루어졌는가? 획일적으로 단정지을 수 없는 이유는 모두가 상이한 시대적·사회적 배경 속에서 형성된 것으로 개인의 창작도, 동시 발생도 아니기 때문이다. 그리하여 다음과 같은 세 경우로 상정하여 볼 수 있다.

첫째, 사실의 기록이나 혹은 그를 바탕으로 한 일부 첨가. 變改.

둘째, 허구적 창작.

셋째, 민간 전승으로부터의 차용.[3]

각개 설화의 최초 성립 시점에는 익명의 작자가 반드시 있을 수 있다. 그 다수의 작자 중 한 사람이 일연일 수도 있겠다. 그러나 僧 일연은 대체로 구전·문헌·관찰들을 바탕으로 한 충실한 기록자였지 그 자신이 허구적 창작자가 아니었음은 기왕의 여러 논증 자료들이 밝힌 바 있다.[4]

가장 보편적인 것은 셋째로 전래적인 민간 설화를 차용함으로 형성되었으리라고 본다.

그 이유는 추론의 근거가 되는 민간 설화들이 문헌과 구전자료로 많이 남아 있기 때문이다.

---

2) 이재철, 「만족주의와 한국아동문학의 전통성」, 『한국아동문학연구』 제5호, 한국아동문학학회 1996. 6. 22, p.109.
3) 이기백, 「삼국유사의 문학사적 의의」, 『진단학보』 36, 1973, pp.162~165.
  김태형, 「삼국유사에 보이는 일연의 역사의식에 대하여」, 『경희학보』 5, 1974, pp.77~96.
4) 조희웅, 전게서, p.211. 삼국유사의 기록을 검토해 보면 명백한 문헌 인용 외에도 다음과 같은 표현들을 찾아볼 수 있다. …鄕傳云…/按古傳…/古傳云…/諺傳…/諺云…/俚諺… 이들 중에는 구비전승이 아닌 문헌 기록을 가르키는 것도 있으리라 보지만 대체로 민간 구비 전승을 뜻하는 것으로 보인다.

그리하여 삼국유사 전편에 흐르고 있는 공통의식을 찾아낸다면 4가지를 들 수 있다고 본다.
1) 佛國土思想.
2) 강렬한 서민적 생활 의식.
3) 민족사의 자주성과 그 문화의 우위성 강조.
4) 神異力에 대한 새로운 인식[5]

이들은 표면적으로는 일연의 편찬의식에서 말미암은 것이겠지만, 좀 더 근원적으로 살펴본다면 同書 소재 설화들의 원작자 내지는 소유자들의 의식으로부터 비롯된 것이라고 할 수 있겠다. 즉 삼국유사 소재 설화의 주된 형성 요인은 일반 민중이나 귀족, 승려들의 간절한 希願으로 들 수 있다.

그러므로 마지막 남은 분단국으로 아동문학이 취해야 할 방향은 '혈연적인 공동성'을 기저로 하는 자연발생적인 민족의식을 다루어야 한다고 본다.

민족주의란 "어떤 민족의 통일, 독립, 발전을 지향하여 추진하는 이데올로기 및 운동이다."[6]

그간의 한국 민족주의의 변천은 '民族史'와 '王權史'와의 괴리에서 빚어졌다고 본다. 바로 그런 의미에서 '경문왕 설화'는 좋은 본보기라고 보여진다.

지배자 중심의 역사에서 그 민중이 주인공으로 바뀌어지는 저항의식을 엿보게 되는 것이다. 임진왜란의 의병이나 동학혁명의 민중 봉기, 경술국치 후의 독립운동의 전개나 식민지 정치에 대한 민족적 저항운

---

5) 김태영, 上揭書, p.87~94.
6) 자족적 민족주의: 민족을 기초로 국가를 조직하여 대내적으로 개인의 자유를 보장하고 대외적으로 타민족의 자유까지도 인정하는 태도.
확장적 민족주의: 경쟁적 민족에 대하여서는 자기의 우월성을 맹신하고 약소 민족에 대하여서는 그를 지배하려는 비민주적인 태도이다.

동은 그 맥락을 이었다고도 말할 수 있다.

  해방과 더불어 강대국에 의한 남북 분단이나 외세에 눌린 조국의 정치 현실, 6·25의 동족상잔, 위정자의 장기 집권에 대한 저항 등으로 그 명맥이 이어져 오고 있다고 본다.

  그러나 오늘날 진정한 민족주의는 민족 내부의 자율성을 극대화하고 "압력에 의한 저항이 아니라 저항을 넘어선 진정한 의미의 화합, 대화, 발전" 이어야만 한다고 본다. 그러기 위하여 우리 것에 대한 심도 깊은 고찰이 이루어져야 하며 이러한 작업만이 강대국에 대한 무의미한 열등감에서 벗어나 건전하고 바람직한 민족의 앞날을 예비하리라고 본다.

2) 경문왕 설화의 유형과 모티프

  경문왕 설화는 신이담 중의 초인담에 속하는 유형으로 변신담으로 규정할 수도 있지만 초인담으로 분류한다. 그 특징적 내용이 범인과 다른 주인공의 외모에 대한 이야기이기 때문이다(물론 이 유형의 최고본인 로마의 시인 오비드(L. NAME Publus Naso)의 『변신 (Metamorphoses)』의 예를 좇아 변신담으로도 볼 수 있다).

  스티브 톰슨은 '설화의 유형'에 의하면 782번 '마이다스와 당나귀 귀(Midas and Ass's Ears)'로 등재되어 있고 그 주요 모티프를 정리하여 보면 다음과 같다.

    Modif-Index[7)]   경문왕 설화 『삼국유사』
    이발사가 알게 된 비밀의 신체적 특징──복두장만이 알게 된 당나귀 귀

---

7) 조희웅, 『한국설화의 유형』 증보개정판, 일조각, 1983년 발행, 1996년 개정, p.329.

임금의 괴기스런 귀를 본 이발사로 인해	─복두장이 그 비밀을 말하지 못 하다가
온 세상이 그 비밀을 알게 됨	─죽을 때가 되어 대밭에 들어가 외침
나무로 만든 피리가 비밀을 폭로하다	─바람이 불면 '~'고 대나무가 외침
악기로의 부활:피살자의 뼈나 무덤에서 생긴 나무로 만든 악기가 범죄행위를 폭로시키다.	─산수유를 심었으나 여전히 '~' 들려왔다.

3) 연구 상황

마이다스 왕이 당나귀 귀를 가졌다는 시사를 비소로 보여주고 있는 것은 희랍의 극작가 아리스토파네스의 플루투스(Plutus;287)이다. 이 설화를 완전하게 기록하고 있는 것은 로마의 시인 오비드의 『변신』이다.[8]

설화 연구의 일반적 과정이 그렇듯이 처음에는 각 이본의 분포 상황 및 변형 양상으로 시작되어 동설화가 가지고 있는 의미 분석의 과정으로 나아갔다. 우리 나라에도 국내 학자들이 논한 바를 살펴보면 다음과 같다.

1) 최남선(1929) : 경문왕 설화와 유사한 이야기로 희랍 신화를 소개하여 전파설 주장.

2) 백낙준(1938) : 고대 프러지아의 임금 마이다스가 고르디우스와

---

[8] 오비드는 버어질(70~19 B.C.)과 동시대인으로 초기에 시작에 종사하다가 50세에 시저를 저촉하여 흑해에 소읍으로 추방, 슬픔 속에 창작을 계속. 저작 중 중요한 것이 『변신:Metamorphoses』인데, 개중 변신담이 아닌 것도 있다.

퀴벨레의 소생이라는 전설 및 오비드의 기록 간략히 소개.

3) 최남선(1938) : 삼국유사, 『변신』, 나일 강변의 민담 '알렉산더 대왕의 귀 이야기', 아일랜드의 '라브라(로라) 왕의 말귀 이야기'를 소개하고 일본 고전인 『大鐘』의 구절을 들어 일본에도 동류의 설화가 존재하였을 가능성을 논하였다.

4) 홍명희(1946) : 희랍 신화의 유입 가능설을 논하고 그 전파 경로로 인도 해로나 중국 경유설을 추정.

5) 이관일(1966) : 유사설화로 희랍의 마이다스와 몽고의 馬耳說話의 내용을 소개하고 그리스 세르비아, 웨일즈 아일랜드, 브리타뉴에 전승되었음을 언급하여 지역적 교류의 가능성을 지적하고 경문왕의 당나귀 귀는 '민중의 정당한 호소를 들을 만한 龍德이 가리워진 때' 정상적인 사람의 말을 들을 수 없는(어리석은 동물의 대표인 나귀의) 귀를 상징하고 결국 이 설화가 지니고 있는 내면적 의미는 言路를 막은 경문왕의 정치를 비판하고 인간의 억압된 감정을 발산해야 하는 '카타르시스'라고 해석하였다.

6) 장덕순(1970) : 방귀환의 소설 「귀」[9]를 들어 논하였다.

7) 김현룡(1984) : 국왕 경계의 풍자설화로 전제하고 경문왕 조 전체의 의미를 다음과 같이 분석하고 있다.

첫째, 응렴이 헌왕왕에게 세 가지 美事를 진언한 것은 '권력을 가진 자들의 횡포와 부호들의 사치 낭비를 뼈저리게 느끼고 와 이때 마침 異事를 들려달라는 기회를 얻어 풍자적인 표현으로 이와 같이 꾸며 진언한 것'이다. 그러나, 왕위에 오른 후 그는 전혀 딴 사람으로 변하여 선정을 베풀지 못한 것을 이 설화가 암시해 주고 있다.

둘째, 경문왕의 귀가 보통 사람보다 좀 컸을 가능성을 지적, 왕정에

---

9) 방귀환, 『문학예술』, 1957. 11. 발표(장덕순, 『한국설학문화연구』, 서울대학 출판부, 1970, pp.267~269).

의하여 억압된 민중의 감정을 복두장을 통해 나타내고 있다.

셋째, 왕이 된 후 그의 침전에 항상 뱀이 침상을 둘러싸고 있었으며, 뱀들이 혀를 내밀고 왕의 가슴을 덮고 있어야만 편히 잔 것은 邪塵이 항상 그의 몸을 가리어 결리되었음을 뜻한다고 하였다.

그리하여 '임금님 귀는 당나귀 귀'에 나타나는 여러 단어에 포함된 상징적인 의미를 찾아보고 경문왕 설화의 숨겨진 뜻을 찾아보고자 한다.

3. 그 상징성의 고찰

고대의 신화, 우화에서 중세의 설화를 거쳐 근세에 메크헨에 이르기까지 민족문학으로 정착된 전승문학이라는 한 형태는 다음과 같은 특징을 가지고 있다고 본다.

첫째, 인간 정신의 기본 유형을 명백하게 나타내 준다.

둘째, 환상과 상징적 방법으로 집단 무의식의 과정을 잘 보여주고 있다.

셋째, 그 내용이 인간에게 보편적으로 內在되어 있는 異質性을 지니고 있다.

Fred(1913~1918)는 민족의 신화, 전설 등 동화의 모체가 되는 설화의 내용을 꿈보다 훨씬 완전한 무의식의 표현 형태라고 보고 있으며 Jung(1968)은 개인의 의식적 체계와는 무관한 또 하나의 무의식 세계를 설정하고 이것이 오랜 세대에 걸쳐 반복된 경험 체계인 아키타입(Archetype:원형)에 의하여 구성된 집단 무의식이라고 부르고 집단 무의식내의 이러한 아키타입이 동화의 모티프가 된다고 보았다.

'사십팔 경문대왕' 조는 다음과 같은 세 가지 설화로 구성되어 있

다.[10]

1. 難問 賢答說話(三善三美)

a. 신라 47대왕 헌안왕이 膺廉을 불러 '국선이 되어 사방으로 다니면서 무슨 異事를 보았는가? 물었다.
b. 응렴이 '선행자 셋을 보았는데, 첫째는 남의 윗사람이 되어 겸양하여 밑자리에 앉는 이를 본 것, 둘째, 부자로되 검소한 옷차림을 한 것, 셋째, 존귀하되 그 위엄을 쓰지 않는 이를 본 것이 바로 그것'이라고 대답함.
c. 이에 헌안왕이 응렴의 어짐을 보고 두 딸 중 한 딸을 下嫁시키려 하였다.
d. 응렴이 부모의 권유로 미모의 둘째를 택하려 하다, 맏공주에게 장가를 들면 세 가지 좋은 일이 있을 것이라는 範敎師[11]의 말을 좇았다.
e. 헌안왕이 죽자 응렴이 뒤를 이어 즉위하게 된다.
f. 왕이 둘째 공주도 취하게 되었다.
g. 범교사가 왕에게 말하기를 맏공주를 얻었기에 왕위에 오른 것, 미모의 둘째까지 얻게 된 것, 선왕과 그 왕비가 기뻐한 것이 세 가지 좋은 일이라고 하였다.

2. 異常人說話(뱀과 함께 자는 왕)

a. 경문왕의 침전에 매일 많은 뱀이 모여듦.
b. 나인들이 놀라 쫓으려 하였으나 왕은 '뱀이 없으면 安眠할 수 없다'고 만류하였다.

---

10) 조희웅, 『한국설화의 유형』, 일조각, 1983, pp.340~341.
11) 상게서, p.341. 어떤 국역본에는 '모범사'의 뜻으로 있으나 이는 '범교라는 대사'의 뜻으로 그냥 범교사가 옳을까 한다. 삼국사기에서는 막연히 '흥륜사의 중'이라고 되어 있고 이 대목의 기록이 유사보다 장황하다: '신라본기 제11 헌안왕 4년' 조와 '동 경문왕 3년' 조에 분재되어 있음.

c. 언제나 혀를 내밀어 온 가슴을 덮고 잤다.

3. 異常人說話(당나귀 귀의 임금님)
　　a. 갑자기 귀가 길어져 당나귀같이 되었다.
　　b. 황후와 나인들도 몰랐으나 복두장만은 알고 있었다.
　　c. 복두장이 그 비밀을 말하지 못하다가 죽을 때가 되어 대나무밭에 들어가 '우리 임금님 귀는 당나귀와 같다'고 외쳤다.
　　d. 그후 바람만 불면 대나무가 '우리~ ♪♬'고 외쳤다.
　　e. 임금님이 대나무를 베고 산수유를 심었으나 여전히 바람이 불면 '~♪♬♪♬'는 피리 소리가 들려왔다.

　위 내용에서 알 수 있는 것은 후사가 없었던 헌안왕이 그를 사위로 삼아 단위하였던 것이다. 이는 민간설화에서 전하는 이른바 '지혜로 사위삼기'(擇婿說話) 유형과 '금지' 유형의 한 예이다. 그런데 왜 귀가 길어졌을까? 뱀과 자는 이유는 무엇일까? 단순히 이야깃거리로 그치기에는 내면적으로 아키타입적인 의미를 가지고 있는 듯싶다. 그리하여 앞에 줄친 단어의 상징성을 다음과 같이 표로 만들어 정리하여 보았다.

'임금님 귀는 당나귀 귀'에 나타나는 단어의 상징적 의미[12]

| 1 | 셋 | 3의 법칙: 3분적 세계관에 기인한 것으로 둥근 하늘을 뜻함. 조화나 균형, 갈등의 해소, 충족함을 의미하며 특히 探索(quest)를 지닌 이야기에 흔히 나타남. 인물이나 사물의 최대치이다. | 충족함 |

2	뱀	에너지 자체, 원초성, 풍요, 생명의 샘, 보물의 파수꾼, 수호자, 富자체, 영원, 不死, 윤회, 부패, 분열, 재생, 치료의 상징(그 자체나 허물벗기, 나타났다가 사라지는 성질 때문에) 저승, 지하와 관련된 동물, 유혹자, 관능, 악의 본능을 상징, 반음반양, 지혜의 보유자이자 공포의 대상물.	도덕적, 이중성, 양면성, 내적 힘의 이미지.
3	당나귀	행세하는 사람(유생)들의 교통수단, 변태성욕의 대상(호색한들의 변태성욕의 대상이었음), 못됨, 귀머거리(당나귀가 우는 것을 귀머거리가 하품한다고 생각, 유창함(글 읽을 때 유창하게 읽어 내려감을 '당나귀 찬 물 건너가 듯한다고 함), 꾀보(당나귀가 늙으면 꾀만 남는다), 술꾼(당나귀 주막 지나듯 한다), 심술쟁이(여물을 다 먹으면 밥통을 차 엎어 버리는 못된 버릇이 있다).	귀머거리, 변태성욕자, 술꾼, 심술쟁이.
4	귀	급소, 생명이 호흡하는 곳(모양이 조개같아 잉태와 탄생을 의미) 양 귀는 2개의 통로로 생명을 없애는 급소로 이용, 인간의 정신작용을 일으키는 매체로 큰 귀는 영웅, 호걸, 귀인, 왕자, 신의 선물로 지혜를 받아들이는 곳으로 예지력 시상, 아이디어, 영감, 운명을 상징하나 어릿광대의 두건 속의 귀는 오판, 우둔을 상징. 게르만족은 하찮은 것을 가르킨다(노예, 가벼운 죄는 귀를 자르는 것에서 유래).	오판, 우둔을 의미-원래는 영웅이었으나……
5	대나무	동양의 여러 나라에서 구하기 쉽고 가공이 용이한 까닭에 건축재, 농구, 어구, 악기, 완구, 문방구 등 온갖 방면에 이용, 초상때의 喪章, 무당의 신장대로도 쓰이는 것은 겨울에도 푸르고 곧은 모습을 인간의 절개와 비유.	올바른 절개
6	구멍	움물의 형태는 구멍이다. 단군 임금의 어머니가 '고마'로 바로 물의 신이며 어두운 공간을 떠돌며 신비의 생명력을 북돋우는 地母神이다. 우리 생활의 오랜 주생활인 굴살이였음을 돌이켜볼 때 낯익은 공간으로 움(단군)모음이 바뀌어 엄+이〉어미〉어머니(엄)이 되었다고 봄.	어머니; 모성-민중을 상징한다고 봄.
7	바람	신이나 정령이 초자연적 존재, 그 기능, 속성으로 여겨짐. 영혼의 활동과 결부. 방위 강약이 생활과 생명과 연관된 것으로 받아들임.	초자연적 존재
8	피리	기본적 의미는 애욕의 고뇌이나 죽음, 강한 호소, 지팡이, 물과 관계됨. 형태는 남근을 암시하나 어조는 내적인 여성으로 직관적 감정과 관계됨.	고뇌, 호소

경문왕 설화에는 구멍이나, 피리가 보이지 않으나 민담이나, 외국(예；프랑스 민화)에서는 다음과 같이 나타난다.

〔…중략…〕

"저는 그 비밀을 말하지 않고는 꼭 죽을 것 같아요. 신부님, 제가 어떻게 하면 좋겠어요?"[13]

신부님은 이렇게 대답하였습니다.

"소년아, 깊은 외딴 산 속으로 찾아 들어가거라. 그리고 한 길만큼 땅을 판 후 그 속에 들어가서 비밀을 실컷 말하여라. 그런 후에 그 웅덩이를 도로 묻어 두면 땅이 네가 말한 비밀을 지켜줄 것이다."

……그런데 소년 이발사가 땅을 팠던 자리에 한 그루 대나무가 자랐습니다.

어느 날 양치기가 그곳을 지나가다가 곧게 자란 대나무를 잘라 피리를 만들었습니다. 그 피리를 입에 대고 부니까……./왕자는 소년 이발사를 살려주고 싶었습니다. "나의 귀가 당나귀 귀면 어떻습니까? 모든 백성이 하고픈 말을 들으라고 하나님이 주신 것입니다……. 여러분 제 귀를 보십시오!" 하고 왕자는 모자를 벗었습니다……. 그런데 이상한 일이 생겼습니다. 여러 사람이 지켜보는데 두 귀가 작아지더니 여느 사람의 귀처럼 되었습니다……. 신하들은 왕자의 덕망을 칭찬했습니다. 소년 이발사는 그후 궁궐 이발사가 되어 일생 동안 왕자의 머리를 깎아 주었답니다.

양치기의 피리는 어떻게 되었냐구요? 그 다음부터는 "왕자님의 두 귀는 ~" 소리는 뚝 그치고 그 대신 구슬이 굴리는 듯한 아름다운 가락이 울려 나왔다나요…….

---

12) 『한국문화상징사전』, 동아출판사, 1997, p.38, 50.
  J. E. Cirot A Dictionary of Symbols(London; Routledge Kegan Poul, 1962)
  『세계대백과사전』, 학원출판공사, 1996.
13) 『세계민화선집 5』 프랑스편, 보이스사, 1981, pp.225~232.

또한 의학백과대사전을 찾아보고 성형의과 의사에게 물어본바 실제로 '拒耳'라 하여 기형학적으로 큰 귀가 있어 종종 외과적 수술로 성형을 한다고 하고 역사적으로도 대다수의 통치자들의 귀가 통계학적으로 볼 때 실제적으로 컸던 것은 사실이다.[14]

시대적 상황을 볼 때 화랑으로서의 영민했던 그와 기대에 미치지 못하는 왕으로 아마도 도덕적 이중성을 가지고 아랫사람의 호소에도 아랑곳하지 않는 완고함과 어리석음이 그를 '당나귀 귀의 임금'으로 풍자되었다고 보는 바이다. 또한 구약의 모세가 자기가 바라는 동생과 결혼하기 위하여 수 년을 고생하였던 것처럼 첫째 공주와 결혼은 하였으나 그 접근을 막기 위하여 뱀이란 소도구를 사용하지 않았던가? 하고 생각하며 그 벌로 하늘이 내린 당나귀 귀를 가리고 살아야 했지 않은가 하고도 이해하는 아동도 다수가 있었다(본인의 딸과 학생들).

그러나 초자연적 존재인 바람과 어머니를 상징하며 늘 감싸주는 존재인 구멍이 등장한다는 것은 너무나 당연한 일이며 왜 하필 지조와 절개를 상징하는 대나무밭이란 말인가!

흔한 소나무도 아니고 갈대밭도 아닌 바람에 흔들릴 때마다 무어라 속삭이는 대나무와 산수유가 등장한다. 산수유 역시 약용 열매가 달리는 흔한 나무로 서민들에게 친근한 존재이다.[15] 그리하여 이야기는 처음에 3이란 숫자가 암시하듯이 민중의 승리—보이지 않는 함성, 소리 나지 않는 깃발을 보여주고 있다고 본다.

---

14) 『현대가정의학백과사전』, 동아출판사, 1990, p.1108.
15) 『세계대백과사전』, 학원출판공사, 1996, p.453.

4. 내용분석

설화의 내용은 주로 탄생의 사건과 가족간의 갈등, 사회적 성숙, 결혼, 죽음의 문제를 다룬다.

왜냐하면 인간의 생활이란 비슷한 시작과 끝으로 연속적 과정을 거치는 것이고 그러한 '일련의 과정'은 동화의 중요한 모티프가 된다.

이와 같은 통과의례(Initiation)의 과정을 격리의식(Rities of incoportion), 변화의식(Rites pf transion), 통합의식(Rities of incopoation)으로 구분하였다.

이를 도식화하면 다음과 같다.[16]

격리의식	변화의식	통합의식
지금까지 지속한 기존 상태로부터 상징적으로 분리 〈기본 과제〉 무지 불완전한 자아 회의적 자아 〈내용〉 무지, 부주의로 인한 사건 유발	〈기본 과제〉 악의 발견과 생의 인식 상징적 고난과 죽음의 체험 〈내용〉 위협적 존재와 대결 타인과의 갈등 자신과의 내적 갈등	〈기본 과제〉 성숙한 자아의 학립 성숙한 세계 취득 〈내용〉 문제의 해결 소원 성취, 행복 재물, 결혼 벼슬, 몸의 변신, 재생

가장 흔히 알고 있는 '콩쥐 팥쥐', '해님 달님' 두 설화를 참고로 도식화해 보면 대부분 탄생과 갈등으로 시작하여 각고의 고난을 극복하

---

16) A. V. Gemp, 1908, 김경중, 전게서, p.39.

고 마침내 행복한 결말로 끝나는 전형적인 통과 의식의 과정을 보인다.

콩쥐 팥쥐

분리과정	변화과정	통합과정
계모의 출현	학대의 절정	소원의 성취
가난의 발생	불가사의한 고난의 체험	행복한 결혼
계모의 형제로부터	극적인 잔치에 참가	인과 응보의 귀결
학대와 멸시	신발을 잃어버린 채 귀가	

해님 달님

분리과정	변화과정	통합과정
홀어머니와 두 남매	어머니 흉내를 낸 호랑이	하늘의 도움
어머니 오누이를 두고 일하러감	호랑이에게 쫓겨 달아나는 과정	남매의 구원
밤늦은 어머니의 귀가	호랑이와 위험한 대결	호랑이의 패배
호랑이 잡아 먹음		해와 달이 되는 오누이

그러나 모든 설화가 다 똑같은 통과 의식을 거치는 것은 아니다. 다만 거의 모든 동화류는 기본적으로 작품의 내용이 심리적, 정신적 종속 관계에서 분리되어 변화의 과정을 거쳐 보다 성숙한 자아와 자신을 실현하는 심리적인 통과 의식을 나타내고 있다고 본다.

그리하여 바람직한 동화는 선악의 극단적인 양면성을 지닌 등장인물에 의하여 야기되는 갈등과 갈등 해소의 극적인 구조를 지니게 된다.

그리고 이로 인하여 아동들은 동일시 대상이 되는 매력적인 선한 주인공과 마찬가지로 이중적이거나 원초적인 본능에 충실한 또 다른 주인공과 함께 갈등을 극복하고 행복한 결말을 맞이하여 심리적 만족과

카타르시스를 경험하게 된다고 본다.[17]

위의 도식에 의거하여 경문왕 설화를 도식하여 보면 다음과 같다.

분리과정	변화과정	통합과정
다른 화랑과 구별되어 국선에 오름. 임금께 현답으로 부마로 뽑힘. 맘에 없는 첫째 공주와 결혼하여 뱀을 도구로 왕비, 나인과 분리됨.	귀가 길어짐. 뱀과 자야만 숙면을 취함. 복두장과의 갈등(금지).	복두장이 견디다 못해 대숲에 발설, 바람이 불어 비밀이 폭로됨. 산수유도 마찬가지임;금지의 해제.

한편 우리의 고전설화를 초등학교 국어 교과서에 수록된 경우를 살펴보았다.

교재의 내용은 원래의 이야기와는 약간 달리 개작이 되어 있다. '경문왕의 귀 전설'을 보면 임금님의 귀가 당나귀 귀만큼 크다는 사실을 아는 복두장이 혼자만이 그 비밀을 간직하고 지내다가 병이 나서 결국 道林寺라는 절 뒤곁에 있는 대밭에 가서 평생을 단 한번도 내보지 못한 "우리 임금님 귀는 당나귀 귀"란 그 말을 속시원하게 말하고 나서 집에 돌아와 죽었다고 되어 있으나, 교재에는 신하가 대나무 숲에 가서 큰소리로 외치고 나니 병이 나았다고 되어 있다. 더욱 차이가 나는 것은, 교재에 임금님 귀가 커진 것은 백성을 무척 사랑하시기 때문이며, 귀가 크면 백성들이 하는 말을 모두 귀담아 들을 수 있다는 농부의 말을 듣고, 임금님이 크게 기뻐하며 감추었던 귀를 내놓고, 농부에게 상을 내리고, 병도 나았으며, 그 뒤 백성들의 말을 더욱 귀담아 듣고 나라를 잘 다스려서 훌륭한 임금님이 되었다는 결말 부분이다.

---

17) 김경중, 전게서, p.38 참조.

교과서의 동화 작품(문학교재)이기 때문에 이러한 개작을 했겠지만, 인위적인 요소가 강하다고 생각된다. 대나무 숲에서 "임금님 귀는 당나귀 귀"라는 소리가 났을 때, 그 신하(복두장이)는 큰 벌을 받게 되고, 아첨하는 것 같은 농부의 말을 임금님이 그대로 믿지 않는 것이 더욱 리얼하다고 생각한다. 또한 농부의 말을 그대로 믿는 임금의 행동을 더욱 미화하여 결국, 귀 큰 사람은 큰 인물, 즉 귀 큰 임금이어서 나라를 잘 다스려 훌륭한 임금님이 되었다는 결말의 개작은 원전의 매력을 크게 살리지 못했으며, 리얼리즘의 성취에 미흡한 감이 있다고 생각된다.

하지만 이 이야기에서 리얼리즘적 요소는 복두장이의 행위에서 찾아 볼 수 있겠다.

'속 시원하게 말 좀 하였으면……'
신하는 더 이상 견딜 수가 없었습니다. 그래서 아무도 없는 대나무 숲으로 들어가, 큰 소리로 외쳤습니다.
"임금님 귀는 당나귀 귀."
이렇게 외치고 나니까, 속이 후련해졌습니다. 병도 나았습니다.

인간은 누구나, 무엇이나, 말을 하고자 하는 즉, 자신의 생각을 말로 표현하고자 하는 강한 욕구가 있다. 따라서 세상에는 비밀이 없는 것인지도 모른다. 임금의 귀가 당나귀 귀같이 크다는 사실을 혼자만이 가슴속에 간직하다가 결국 병이 들었는데, 그 말을 하고 나서야 속이 후련해지고 병이 낫는 복두장이를 통해서 인간의 표현의 욕구가 얼마나 강한 것인지를 알려주고 있다. 어떤 고민이 있다든지 자신의 신상에 관한 말 못할 사정이 있을 때의 고통은 누구나 한번쯤 겪어 보았을 것이다. 인간에게 표현의 자유가 없다면 얼마나 고통스럽고 각박한 삶이 될까?

그저 흥미로운 이야기로 지나쳐 버릴 수 있는 이야기에는 인간의 강렬한 표현 욕구와, 그를 표현할 수 없는 절망적인 어떤 생활 현실을 비판하는 리얼리즘적 요소가 담겨져 있다고 생각된다.

연령적으로 거의 비판 능력이 없는 아동에게 이처럼 원 설화가 가진 의미를 왜곡 전달시킨다는 것은 분명 커다란 문제가 아닐 수 없다.

폭군일 수도 있는 특정 군왕을 미화하기 위하여 전혀 없는 대목까지 삽입했다는 것은 '역사의 조작'이라는 비난까지도 면키 어려우므로 설화의 현대화가 이런 식으로 이루어져서는 안 된다고 본다.

5. 마무리

지금까지 삼국유사에 게재된 경문왕 설화를 중심으로 그 원전인 삼국유사가 주는 의미와 경문왕 설화의 국내 연구 상황과 유형 및 모티프, 내재된 단어가 주는 상징성들을 고찰하여 보고 일반적 설화가 가지고 있는 통과의례에 맞추어 그 내용의 본질에 접근해 보고자 하였다.

세계는 무한경쟁의 시대에 엄청난 변화의 격동기를 맞고 있다. 이른바 '국경 없는 전쟁의 시대'라고 불리우는 국제화, 세계화의 물결은 우리가 문을 닫고 원치 않는다고 해서 결코 막을 수가 없다.

이를 위하여 이러한 시대의 행동양식은 개인의 행동양식도 활동무대를 국내에만 국한시키지 않고 세계적 차원에서 계획하고 생각하고 행동할 것을 요구한다. 이러한 합리적인 사고와 국제적인 감각을 기르기 위하여 우리 아동문학가들은 무엇을 해야 하는가? 후손에게 더 이상 분단국의 아픔을 주지 않으려면 민족의 동질성 회복에 노력을 아끼지 말아야 한다. 그러기 위하여 삼국유사야말로 가장 좋은 동화의 모티프이며 소재이다. 더 이상 상실되고 훼손되어 가는 우리의 정신적 유산을 위하여 실제 이상의 체형을 가진 경문왕 설화가 지닌 귀한 내용적 본질은 어떤 누구도 분리, 격리되는 고통과 함께 불완전한 자아가 생의 갈등과 고난을 겪어 변화되며 늘 위협적 요소들이 내적으로나 외적으로 대결하게 되고 그를 통하여 성숙한 세계를 취득하게 된다는 가장 평범한 '순리'를 시사해 주고 있다고 본다.

무엇보다도 사족으로 달아 둘 것은 민족의 생활, 신앙, 사상, 정신이 담긴 보고인 설화를 현대적으로 수용할 때 투철한 창작 정신과 함께 고유한 전통성을 계승하는 데 유의하여야 한다고 본다. 그것만이 다문화의 유입으로 인한 가치관의 혼란 속에 우리의 전통적인 가치관을 체계적으로 심어 줄 수 있는 유일한 통로이기 때문이다.

(1997. 6)

참고문헌

1. 이상섭, 『문학연구의 방법』, 탐구당, 1992.
2. 김경중, 「전개동화의 현대적수용방안」, 『한국아동문학연구』, 한국아동문학학회, 1995.
3. 조희웅, 『한국설화의 유형』, 일조각, 1983.
4. 손동인, 『한국전래동화 연구』, 정음문화사, 1984.
5. 이재철, 「민족주의와 한국아동문학의 전통성」, 『한국 아동문학연구』제5호.
6. 조희웅, 『설화학요강』, 새문사, 1989.
7. 『한국문화상징사전』, 동아출판사, 1987.
8. 『세계대백과사전』, 학원출판공사, 1996.
9. 『세계민화선집5』, 보이스사, 1981.
10. 『현대가정의학 백과사전』, 동아출판사, 1990.
11. 『읽기』, 초등학교 국어교과서, 국정교과서, 1990.
12. 최상수, 『한국민족설화의 연구』, 성문각, 1985.

[예화]

미더스 왕의 귀는 당나귀 귀

　미더스 왕은 금을 좋아하다가 손에 닿는 족족 뭣이든 금으로 변하는 마법을 디오니소스로부터 전수받았다. 그러나 불행히도 사랑하는 공주까지도 금으로 변하자 디오니소스에게 말하여, 그 마법을 도로 돌려주었다.
　이런 일이 있은 뒤로 미더스 왕은 왕궁의 생활이 싫어서, 깊은 산 속으로 들어가서 양치기가 되었다.
　그런데 어느 날 수신(水神) 말시아스와 태양신 아폴론이 노래 자랑을 하게 되었다. 이때 산신 토로모스가 심사관이 되었다. 시합 날 온갖 요정들과 인간들이 그 구경을 하게 되었는데, 물론 미더스 왕도 그곳으로 갔다.
　맨 먼저 수신 말시아스가 피리를 불었다. 그 곡은 마치 물이 돌돌돌 흘러가듯이 아름답고 웅장한 곡이었다. 그래서 듣고 있던 이는 모두 힘찬 박수들을 보내었다.
　다음은 태양신 아폴론이 종금(거문고의 일종)을 뜯었다. 그 곡은 마치 햇살처럼 아름답고 웅장한 곡이었다. 이때에도 듣는 이는 마치 영혼이 하늘로 날아 올라가는 그런 느낌을 받았다.
　이윽고 두 신의 곡이 끝나자 심사관은 태양신 아폴론의 승리를 선언했다. 그러자 또 박수가 터져 나왔다. 모두들 그 심사가 공평하다고 여겼다. 그러나 오직 미더스 왕만은 고개를 흔들며 외쳤다.
　"이 심사는 잘못되었다. 오늘의 승자는 수신 말시아스다."
　이 소리를 듣자 심사관이 말했다.
　"뭐라고? 도대체 네 귀는 무슨 놈의 귀가 그래? 아, 모든 사람들의 귀가 다 알 수 있는 곡을 너만 알 수 없는 걸 보면, 네 귀는 분명 당나귀 귀인지도 몰라. 그렇지. 네 귀를 만져 보란 말야."

그러자 미더스 왕은 자기의 귀를 만져 보았다. 그런데 이게 웬일인가? 언제 길어졌는지 자기의 귀가 정말 당나귀 귀처럼 길게 쭈볏해졌으며, 털까지 나 있었다. 참으로 이상한 일이었다.

미더스 왕은 부끄러워서 견딜 수가 없었다. 그래서 그는 큰 두건을 만들어서 푹 눌러 썼다. 그러나 머리를 깎거나 수염을 깎을 때는, 아무래도 이발사에게 그 귀를 드러내 보이지 않을 수가 없었다. 그래서 그는 이발사에게 뇌물을 주어, 그 사실을 절대로 남에게 말하지 말라고 당부했다.

그러나 이발사는 신기한 그 사실을 혼자만 알고 있자니 도저히 견딜 수가 없었다. 더욱이나 이 사실을 모르고 왕이 흉터나 대머리를 숨기려고 두건을 썼을 것이라고 수근대는 사람들을 보면, 더 견딜 수가 없었다.

참다 못한 이발사는 마침내 사람이 없는 냇가로 나가 깊이 구덩이를 팠다.

그러고는 그 구멍에다 입을 대고

"미더스 왕의 귀는 당나귀 귀다."

라고 외쳤다. 그러고 나니 좀은 가슴이 가라앉아, 그 구덩이를 도로 묻어 버렸다.

그런데 묻은 구덩이 위에 그 뒤 갈대가 나더니 숲을 이루었다. 그러자 바람이 불 때마다, 이상하게도 그 갈대 숲에서, '미더스 왕의 귀는 당나귀 귀다!' 라는 소리가 났다.

(희랍신화:마이다스왕편)

풍자동화를 위한 고대우화소설 분석
―조선 후기 우화소설을 중심으로

1. 머리말

1) 연구목적

　문학이 그 시대의 삶의 문제를 담는 容器라 할 때 특히 그 시대가 어둡고 불합리한 면이 많은 역사적 전환기라면 더욱 더 矯正改良의 목적을 가진 풍자문학이 가진 의미는 더욱 크다고 보겠다.
　일찍이 아리스토텔레스는 그의 『수사학』에서 '인간은 누구나 정도의 차이는 있을지라도, 어떠한 의견을 주장하거나 혹은 논의하려는 생각을 가지고 있다'고 지적하였다.
　하물며 우리는 옛 사회의 피지배자들이 기저 불안[1]으로 욕구 불만에

---

1) 타구마: 「신 프로이드 학파의 사람들」, 『성경의 이론』, 동경서방, 1969, p.69. "Horney는 학대, 공격, 굴욕, 배신 선망 등이 소용돌이치는데 세계 속에서 자신은 작고 무의미하며 의지할 곳 없고 위험 속에 빠뜨려진 존재라고 하는 감정을 가지는 것." 인간은 프로이드가 강조한 '만족'과 Horney가 발견한 '안정 추구'의 2대 원리에 지배된다.

눌려 있을 때 정신분석학적인 이드(id)의 폭발은 필연적인 결과라 할 수 있다. 마치 눈을 인 靑竹이 그 무게를 지탱하지 못할 때 마침내 눈을 튕기는 이치와 동일하다.

이처럼 어느 시대 어느 공간을 막론하고 인간이 기저 불안이나 욕망 상태에 처했을 때 수용적인 태도나 거부적인 태도, 비판적인 태도 중 그 어느 것을 선택하게 마련이다. 그러나 이지적인 인간이라면 누구나 수용적인 태도를 지양하고 거부적 태도나 비판적 태도를 취하지 않을 수 없게 된다. 왜냐하면 수용적인 태도는 외부적 세계를 있는 그대로의 상태에서 실재성을 승인하는 태도이므로 이것은 기저 불안이나 절망의 기반에서 해탈하지 못한 지극히 비극적인 생활을 답습하게 되기 때문이다.

그러므로 인간은 이런 상황에 직면하면 전통을 거부하고 비판하여 새로운 돌파구를 찾아 이 비극적 굴욕에서의 해탈을 모색하게 된다.

그러나 在下者나 서민들은 정면으로 거부하거나 비판의 무기를 가차 없이 휘두를 수 없었다. 그들은 피정복자이므로 적 앞의 포로와 같은 처지에서 우회적이거나 측면 비판의 방도를 취하지 않을 수 없게 된다.[2] 여기에 풍자란 편리한 무기를 고안해내게 되었다.

풍자란 참을 수 없는 저항정신에서 출발하여 인간의 이지적 작용[3]을 자극한다.

임·병란을 거치고 농업·상업의 새로운 발달 및 이에 따르는 생산력 증대와 때를 같이 하는 조선 후기는 정치, 경제, 사회, 문화 등 다방면에서 기존의 중세봉건체제가 붕괴되어 가는 과정이라고 본다. 이러

---

[2] 손동인, 『한국전래동화연구』, 정음문화사, 1984, p.184.
[3] 최재서, 「풍자문학론」, 조선일보, 서울:1935년 10월.
   사람은 자기네 전통이 그릇되었음을 잘 이해하면서도 외려 愛着心을 품고 있는 법이다. 이것은 사람이 가지고 있는 保守的 本能이기 때문에 옳고 그른 문제가 아니다. 그러나 우리가 비평적 태도를 가질 때에 理智的 作用으로 말미암아 자연히 유우머라든지 혹은 풍자가 附隨된다.

한 역사적 소용돌이는 우리가 처해 있는 여러 가지 현실과도 어쩌면 유사하다고도 볼 수 있다.

무엇보다도 유교적 이상주의에 입각했던 가치관의 붕괴와 초현실적 이상 세계를 추구하던 것과는 달리 현실을 추구하는 현실주의적 지향을 들 수 있다. 다시 말해서 이제까지 관념적 성리학 이념에 억압되었던 인간적 개성과 특수성이 작품 속에 반영되고 있다. 즉 격동기인 근대기로의 이행기적 성격을 띤 조선 후기의 변모 양상으로 종래의 유교적 도덕주의의 권선징악의 추구가 아닌 현실로부터 제기되는 문제에 대하여 풍자주의적 비판을 추구하고 있다. 이런 점에서 기성세대와 신세대와의 가치관의 혼란을 겪고 있는 이 시대에 본고는 어린이를 위한 풍자동화 창작을 위하여 다음과 같은 목적으로 여러 풍자소설 중에서도 후기 동물우화소설인 『토끼전』, 『두껍전』, 『서동지전』, 『장끼전』을 아동의 동물 애호성에 근거하여 연구 대상 작품으로 선정하였다.[4]

1) 아동문학은 아동을 주 대상으로 하는 문학으로 아동의 발달 수준을 어느 정도까지 고려하여야 하는데 과연 풍자동화가 아동교육상 타당한가를 살핀다.

2) 동화 속에서 풍자가 끼치는 그 내용 전달 과정에서 풍자를 썼을 때의 효용성을 고찰해 보고자 한다.

3) 풍자동화의 올바른 전수 및, 채집, 편저와 아울러 창작의 근간을 마련하고자 한다.

---

[4] 물론 신라시대의 고전동요인 『서동요』, 『녹두새요』, 『미나리와 장다리요』 현실을 비판하고 예언하는 비판적 리얼리즘의 기능을 갖추고 있다. 예로…… 미나리는 사철이요/장다리는 한철이요/메꽃같은 우리 딸이/시집 삼 년 살더니/미나리 꽃이 다 피었네.
설총의 화왕계, 임제의 화사, 고대소설의 배비장전, 민담, 민요, 한문소설, 판소리에 이어져 현대의 소월, 김수영 등의 시인들의 작품에서도 풍자는 이어지며 근대 아동문학 초기의 소과 방정환의 동화 『귀먹은 집오리』, 『양초귀신』에서도 풍자와 해학이 확연히 들어나고 있다.

2) 연구사 개관

조선후기 풍자소설에 풍자성에 대한 선행 연구는 다음과 같이 세 갈래로 나누어 살펴볼 수 있었다.

첫째, 소설사 또는 소설론, 문학사 등 개설서의 기술: 김태준이 연암소설을 일컬어 '봉건사회에 대한 비판적 성격을 지닌 풍자작품'이라고 언급하며 특히 계급, 관습, 유관의 허식 등을 풍자하고 있다고 하였다.[5] 작품 구성면이나 표현수사법 등에 의해서 분류된 毁折小說이나 동물우화소설도 같은 입장이다.

둘째, 풍자소설 작품에 대한 개별 작품 또는 개별 작품군에 대한 연구물: 약 470여 편의 연구물이 그 풍자성에 대해 논의되었고 서지적 고증으로 집대성시킨 이가원의 『연암소설연구』는 주목할 만한 연구 업적이다.[6]

그 외 박기석은 연암의 문학관, 작가의식, 형성 배경 등을 광범위하게 고찰하고 『예덕선생전』, 『광문자전』, 『양반전』 등을 하층 민의 시각으로 『허생전』, 『호질』 등을 지배계급에 대한 시각 유형으로 나누어 사회경제사적인 접근 방법으로 분석하였다.[7]

정학성은 『우화소설연구』[8]에서 『토끼전』, 『장끼전』, 『두껍전』, 『황새결송』, 『서대주전』, 『서동지전』 등을 분석하고 그 의미를 해석하는데 주력하였다. 『토끼전』을 제외한 우화소설 연구에 있어서 최초로 철저한 분석 작업을 통한 작품 의미 이해를 위한 시도로 볼 수 있다.[9]

셋째, 풍자문학의 사적 고찰을 통한 통시적 연구를 들 수 있다; 이정

---

5) 김태준, 『조선 소설사』, 학예사, 1939, pp.147~153.
6) 이가원, 『연암소설연구』, 을서문화사, 1965 : 연암소설의 문학적 배경, 사상적 고찰과 더불어 12편에 대한 본격적인 연구서로 풍자에 대한 개념 규정이 밝혀져 있지는 않지만 그 대상, 방법, 주제 등을 광범위하게 고찰하였음.
7) 박기서, 『박지원 문학연구』, 삼지원, 1984.
8) 정학성, 『우화소설연구』, 국문학연구 18집, 서울대 국문학연구회, 1972.

탁의 『한국풍자문학연구』가 대표적인 것으로 한국 고전문학 속의 풍자소설을 시대별로 구분하여 해당 작품을 풍자의 미적 범주에서 분석하고 정리하고 있다. 그러나 방대한 자료에 대한 깊이 있는 연구가 이루어지지 못한 점과 풍자소설의 범주 설정에서 명쾌하지 못한 점 등이 미비하다고 본다.

이상의 개략적인 연구사 검토에서 볼 수 있듯이 조선 후기 풍자소설에 대한 연구가 지속으로 진행되어 왔음에도 불구하고 특정 작가의 작품이나 작품군에 한정됨으로 총체적인 논의가 이루어지지 못한 것이 사실이다. 그러므로 본고는 동시대의 시대적 상황에서 창출된 조선 후기의 동물우화소설을 심층적으로 분석하여 각각의 작품들이 지향하는 풍자 양상을 총체적 범주로 종합하여 고찰하여 보고자 한다. 이러한 후에야 풍자소설의 범주 설정은 물론 이 소설들이 한국문학사에서 담당했던 몫과 아울러 오늘날 우리의 동화가 나아가야 할 방향도 선명하게 제시하리라고 보여진다.

2. 풍자문학의 특성

1) 풍자의 개념 정립

풍자(Satire)는 'Sature'라는 어원[10]에서도 볼 수 있듯이 그 개념과

---

9) 그 이후 동물우화소설의 주제 및 사상의 추출을 통한 풍자성에 대한 논의가 진행되었으니 다음과 같다.
손병국, 「조선조 우화소설연구」, 『동아어문논집』, 동국대 국문과, 1982.
전수연, 「우화소설고」, 『한국어문학연구』 15집, 이화여대 국문과, 1975.
황재군, 「조선후기 의인체 설화소설의 근대적 성향」, 한국고전문학연구회 편, 『근대문학의 형성과정』, 문학과지성사, 1983.
임성래, 「두껍전 연구」, 연세대 대학원, 1981.
인권환, 「토끼전의 서민의식과 풍자성」, 『한국고전소설』 계명대 출판부, 1974.
조동일, 「토끼전의 구조와 풍자」, 『계명논총』 8호, 1972.
정학성, 「우화소설 『서옥기』의 소설사적 가치」, 『한국고전산문연구』, 동화출판사, 1981.

성격에 대하여 명쾌하게 규정짓기는 쉬운 일이 아니다. 오늘날 문학에서 사용되고 있는 풍자라는 개념은 사용자에 따라 골계, 해학, 기지, Irony 등의 유사한 용어와 별 구별 없이 두루 사용되고 있기 때문이다. 작품의 풍자성을 밝히기 위해 그 구체적인 개념 설정이 불가피한 이상 기왕에 규정되고 있는 논의를 토대로 간명하게 정의하여 보면 다음과 같다.

미의식의 범주는 숭고미, 우아미, 비장미, 골계미(희극미) 등의 네 범주로 파악할 수 있는데 풍자는 골계미의 하위 개념으로 설정되어 있다. 따라서 골계미 안에서 풍자의 정의를 내릴 때 설득력을 지닐 것으로 생각한다.[11]

골계는 기대했던 것과 실현된 것 사이의 양적 질적인 모순에서 나온 미이며 그 주관적 체험은 기대와 실현의 모순이 갑자기 의식되어 긴장하고 있던 심적 에네르기가 급격히 분출될 때 생기는 쾌감이지만 동시에 그 의외성에서 발생한 놀라움이나 환멸감 따위의 불쾌감이 주체의 정관적 유희적 태도로 극복될 때에 성립하는 미적 쾌감으로서 일종의 모순에서 나온 대조 감정이라고 할 수 있겠으며 객관적 골계와 주관적 골계로 나눠진다.[12]

---

10) 풍자의 어원에 해당하는 라틴어 'Sature'는 온갖 종류의 과일로 가득 찬 접시에 연원된 것으로 혼합, 혼성 등의 의미를 지니고 있다—C.carter Colwell, 『A Student's Guide to hiterature』, Washington Squarepress, 1968, p.50.
11) 미적 범주론에 관여한 학자들 중 Johannes, volket: 『System der Asth』 2~1910와 Max, Dessior: 『Asth』, und aiigemenine Kunstwissenschaft, 1923가 중요한 업적을 남김. 전자는 관념론적 미학의 비판주의 미학과 미적 범주이론을 바탕으로 미적인 범주를 내용상으로 양양미, 형식상으로는 협의의 미와 성격미를, 종류상으로는 유형미와 개성미를 들고 숭고미, 우아미, 감동미, 비장미, 골계미를 들고 주관적 골계는 다시 기지, 풍자, 반어, 변덕, 해학, 유머 등으로 나누고 있다. 후자는 Willheim Dilthey 의 미 이론인 미적 감정의 질적 차이에 근거하여 미와 추를 대조적으로 구분하고 숭고와 비장미를 각각 주관에 대한 객관의 우월에서 유래하며 우미, 골계는 작은 대상에 대한 주관의 우월에서 유래하는데 이들이 서로 쉽게 이행하며 서로 대응하고 있다는 환원적 방법을 완성하여 미의식의 범주를 숭고, 우아, 비장, 골계 등으로 체계화한 업적을 남기고 있다. 『미학사전』, 논장, 1988, pp.383~406 참조.
12) 문덕수 편찬, 『세계문예대사전』, 성문각, 1975, p.110.

이를 표로 만들어 정리하여 본다.

객관적 골계		대상 자체가 골계성을 지님. 즉 육체적, 정신적 결함이나 성격 그리고 상황 등에서 주로 나타나므로 작가가 목격하거나 발견되어지는 것으로 작가의 창조가 아니다(형체의 이상에 의한 외모, 착오적 거동에 의거한 행위, 이러한 행위를 범하기 쉬운 성격 그 자체에서 기인하는 성격의 골계).
주관적 골계	기지	통상 무관하거나 배리적이라고 생각되는 사상을 의외의 측면에서 갑자기 서로 연결시켜 교묘하게 표현하는 특색 있는 지적 요소가 강한 골계
	풍자	신랄한 조소나 비난을 포함하는 것으로 불합리한 사상에 대한 예리한 공격성을 갖는 경우가 많다.
	아이러니	긍정, 부정의 상호침투적 성격과 야유적 기분이 결합된 일종의 기지적 표현을 통해 감추어진 표현 내용 내지는 저의를 나타내는 것을 말함.

이와 같은 맥락에서 풍자에 대한 각양 각색의 정의를 찾아 간추려 보았다(표1 참조).

이상의 정의들에서 공통된 최대 공약수를 추출하여 알기 쉽게 도식으로 요약하여 보았다.[13]

---

13) *변증법적인 논리 적용으로 인간의 본성은 正이라 보면 모순, 악덕, 사악, 부정은 反으로 간주된다. 이 反을 가탁물에 의하여 조절치료 되었을 때 제3의 이상적인 合인 改悛을 期待할 수 있게 된다. 변증법적 발전은 정면, 현실적 투쟁을 매개로 한다면 풍자는 측면적 비현실공격이 주무기로 覆面을 하고 입으로 恐喝을 하는 것으로 본다.
*프로이드적인 논리 적용으로 인간이 가진 본성을 id라 보면 위의 모순, 불합리… 등은 왜곡한 현실에 패배한 에고의 명령에 따라 둔갑한 이드의 변신이라고 볼 수 있다. 이 本然을 잃고 假面을 쓴 이드가 諷刺란 側面的 治療를 받아 矯正되어 슈퍼에고로 지향될 때 이상에 接近된다. 人間의 本性이 가장 적나라하게 나타나는 境遇는 술에 취했을 때, 꿈을 꾸거나, 미쳤을 때 高熱로 生死의 岐路에 섰을 때라 할 수 있다. 즉 諷刺란 에고가 歪曲된 것으로 現實에 부대껴 잘못 씌워 준 그 人間이 本性이 아닌 假面을 벗겨 眞面目을 捕擄 告發하는 것이다. 결국 諷刺란 變容된 이드의 本然을 되찾는 성스런 作業임에 틀림없다.
*파스칼인 논리 적용으로 볼 때 인간은 中間子로 신과 惡處의 中間에 位置한다고 했다. 그러므로 人間은 兩面性을 지닌 矛盾的인 갈대들이라고 定議하였다. 諷刺는 이 惡處性에 기울여져 있을 때의 人間을 間接的으로 신성에 접근시켜주는 작업이 그 지상목표라고 하였다.

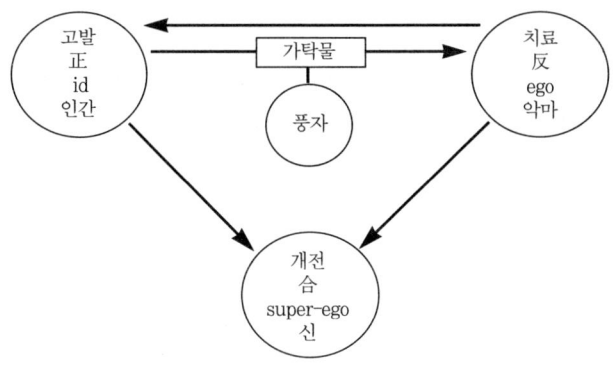

2) 풍자문학의 발생 배경

풍자는 앞서 고찰한 바처럼 어느 한 시대의 사회에서 빚어지는 인간의 모순과 불합리를 지적, 조소하고 현실에 대한 부정적, 비판적 태도로 사회개조의식을 담고 있다. 따라서 풍자문학의 발생 원인이 되는 기반에는 사회적 배경을 살펴보는 일이 선행되어야 한다고 본다.

조선 후기의 성격을 한마디로 규정한다면 중세봉건사회의 해체기요, 근대사회로의 여명기라 할 수 있다. 조선왕조의 관념적인 성리학적 지도 원리의 구조적 모순은 중기부터 노출되었지만 임·병 양란의 타율적인 충격과 혼란에 의해 적나라하게 드러났던 시기이다.

경제적인 측면에서도 自給自作의 폐쇄적인 자연경제체제에서 합리적인 농업 경영과 상업적 농업 생산의 발달, 상업자본의 발달과 상업활동의 증대, 수공업가의 발달과 임금노동자의 출현 등 자본주의적 경제 질서의 제반 요인이 서로 유기적으로 관련되면서 봉건사회의 기층부가 되는 농민층이 급속하게 분해되었다. 즉 농민층 분해는 두 방향으로 진행되었는데 하나는 새로이 부를 축적한 부농층의 성립이고 다른 하나는 빈농 및 토지로부터 축출된 토지가 없는 백성들이다. 이러한 현상은 부의 축적에 성공한 부농층과 기존의 양반 지주 및 도시의 신흥 부자들이 고리대금 등의 형태를 통해 빈농, 영세농촌에 가혹하게 가했던 착취의 결과이기도 했다.[14]

정치적인 측면에서 조선조 중엽까지는 주권자인 왕에게 절대 복종을 약속하는 대가로 양반 관료에게 토지와 정치적 권력을 나누어줌으로써 안정된 지위를 보장받는 사회였다. 그러나 임·병란 후 전쟁의 피해로 경작 면적의 감축과 지배체제의 모순, 양반 관료간의 분열과 파쟁으로 왕권은 점차 약화되어 갔다고 본다. 이러한 사태를 바로잡기 위한 영·정조대의 탕평책으로 18세기 후반에는 어느 정도 안정과 문화 진흥의 기운이 일어나게 되었으나 양반 지배체제의 근본적인 모순은 어쩌지 못하였다. 즉 순조 이후 60년간 지속된 안동 김씨, 풍양 조씨의 세도정치로 유교의 허구성이 정치 기강의 문란과 국가 재정의 난맥상을 초래하였으니 어제의 일이나 오늘날의 일이 매번 반복되는 이유에 주목해야 할 것이다.

사회적인 면에서 이앙법, 이모작, 시비법의 개량에 따른 농업 생산력의 발달과 농촌 수공업의 발달로 상품화폐경제의 진전으로 봉건적 신분 관계가 동요되었다. 즉 부농으로 발전된 일부가 정부의 납속책, 공명첩 발급을 이용하여 양반 신분으로 상승하게 되었으니 정치적 대립 항쟁으로 몰락한 빈궁 양반, 신분 상승한 노비 등으로 형식적 신분 관계가 무력해지던 시대였다.

사상적인 측면에서 볼 때 위의 여러 현상에 따른 갖가지 사회적 모순에 대한 학문적 반성으로 실학이 일어났다. 정치, 경제, 사회, 문화, 자연과학 등 여러 분야에 걸친 광범위한 연구로 당시의 주자학적 관념주의에 침몰되지 않고 새로운 세계를 지향하여 실용, 실증을 창조하여

---

14) 김용섭, 『조선후기 농업사 연구』, 일조각, 1970, 참조.

실학사상이 저변 확대된 시기라고 할 수 있다.[15]

이상의 논의에서 볼 수 있듯이 조선 후기는 종래의 문학이 주자학적 윤리관을 바탕으로 양반 지향적 성격을 가졌던 것과 달리 서민 생활과 인간의 순수한 감정을 적나라하게 묘사하거나 당대의 구조적 모순과 지배층의 비리와 부조리를 풍자하고 있다. 이는 풍자가 당시 사회의 역사의 어두운 면에 대한 의미 있는 발언이며 인간 생존에 대한 절실한 문제를 제기, 고발하면서 그에 대한 새로운 모색과 해결점을 추구하는 속성을 지닌 문예 양식이기 때문이라고 본다.[16]

그러므로 풍자의 특성을 정리하여 보면 풍자의 '대상'이 있어야 하며 목적으로서의 도덕성을 지니고 있어야 하며 효과로서의 현재성을 가지고 있으며 기법에 있어서도 앞의 주관적 골계의 요소와 다른 요소들 즉 조롱(ridicule), 비꼼(sarcasm), 냉소(cynicism), 조소(sardonic), 우화(parody), 욕설(invective) 외 버어레스크(burlesque),[17] 풍간(諷諫)과 휼간(譎諫),[18] 유머[19] 등을 더 들 수 있다고 본다(표2 참조).

---

15) 이우성,「실학연구서설」, 역사학회 편, 『실학연구입문』, 일조각, 1983. 참조.
16) 그러므로 고려시대의 한문학의 한 양식인 假傳은 인물중심의 행적을 서술하여(도입부, 전개부, 논찬부) 도덕적 규범의 선창이라는 전제하에 특정 인물의 덕성이나 인간적인 자질을 가탁하여 표출할 뿐 풍자의 개념과는 거리가 있고 소설적인 인과에 따른 가치 모색적인 열린 회로인 소설과 달리 특정 인간의 삶에서 규범적 가치를 끌어내는 가치 추인적인 완결적인 회로로 풍자문학으로 다루기는 문제가 있다고 본다.
17) 손동인, 『한국전래동화연구』 앞의 글, p.168: 시나 산문에서 그 유래를 보이는 저속극에서 보이는 것으로 치기어린 유치한 인간이 大言壯語하는 기사풍의 희작을 말한다. 세르반테스의 돈키호테를 그 예로 들 수 있다.
18) 앞의 글, p.168. 孔子家語 '辯政編'에 보면 충신이 제왕께 간하는 방법은 5가지로 중국 역사상 최고의 해학가인 안자가 제나라 경공께 한 휼간이나 고구려 왕에게 억류되었다가 풍간으로 석방된 『귀토설화』, 이성계의 『함흥차사』의 유래담도 그 예이다.
풍간: 슬며시 돌려서 간함/휼간: 직언으로 간하지 않고 교묘하게 간사한 속임말로써 간함.
19) 이은상, 『해학의 동양적 특징』, 제37차 세계작가대회강연고에서 유머는 활의 張弛처럼 죄기도 하고 풀기도 하는 사이에 구속을 받고 구속을 받지 않는 그 사이에 유머의 진면목이 있다고 했다.

3. 풍자소설에 나타난 풍자 양상

『토끼전』과『장끼전』,『두껍전』,『서동지전』은 우리나라의 풍부한 의인체 형식의 문학작품 중 대표적으로 많이 알려진 의인체 소설로 17세기 이후에 창작된 것으로 가장 많이 읽혀진 것이다. 이의 내용을 정리하여 보면 다음과 같다.

책 제목	내용	기타
토끼전	충직한 자라와 간사하고 약삭빠른 토끼의 상반된 성격을 통해 인간에게의 허욕, 경솔한 행동과 언사에 경구가 되는 내용으로도 보며 북에서는 토끼를 통하여 피착취, 피압박 대중이 더 슬기롭고 정의롭게 곤란을 헤치고 살아간다는 것을 생동감 있게 보여준다는 해석도 하고 있다.	갈등 묘사에 대한 평가
까치전	까치가 집을 짓고 낙성식을 벌이는 데에서 시작하는 이 작품의 주제는 탐관오리와 토호들이 결탁하여 선량한 백성을 착취하는 사회상을 묘사하고 있다. 30여 종의 새가 등장, 비둘기가 까치의 집을 약탈, 살인을 하고도 책임을 전가시키는 음흉함은 우리의 생활주변에서도 보는 인간상으로 이솝에 버금가는 의인화 작품이라고 본다.	함경도 사투리로 관동지방 사람이 작자로 추정
장끼전	봉건가부장제도의 부당성을 폭로비판하며 여성의 인격을 옹호하는 내용으로 고집불통인 장끼가 까토리를 암컷이라고 홀시하고 그의 간절한 만류에도 불구하고 콩 한 알을 주어 먹고 죽는다. 과부가 된 까토리가 온갖 새의 청혼을 물리치고 홀아비 장끼에게 재혼을 하는데 봉건 결혼법의 비인도적인 본질을 반대하고 있다고 본다. (운률성 있는 문장)	재치있는 언어구사와 고유한 우리말 사용
서동지전	쥐의 소송사건을 통한 인간사회의 단면을 풍자; 간악하고 게으른 다람쥐가 월동준비도 하지 않고 놀고 먹다가 겨울이 닥치자 서대주에게 가서 구걸하여 얻어먹고 지내다가 이듬해에 다시 구걸하러가서 거	정반대의 대비적 성격으로 주제성을 극대화함.

	절당하자 양심을 먹고 관가에 자기의 양식을 서대주가 훔쳐갔다고 허위 고발함으로 배은망덕의 처사를 풍자하고 있다(선과 악이 교차하는 인간을 풍자)	
두껍전	노루의 잔치에 모인 여러 짐승들이 웃어른자리를 차지하기 위하여 나이를 자랑하는 내용, 두꺼비와 여우와의 대결이 기본으로 평민의 입장에서 인격과 존엄과 지혜에 대하여 언쟁을 벌인다. 육체적 불균형을 걸고 드는 여우에게 봉건관료들의 비행을 폭로함으로써 범의 위세를 등지고 행세하는 여우를 굴복시킨다. 또한 북에서는 마지막에 구렁이를 등장시켜 살신성인의 정신으로 두꺼비가 독을 내뿜어 구렁이를 내몰게 하여 통쾌한 승리를 맛보게 하고 있다.	백성을 억압하는 관료를 풍자, 역설적 수법으로 대응하여 승리.

위의 작품을 볼 때 인간 생활 특히 동시대의 부조리와 결함을 비난하고 공격하고 있는데 그 풍자 대상에 따른 양상은 주로 정치적 풍자로[20] 크게 봉건적 사회체제에 따른 풍자와 인간성에 대한 풍자로 나눌 수 있다.

1) 절대적인 왕권에 대한 풍자

유교적 정치 이념으로 건국된 조선왕조는 事君以忠, 君爲臣綱의 事君之道를 중시하며 왕권을 절대화하였다. 그러나 후기에 이르러 오랜 세월의 당쟁과 세도정치로 정치권력에 대한 불신과 비판의식은 이제껏 희생되었던 백성은 복종의 윤리를 거부하고 주체적 삶을 획득하고자 한다.

---

20) 소재영, 「한국풍자문학의 양상」, 조동일 외 3인 편, 『고전문학을 찾아서』, 문학과지성사, 1984. p.294 에서 풍자를 그 대상에 따라 4로 구분함(①개인공격의 저급한 풍자/②정치권력, 또는 그러한 성격을 띤 대상을 비판하는 풍자/③인류 전체를 조소하는 고급풍자/④자기가 자기를 해부하여 비판하고 욕하는 자기풍자, 등인데 그 중 우리 문학에는 특정 권력, 사회상의 모순, 인간성의 결함을 지적하는 정치적 풍자가 가장 많이 양산되었다고 보았다.

『토끼전』에서 용왕으로 투영된 왕을 대하는 백성이나 신하들의 태도에서 절대성이란 찾아볼 수 없다. 병이 든 용왕의 병의 원인을 서술하는 장면을 들어본다.[21]

과인이 병이 중한데 백약이 무효하더니 천위 신조하여 도사를 맛나뫼 닐오뫼 네 간을 어더먹으면 사라나리라 하기로 너를 잡아 왓스니 너는 죽기를 슬어말나 하고 군졸을 명하여 간을 내이라하니…… 칼을 들고 날세게 달아드러 배를 단 번에 째려 하거늘

여기에서 봉건전제국가의 왕의 권위는 볼 수 없고 다만 주색에 빠져 누운 무능한 왕의 모습만 볼 수 있다. 이러한 병에 토끼의 생간이 신효하다고 세 사람이 처방하자 만조백관을 모아 놓고 토끼의 생간을 구해 올 것을 명령한다. 문어가 지용을 내세우며 자청하자 자라의 등장으로 명령 번복을 한다.

왕이 되흐하야 갈아되 경의 용맹은 과인이 아는 바라 급히 인간에 나아가 토끼를 살게 잡아오면 그 공이 적지 아니하리라…… 노름상과 오입장님 슐안주에 구하나니…… 모다보니 그는 슈천년 묵은 자라이다. 문어가 그말을 듯고 분긔가 대발하야…… 세상 사람들이 너를 보면 잡아다가 끌는물에 솟구쳐서 자라탕 만드러……

즉 여기서도 절대적이고 신성한 왕의 모습은 볼 수 없다. 술안주, 자라탕에 지나지 않는 무능한 신하를 거느린 신하의 언변에 좌지우지하는 나약하고 무능한 왕의 모습만 보여준다. 이렇듯 왕의 나약하고 무

---

21) 토끼전. p.478.

능한 점은 용궁에 잡혀온 토끼에게 희롱당하면서 심화되어 나타나고 있다.[22]

용왕은 자신의 권력이 절대적인 것으로 착각하고 명령한다. 그러나 토끼는 교묘한 지략으로 위기를 모면하려 하고 그 결과 왕의 위엄은 간단하게 무너진다. 토끼의 꾀를 알아차린 자라가 당장 간을 낼 것을 주장하나 간언을 물리치고 토끼에게 처사라는 호칭을 붙이며 향연을 베풀어 극진히 대접한다.

忠과 不忠을 구별하지 못하는 어리석고 무능한 왕은 오늘이나 예전이나 그를 속이려는 자에게 희롱당하는 것이다. 일개 산중 미물인 토끼에게 희롱당하는 용왕은 신성불가침의 존재가 아니라 서민의 비판의식에 의해 풍자의 도마에 올려진 존재인 것이다.[23] 자신의 생명 연장을 위하여 서민의 생명을 충이란 미명으로 강요하는 왕권의 절대성에 대해 조롱하고 풍자함으로써 봉건적 속박을 거부하고 평등을 주장하는 민중의 의지가 반영되어 있다.

2) 모순성, 불합리성에 대한 풍자

烈女不更二夫는 忠信 不事二君와 함께 조선왕조를 지배하던 유교 논리였다. 성종 8년에는 과부의 개가 금지가 정법화되어 이를 위반하는 부녀의 자손은 관직에 임용이 안 되었고, 문과, 생원, 진사시에 응시조차 할 수 없었다고 하니 지나친 여성의 희생이었다.

수절과부는 동전을 굴려 가면서 본능적인 정욕을 억누르며 고통을 참아내기도 하였다.

---

22) 위의 책, p.503.
23) 인권환,「토끼전의 서민의식과 풍자성」, 이상택, 서대석, 성현경 편저『한국고전소설』, 계명대 출판부, 1987, p.288.

10여년 동안에 굴리는 회수가 줄어들더니 십년이 지나고 부터는 닷새에 한 번 굴리거나 열흘에 한 번 굴리게 되더라. 혈기가 이미 쇄해져서 나는 다시 이 돈을 굴릴 필요가 없게 되었지만 그래도 겹겹이 싸서 잘 간직하고 있는 것이 어언 이십여년이구나.[24]

라는 기록에서 보다시피 사대부 계층에서 단순히 가문과 문벌의 명예를 보존한다는 명목으로 여성에게 지나친 희생을 강요하였다. 이러한 봉건윤리의 폐습과 악법의 모순성 내지는 불합리성에 대하여 풍자한 작품이 『장끼전』이다.

이내몸 閑居한 지 삼 년이 되었으되 마땅한 혼처 없더니 오늘 그대 과부 되자 내 조상 와서 천정배필을 천우신조하였으니, 우리들이 짝을 지어 男婚女嫁시키어 有子生女하고 百年偕老女 하리로다.[25]

홀아비 장끼가 청혼을 하자 아래와 같은 이유(남자를 알고 살림을 할 나이를 내세움)로 허락을 한다.

까토리 하는 말이 죽은 낭군 생각하면 개가하기 절박하나 내 나이를 꼽아보면 불노불소 중늙은이라 숫만 알고 살림할 나이로다. 오늘 그대 풍신 보아하니 수절할 마음 전혀 없고 음난지심 발동하네. 허한한 홀아비가 예서 제서…… 옛말에 이르기를 유유상종이라 하였으니 까토리가 장끼 신랑 따라감이 의당 당한 상사로다. 아모커나 살아보세.[26]

---

24) 열녀함양박시전, p.358.
　　十年之間 歲減基數 十年以後 則或五夜一轉 或 十夜一轉 血氣旣哀 而吾不復轉 此錢矣 然吾猶 十襲之者 二十餘年
25) 장끼전, pp.78~79.
26) 장끼전, p.79.

까투리가 남편 장사를 지내자마자 개가하는 것으로 여성의 일방적 희생을 요구하는 여필종부 사상 내지는 불변이부 사상에 입각한 개가 금지의 불합리성을 해학과 기지로 신랄하게 풍자한 것이다.

3) 표리부동, 부패성의 폭로

극치에 달한 전근대적인 행정구조의 모순으로 특히 지방 목민관과 하급 관리의 뇌물수수를 통한 부정부패는 관습화된 악폐였다. 그리하여 첨예화된 송사사건을 다룬 작품과 나이의 많고 적음에 따라 상좌를 결정하는 '나이다툼'을 다룬 작품이 곧잘 나타나고 있다.

『서동지전』에서 다람쥐가 서대주에게 두 번째로 구걸을 갔을 때를 본다.

> 본디 우리서씨누천세에 당내지천과 원근제족이 경향각처에 분산유락하여 … 구년 신정과 경조상문이며 궁교빈족에 소요되는 재산이 매년 매월에 만여금이 지나가고 가중소솔과 상하노복이며 조상신령의 사시향화를 의논할 찐데 용도를 불가형언이라. 이러하므로 그대의 구청하는 바를 청종치 못하니 불여불문이요, 불여불청이라…… 모름지기 나의 부족이라 혐의치 말고 일후 다시 상종을 헤아리라.[27]

이에 앙심을 품은 다람쥐는 백호산군에게 서대주를 무고하고 백호산군은 형졸인 오소리와 너구리에게 서대주를 잡아오라고 한다. 죄도 없이 질린 서대주는 숨을 몰아 쉬고 식은 땀을 흘리며 형졸을 맞이하나 너구리가 뇌물을 바라고 서대주의 처소에 들어가기를 거절하자 오소

---

27) 『서대주전』(서동지전), 김기동·전규태 편, 서문당, 1994, p.11.

리의 손을 붙들고 사정을 한다. 서대주는 술을 대접하고 뇌물을 준다.

셔듸쥐로 더부러 좌정후의 달암쥐 긔송한일을 슈어 슈작하더니…… 쥬찬이 나오는지라 잔을 잡아 셔로 권할세 슈십배를 지난 후에 장자쥐 환각모반의 황금 이십량을 담아 부동지압헤 드리니 셔동지 황금을 가져 오슈리 앞으로 밀어 노흐며왈…… 양위별감은 겸으치 마고 나의 적은 정셩을 거두라 술대접과 황금을 받은 오소리는 그 댓가로,

이상과 같이 잘못도 없으면서 형졸을 두려워하며 뇌물을 주는 행위는 조선후기 민중이 겪어야 했던 경험적 현실이니 오늘과 다르다 할 수 없다. 또한 앞에서 지적한 허례허식에 많은 재물이 낭비되고 있으니 오늘날에도 경조사와, 결혼혼수의 문제, 과열과외비의 지출 등을 만국병으로 꼽고 있다.

또한 다람쥐는 그들의 저장한 곡식을 탈취한 것으로 허위 고소를 한다, 형리가 서대주를 잡으러 오자 거만하게 굴던 서대주에게

사령 더욱 더 대노하여 패를 던져 보이고 손으로 귓댁이를 치며 꾸짖기를…… 관령이 있는 줄 알았다면 그 어이 거역하겠습니까[28]

하며 태도가 돌변한다. 즉 당시 양반들이 서민에게는 위세가 당당하였으나 권력 앞에서는 어찌할 바를 모르고 위축되곤 하던 시대상을 풍자하고 있다. 사령들도 처음에는 당당하였으나 뇌물을 받은 후 완연히 달라졌으며 서대주는 관가로 잡혀가면서도 의관을 갖추고 갈 뿐 아니라 하옥될 때도 옥졸에게 뇌물을 주어 칼을 품고 있었는데 당시에 횡

---

28) 위의 책, pp.9~10.

행하던 벼슬아치들의 부패상을 폭로 풍자하고 있다고 본다.

『까치전』에서의 송사도 까치의 잔치에 초대받지 못한 비둘기의 분풀이로 연석에 나타나 까치를 죽게 함으로 야기된다. 그러나 암까치의 告變으로 결송하게 되자 많은 증인들이 훗날의 보복을 두려워하여 함봉하고 심지어 마을의 우두머리인 섬동지까지 모든 사실을 은폐하며 관속들도 비둘기의 뇌물을 받아 뇌동하여 결과는 비둘기의 무죄로 판결난다. 당시의 貧官汚吏와 결탁한 지배계층의 부패상을 폭로하고 풍자함이다.

『두껍전』에서도 상좌차지의 분란을 토끼가 질서의 명분을 내세워 나이의 많고 적음에 따라 상좌를 결정하기로 중재한다. 최고 연장자가 된 두꺼비의 흉칙한 외모에 대하여 여우가 물고 늘어지나 오히려 지배계층의 부패상이 적나라하게 폭로되니 다음과 같다.

여호왈 존장이 문학이 심상치 아니하거니와 실업시 뭇잡나니 존장에 쩝줄이 엇지 두툴두툴 하시니잇가 섬동지 답왈 소년에 외입하야 장안 팔십명 나위를 밤낮으로 다리고 지내다가 남의 몸에셔 옴이 올너 그리하도다……또무러 왈 그러하면 등이 굽고 목졍이 음츠러 졌스니 그난 엇지 한 연고니잇가 둑립이 답왈 평양감사로 갓슬때에 맛참 중츄 팔월이라 연광장에 노름을 비셜하고 여러 기생을 록의 홍샹의 쵸립을 씨워 좌우에 안치고 류방 하인을 대하에 세우고 풍악을 갓츄고 술이 대취야 논일다가 술김에 졍하에 떠러지며 곱사등이 되고 길든 목이 움추려 졌스매 지금ᄭᅡ지 한탄하되 후회막급이라……또문왈 존장의 덕밋치 벌덕벌덕 하시난잇가 둑겁이 답왈 너희놈들이 어룬을 몰나보고 말을 함부로 하기로 분들 참노라고 자연 그러하도다.

이러한 위트가 담긴 답변은 두꺼비의 흉한 외모와 부조리한 지배계층의 행위를 결부시켜 그 부패성을 폭로한 것이다. 80명의 기생을 밤낮으로 데리고 논 오입장이의 몸에서 옮은 옴으로 두툴두툴해진 껍질, 굽은 등과 움츠러든 목은 기생들과 노닐다가 술에 취해 계단에서 굴러 곱사등이가 된 평양감사와 결부되며 벌떡거리는 턱은 지배계급의 표리부동한 모습을 역설적으로 결부하여 현실을 올바로 이끌어 나가야 할 지배계층의 방탕한 생활을 신랄하게 비판 풍자한 것이라고 본다.

4. 풍자소설의 아동문학적 의의

앞에서 살펴보았듯이 조선 후기 풍자소설은 그 가운데에서도 동물 의인화 소설인 우화소설들은 봉건사회체제가 붕괴되고 근대사회로의 여명이 동트는 전형기적 격동기인 조선 후기의 시대적 상황에 대응하여 발달한 작품이라는 점에서 다음과 같은 의의를 지니고 있다.

첫째, 작품의 서술구조나 작품내 의식 세계에서 본격적인 풍자소설의 전통을 확보했다는 점이다.

다시 말해서 인물의 행위나 사건의 인과적 관계를 중심으로 한 서술체제를 지니고 있고 작품에서 지향하는 의식 세계가 도덕적 규범의 표창이라는 차원에서 특정 인물의 덕성이나 인간적 자질을 몇 특정한 일화에 의해 드러냄으로 후세에 계세징인적 효과를 거두려는 假傳과는 다르다는 점이다. 즉, 당대 사회에 나타나는 구조적 모순점과 지배계층의 위선적인 인간성에 대해 비판적인 시각을 견지하고 있다는 것이다.

둘째, 조선 후기의 점진적 변화에서 발생한 서민의식을 바탕으로 서민문학적 성격을 강하게 반영하고 있다. 이전의 소설들이 비현실적인 요소의 개입과 이원론적 세계관에 바탕을 두고 관념적이며 이상적인 세계관을 구가하는 양반 지향적인 것과 달리 서민의 생활과 인간의 순수한 감정을 사실적으로 표현하고 있다는 점이다. 즉 당대 사회의 구조적 모순과 지배계층의 부조리를 비판하는 서민 지향적 성격을 들 수 있다.

셋째, 한국 소설문학의 사실주의적 전통을 확보했다는 점이다. 물론 근대적 사실주의 그 자체에 도달한 것은 아니지만 예속적인 신분의 귀천이 아닌 현실적 능력에 의한 인간 평가의 기준을 두려는 인간 주체성을 중요시하는 근대 사실주의로 향한 강한 움직임을 이들 작품들은 확연히 보여주고 있다.

위 논의의 결과를 연결하여 볼 때, 그 풍자소설의 전통을 전래동화 등에서 이어 왔고, 아동문학에서 그 명맥을 이어 오고 있으니 소파 방정환에 이어 마해송, 이주홍, 그리고 조장희, 조대현 등을 들 수 있다.

흔히 풍자는 서구공격형이고 해학은 화해형이라 하여 자기를 낮추어 연민을 자아내게 하여 '태도의 변화'를 일으키는 것이라고 본다. 바로 이런 면 때문에 아동을 주 대상으로 하는 문학은 풍자를 있는 그대로 수용할 수 없기에 해학성을 지녀야 한다고 보인다.

아동의 발달 수준을 무시하면서 어른과 똑같이 읽혔을 때 아동이 받아들이는 것은 글 속에 숨어 있는 풍자성이 아니라 겉에 들어난 거친 언어나 언어표 면에 나타난 현상적인 것에 더 관심을 갖기 때문이다.

그러므로 아동문학은 풍자의 속성 중에서도 해학적인 것—긍정적, 여유적, 수용적, 화해적, 모성적, 감성적이며 밝은 면을 다룬—에 더 접근시켜야 풍요한 아동문학 확장에 보탬이 되리라고 보인다.

진정한 한국 민주주의의 발전을 위하여 풍자동화에 대한 작가들의 적극적 참여가 기대되어진다.

〈표1〉 여러 학자들의 풍자에 대한 정의

제창자	정 의	출전 및 게재지
Defoe, Daniel	풍자의 목적은 교정(矯正)에 있다. 인간에게 개심(改心)을 촉구(促求)하는 작업은 이제야 막다른 골목에 온 듯하다.	『The True-Born Englishman』
Johnson, Samuel	사악(邪惡)과 우행(愚行)을 고발하는 것	『A Dictionary of the English Language』
Dryden, John	풍자의 참된 목적은 악덕(惡德)의 교정(矯正)에 있다.	『Discourse Concerning Satire, A』
Pope, Alexander	진리 옹호(擁護)를 위임(委任)받은 신성한 무기요, 우행(愚行), 악덕(惡德), 오만(傲慢)이 두려워하는 유일자(唯一者)이다.	『Epilogue to the Satires』
Swift, Jonathan	풍자란 그것을 보면, 자기 자신 이외의 모든 사람의 얼굴을 볼 수 있는 일종의 거울이다. 풍자가 세상에서 수용(受容)되는 것도, 그것으로 화내는 이가 적은 것도 주로 이 때문이다. 풍자는 의(義)를 존중하는 경찰관과 같은 존재이다. 악인으로부터 의지할 수 없는 선인을 지키고, 선의의 사람에게 정도(正道)를 걷게 하고, 악인을 제도(濟度)라는 일은 드문 것.	『The Battle of the Books』 1728. 다시 제언
Pollard, Arthur	① 풍자는 이상의 수호자(守護者)다. 위대한 풍자는 확호(確乎)한 태도를 보이는 것이지만, 그것은 동시에 흔들리지 않는 가치관에 의해 보장되어야 한다(pp.3~4). ② 풍자는 처음(표면)은 칭찬하는 듯하나 통렬(痛烈)한 풍자를 그 속에 배치한다(p.65). ③ 풍자의 가장 정묘(精妙)하고 섬세한 필치(筆致)는 고상한 야유(揶揄)에 있다(p.76). ④ 풍자는 본질적으로 지성의 문학이다. 따라서 정서를 매개(媒介)로 하여 대상과 일체(一體)화하는 태도에서는 풍자 문학이 나오지 않는다(p.119). ⑤ 풍자는 사회적 문학 양식이다. 따라서 공공(公共)의 구별이 명확하지 않은 사소설(私小說)적인 문학에는 풍자가 발달되지 못한다(p.120). ⑥ 풍자는 산문・율문을 불문하고 절대 부조리(不條理)의 전영역(全領域)에 인정된다(p.34). ⑦ 풍자는 우의적(寓意的) 유사물 속에 놓여 있다(p.48).	『Satire』

〈표2〉 풍자의 톤(tone)

tone	학자명	정 의	출 전
wit (esprit)	피천득 (皮千得)	위트는 남을 보고 웃거나, 재치를 부리거나, 재빠르며 말이 날카로울 때 일어난다.	제37차 국제 P.E.N. 대회 강연고
	최일운 (崔逸運)	어떤 불리한 상황에 처하여, 그것을 신속히 자기에게 유리한 방향으로 전환시키는 언어나 행동을 뜻한다. 즉, 불리한 것을 유리하게 전환시키는 것이다.	『현대 문학』지 제240호. p.299.
	최재서 (崔載瑞)	문학적 발명이 적절한 언어와 결합될 때에 그것을 위트라 한다. 발명의 재주 그 자체를 의미하는 동시에, 그러한 재주의 언어적 표현을 의미한다.	『문학원론』 pp.345~346.
	Voltaire	어떤 때는 참신한 비교이기도 하고, 어떤 때는 교묘한 암시이기도 하다. 후자의 경우 어떤 의미로 표현하면서도, 그것과는 다른 의미로 이해될 여지를 남기는 언어의 남용이며, 전자의 경우 거의 공통점이 없는 두 관념 사이의 미묘한 관계이다.	가와모리 (河盛好藏) 『Esprit와 humour』 p.100.
Irony	Addison	진리는 가족의 창시자이며, 양식을 낳았다. 양식은 위트를 낳고, 위트는 쾌활이라 하는 인연이 먼 부인과 결혼하여 유머란 아들을 낳았다.	『The Spectator』 제35호
	Escarpit	감정적 도덕적인 색채가 없는 순수하게 지적인 것. 스페인어 ingenio(재능)에 해당하며, humour는 위트+α이다.	『Humour』 p.46.
	Goldsmith	위트는 인간성을 그 수준에서 끌어올린다. 유머는 그와는 반대의 역할을 하여 인간성을 그만큼 낮추는 것이다.	『문학의 현상에 대한 고찰』 p.9.
	W. Hazlitt	위트는 회화의 식물(植物)이 아니고 소금이다.	영국의 희극 작가에 관한 강연에서
	France	재치는 인간의 신, 천재는 시대의 신	France 속담
	A. Pollard	선명한 솜씨로 상대를 기습한다. 즉, 기지가는 검사(劍士)에 특유한 우아함과 준민(俊敏)함과, 그리고	『Satire』 pp.104~105.

	날랜 솜씨를 가져야 한다. 기지는 직절 간결한 구조를 가진 경귀 속에 즐겨 쓰인다.	
Escarp-it	대체로 무방비 상태의 한 사나이가 바보스럽다는 야수(野獸)들에게 놀림을 받는다는 집단적인 잔혹의 표시를 취하게 된다.	『Humour』 p.117.
Kierke-gaard	정신의 독특한 연마이며, 직접성을 추구한다. 그 뒤에 윤리적인 인간이 나타나고, 그 뒤에 해학가가 나타나고 최후에 종교적인 인간이 나타난다.	Escarpit 『Humour』 p.134.
Moreau	반어, 반어적인 사람이란, 이야기 속에서 현실성을 감소시키거나 낮추게 하는 사람이다. 자기 자신의 특성을 고백하기를 거절하는 사람이며, 자기의 지식을 무지의 가면 밑으로 숨기는 사람이다. 순수하게 묻는 듯한 태도로 끝맺는 사람.	Escarpit 『Humour』 p.107.
Escarp-it	유머 중에서 고뇌와 신경적인 긴장을 낳는 비평적인 면 즉, 지적인 면이다.	가와모리 (河盛好藏) 『Escarpit와 humour』 p.85.
A. Pollard	왜곡을 무기로 쓴다. 이 왜곡은 역전의 꼴을 취한 절대적 왜곡이다. 그러나 Irony는 역전의 형식만을 취하지는 않는다. 함축·암시 생략적 진술을 그 효과의 중심으로 잡고 있다. 표면상으로는 초연한 체하지만, 그 밑바닥에 깊이 파고든 격정을 품고 있다.	Pollard 『Satire』 p.106.
『세계문예사전』	그리이스어 eironeia에서 유래. 비꼬기·풍자·반어(反語)·진정인 체하여 상대를 야유하고, 칭찬하는 척하여 상대를 조소하는 것. 일반적으로 말하면 그 말의 통상 의미가 담화자의 생각과 정반대인 것 같은 표현 방법.	p.3.
『문예사전』	비꼬기·반어·그 말하는 바와는 반대의 의미를 내포한 언어를 쓰는 것으로서 보통 상찬(賞讚)·예의 있는 말로 꾸며 그 이면에 풍자·조롱의 뜻을 전함을 말한다. 상대에게 진의를 정면으로 나타내어서는 곤란한 경우, 짐짓 그 역(逆)으로 가려고 하는 수사법을 역어(逆語)라 하는데, 역어는 단순히 지식상	pp.3~4.

		의 희롱(戱弄)이지만, 이것에 독기(毒氣)를 내포한 것이 Irony이다. 정면에서 사람을 매도하기보다는 일층 더 효과를 노리고자 하거나, 그 풍자, 조롱을 받아도 그 받은 자가 화를 내려도 화를 내지 못하고, 기뻐하려도 기뻐할 수 없게 하는 것에 목적이 있다.	
조소 (Derisio-n) (Scorn) (Ridicule)	A. Pollard	기지처럼 온아(溫雅)한 것이라야 한다. 조소는 우롱과 비슷하지만, 그러한 면을 되도록 억제하여 사람을 그저 괴롭히는 야유로써 그것을 상쇄해야 한다. 조소는 그 어원이 보이듯이 본질적으로 웃는 풍자이다. 순수한 조소는 어디까지나 경쾌한 것에 머물러야 한다.	A. Pollard 『Satire』 pp.105~106
냉소 (Cynicism), 조롱 (Mockery)	A. Pollard	냉소와 조롱은 긴밀하게 결부되어 있다. 즉, 둘 다 깊은 환멸감에 뿌리 박고 있다. 그러나 이 둘은 때때로 밀접한 관계를 유지하여 나타난다. 냉소가는 빈 웃음 뒤쪽에서 인간을 풍자하지만, 조롱자가 토하는 말은 너무 염세적이어서 빈 웃음조차도 띄울 여지가 없다. 조롱자는 웃는 일이 있다 해도 실제 또는 대단히 불쾌한 고독의 기쁨에 젖어 있다.	A. Pollard 『Satire』 pp.105~106.
	Clark, A.Melv-ille	냉소자의 웃음은 모멸감으로 갈고 닦였지만, 조롱자의 웃음은 실망과 굴욕으로써 순화되어 있다.	A. Pollard 『Satire』 pp.110~111.
빈정댐 (Sarcas-m)	A. Pollard	빈정댐은 아이러니의 일종이지만 아이러니처럼 심원한 의미를 가지지도 않고 세련도 되어 있지 않다. 빈정댐은 그 본질적으로 보면 대화 중 부수적으로 쓰인다. 그리고 아이러니보다 조잡 야비하고, 이른바 둔도(鈍刀)에 해당한다. 빈정댐은 아량(雅量)도 모자라 가장 저급(低級)의 기지라 할 수 있다. 그리고 그 진상을 우리들이 미리 알고 있을 때 빈정댐은 효과적이다.	A. Pollard 『Satire』 pp.107~108.
통매 (痛罵; Denunci-ation)	A. Pollard	조롱이 제어하지 못한 노여움은 통매(痛罵)로서 나타난다. 통매는 풍자 중에서 가장 극단적이며, 상대를 정면에서 간단없이 공격한다. 통매는 공분(公憤)의 수단으로서의 역할을 스스로 맡고 나서는 때도 있다. 그러기에 통매는 가장 왕왕 개인 공격을 의도한 매언잡음(罵言雜音)으로 떨어질 때도 있다. 통매는 상대를 독설로써 퍼붓는 수도 있다.	A. Pollard 『Satire』 pp.111~112.

Burle-sque	A. Pollard	우습게 변작(變作)한 광시(狂詩), 광극(狂劇), 광문(狂文, Parody) 따위(희작), 품위가 얕고 우스운 짓을 섞어 넣은 춤이 많은 연극. 치기어린 인간을 대상으로 하며 일종의 대언장어(大言壯語).	A. Pollard 『Satire』 p.70.
풍간	공자 (孔子)	슬며시 돌려서 간함.	『공자 가어 (孔子家語)』
휼간	공자 (孔子)	직언으로 간하지 않고, 교묘하고 간사한 속임말로써 간함. 不直言而詭譎其詞使聞者自悟也	『공자 가어 (孔子家語)』
Fable	천이두 (天二斗)	① 어떤 가공(架空)의 세계에 가탁하여 실제 현실의 의미를 보다 집약적으로 반영시키고자 함. ② 우화(寓話)의 정신의 밑바닥에는 일상 현실에 대한 복수에의 의지가 깔려 있다.	『현대문학』 지 217호 p.281.
	사사끼 (佐佐木孝丸)	반드시 그 시대의 인간 생활, 사상 등에 대한 풍자와 시사(示唆) 등이 없어서는 안 된다. 그리고 거기서 추출되는 교훈을 내포하고 있어야 한다.	La Fontaine 『우화집』 서문
	세계 문예 사전	교훈적인 예화, 동물이나 기물(器物)을 인격화하여 만든 동화. 사건을 과장해서 만든 풍자 소설과 공통한 요소가 있다. 종래는 '이솝이야기'처럼, 처세훈이나 윤리 문제를 내용으로 하고 있었으나, 현재엔 사회 문제, 정치 문제를 다룬 우화가 나타나고 있다.	p.177
	구와야마 (Kuway-ama)	동물 이야기는 그것으로도 재미나지만, 보는 자가 인간 생활과 결부해서 생각하면 또 다른 가치가 일어난다. 이것이 풍자이다.	구와야마 (Kuwayama) p.131.
Humour	이은상 (李殷相)	활의 장이(張弛)처럼, 죄기도 하고, 풀기도 하는 그 사이에, 구속을 받고, 구속을 받지 않는 그 사이에 유머의 진면목이 있다.	제37차 세계작가대회강연고 『해학의 동양적 특징』
	이주홍 (李周洪)	유머의 소재가 되는 것은 저능을 조롱하는 것이 많다. 바보 사위, 바보 마누라, 바보 선생 따위이다. 그 다음으로는 창황 낭패와 긴장 실수의 경우, 무식	『한국 풍류 소담(笑譚)』 후기에서

| | | 이 빚어내는 실소, 체면으로 본심을 가리는 때, 속이 내다보이는 변명, 초점이 맞지 않는 억측, 기지, 돈지(頓智), 태연의 가장(假裝), 궁여(窮餘)의 고계(苦計), 인색, 열줄 허탈, 소중도(笑中刀)의 비꼼, 외고집, 자랑, 문자 오독(文字誤讀), 동음어(同音語)에서 오는 부회(附會), 희작(戱作)의 시화(詩話) 등이다. | |

(1998. 3)

참고문헌

■ 자료

김기동 편, 「필사본 고전소설집」, 아세아문화, 1980.
『까치전』, 김수환 교주본, 「문학사상」, 1974. 7.
김동욱 교주, 「한국고전문학대계」4, 교문사, 1984.
전규태 편, 「한국고전소설전집」, 수문서관, 1983.
김동욱 편, 「영인 고소설 판각본 전집」, 아세아문화사, 1980.
임명덕 편, 「한국한문소설전집」, 중화민국중화문화원, 1986.
김기동·전규태 편, 「서대주전」, 서문당, 1994.
소재영 편, 「한국풍자소설선」, 정음사, 1975.
「토끼젼」, 서울대 도서관 소장본.
「수궁가」, 박초월 창본.
「별주부전」, 국립도서관 소장본.
「다람의 쇼지」, 국립도서관 소장본.
「한국고전문학100」, 1-20, 김기동·전규태 편저.

■ 단행본

손동인, 『한국전래동화연구』, 정음문화사, 1984.
김태준, 『조선소설사』, 학예사, 1939.

이가원,『연암소설연구』, 을서문화사, 1965.
『미학사전』, 논장, 1988.
『세계문예대사전』, 성문각, 문덕수 편찬, 1975.
김용섭,『조선후기농업사연구』, 일조각, 1989.
이우성,『실학연구서설』, 역사학회 편, 1983.
김기동,『고전소설연구』, 교학연구소, 1985.
설성경, 박태상,『고소설의 구조와 의미』, 새문사, 1986.
안승주,『신한국사』, 학문사, 1978.
이정탁,『한국풍자문학연구』, 이우출판사, 1979.
장덕순,『한국문학사의 쟁점』, 집문당
이우성, 강만길 편,『한국의 역사인식』1,2 , 창작과비평사, 1989.
소재영, 김광순, 정규복 편,『한국고전소설연구』, 이우출판, 1983.

■ 논문
정학성,「우화소설연구」, 국문학연구18집, 서울대 국문학연구회, 1972.
조동일,「토끼전의 구조와 풍자」,『계명논총』8, 계명대, 1972.
황재군,「조선후기 의인체 우화소설의 근대적 성향」, 한국고전문학연구회,『근대문학의 형성과정』, 문학과지성사, 1983.
이어령,「해학의 미적 범주」,『사상계』, 64, 1958. 11.
인권환,「토끼전의 서민의식과 풍자성」,『한국고전소설』, 계명대출판부, 1987.
소재영,「한국풍자문학의 양상」, 조동일외 3인 편,『고전문학을 찾아서』, 문학과지성사, 1984.
최재서,「풍자문학론」, 조선일보, 1935. 10. 21.
이은상,「해학의 동양적 특징」, 제37차 세계작가대회강연고.
손병국,「조선조 우화소설연구」,『동아어문논집』, 동국대 국문과, 1982.
전수연,「우화소설고」,『한국어문학연구』, 15집, 이대국문과, 1975.
임성래,「두껍전연구」, 연대대학원 석사논문, 1981.
정하성,「서옥기의 소설사적 가치」,『한국고전산문연구』, 동화출판사, 1981.
김사엽,「웃음과 해학의 본질」,『어문학』, 2집, 한국어문학회, 1968.

불교동화에 나타난 민족 정체성 모색
―이청준의 판소리 동화를 중심으로

1. 들어가는 글

1) 왜 불교동화인가?

동화는 옛 이야기, 민담, 우화, 신화, 전설 속에서 추출된 전래동화를 선조로 그 본령이 초자연적·공상적 세계이다. 그리하여 그 특질이 "空想性과 詩的이요 抽象的인 것은 변함없이 지니면서, 서술에 있어서 소설적인 형태를 취하게 된 것"[1]이라고 본다. 그리하여 한 편의 좋은 동화는 성인에게도 잃었던 동심을 회복시키며 정서를 순화시키는 구실을 한다. 특히 그것은 자국의 작가가 쓴 모국어로 된 작품일 때 그 효용성이 크다고 본다. 『피노키오』나 『톰소여의 모험』을 읽으면서 동화로서의 가치와 문학성은 높이 평가하지만 정서적, 관념적으로 깊게 동

---
1) 이원수, 『아동문학입문』, 교육자료 Vol.100(서울; 교육자료사, 1965), p.221.

화될 수 없는 이유가 여기에 있는 것이다. 그러므로 감수성이 예민한 우리의 어린이에게는 우리의 동화를 읽혀야 한다. 우리의 정서와 인습과 풍토에 맞는 것으로 컴퓨터와 전자오락, 비디오에 길든 영상세대에게 과연 적당한 것이 무엇일까 살펴볼 때 다행히도 우리의 전통적 뮤지컬인 판소리를 들 수 있다. 우리나라 판소리[2] 이야기는 지난 한 시절 우리말의 참되고 아름다운 쓰임새뿐만 아니라, 우리 역사와 풍속, 전설, 종교와 예술, 산업, 지리 등을 총망라한 국민 종합 교과서 노릇을 해왔다고 본다. 무엇보다도 사람의 오묘한 됨됨이와 세상살이의 깊은 이치들을 기막히고 재미있고 요령있게 잘 드러내 보여 우리 삶에 귀한 지혜와 위안을 주었던 것이다. 그러나 오늘날 대다수가 어린 시절 판소리 이야기들을 대충 권선징악이나 인과응보 정도의 교훈적 이야기로 재미없고 고리타분한 옛날 이야기쯤으로 잘못 만나고 그 참값의 작은 부분만을 받아들이고 있는 것이 현실이다. 이때 기성소설 작가로 널리 알려진 이청준씨가 『서편제』에 이어 가족사랑의 소중함과 인생의 숨겨진 순환의 고리를 동화의 틀로 엮은 『할미꽃은 봄을 세는 술래란다』에 이어 "판소리동화"란 새로운 타이틀로 흥부가, 수궁가, 심청가, 춘향가, 옹고집타령을 엮어내었다. 이에 나타나는 우리 민족정서를 살피다 보니 그 동안 미처 보지 못하였던 내면적인 종교적 배경을 엿볼

---

[2] 판소리: 중요문화재 제5호. 조선 후기에 충청도와 전라도를 중심으로 발달한 민속악의 한 분야로 판소리는 한 사람이 서사적인 사설을 연창하되 몸짓(발림)도 하고 말(아니리)도 섞어서 하는 소리이다. 이때 한 사람이 옆에 앉아서 북을 친다. 노래하는 사람을 倡優, 廣大, 歌客이라하고 북 치는 사람을 鼓手라고 한다. 가객이 노래하는 것을 소리한다라고 하며 말하는 것을 '아니리한다', 발림을 잘하는 것을 '너름새가 좋다', '사체가 좋다'라고 한다. 판소리는 본래 마당놀이 때 길게 순서대로 짜서 부르는 놀음, 즉 판놀음 때 공연하던 것으로 판놀음에 부르는 소리라 하여 '판소리'라고 한다. 오늘날에는 다른 놀음과 공연하지 않고 판소리만 공연하는데 원래는 줄타기, 땅재주, 죽방울 등 여러 창우들의 놀음과 함께 판놀음으로 공연하던 것이다. 언제부터 시작되었는지 정확히 알 수는 없으나 삼국시대에 이미 창우들이 놀았던 것이 분명하며 특히 팔관회와 같은 불교의식 때 가무백회를 했던 것이 분명하다. 오늘날 전승되는 춘향가, 심청가들이 문헌에 보이기 시작하는 것은 영조30년(1754)에 유진한의 만화집에 200구의 시가 처음이다. 또 순조 때 송만재가 쓴 『觀優戱』에 판소리 12마당(춘향가, 심청가, 흥보가, 수궁가, 적벽가, 배비장타령, 변강쇠타령, 장기타령, 옹고집타령, 무숙이타령, 강릉매화타령, 가짜 신선타령) 등이 열거되었다.

수 있었다. 특히 그 중에서도 불교적 색채가 강한 것은 그만큼 우리 문학사의 큰 줄기를 불교사상이 점유하고 있다고 보는 것이다.

불교는 인도에서 발생하여 우리에게 전래한 외래사상이다. 그러나 우리 민족의 고유의 자연관, 다시 말해서 신에 대한 태도는 외래 문화 유입에 있어서 융통성을 보이고 있으니 唯一神 하나만 설정한 채 다른 神의 존재를 인정하지 않고 자신의 神만 믿으라고 타부족에게 강요하지도 않았다고 본다. 만약 그랬다면 우리나라의 역사도 역시 유럽제국처럼 종교적 갈등으로 인해 끊임없는 전쟁으로 피에 얼룩진 역사가 되었을 것이다. 그러나 우리나라는 많은 신을 서로서로 인정해 준 평화적 확장과 통합의 역사를 가지고 있다. 그래서 하늘에는 천신이 있고 바다에는 용왕이 있고 산에는 산신이 있는—적어도 신에 관한 한 평화 공존의 나라였다고 본다. 이런 원시신앙적 자연관이 무속신앙, 불교신앙과 아울러 많은 설화 속에서 끝까지 살아남아 민간에 전래하여 우리 문학과 사상에 크게 영향을 주어 그 흔적이 도처에 남아 있고 특히 우리 동화의 근간이 되었다고 할 수 있다. 그러므로 이 중에서도 한국 동화에 나타난 불교의식에 대한 연구가 곧 우리 민족 사상 연구의 일환이 된다고 본다. 본 연구에서는 먼저 한국 불교동화에 대한 선행 연구가 없으므로 불교문학에 대한 연구와 그 개념과 현황을 정리한 후 한국문화의 원본사고에 의하여 이청준의 판소리 동화 속에 내재되어 있는 불교의식을 분석해 보고자 한다.

2) 연구사 및 불교동화의 현황

불교동화에 대한 연구는 전무하고 불교동화란 개념 자체가 생긴 것도 최근의 일이다.

이렇게 아동문학에 대한 본격적인 연구가 미흡한 이유는 아동문학에 대한 무관심과 경시 풍조에서 비롯되는바 일본에는 50여 개의 아동문학 강좌가 개설되어 있지만 우리 나라에서는 대학에서 아동문학이란 이름으로 강좌가 행하여지지 못하고 있고 학위 수여자 역시 자리매김을 못하고 있는 현실이다.

불교동화라고 하는 것도 단지 불교의 성립에 대한 이야기, 싯다르타에 대한 전기문, 팔만대장경에 실린 여러 우화체의 이야기, 부처님의 전생에 대한 이야기, 절에 얽힌 이야기 등이 주이고 불교사상을 주제로한 작가적 창작동화는 몇 편에 불과하다.

그러나 1981년 이종기의 최초의 불교동화집 『부처님이 지으신 동화』에 이어 신현득, 그리고 이슬기의 팔만대장경 속의 환상적 이야기 소개와 최근 의욕적인 동화작가인 장경호, 최은섭, 그리고 동화작가모임인 '우리누리'의 작품들은 나름대로 불교동화란 장르에 새바람을 일으키고 있다고 보여진다. 또한 최근에는 불교아동문학회가 발족하여 불교아동문학상도 시상하고 있고 불교신문, 불교방송이란 대중매체를 통하여 바야흐로 불교동화의 정립이 시급한 현실이다. 불교동화에 대한 기존 연구가 없었으므로 먼저 한국불교문학에 대한 연구를 살펴 연대순으로 정리하여 본다.

1) 정운화,『고대사상에 나타난 불교사상』, 석박(이대대학원: 1962).
2) 황패강,『신라불교설화연구』, 일지사, 1975.
3) 김기동,『諸國文學의 불교사상 연구』, 아세아문화사, 1976.
4) 김성배,『諸韓國佛教歌謠의 연구』, 아세아문화사, 1976.
5) 김의숙,『고대소설의 불교사상연구』, 동국대학교 국어국문학과.
6) 김성배,『諸韓國佛教歌謠의 연구』, 아세아문화사, 1976.
7) 사재동,『불교계 국문소설의 형성과정연구』, 아세아문화사, 1977.
8) 인권환,『고려시대 불교시 연구』, 고려대 민족문화연구소, 1983.

9) 인권환,「불교문학의 개념, 영역, 형식, 전개」,『불교문학』, 창간호, 1983.
10) 조동일,「三國遺事說話硏究史와 그 문제점」,『한국설화와 민중의식』, 정음사, 1985.
11) 인권환,「심청의 인간형과 관음보살」, 김기현교수 회갑기념논총, 1995.
12) 인권환,「壅固執傳의 불교적 고찰」,『민족문화 연구』제28호, 고대 민족문화연구소, 1995. 12.
13) 박성자,『삼국유사소재 불교설화연구』, 이화여자대학교 대학원 석사학위 논문, 1995.

위와 같이 주로 설화와 시, 소설 위주의 단편적 불교문학 연구가 이루어지고 있는데 이제껏의 설화를 근간으로 도교, 유교, 무속신앙과 함께 용융된 불교적 사상 분석이 고작이었다고 본다. 이런 가운데 한국 불교문학의 이론을 학문적으로 개척하고 체계화시킨 이는 인권환이다. 그러나 한국의 정체성 확립을 위해서도 한국인의 최초의 체계적 종교인 불교와 그에 영향 입은 불교문학에 대한 심도 깊은 연구가 선행되어져야 된다고 본다.

예를 들면 인권환의 글「불교문학의 개념, 영역, 형성, 전개」에서도 그 문학의 영역에서도 주석, 수필, 기행, 민요, 금속, 희곡, 설화문학이라 하여 불교동화를 설화문학의 영역에 속하게 하였는데 그렇다면 순수 창작의 단계에까지 도달한 창작동화들은 어디에 포함시켜야 하는가 하는 문제가 발생한다. 그러므로 따로 '불교아동문학'이라는 영역 확보가 마련되어야 한다고 본다.

불교에 관련한 시중 3대 서점과 아동도서관, 史碩 이재철님의 자료를 찾아 다음과 같이 분류하여 보았다.

한국불교동화의 현황

번호	분류	제목	작가	출판사	내용	비고
1	절이야기	호랑이 꼬리에 지은 절	이준연	대원사/92	해인사, 수덕사 등 25절의 유래담	전통적 문화유산의식 강조.
2	팔만대장경의 이야기/부처님 이야기	연꽃마을부처님	이슬기	햇빛출판사/86	앉은뱅이공주, 아기 손바닥에서 나온 금돈 등 12편	인연과 비유의 부처님이야기
3		연등이 켜지던 날	이슬기	햇빛출판사/86	날아 다니는 아귀, 연꽃 속의 태자, 알에서 나온 백쌍둥이 등 18편	부처님이 계실 때의 이야기
4		부처님 우리들의 부처님	이슬기	햇빛출판사/86	하늘과 땅을 잇던 황금기둥 외 15편	여유 있고 훈훈한 마음, 환상적
5		연꽃성의 구슬왕자	이슬기	햇빛출판사/86	두 눈을 보시한 임금님 외 10편	희생, 인연의 가르침
6		제석천왕이 뿌린 꽃비	이슬기	햇빛출판사/86	사슴왕을 살린 얼룩사슴 (13편)	재미와 교훈
7		구름타고 온 정광여래	이슬기	햇빛출판사/86	왕비님의 젖, 고목나무의 씨앗(15편)	삶의 지혜
8		연꽃을 피운 바위	이슬기	햇빛출판사/86	하루만에 자란 나무 외 16편	어려움 극복의 슬기
9		부처님이 들려준 이야기	이슬기	햇빛출판사/86	사리불과 목련(13편)	인연, 진실의 소중함
10		사리불과 노래하는 나무꾼	이슬기	햇빛출판사/86	의좋은 거위형제(14편)	정신적 풍요, 말 한마디의 중요성
11		칠보비가 내리는 나라	신현득	지경사/91	고양이와 닭은 결혼이 안돼요 외 41편	동화의 바다인 본생경에서
12		자린고비 약먹이기	신현득	초롱/94	100가지비유담의 경전(실제는 98편의 우화)	백유경: 익살과 웃음과 지혜

번호	분류	제목	저자	출판사/연도	내용	비고
13	불경에 나타나는 옛 날이야기	부처님이 지으신 동화	이종기	범서출판사/81	작은 앵무새와 큰 불, 다섯무기 왕자님 외 6편	창작에 가까움, 본인의 색종이 삽화
14	창작소년동화	부처님 곁으로 간 소년	김문홍	교학사/1980	거두어 주신 만공스님과 함께 해탈한 소년	空사상성
15	창작동화	향기나는 바람개비	최은섭	동아출판/96	청암사 정랑을 아시나요 2편	순수창작의 단계(마음을 비움)
16	창작동화	아빠가 들려주는 불교동화/해탈꽃	고종관	장승/1992	게으름뱅이를 고쳐준 컴퓨터, 나무부처와 금부처, 나한이 된 불목하니(14편)	불성을 깨우치는 동화/명상, 법문, 선행을 가르치는 동화
17	불교역사와 고승이야기	지혜로운 바람이 들려주는 불교 이야기	우리누리	가리온/95	아기바람의 여행, 연꽃은 부처님을 닮았네(16편)	아기바람의 여행을 통해본 부처님이야기
18	순수창작	개구쟁이 신부님과 해를 맞는 부처님	박경선	벼룩시장/97	해를 맞는 부처님, 혼자 달리는 차(2편)	캐톨릭 신자가 쓴 불교동화
19	부처님의 이야기	생명의 저울	김경호 엮음	푸른문고/96	사슴왕의 희생, 물고기를 구한 상인(14편)	생명 존중의 주제별 동화

2. 이청준 판소리 동화에 나타난 불교의식 연구

1) 판소리 동화의 불교적 근간설화 분석

이청준 판소리 동화 5가지가 출간된 것은 신선한 충격이었다. 불교동화 연구를 위해 서점을 뒤지던 중 판소리 동화의 출간을 신문지상에서 본 대다수의 의식 있는 부모가 매장에서 자녀를 위하여 구입하는 것을 보고 훑어 본 결과 그 속에 용융되어 있는 불교의식을 발견하게 되었다. 우리 민족문화의 구비서사문학으로서의 판소리와 외래종교로서의 불교가 조선 후기 서민층에 일반화되었던 예술과 신앙이라는 점에서 밀접한 연관성을 지니면서 서민문화의 기층을 이루고 있다.[3] 그리하여 판소리의 담당층과 기원, 형성, 그리고 성격이나 사설 내용에 있어서 불교와 불가분의 관련을 맺고 있는 경우가 적지 않다.[4]

현재 불려지는 판소리 5마당 중 불교 원전이 명확하지 않은 것은 '수궁가'[5]로 六度集經, 生經, 佛本行集經에 수록된 本生譚에서 진화된 것이라고 보며, 근원설화적 측면이나 주제적 측면에서 불교적 작품으로 볼 수 있는 것이 '심청가'[6]와 '흥보가'로 '심청가'는 인도의 專童子說話 孝子 求親譚 등 불전의 開眼說話·佛供說話 등과 이들의 집적으로 '심청가'의 모체가 되었을 觀音寺緣起說話는 그 결구가 거의 같음을 볼 때 의심의 여지가 없다. 그리하여 주인공이 관음보살의 화신임을 이미 논의한 바이다.[7] 또한 '춘향가'에도 춘향과 이도령이 사월 초파일날 한날 한시에 태어난 것 등 월매가 만복사에 시주하고 정성으로 기원한 불덕으로 탄생하였고 출생 후에도 매년 두 번씩 제를 올려 춘향의 성취를 빌었으며 변학도에게 맞아 거의 죽게 되었을 때에도 만복사의 스님들이 도량을 소쇄하고 춘향을 위해 이몽룡을 전라감사나 암행어사로 점지해 달라고 축원하는데, 마침 이 어사가 남원으로 가는 중 이 광경을 보고 스스로 장원급제한 것이,

---
3) 인권환,「옹고집전의 불교적 고찰」,『민족문화연구』28호, 고려대 민족문화연구소, 1995. 12.
4) 이능화,「조선무속고」,『계명』19호(1927), p.44.
5) 인권환,「토끼전 근원설화연구」,『아세아연구』25호, 고대 아세아문제연구소, 1967.
6) 사재동,「심청전 연구 서설」,『어문연구』7, 어문연구회, 1971.
7) 인권환,「심청의 인간형과 관음보살」,『김기현 회갑논총』, 1995.

"선영의 덕인 줄 알았더니 부처님의 덕이로구나."

하고 불덕을 깨닫는 대목이 나온다. 이렇듯 만복사와 관련된 것을 이청준의 판소리 동화에서는 쏘옥 빼고 "비나이다. 비나이다. 하느님께 비나이다."로 고쳐 놓고 있고 "내가 과거시험에 장원급제를 하고 호남어사가 되어 온 것이 다 저 노인네 정성 덕이구먼"으로 변형되고 있다.[8]

또한 '옹고집전'은 불전인 남전본생경에 소재적 근원을 두고 排佛者懲治를 본래의 주제로 하고 있으니 장자못 전설류의 虐僧說話[9]와 쥐둔갑설화 및 초인형의 眞假爭主說話[10]의 결합으로 이루어진 것[11]으로 이미 밝혀진 바 있다.[12]

1968년에 최래옥은 많은 설화를 면밀히 비교한 끝에 "구전되어 많이 들어온 쥐둔갑형을 아마도 광대가 초인형으로 개작하여 장자못전설과 인과를 맺어 만든 것"으로 추측하여

　　　　장자못전설 + 쥐둔갑형 → 초인형 = 옹고집전

같은 도식으로 제시하였다.

위의 기원 설화와 그 내용을 표로 정리하여 보면 다음과 같다.

---

8) 이청준, 재미있는 판소리 동화 4, 『춘향이를 누가 말려』, 파랑새, pp.32~33.
9) 학승설화류, 전국적 분포를 보이는 장자못전설류로 구전 문서 등 138종이 보고됨.
10) 진가쟁주설화류: 1. 쥐둔갑설화류 7종 2. 柳濡游事件 과 柳淵傳 3. 태평광기의 關司法說話 4. 서유기의 요괴양삼장둔갑설화 5. 서유기의 양행자쟁주설화
11) 앞의 둘이 결합된 형태; 1. 구두쇠이리이샤설화(인도) 2. 本生經일이샤장로본생담 3. 금경쟁주설화(실사총담) 4. 진허가허사;(파수록):부묵자편, 서울대 필사본 32화. 『한국무헌설화전집』
12) 인권환, 전계서, p.172.

판소리 제목	이청준 동화의 제목; 해설/주인공	불교 기원 설화	풍요 회구 의식	윤회의식(순환과 재생의식: 인연)	비운(희생)의 사상
흥부가	"놀부는 선생이 많다" 한 인간 안에 선과 악은 분리되지 않고 합해지고 보태져야 인간 본래의 모습이 된다. 그것이 두 모습을 가진 하나의 얼굴이다./흥부; 놀부	賢愚經, 雜壁喩經의 설화	"부자가 될 좋은 집터 하나 잡아드릴 테니 말이오" 박 속의 것: 돈, 흰 쌀, 비단과 세간, 연장을 든 일꾼, 대궐 같은 큰 집	어진 사람 심은 박은 제비 은혜 갚는 박이요. 욕심쟁이 심은 박은 있는 재산 깨어져 나가는 고소한 쪽박이라./다른 짐승이나 미물로도 다시 태어날 수 없게 된다. 그러니…기회있을 때나…	흥부가 놀부대신 머리를 조아려 엎드리며 애원을 하기 시작했다.
수궁가	"토끼야, 용궁에 벼슬가자" 지혜롭게 사는 법을 찾아/자라같이 갈 것인가, 토끼같이 살 것인가. 좀 더 바람직한 삶의 모습을 질문과 함께 풀어가는 세상살이의 두 길/토끼;자라	육도집경, 생경, 불본행집경의 본생담	"…나쁜 운세를 피할 수 있겠소?" 집집마다 좋은 음식과 향기로운 약술을 마음껏 즐기고, 불로초 불사약으로 병없고 근심은 긴 한평생을 누리니…	네 이놈, 밤낮으로 남을 속이려 꾀만 부리고 살더니 그 꼴 참 잘됐구나. 이제는 속절없이 죽어야 할 판이구나.	마음속으로 어떻게 그의 목숨만은 구해주고 싶었다. 그런데도 그 방법을 알 수 없어…물었다.
심청가	"심청이는 뼈이든든하다" 사람다움을 표현하는 첫 번째 도리; 사람끼리의 약속을 지키지 못하면서 어떻게 부처님의 자비를 빌겠습니까?/심봉사;청이;임금	인도의 專童子說話 孝子求親譚 등 불전의 開眼說話・佛供說話; 觀音寺緣起說話	너도 인간 세상에서 전생부터 정해진 네 배필을 만나 행복한 삶을 누릴 때가 되었다. 곧 그를 만나 행복한 삶을 누리고 살 때가 되었다. 다른 시름	북두성에서부터의 혼약을 하고 내려와 이 땅의 사람으로 다시 만나게 된 사이… 오묘하고 깊은 부처님의 조화요, 은혜가 아닐 수 없습니다.	"행여 누구를 원망하거나 너무 슬퍼하지만 마옵소서…", "지난 날의 죄가 워낙 큰 처지에 네가 이리 살아온 것만도 백번 천번 감사한 일이

			이 없게 되더라도 어려웠던 네 옛시절과 이웃들을 잊지 말고 어진 마음을 잃지 않도록 하여라.……더욱 밝고 행복하게 살아가도록 힘쓸 것을 약속한다."		다.", "이것이 모두 부처님의 자비를 빌고 약속을 지키는 길이오니 나는 이대로도 백번 좋다."
춘향가	"춘향이를 누가 말려" 약속을 믿음으로 지키는 길/ 춘향; 이도령	만복사 관련 설화 (가장 희박)	희미한 내 혼백이 하늘로 올라가니 마침내 한 이상한 낙원이 나타났어요. 갖가지 꽃들이 사방에서 고운 향기를 뿜어내고 낮에도 별들이 아름답게 빛나는 선경인데 어느 큰 강물가의 호화로운 집안으로 들어가 있었어요."	"이 세상에 나온 해 달, 날짜까지 똑같으니 이런 신기한 일이 어디 있단 말인가."/오얏과 복숭아가 황홀한 꽃이 피어 그 인연을 따라 이도령이 춘향을 찾아온 것이다. 성씨가 오얏이 씨인 것이 더욱 그랬다.	"원통하고 야속한 들 이제와서 어찌겠어요. 힘 있는 벼슬자리를 얻어… 저를 구하러 오셨으면 더 좋겠지만 이런 모습으로라도 저를 찾아주셨으니 저는 이제 더 바랄 것이 없습니다.."
옹고집전	"옹고집이가 기가 막혀" 사람에 대한 이해와 나눔의 미/옹고집	남전본생경 : 장자못 전설 + 쥐둔갑형 = 초인형	어머님께 효도하고 이웃들도 잘 돌보아 가며 바르고 화목하게 살아 가도록 하여라.	"모든 것이 내가 너무 어리석은 탓이었어. 남의 말엔 도대체 귀를 기울여 볼 생각은 안하고 그저 내 생각만 옳다 우겨대기만 했으니. 어이그, 답답하고 어리석은 내 똥고집통!"	"저는 이제 아무 쓸모도 없는 인간이니 스님 마음내키는 대로 알아서 처분하여 주십시오… 이 지옥 같은 괴로움만은 그만 그치게 하여주소서. 차라리 이대로 죽어 없어지게나 해주십시오."

2) 판소리 동화의 근간설화와 불교의식 분석

(1) 유토피아(낙원·풍요 희구) 의식

위의 표에서 나타나듯이 주인공이 왜 하필 자라(거북)이며 토끼이며 변신의 존재가 쥐이며 짚인가?

이들 주인공들이 처한 공통 상황은 가난과 절망—어쩔 수 없는 두 결핍의 요소 앞에 놓여 있었다. 이때 자라는 물과 뭍을 연결하는 신의 대리인으로 김열규 교수는 희생의 동물로 해석하였고 정병욱 교수는 전세계 어촌에 널리 신봉되는 남근숭배의 상징으로 해석하였다. 즉 왕성한 생명력과 번식력을 상징한다고 보는 것이다.[13]

마찬가지로 토끼 역시 다산과 지혜의 상징으로 보여진다.

또한 심청전이나 수궁가에서 보이는 바다—물 역시 곳에 따라 여러 가지의 이미지를 가지는데 농경사회에서의 물은 대단히 중요하고도 친근한 생활공간의 우물, 시내와 연결된 것으로 바다는 "거대한 물"로서 그것 자체가 경외심을 불러일으키고 신앙의 대상이었다. 특히 삼면이 바다로 둘러싸여 있는 우리 나라 바닷가의 부족들은 용왕이라는 海神을 나름대로 설정하여 숭배하게 되고 하천 유역의 부족들은 河伯이라는 江神을 숭배하였다. 바다나 강을 배경으로 평화롭게 살던 그들은 얼마후 대규모 농경부족에 의해 흡수된다. 해모수와 유화부인, 김수로왕과 아유타공주의 결합이 이를 잘 설명해 주고 있다.[14] 또한 앞 판소리에 나타나는 풍요적 상황을 살펴볼 때 다음과 같이 정리된다.

---

13) 김열규, 「가락국기고」『국어국문학지』, 3집, 부산대, 1961, p.10.
    정병욱, 「한국시가문학사상」, 『한국문화사대계』, 고대 민족문화연구소, 1967, 참조.
14) 『삼국유사』 권1, 「기이제일, 2권」, 고조선 조.

흥부가―집터, 돈, 쌀, 비단, 세간, 대궐 같은 집
　　수궁가―좋은 음식과 향기로운 약술, 불로초, 불사약으로 근심 없는 무병장수
　　심청가―정해진 배필, 때를 만나 행복한 삶
　　춘향가―아름다운 선경, 이상한 낙원, 갖가지 꽃들 낮에도 별들이 빛나는 곳, 강물가, 호화로운 집안
　　옹고집전―효도, 이웃과 화목, 바르게 삶

　이상에서 살펴본 바와 같이 판소리 동화에는 민중들의 풍요 희구에 대한 소박한 마음씨를 잘 나타내고 있다. 이와 같은 풍요 희구는 민중들의 '내세의 풍요보다는 현실을 소박하나마 풍요롭고 근심 없이 살기 원하는 오랜 염원'으로 판소리라는 민중의 장르로 그들의 未分的인 상상[15]을 통해 투영되고 있다고 본다.

(2) 윤회의식(순환과 재생의식)

　앞 표에서 보이듯이 전 작품에서 불교적 인연에 대한 글귀가 빠지지 않고 보인다.
　苦盡甘來, 勸善懲惡, 事必歸正이라는 고대소설의 주제 역시 불교적 인연설과 무관하지 않다고 보인다.
　춘향이도 심청이도 흥부도 궁지에 빠진 토끼도 병에 걸린 용왕도 자신의 고집에 빠진 옹고집도 갈길을 잃고 방황하는 존재다. 즉 한용운의 '님'을 상실한 모습과 일맥 상통한다. 불교에서는 모든 것은 인연으로부터 생멸한다는 진리이니 이를 가리켜 '法身舍利偈' 또는 '緣起偈'

---

15) 미분화란 용어는 분화되지 않고 한데 엉겨 있음, 즉 혼돈의 의미이다. 이는 질서 이전의 것으로 개체의 분화적 도립이 있을 수 없는 '카오스적'인 것이다.

라고 한다. 석가도 인연의 원리, 인연의 진리를 체득하고 드디어 부처가 되었다고 하였다.

다시 말해서 인생이란 불행과 행복이 순환되는 순환체계를 가지고 있다는 것으로 단순순환과 복합순환의 양상을 띠고 있다. 순환은 사건내용의 순환 양상에 따라 아래와 같이 4가지 유형으로 나눌 수 있다.

이승과 저승의 순환형

순환형	이승과 저승(천상, 용궁)	변신순환형	꿈의 순환형	현실의 순환형
판소리 동화	심청가	옹고집전	다른 예 : 구운몽	춘향가, 수궁가, 놀부전
결핍과 충족이 반복되면서 의미가 강화됨.				

춘원의 因果思想을 살펴보면 인간의 윤회의식에 대한 좋은 설명이 될 것 같다.

……인과를 믿지 못하고 허망한 탐욕에 빠져 있는 인간의 생활에 하나의 암시를 주어 果보다는 因을 중시하게 하도록 쓰여졌던 작품이 춘원의 소설이다. 그는 작품에서 다루고 있는 비극적 요소를 因果的 悲劇이라고 했다. 그러므로 춘원이 작품을 통하여 민중을 계몽하는 것도 따지고 보면 善業을 쌓으려는 한 과정으로 보아도 타당할 것이다. 그리하여 자기 스스로 자기의 과거와 현재를 고찰하고 인과적 비극에서 벗어날 수 있도록 노력하고 있음을 알 수 있다.[16]

놀부도 어진 동생에 의해 그나마 목숨을 건지고 복된 삶이 허락되고, 용왕도 충성스런 별주부의 정성에 의해 병이 낫고 토끼도 산중에서 오

---

16) 최정석, 『춘원의 대승불교사상연구』, 동국대 대학원간, 1976, p.114.

래오래 편히 늙어 간다.

물론 춘향이나 옹고집, 청이도 행복한 결말을 맞는 것은 서양의 신데렐라나 백설공주에서 혹독한 벌을 받는 비극적 결말과는 구별된다.

그 이유를 타골의 말을 인용하여 동양과 서양의 문학사상을 표현하고자 한다.

불경에 나타나는 옛날 이야기를 엮은 불교동화 『부처님이 지으신 동화』(이종기, 1981)의 표지.

"서양정신은 계산하는 정신이고 동양정신은 암산하는 정신이다."

계산하는 정신이란 분석하고 증명하는 정신적 기질을 의미하고 후자는 종합하고 직관하는 정신적 기질을 의미한다. 서양의 이러한 기질이 근대 이후의 서양에서는 더욱 발전하여 서양의 사실주의적, 실용주의적 철학이나 문명을 낳게 했다고 보여지는 동시에 종교의식에도 작용하여 신은 있는가 없는가 하는 물음에서 그들의 기독교적 의식이 문학에 나타나고 있고 동양의 종합하고 직관하는 정신이 불교에 대한 기질적 성질로 한국문학에 나타난 것이 아닌가 하는 것이다.[17]

그리하여 전설이 비극성을 가지는 반면 민담, 판소리 동화에서는 불교적 인연, 연기설에 뿌리를 둔 순환적 사고에 의해 불행을 극복하면 행복이 오리라하는 희망적이고 긍정적인 세계관을 보여주고 있다고 본다.

---

17) 조연현,「한국문학에 나타난 불교의식」,『현대문학』(279호). 1977, p.299.

(3) 空의 사상(비움의 사상)

춘향가에서도 심청가에서도 기적은 모든 것이 더 다다를 곳이 없을 때에야 이루어진다.

춘향가 : "원통하고 야속한 들 이제와서 어쩌겠어요. 힘있는 벼슬자리를 얻어…… 저를 구하러 오셨으면 더 좋겠지만 이런 모습으로라도 저를 찾아 주셨으니 저는 이제 더 바랄 것이 없습니다……"
저는 어떤 모진 매질도 두렵지 않을 것이며, 죽음을 맞는다 해도 행복할 것입니다…… 서방님의 품에 안겨 마지막 죽음길을 간다면 저는 그보다 더 기쁜 일이 없을 것입니다.
수궁가 : "어쩔거나, 이 아까운 목숨을 어느 못된 인간의 뱃속에 장사를 지내게 될거나."
옹고집전 : "저는 이제 아무 쓸모도 없는 인간이니 스님 마음 내키는 대로 알아서 처분하여 주십시오…… 이 지옥 같은 괴로움만은 그만 그치게 하여 주소서. 차라리 이대로 죽어 없어지게나 해주십시오."
심청전: "……이대로도 백번 좋다."

이렇게 삶의 극한 상황 속에서 眞俄를 찾는 것이 모든 일체가 空으로 귀의해 버릴 때 구원의 길이 보인다.
사랑을 불교적 의미로 풀이한다면 다음과 같다.
1. 십이인연의 하나이다. 愛支, 구사론에서 남녀 십육~십칠 세 이후에 애욕이 생기기 시작하나 아직 음욕을 족함에 이르지 못한 때 성유식론에서는 다음 생을 받을 인연이 될 貪煩惱라 한다.
모두 임종시에 일어나는 탐애이다.
2. 남녀의 성욕에 근거하여 서로 사랑하는 연애, 처자, 명리애 등 좋

지 않은 마음에서 일어나는 것이므로 汚染愛라 한다.

3. 불, 보살 등이 중생을 구제하려는 것 같이 아무 데도 치우치지 않는 대자비심으로 순전한 정에서 일어나는 사랑, 이것을 不汚染愛라 한다.[18]

바로 옹고집도 자신의 자리에 대하여 온전히 비워졌을 때, 춘향도 불오염애의 경지에 도달하였을 때, 심봉사도 눈 뜨기까지도 포기하고 딸 만난 것으로 자족했을 때 결국은 과거에 그처럼 연연하던 모든 것까지도 모두 도달하게 되는 것이다.

모든 것을 비운 상태의 사랑은 문학작품에서만 아니라 우리 삶 자체에 안락해지게 하는 힘이 있는 것이다. 바로 흥부의 형제애가 그러하고 청이의 언사 하나하나가 그러하다.

3. 마치는 글

앞에서 불교 문학에 대한 연구사를 살피고 현재 불교아동문학의 현황을 간단히 요약하였으며 이청준 판소리동화에서 다루고 있는 5마당의 근원설화를 조사하였다. 또한 작품에 나타나는 불교의식을 여러 각도에서 살펴본즉 다음과 같은 결론을 맺는다.

첫째, 우리 삶의 귀한 지혜와 위안을 주는 판소리라는 틀에 세상살이의 깊은 이치를 기막히고 요령있게 잘 드러내고 있는데 그 판소리의 주체가 서민으로서 서민의 종교로 자리잡은 불교적 의식이 설화와 잘 접목되어 나타나는데, 서민이 통상적으로 염원하는 풍요 희구의식과 순환과 재생의 의미로서 윤회사상(연기설)이 나타나고 있다.

---
18) 불교사전, 동국대학교 譯經院, p.565.

둘째, 극한 상황에서의 돌파구로 空의 사상이 허무함으로 끝나는 비극적인 것이 아니라 희망적이고 긍정적인 세계관으로 받아들여지고 있음을 알 수 있다. 즉 현실순환형인 '수궁가', '놀부가', '춘향전'을 보더라도 현세구복적인 소박한 종교관으로 자리하여 한국적 상황에 적응한 불교의 증거로 보여진다고 하겠다.

셋째, 앞에서 제시한 창작불교동화에 대한 연구도 행하여질 때 오늘날에 수용되고 있는 불교의식에 대한 새로운 해석도 가능하리라고 보여지며 한국 아동문학에 대한 정체성 규명에도 일조를 하리라고 본다.

(1998. 8)

참고문헌

■ 단행본
1. 이청준, 『재미있는 판소리 동화』, 1~5권, 파랑새.
2. 황패강, 『신라불교설화연구』, 일지사, 1975.
3. 김기동, 『諸國文學의 불교사상연구』, 아세아문화사, 1976.
4. 김성배, 『諸韓國佛敎歌謠의 연구』, 아세아문화사, 1976.
5. 김의숙, 『고대소설의 불교사상연구』, 동국대학교 국어국문학과.
6. 사재동, 『불교계 국문소설의 형성과정연구』, 아세아문화사, 1977.
7. M.엘리아데, 『상징, 신성, 예술』, 박규태 역, 서광사, 1991.
8. ──────, 『종교형태론』, 이은봉 역, 형설출판사, 1979.
9. 김태곤 외, 『한국문화의 原型思考』, 민속원, 1997.
10. 윤이흠, 『한국종교연구』, 집문당, 1986.

■ 논문

1. 인권환,『고려시대 불교시 연구』, 고려대 민족문화연구소, 1983.
2. 인권환,「불교문학의 개념, 영역, 형식, 전개」,『불교문학』, 창간호(1983).
3. 조동일,「三國遺事說話硏究史와 그 문제점」,『한국설화와 민중의식』, 정음사, 1985.
4. 인권환,「심청의 인간형과 관음보살」,『김기현 교수의 회갑기념논총』, 1995.
5. 인권환,「壅固執傳의 불교적 고찰」,『민족문화연구』제28호(고대민족문화연구소, 1995. 12.)
6. 박성지,『삼국유사 소재 불교설화연구』, 이화여자대학교 대학원 석논, 1995.
7. 정운화,『고대사상에 나타난 불교사상』, 석박(이대대학원:1962)
8. 사재동,「심청전 연구서설」,『어문연구』7, 어문연구회,1971.
9. 이능화,「조선무속고」,『계명』19호, 1927, p.44.
10. 인권환,「토끼전 근원설화연구」,『아세아 연구』, 25호, 고대아세아 문제연구소, 1967.
11. 이원수,『아동문학입문』교육자료, vol.100 , 서울 교육자료사, 1965, p.221.
12. 김열규,「가락국기고」,『국어국문학지』3집, 부산대, 1961, p.10.
13. 정병욱,「한국시가문학사상」,『한국문학대계』, 고대 민족문화연구소, 1967.
14. 소재영,「삼국유사에 비친 일연의 설화의식」,『숭전어문학』, 제3호.

제2부
한국 아동문학의 근대를 위한 경주

한국아동문학사의 근대적 양상 고찰

1. 들어가기

최근 모든 문화와 예술의 측면에서 새롭고 전문적인 하나의 영역으로 분화시킨 측면을 언급하는 근대성에 대한 재조명을 아동문학의 영역에서도 살펴보고자 한다. 다시 말해서 계몽의 완성이라는 미완의 과제를 어떻게 완성시킬 것인지에 대한 고찰이다.

우리 나라에 근대의 싹이 움트기 시작한 것은 조선후기부터이며 1894년 동학 농민운동에 의하여 성숙되었다고 본다. 당시 민중들에게 널리 퍼졌던 동학은 실패로 끝난 뒤에도 여전히 겨레의 정신적 두께의 일부분을 담당하고 있었다고 보인다. 이 사실은 문학―특히 어린이를 위한 문학분야에도 무거운 의미를 부여할 만한데 나중에 현대문학을 주도할 인력의 양성에 크게 기여하였다[1]는 점과 현대아동문학의 물꼬를 틀었다는 점에서 주목하여야 한다고 본다.[2]

특히 초창기에 어린이를 위한 문학과 문화운동을 선도한 방정환이

동학의 뒤를 이은 천도교의 수령이었던 손병희의 사위라는 사실과 그가 1921년 천도교소년회를 만들었다는 사실, 또 천도교의 후원으로 우리나라 최초의 본격적 어린이 잡지인 『어린이』를 창간한 사실, 아울러 그가 펼쳤던 각종 어린이 문화운동의 지원을 천도교가 했다는 것은 지금은 쇠락하였지만 민족종교의 위력을 보여주고 있다고 보인다.

식민지 시대라는 특수상황과 외래문물과 함께 들어온 외래종교의 유입으로 '다종교 사회로의 이행기'라는 유별난 조건들이 종교와 문학의 유대관계를 강화해 주면서 근대아동문학의 양상으로 나타난다. 종교와 아동문학과의 밀월현상은 이 시기의 하나라고 할 수 있는데 기독교 계열의 『아이생활』과 천주교 측의 『카톨릭 소년』 등을 그 예증으로 들 수 있다.

2. 소파의 근대

방정환은 익히 알려진 바와 같이 '사람은 곧 한울님'이라는 천도교 사상을 실천하고자 노력하였다. 그러므로 그가 수호하고자 하였던 어린이관을 소위 '동심천사주의'라 불리우며 카프 계열의 작가들로부터

---

1) 육당의 선구적 위치; 19세의 나이로 『소년』지를 창간한 최남선은 '조선주의' 내지 '민족주의'를 아동과 아동문학에 심어준 최초의 사람이다. 그는 "우리 대한으로 하여금 소년의 나라라 하라. 그리하랴 하면 능히 이 책임을 감당하도록 그를 敎導하라"고 하였다. 이는 바로 민족의 현실과 미래를 한눈에 바라보았던 그의 역사관이었다. 육당의 출발은 소년들을 개화.계몽하여 그들에게 민족적인 召命을 다하게 하고 미래를 이끌어 나갈 힘과 용기를 심어주고자 한 데 있었던 것이다. 이어 『붉은 저고리』, 『아이들보이』, 『새별』 등 일련의 소년잡지 간행, 외국아동문학을 소개하고 독자 투고난을 두어 독자들에게 작품 발표의 기회를 주어 계몽성을 띤 신문화, 문예운동을 적극 전개하였다.
2) 근대성이란 '인간 개인의 개성이 존중되고 모든 생활을 과학적 합리적 견지에서 營爲함, 개인간에 새로운 형태의 사회관계를 발전시키는 탐구적이며 창조적인 정신적 태도의 발전'을 의미한다.
18세기 영정조시대를 전후하여 실학사상과 천주교사상을 기저로 봉건적 세도정치에 반발한 1811년의 홍경래란과 동학혁명 등에서 보이는 민권존중사상은 근대화의 박차를 가한 것으로 볼 수 있다. 특히 다분히 외부의 간섭에 의한 타율적 근대화인 갑오경장에 비하여 자율적 자각적 근대사상이라고 보인다.

심한 비판을 받은 것이 사실이다.

그렇지만 소파는 『소년』지를 창간한 육당이 지닌 유년 취향의 한계를 뛰어넘고 있는데 그것은 어린이를 한울님으로 파악하여 만인이 지향하여야 할 존재로 자리매김하고 있다. 그러므로 방정환의 문학행위 뿐 만이 아니라 당대 아동문학의 특징을 살피면 다음과 같다.

첫째, 어린이 문화운동의 차원에서의 인식으로 쉬 드러나는 '교훈적 주제의식의 과잉현상'이라는 한계를 보이게 된다.

그러나 한편 이러한 점은 문학적 생산행위가 문화적 접근에 기초해 있다는 확실한 증거로도 보여지는 것이다.

다음에 밝힌 생각의 일단을 보면 외국동화의 번안이나 동화구연가로의 활동 등 문학 행위의 의도를 헤아릴 수 있다.

"처음으로 괭이를 잡은 우리는 아직 창작에 급급하는 일보다는 일면으로는 외국동화를 수입하여 세상을 넓혀가고 재료를 풍부하게 하기에 노력하는 것이 순서일 것 같기도 합 니다."[3]

소파의 외국문학을 번안한 논리이며 그의 문학관인데 이 무렵 외국문학은 식민지 종주국이었던 일본을 통해 소개될 수밖에 없을 터인데 그것을 '우리나라 어린이 입맛에 맞도록 반죽을 해서 다시 만들기'란 원문의 뜻과 흐름을 손상시키지 않고 외국문학을 소개하여 재화작가로서의 훌륭한 본을 보인 것이라고 본다. 아울러 그가 일본 유학길에 만나 그에게 강력한 영향을 끼친 岩谷小波의 행적이 배여 있는데 이 점은 육당이 조선의 유대치가 되려했던 것과도 비견될 수 있다.

그렇다면 소파가 번안작품에서 말하려고 한 것은 무엇인가? 그의 번

---

[3] 방정환, 「새롭게 개척되는 동화에 대하여」, 『개벽』, 1923. 1. 불과 10년 가량의 문필생활 중 본격적 창작생활에는 전념하지 않았기에 그의 이름으로 남아 있는 순 창작물이라고는 얼마 되지 않는다.

안작품에서 볼 수 있는 일관된 특징은 권선징악과 풍자와 해학의 정신이다. 이것은 그의 작품이 사회교화와 민족개조를 의도하고 있었다는 것을 말하고 있으며 무엇보다도 가장 큰 근대적 의미는 '아동의 감성 해방'에 있었다는 사실이다.

둘째, 동화에 대한 장르 개념이 희박하다는 점이다. 이 점이 소파의 순수 창작행위를 말리는 요인으로 작용하였다고 보는데 과잉된 정서, 현실과의 유리, 주제의식의 경직성 등을 들 수 있다. 소파의 『만년샤쓰』를 예로 들면 무엇보다도 리얼리티가 부족하다는 점이다. 주인공의 어른스러움과 비현실적 행동을 구경하노라면 무엇보다도 口演을 염두에 두고 쓴 작품이라는 인상을 받는데 이는 문자언어로의 형상화에 실패하였다는 것을 의미한다고 본다. 또한 곤궁해지는 식민 경제의 모순을 도외시한 점에서 그만큼 부족한 현실 인식을 들 수 있다.

셋째, 동심주의적 어린이관은 『어린이』지를 통하여 확산되면서 그 잡지를 통해 등단한 작가나 후배들에게 영향을 주고 있다는 점이다.[4] 또한 『어린이』지의 표지화에 실린 서양 어린이의 모습에서 이국 취향의 면모를 짐작할 수 있거니와 이것이 동심천사주의의 외연으로 보인다.

식민지 현실을 정면으로 다룰 수 없었던 시대적 제반 특수성이 한국 근대문학의 현실적 조건이었던 것처럼 아동문학도 역시 같은 인과관계를 그대로 암시해 준다고 보인다.

---

4) 식민지 현실을 정면으로 다루지 않은 것이 소파의 의지였다면 여느 작가들도 그것을 모방 하는 데 노력하였다는 점을 들 수 있다.

3. 아동문학의 모판 — '잡지'

이 땅에 아동문학이 뿌리를 내릴 수 있었던 배경으로는 잡지를 들 수 있다. 이 또한 일본 어린이문학이 성장하는 과정을 흉내낸 것이라 보여지지만 초기 일본 유학을 다녀온 일문해 독자가 주류를 이룬 데서 오는 피할 수 없는 추세이리라. 예를 들어 『어린이』지는 『소년세계』를 『신소년』지는 『소년구락부』나 『일본소년』을, 『아이생활』지가 『소년구락부』와 편집 체재가 닮았다는 사실은 편집자의 장르 개념과 아동문학관의 형성에 깊이 연루 되었을 터이다.

더욱이 어린이 잡지들이 대체적으로 동인지 성격을 띠고 있었으며 편집자와의 친분 관계에 따라 필진이 구분되기도 하였다. 당대를 풍미하던 사회주의 이념의 문학적 실천에 충실하던 『별나라』지는 당연히 프로문학을 추구하던 작가들이 지면을 채워 나갔다. 심지어 『어린이』지까지도 한때 '쇠망치를 든 로동소년을 겉딱지로하여 살기등등한 편집'을 한 적이 있을 정도로 자신들의 잡지 외에는 맥을 못추게 만들기도 하였다. 이러한 움직임은 아동문학이 처했던 문화적 환경을 증거하는 것으로 문학이 사회적 제도의 하나로서 근대 당대의 현실로부터 자유로울 수 없었다는 평범한 진리를 재확인시켜 준다.

마해송이 1931년 「토끼와 원숭이」를 발표한 것은 근대아동문학사상 아니 근대 한국문학사상 유념할 만하다. 불과 18세의 나이로 1923년 『샛별』지에 「바위나리와 아기별」을 발표하여 문학적 천재성을 자랑한 그였기에 성격이 판이한 작품을 썼다는 것만으로도 관심을 끄는것이었다. 개인사적 아픔을 문학적으로 형상화한 「바위나리와 아기별」은 당대의 작품이라고 보기에는 놀라울 정도의 환상적 요소, 치밀한 구성, 탁월한 장면 묘사, '말하기'라기보다는 '보여주기'에 치중한 작품이라고 보인다. 이러한 작가적 태도는 방정환문학을 단숨에 초월한 경지로 비로소 동화가 구연의 수준을 넘어 '읽기의 차원'으로 편입되었다고 볼 수 있다.

또한 '별이 천계에서 추방당하는' 전래 모티프를 적절히 반복함으로 독자의 시선을 끄는 것이나 '계모형 모티프'를 차용한 「어머님의 선물」을 같은 해에 발표하고 있다. 동화가 민족 전래의 심리적 원형을 탐색하는데 쓸모있는 장르라면 마해송은 동화의 문학적 효용을 제대로 찾은 것으로 볼 수 있다. 1933년에 발표된 「호랑이와 곶감」역시 우리나라에 흔한 모티프 중 하나로 작가의 개입을 절제하고 교훈적 요소를 문장안에 용해시킴으로 당대 카프 문학과 변별도를 유지하고 있다.

이해를 위해 마해송, 이태준, 강소천, 안평원, 기타 작가—채만식, 정지용, 이상, 윤동주 등이 발표한 동화를 다음과 같은 표로 정리해 본다.

작가	마해송	이태준	이주홍	강소천	기타
작품	『바위 나리와 아기별』;1923, 샛별』 『토끼와원숭이』;1931』 『어머님의선물』 『호랑이와 곶감』;1933』 『떡배 단배』;학원사;1964』	휘문고보재학당시인1924년 21세『휘문』제2호에 최초의 동화, 『물고기 이야기』발표; 습작기의 수준이나 문학적 재질이 엿보이며 어류의 의인화로 장차 그의 향방을 암시. 『어린 수문장』;1929,1, 어린이』『슬픈 명일 추석』;1929, 5, 어린이』,『쓸	첫동화『뱀새끼의 무도』;1925』,『가난과사랑;조선일보신춘문예 당선1929』 신소년에 실린 동화들—『청어뼉다귀』;1930』,『잉어와 윤첨지』;1930』,『뺏대어라관남아』;1930』, 아동극『圖畵時間』,『아버지와어머니』,『북행열차』,『군밤』,	16세에 동요로 출발 『버드나무열매』;아이생활,1930』,『닭』;소년,1936』 첫 동시집;『호박꽃 초롱』;박문서관,1941』,『돌멩이』;동아일보;1938』,『꿈을 찍는 사진관 ; 홍익사,1954』,『꽃신;한국교육문화협회,1954』『진달래와 철쭉』;다이제스트	*안평원;호;적파 『북극의 밤;신소년,1932』—소작농이 북간도로 이주하게 된 이야기.『꿀단지 : 별나라,1932』—주인공 소년이 아버지의 의식을 깨워주는 과정을 담고 있다.;인간과 조국의 해방을 강조한 나머지 당대 30연대

		쓸한 밤길;1929. 6, 어린이』『불쌍한 삼형제』,『눈물의 입학』, 일종의 시험적 유아동화인 『몰라쟁이 엄마;1931』와 마지막 동화『슬퍼하는 나무;1932, 7,어린이』	열차』,『군밤』, 식민지적시대상황—『개구리와 두껍이』,『호랑이와 벌』, 아동극『토끼눈알』등에서 민중의 적극적 대항과 각성 촉구를 위한 작품, 독재에 대한 적극적 대결양상 등, 경향적 작품으로 분류됨(당면 과제와 모순 제시하는 작가적 기질에서 비롯).	사. 1953』,『종소리『대한기독교서회;1956』,『어머니의 초상화』,『무지개;1957』,『인형의 꿈;새글집,1958』,『꾸러기와 몽당연필;1959』,『대답없는 메아리;1960』	어린이를 수염 난 어린이로 만들어 버렸다는 평을 받음.*채만식『쥐들은 고양이 목에 방울을 달러 나섰다.』,『소년은 자란다』,『어머니를 찾아서』-작가의 식민지 현실에 대한 치열한 고뇌가 담김.*이상『황소와 도깨비 : 매일신보 ;1937, 3, 5~9』라는유일한 동화 남김-그답지 않은 한국적 소재와 이야기 전개를 볼 수 있다.:죽음을 앞둔 한 인간의 자기 화해로 볼 수 있다.*정지용동시와 민속의 시화에 관심쏟음. 기층 민중의 삶에 기초한 언어가 항일의 무기로 동시를 통한 민족정서의 시
잡지와 연결된 경력	1920년대 문예지『여광』의 동인『문예춘추』의 초대편집장.1931년『조선일본사』의 사장 역임;조국 문학가를 위한 '조선예술상' 제정	조실부모하에 가난으로부터 떠돌이의식--일본에서의 유학조차 중단시 방정환의 도움으로 1929년 개벽사에 취직되어 안정되어 소설을 쓰며 『어린이』지 편집에 관여하면서 9편의 동화(고통스러웠던 어린 시절 삶의 소재)를 시를 쓰듯 즉흥적으로 써서 발표하게 된다.『문장강화』 저술.	심심풀이로 집필한 작품이 잡지에 당선됨으로 문학활동 시작1920년대 말『신소년』지 편집장이 되기도 함, 신소년의 성격과 상관관계 가짐.(계급의식 강조) 부산 지방을 활동 공간으로 지방문학의 활성화에 공헌함.	1930년 동요가『아이생활』에 실림으로 출발.『소년』에 동요『닭』으로 등단.	

근대적 문학관					
서정적 문체, 환상적 요소, 치밀한 구성, 탁월한 장면 묘사, 말하기보다 보여주기로 구연의 수준에서 읽기의 차원으로 편입. 전래 모티프 차용으로 민족 전래의 심리적 원형 탐색의 장르로 문학적 효용 찾음. 일제에 대항하는 저항의식, 풍자정신.	가난과 고아의식, 방황과 출향의식 등을 산견하게 됨; 이는 근대의 물리적 환경의 문학적 수용의 결과로 그의 성인소설에서도 줄곧 발견됨. 창작방법론이 생활 주변의 작품화라는 증표로 보임. 당시 민중이 처한 곤궁상―일제의 경제 수탈 자행되던 시기로 농민의 저항도 잇따른 시기; 엄정했던 현실인식; 작가의 입김을 철저히 배제하면서 하고 싶은 말을 다하는 것―상허의 장점; 문장의 중요성을 꿰뚫고 있음..	어린이 생활과 밀착을 통해 어린이를 동화세계로 끌어들인데 있음. 소재부터 어린이생활 주변에서 골라 썼으며 짙은 해학과 풍자를 구사하고 있음. 즉 현실을 바라보는 안목―일제의 간악한 식민경제정책, 토지조사사업의 실시를 통해 소작농의 대량 생산과 유이민화 현상 속에서 신음하던 농민의 고통을 다룸; 겨레의 근대적 정서적 일체화를 추구했던 작가의 의도를 해석하게 됨.	동화창작 동기; 자신이 살아옹 나라 잃은 고통스런 삶의 질곡을 이야기하고 싶은 충동감이 컸음. 그러나 자식을 두고 내려온 실향민이라는 숙명적 사실이 좌절당한 영혼의 안식처로 그의 문학관은 교훈주의 즉 어린이에 대한 지극한 사랑과 아동문학에 대한 관심으로 철저한 어린이다운 시각을 유지하고 있다.	화는 시대 상황에 맞서는 유일한 메카니즘으로 인식. 『해바라기씨』, 『신소년』,--원시적 질서가 유지되는 유년기의 몽상이 드러난 작품 『홍시』, 『찔래와 아주머니』, 『삼월 삼짓날』 *윤동주 지용을 사숙하여 지용의 편제조차 흉내냄. 지용의 감정의 절제를 터득한 윤동주는 심리적 변화를 시대적 상황과 대응시키며 성숙. 둘다; 창작 연도 미상의 『조개껍질』

3. 한국 근대아동문학의 고전적 유산

근대아동문학이 하루 아침에 하늘에서 발생된 것이 아님은 자명하다. 우리의 정서 속에 구전되어 오다 정착된 아동문학적 유산을 살펴보면 다음과 같다.

1. 讖謠로서의 동요—龜旨歌(김수로왕의 강림신화에 나타남—작품상으로의 최초의 동요로 봄), 薯童謠(문헌상 最古의 정착동요), 미나리요, 녹두새요 등

2. 민요—362형 중 197형을 동요로 볼 수 있다.

3. 신라 신문왕 때 설총의 花王戒, 임제의 花史도 설화 차원 의인 동화로 볼 수 있다.

4. 임춘의 假傳[5]인 麴醇傳, 孔方傳을 들 수 있다—높은 도덕성과 의인 수법, 세태풍자성[6]은 아동문학의 특수성과도 일치됨으로 오늘날 풍자동화와도 일맥상통한다고 보여진다.

5. 조선 후기에 정착된 판소리와 고대소설—후기 동물우화소설로 토끼전, 두껍전,[7] 장끼전, 황새결송전, 서동지전 또는 서대주전[8] 등의 풍자와 해학이 확연한 작품 등을 들 수 있다.

6. 최초의 어린이 인권사상이 건국신화인 단군신화의 홍익인간 정신에서 비롯된 人乃天, 事人如天사상이 정신적 유산이다.

---

5) 假傳: 고려 중기의 무신란이란 역사 환경에 대응으로 임춘이 첫 장르를 열게 됨—사숙하던 당 한유의 영향(중국 명대 徐師僧이 『文體明辯』에서 傳記를 史傳, 家傳, 託傳, 假傳 등 4종류로 나눈 바 있는 데서 비롯) ; 문학에 철학을 넣어 중국을 압도하는 경지의 격조높은 서사문학 장르로 이룩.
6) 이재철, 『아동문학개론』, 문운당, 1976, p.13~30. 아동문학의 특성:이상성, 단계성, 환상성, 교육성, 문화성, 원시성, 단순명쾌성, 생활성, 윤리성을 들고 있는바 올바른 역사의식과 아동관을 바탕으로 한 수준높은 예술성의 성인독자까지도 대상으로 한 아동문학의 모색으로도 볼 수 있다.
7) 노루의 잔치에 모인 짐승들의 웃어른 자리 대결 언쟁을 다룸으로 백성 억압하는 관료 풍자, 역설적인 대응으로 승리하는 결말을 보여준다.
8) 쥐의 소송사건을 통한 인간 사회의 단면 풍자 ; 게으른 다람쥐가 구걸하여 먹고 지내다 다시 이듬해에 구걸하다가 서대주에게 거절당하자 앙심을 먹고 허위 고발하는 배은망덕의 처사를 풍자하고 있음(대비된 성격으로 주제의 극대화).

4. 근대아동문학—민족정서의 전개 양상

앞에서 보는 바와 같이 한국문학사에서 아동문학의 근대적 수용은 국권 침탈기와 조선 후기 이후 급속도로 확산되었던 제도상의 해체에 민첩하게 대응하던 갈래상의 변화로 해석된다. 미처 준비조차 못한 채 밀려오는 개화와 주권 상실의 국면에 문학적 대응 문제는 언제나 첨단에서 현실 세계의 치열한 대결의식 그 자체였다고 보인다.

즉 일제의 식민지 정책의 잔혹성은 민족의 계급적 개편과 문학 담당층의 교체를 일거에 겨냥하였던 것이다.

육당과 춘원의 계몽주의가 가졌던 한계—주권 침탈 상황을 격파하기 위한 투쟁론에 합류하지 못하는 명분—를 소년계몽운동에서 찾으려 하였고 이는 소파에 의해 본격적인 문화운동으로 편입되었다고 보인다.

이와 같은 점진적 계몽주의자들은 당대 현실에 대한 인식이 부족하였고 그에 기초한 문학적 형식과 민족적 정서의 발견에 소홀할 수밖에 없었다. 이러한 문제는 소월 등의 작가에게 불면의 고통으로 물려졌던 것이다. 즉 당시 유행하던 왜식 리듬의 극복으로 민족적 정서를 7·5조에 담아냈던 것이다. 기계적인 왜식 자수율이 아니라 '호흡의 길이에 유념한 파격적인 리듬의 참값'—시에서 중요한 것은 자수가 아니라 한 뭉치의 어휘를 읽는 기간이라는 것을 발견하게 된다.

이농과 유민화 현상이 다급한 현실로 대두된 무렵 '시란 光景의 陰影을 보인 것'으로 파악한 소월은 전래적 가족 복원을 향한 의지가 담긴 작품을 쓰니 이것이 "엄마야 누나야 강변 살자"이다. 이것이야말로 소월이 보여준 민족 정서의 동시적 형상화라고 볼 수 있으며 그가 실천한 근대적 정신의 탐구 결과라고 보인다.

1926년 나라의 언어, 대대의 뿌리가 담긴 이름까지 빼앗기는 흉포화하는 파시즘에 저항하고자 치열한 문학적 대응 방안을 모색한다.

식민지 종주국의 동경으로 돌진한 이상은 백릉과 대척적 위치에 놓인다. 同時代에 대한 철저한 절망에서 배태된 그의 자아파탄은 가까운 인간관계마저도 자기 기만과 속임수로 파악하였다. 그래서 무수히 시도된 자살은 사실은 남들로부터 사랑과 동정을 받으며 '살고 싶은 한 인간'이었을 뿐이라고 보인다. 따라서 그가 보여준 부적응행동과 그것의 형상화인 소설들은 차라리 荊棘의 시대에서 살아남으려는 몸부림이었으며 인간의 실존적 한계를 알아차렸던 근대인으로서의 자화상인 풍자동화라고 보여진다.

> 죽게 되었던 황소가 다시 살아났을 뿐 아니라 이튿날부터는 입때보다 백 갑절이나 힘이 세어져서 세상 사람들을 놀래었습니다. 돌쇠는 더욱 부지런해져서 아침부터 백 마력의 소를 모며/도깨비 아니라 귀신이라도 불쌍하거든 살려주어야 하는 법이야." 이렇게 속으로 중얼거리며 콧노래를 불렀습니다.[9]

이상이 유일하게 쓴 동화로 동경에 건너간 후「종생기」등의 작품을 썼던 이상이 그런 자전적 소설과 판이한 동화를 말년에 남긴 의미는 무엇인가?

그가 처음 가장 순진한 모습으로 '하하하하' 소리내어 웃으며 황소의 등을 쓰다듬었다는 문장에서 죽음을 앞둔 한 인간의 자기 화해로 해석할 수 있다. 스스로 근대의식을 드러내고자 갖은 파괴를 일삼았던 그가 식민지 종주국의 수도에서 비로소 자기자신의 피식민지인이란 자각이 겨레의 민족적 심상인 도깨비의 神力에라도 의탁하여 변신이

---

9) 이상,『황소와 도깨비』, 매일신보—총독부 기관지, 1937. 3. 5~9. 연재

라도 하고 싶은 욕망—살고 싶은 욕망을 드러낸 것이리라.

바다, 산, 자아의 변주 양상으로 언어를 調字하여 감정 조절에 성공한 시인 정지용은 동시를 통한 민족정서의 시화를 당시의 상황과 맞설 수 있는 마지막 메카니즘으로 창출해낸 근대론자였다.

대단히 높은 정신적 경지의 산수시 속에 원시적 질서가 평화롭게 유지되는 「향수」, 「고향」이 있고 민속의 시적 수용에도 남다른 관심을 쏟아 놓았다. 「홍시」에서 홍시 하나 남겨 둔 것을 "우리 옵빠 오시걸랑 맛뵐라구 남겨 뒀다."고 한 것이나 「찔래와 아주머니」에서 "앵도나무 밑에서 쑥 뜨더다가 개피떡" 만들어 먹은 것, 또 「삼월 삼짓날」에서 '중 중 때때 중'이라는 놀림말을 끌어 인용한 것이 근대적 민족정서의 일부라고 보인다.

오늘날 유일하게 남은 분단국으로서 우리의 기본적 자세는 지난날의 근대의 경험으로부터 다시금 가르침을 받아야 한다고 보인다. 그것이 어제의 근대가 오늘날의 진정한 근대화를 꿈꾸는 아동문학에게 던지는 과제라고 보여진다.

근대의식에 기준을 두고 한국아동문학사의 시대구분[10]을 다음과 같이 하여 본다.

고대아동문학사 ; 전통적 서사시대

1. **모체기**;고대설화시대—삼국시대, 통일신라시대, 고려시대—삼국사기, 삼국유사(박인량의 설화집인 수이전), 패관문학, 가전, 고려사, 불

---

10) 이재철, 『한국현대아동문학사』, 일지사, 1978, p.15에서 8·15광복을 전후로 다음과 같이 구분하고 있으나 1988년도에 설정된 것으로 아직도 '문학운동시대'로 구분함이 타당하지 않다고 보여진다.
아동문화운동시대(태동초창기/발흥성장기/암흑수난기)와 아동문학시대(광복혼미기/통속확장기/정리형성기/전환발전기)로 구분.
박상재, 『아동문학창작론』, 학연사, 1999, pp.45~64에서는 두 운동시대 구분을 없애고 태동초창기(1908~1922)/발흥형성기(1923~1940)/수난혼미기(1941~1950)/통속팽창기(1950~1960)/정리형성기(1961~1975)로 구분함.

교문학 등에 전래동화의 모태가 되는 설화가 수록됨(무가, 민요, 전승동요 등의 원형의 시대).

2. **태동기**—한글발생기;조선 전기—패관문학, 용재총화, 지봉유설, 골계전, 태평통재, 촌담해이, 금오신화, 열녀전, 임제의 소설, 원생몽유록 등에 아동문학적 요소가 용융되어 채록 수록되는 시기임.

3. **발흥기**;조선 중기, 임진왜란 이후 영정까지—운영전, 창선감의록, 군담소설류, 주생전 홍길동전, 박씨전, 설인귀전, 최치원전(집단 음송의 구전적 요소 내재됨).

4. **근대서사문학기**;근대소설 발생기;조선 후기—청대소설의 번역, 번안 춘향전, 연암소설, 장화홍련전, 옥단춘전, 창선감의록, 서포소설, 연암소설, 옥루몽, 흥부전, 두껍전(섬동지전), 장끼전, 토끼전, 콩쥐 팥쥐전, 등 고대소설의 난숙기로 고대소설의 대상에 아동도 포함되었음을 주시하여야 함(1983년의 서양식 인쇄술 도입; '박문국' 신설 후, 1908년 최남선의 '신문관' 과 '보인사' 설치).

근대아동문학사

1. **태동초창기**(1908~ 1922);六堂 1인 아동문학시대

    최남선의 공적
    ① 창가의 개발(1904)-7·5조 4행을 1절로 하여 67절(分節.對句.音數律)—창작동시의 기본형식이 됨(반달, 고향의 봄)—紀行, 歷史, 傳記, 童話 등을 唱歌形式으로 노래함.
    ② 한국최초의 아동잡지 발간.
    『소년』(1908~1911) 통권 23호;韓主國從

『붉스은 저고리』(1912~1913) 통권 12호;장르 구별을 보여준 어린이 잡지로 한글경어체.

『아이들보이』(1913~1914) 통권 12호;소년문학의 선구를 자처한 순수 어린이 잡지로 최초의 童話謠인 「남잡이가 저잡이」와 동화 문장의 「검둥이와 센둥이」가 실림.

『새별』(1913~1915) 통권 16호; 순한글경어체
③ 청소년 애호사상— '우리 대한으로 하여금 소년의 나라로 하라!'
④ 한국최초의 동요—「해에게서 소년에게」
⑤ 이야기노래;동화요—「남잡이가 저잡이」 등
⑥ 개작동화—「어진 환장이」
⑦ '어린이'란 용어 첫 사용—『소년』지 창간호 p.70(1914), 『靑春』의 序詩「어린이의 꿈」
⑧ 세계 설화 연구—인도의 『Jataka』 등.
⑨ 현대적 글짓기교육 실시—『아이들보이』에 「샹급 잇는 글꼬느기」
⑩ 꿈을 통한 소망의 제시—논설과 허구가 결합하게 됨.

2. 발흥성장기—小波의 시대

방정환의 공적(1989~1931)
① 천도교 교리의 실천—어린이 사랑
② 최초의 동화집(번역)—『사랑의 선물』(1922)
③ 어린이날 제정(1922)
④ 어린이운동단체 '색동회' 조직(1923)
⑤ 『어린이』지 발간(1923~1943) 통권 123권
⑥ 아동문학창작—동요:「늙은 잠자리」/동화:「만년샤쓰」/아동소설:「금시계」 등. 탐정소설:「동생을 찾으러」.
⑦ 동화구연가

⑧ 작가 발굴;마해송(1905~1966)—한국최초의 창작동화작가.「바위나리와 아기별」
　　　　　　　　　— 최초의 창작동화집『해송동화집』
　　　　　　　　　(개벽사, 1934)
　　　윤극영(1903~1988)—한국 최초의 동요작곡가「반달」,「설날」
　　　　　　　　　—한국 최초의 동요작곡집『반달』
　　　　　　　　　(1926)
　　　한정동(1894~1976)—최초의 신춘문예 당선(1등), 동요시인;「소금쟁이」
　　　윤석중(1911~)—최초의 작품집『석중동요집』(1932)
　　　　　　　　　—최초 동시집『잃어버린 댕기를 찾아서』
　　　　　　　　　(1933)
　　　서덕출(1906~1940)—동요「봄편지」
　　　이원수(1911~1981)—동요「고향의 봄」/장편아동소설, 장편동화 문학의 완성자.
　　윤복진—『아기별』
*김영일과 박목월에 의해 자유동시 주창(1937).

3. **암흑 수난기**(1940~1945);임인수의『아이생활』시기—일제 민족 문화말살정책으로 암흑기

① 마지막 남았던『아이생활』도 폐간 후1944년 후—육필회람, 등사판 잡지『동원』,『파랑새』,『초가집』등으로 불씨를 살려 나감.
② 이러한 암흑기에 이구조의『까치집』(문천사, 1974)
③ 강소천의 동요시집『호박꽃 초롱』(박문관, 1941)
④ 노양근의 장편소설『날아 다니는 사람』(1938/어깨동무;1942) 등 간행.

4. 광복혼란기;(1945~1950); 좌우익대립시대와 아동문학잡지시대
   ① 좌익—조선문학동맹 아동문학위원회;새
     　동무, 별나라, 신소년, 아동문학』　　의 좌우익 대립 양상과
   ② 우익—조선아동문화협회;소학생, 소년,　아동문학지 양산.
     　어린이, 어린이나라, 아동구락부
   ③ 김요섭, 김진태, 어효선, 이종택의 등단
   ④ 주요섭 소년소설집;『웅철이의 모험』(1945)
   ⑤ 박목월 시집;『초록별』(1946)
   ⑥ 이주홍 동화집;『못난돼지』(1946)
   ⑦ 권태응 시집;『감자꽃』(1948) 출간.

5. 통속팽창기(1950~1960);통속대중소설기—동란 이후 순정, 모험,
   　　　　　　　명랑, 탐정소설 등의 확산.
   ① 문단의 재편(월남, 월북작가).
   ② 한국아동문학회(1954)와 한국동화작가협회 발족(1957).
   ③ 마해송의 풍자문학
   ④ 현실의식집착의 이원수.
   ⑤ 꿈의 문학으로의 강소천—순수아동문학의 완성자
   ⑥ 신춘문예 관문으로 등단한 신지식, 이영희, 정주상, 장옥순, 윤사섭,
     황영애 등의 중추적 활약 예고.

6. 본격문학기(1961~1976)[11];4·19혁명와 5·16정변으로 격동의 시기
   ① 주체의식이 생기고 본격동시동화운동에 바탕을 둔 본격문학으로 자리

---

11) 이 시대를 이재철, 박상재 등은 「문학운동시대」의 정리 형성기로 설정하였으나 작품상으로 유추해 보건데 모든 장르의 다양한 발전과 구체적 이론, 평론의 활성화를 미루어 본격문학기로 보기에 부족함이 없다고 봄.

잡기 시작한다.
② 50년대 후반에 제도화된 신춘문예가 확립되어 유능한 신인, 최효섭, 최인학, 권용철, 유여촌, 조대현, 손춘익, 이준연, 남미영, 이영호, 김영자, 이현주, 권태문 임신행, 권정생, 정진채, 배익천 등이 다수 배출.
③ 유명무실했던 문학단체가 작품활동 중심체제로 변모하여 한국동화문학회가 동화문학의 효용성을 목적으로 설립(1968).
④ '한국아동문학가협회' 1971년 창립(회장:이원수, 부회장; 김성도,박경종, 박홍근).
⑤ 1971년2월 '한국아동문학회'(회장;김영일, 부회장;장수철, 박화목)가 재창립되어 선의의 경쟁을 통한 문단 활동이 활성화됨.
⑥ 각종 문학상 제정;소천문학상(1965), 해송문학상(1966), 세종아동문학상(1968), 한정동아동문학상(1969), 창주아동문학상(1972) 등이 제정되어 창작 의욕을 고취하며 작품 평가 기능 수행.
⑦ 아동문학전문지인 『아동문학』(조석기 발행), 『아동문학사상』(김요섭), 『현대아동문학』(박영환) 및 종합지 『햇불』(한국일보)—아동문학 이론의 정리와 원론적 비평 시도

7. 성숙발전기(1976~현재)

① 1976년 같은해 『아동문예』와 『아동문학평론지』가 창간.
② 1978년 휴간중이던 『새벗』 복간되어 비평 부재의 아동문단에 활력소가 됨.
③ 운문 활성화 시대에서 산문이 우위를 차지;중장편이 3책에 분재되면서 중장편류가 양산됨.
④ 1982 『새벗』과 『계몽사』의 장편 공모로 송재찬, 박성배, 이동렬, 이슬기, 김여울, 박상재, 소중애, 류근원 등의 신진이 대거 진출하였다.
⑤ 『아동문학개론』(1967)에 이어 『한국현대아동문학사』(1988), 『한국아

동문학작가작품론 상·하』(1991, 1997), 『세계아동문학사전』(1990)이 출간되어 한국아동문학으로서의 위상 정립.
⑥ 동인지 발간 등을 통한 동인의 활성화와 '보여주는 시'에서 '말하는 시'로의 변화 양상.
⑦ 사회 현실을 조명하는 실험정신이 깃든 작품 등—물질문명에 대한 고발, 민족 분단에 대한 통일 의지, 환경오염 문제, 입양아의 문제, 핵가족화에 따른 가족 붕괴 현상 등이 다루어짐.
⑧ 민족정서 함양을 통한 정체성 회복 즉 전통성 찾기 등의 다양한 주제가 다루어짐.
⑨ 1998년 서울에서 세계아동문학대회도 개최하는 등 한국아동문학의 위상 확립에 주력하고 있다—'한국아동문학학회' 결성.
⑩ 새천년을 준비하는 21세기적 구조론적 접근과 아동문화지인 『아침햇살』, 『시와 동화』, 『아동문학담론』 등에서 다루어지는 전문평론가의 독자 수용의 입장에서의 적극적 활동.
⑪ 아동문학 연구자들의 대거 등장—중국, 연변, 일본, 국내에서의 한국아동문학에 대한 석, 박사 연구자들이 분야별로 연구 진출.

6. 마무리; 한국아동문학의 씨앗

『서유견문록』에서 유길준은 개화란 '모든 것이 지고지순한 경지로 들어가는 것'이라 하였다. 서구가 현실적 충격으로 다가온 이래 동양에서의 근대화란 서구를 모델로 하는 것이었으나 아동문학에서만은 양상이 다르게 나타나고 있음을 살펴보았다.
일제에 의한 국권 침탈기의 아동문학은 이 나라 문학이 발전할 수 있는 모판으로 기초다지기와 그 바람직한 방향을 모색하는 데 바쳐졌다.

그들에게는 주권 회복이 신앙이었으며 이를 위한 마지막 남은 보루가 '아동문학'이라는 양날을 가진 칼로서 심층언어의 표출과 미래를 위한 수고를 아끼지 않았으니 초창기 아동문학가들의 수고와 희생을 보고 배운 후진에 의해 한국문학의 맥락을 이어 왔다는 점에서도 그 의의를 공인받아야 한다고 보여진다.

 그들이 보여준 문학적 의미에 대한 부족한 연구 등에 다시 한번 자성하며 시대와의 불화 속에서 나름대로 문학적 실천을 위해 헌신한 공과를 본받는 한국문학의 공부하는 자세가 절실히 요구되는 현실이라고 보며 이러한 정신사적 맥락―민족 심상의 원형을 찾는 민족 고유의 정서를 수용하는 방향으로 한국문학사는 제대로 쓰여져야 한다고 생각된다.

참고문헌

1. 이재철, 『세계아동문학사전』, 계몽사, 1990.
2. ────, 『현대아동문학사』, 일지사, 1999.
3. 최명표, 『균형감각의 비평』, 신아출판사, 1996.
4. 인권환, 『고소설사의 제문제』, 집문당, 1993.
5. 김영민, 『한국근대소설사』, 솔출판사, 1997.
6. 조동일, 『한국문학통사』, 지식산업사, 1986.
7. 권영민, 『개화기문학의 재인식』, 지학사, 1987.
8. 박상재 외, 『아동문학창작론』, 학연사, 1999.
9. 김병철, 『한국 근대 서양문학 이입사 연구』, 을유문화사, 1980.
10. 이수호, 『개화기 소설의 기독교적 요소』, 고대대학원, 1980.
11. 조신권, 「기독교가 한국근대문학에 끼친 영향」, 『총신』 5호 1983.
12. 신현득, 『한국현대아동문학사』略, 1999, 리포트.

임인수, 『아이생활』의 파수꾼
― 생명 사상의 불씨 심기

1. 누구인가?

"임인수를 말할 때 빼놓을 수 없는 첫째는 그의 암흑기의 아동문학 지하운동이다"[1]라고 유경환은 그의 업적을 압축해 보이고 있다. 즉 한국문학사에서 암흑기에 해당하는 일제말에 그 맥을 잇는 중요한 역할을 한 것으로 다시금 평가하게 하는 것이다. 그로 하여금 그러한 역할을 하게 한 힘은 어디에서 비롯되었을까? 이를 알기 위하여 그의 작품들을 재조명하여 볼 때 어린이 같은 순수한 시정신으로 세계를 바라본 인식의 방법에서 비롯되었음을 발견하게 되며, 은연중 오늘날 아동문학에서 가장 부족한 인간에 대한 탐구의식이 정신적 불씨로 남아 있음을 발견하게 된다.

---

1) 유경환, 『한국 현대동시론』(배영사, 1979).

1) 생애

玄石(九村) 임인수는 1919년 경기도 김포에서 태어나 1967년 마흔 아홉 고개를 고비로 돌아가기까지 동화, 동시, 소년소설 등을 발표하면서 주로 잡지 편집에 종사하였다.

1944년 조선신학교를 졸업하면서 시작된 시작활동은 『아이생활』, 『현대공론』, 『기독교문화』 등을 편집하면서 계속되었다.

13세 때 김포의 한 시골에서 아버지가 크리스마스 선물로 사다 준 『아이생활』이란 한 잡지가 그의 일생의 결정적인 영향을 주었으니 그 후 이 잡지의 애독자가 되었음은 물론 이후 윤석중의 童謠考選을 통하여 문단에 나오게 되었고 우리말 탄압정책에 의해 대다수의 발표 지면이 허락되지 않았을 때 유일하게 마지막으로 남아 아동문학인들의 산 요람이 되었던 『아이생활』이 종간되기까지 이 잡지의 마지막 편집동인이 되었다. 또한 그 흔적이 동란 등으로 모두 사라지고 없을 때 유일하게 그 자료를 보관하여 남긴 임인수에 대한 조명은 실로 한국 문학사 상에 남길 만한 업적이라고 보여진다. 『아이생활』과 함께 한 10여 년을 같이 자라고 늙은 일제 말기의 한 증인으로서의 삶을 새롭게 살펴보고자 한다.

동시 「봄노래」(『아이생활』, 1940. 4), 「겨울밤」(『아이생활』, 1941. 1) 등의 신앙시를 발표하면서 문단에 나온 그는 1944년에는 동인 회람지 『童圓』을 주재하면서 일제말 암흑기의 문학운동에 힘썼다. 아쉽게도 그 실체가 보존되지 못하여 유감이지만 『동원』은 우리문학사에 꺼지지 않고 타고 있었던 면면한 문학정신의 불씨였던 것이다(『童圓』에 대한 자료가 있으면 연락주세요).

제2집부터는 황해도 장연에 있는 이윤선을 移動編輯長으로 끌여들여 連疊편집 발행을 하게 하고 3집에서는 창작동화 4편, 동요 20여 편

등 전국 각지에서 모여든 동인들의 원고지 뭉치를 謄寫體로 필기하여 우송으로 각기 정독을 하고 평까지 붙여 다음 芳錄人에게 돌리었다. 활자화될 지면을 얻지 못하여 이렇게 까지 회람을 해가면서 정열을 나누던 그 천진한 문학적 행위는 오늘날 한국문학의 근간이 되었던 것이다.

그러나 이것마저 日警의 눈에 들어 발송한 회람지는 영영 돌아올 줄을 모르게 되고 평북 친구에게서 경고의 사신을 받게 된다.[2] 이처럼 일제 말기의 우리말 우리글 말살정책에 대항한 임인수의 호가 九村인 것도 그 의미에 팔도강산 방방곡곡에 회람지를 돌리던 그 저항정신을 엿볼 수 있다고 본다. 해방이 되자 햇빛을 본 식물처럼 회람지에 쏟았던 정열을 모아 다음과 같은 10권의 작품집을 남긴다.

詩로는 「간이역」(1956, 현대문학), 「소곡」(1956, 여원), 「바다로 가는 길」(1956, 여원), 「主는 저만치 계시었다」(1957, 현대문학) 등이 있고 많은 동시, 동요를 발표하였다.

동시집으로는 『종아 다시 울려라』[3] 『종이꽃의 기도』,[4] 동화 소년 소설집 『봄이 오는 날』[5] 『눈이 큰 아이』,[6] 시집으로 『땅에 쓴 글씨』[7]가 있다.

편역서에도 다음과 같은 것들을 들 수 있다.

『어디만큼 왔나』(동지사, 1949), 『이상한 풍금』(기독교 아동문화사, 1956), 『일본 명작 동화집』(보진재, 1962), 『세계 아동문학독본』(을유문

---

2) 임인수, 「회람지사건」, 『임인수 아동문학독본』, (을유문화사, 1962), p.344.
   이종성의 『파랑새』는 5, 6집 동사로 나오다가 이것도 일경의 마수에 걸려 들고 만다.
   임인수는 그때를 이렇게 회고한다.
   "고독한 세월을 붙들어 준 그때의 순진한 인간성과 그런 우정은 오히려 지금에는 찾아 볼 수 없는 그렇게 값있는 것이었다고 나는 생각하며 늘 그리워하는 것이다."
3) 임인수, 박홍근, 정상묵 공저, 『종아, 다시 울려라』 전3권, 교학사, 1964.
4) 임인수, 최일환, 전원범 공저, 『종이꽃의 기도』, 교학사, 1980.
5) 임인수, 『봄이 오는 날』, 대한기독교서회, 1949.
6) 임인수, 『눈이 큰 아이』, 종로서관, 1960.
7) 임인수, 『땅에 쓴 글씨』, 새사람사, 1955.

화사, 1965), 『어린이 세계전설』(대동문화사, 1965), 『한국동화선집』(김영일, 박화목, 이영희, 이원수, 임인수 공저, 전3권, 교학사, 1963).

기타 『글짓기를 위한 어린이 문학독본』(춘조사, 1962), 『성경이야기』(계몽사, 1961), 『유관순』(계몽서, 1964), 『임인수 아동문학 독본』(을유문화사, 1962) 등이 있다.

평론으로는 「소천의 동화」(『현대문학』, 1963. 5), 「아동문학의 문학적 의의」(『현대문학』, 1966), 「새로운 아동상을 찾아서」(『아동문학』, 4월호)[8]을 들 수 있다.

2) 연구사

임인수가 가지고 있던 아동문학에 대한 집념과 열정에 비하면 그에 대한 연구는 너무도 미미하다.

그를 다룬 연구를 찾아보면 다음과 같다.

1. 이원수의 첫번째 동화인 『숲 속 나라』에 대한 동화비평, 「새로운 아동상을 찾아서」에 대하여 이원수는 「아동문학프롬나아드」라는 글에서 동화와 소설의 상위점과 생활 동화가 동화소설의 분간을 모호하게 하는 영향을 주었다고 밝히고 있고 작중인물에 대한 아동상에 대한 평문에 대하여 감사하며 스스로 느끼고 있던 결함지적에 통쾌를 맛보기도 한다고 밝히며 반론을 펴고 있다.

그후 14, 15년 동안의 장편동화에 대한 충분한 검토 없이 '강인한 정신적 자세 및 용역으로써 치밀하고 용의주도한 작전을 기다려마지 않는다' 한 충고와 '현실성 없는 이상향'에 지나지 않는다는 평에 해방 직후의 상황에 대한 설명으로 해명하고 있다.

---

8) 이원수의 장편동화 『숲 속 나라』에 나타난 작중인물에서부터 작자가 그린 아동상에 대한 비평을 하고 있다.

2. 이재철은 작품세계의 특질을 이상적 현실주의, 기독교적 바탕과 부활의 사상 등으로 요약하고 있다. 즉 리얼리티에 입각한 현실성이 그의 작품의 근저에 깔려 있어 이러한 현실성이 그의 작품의 근저에 깔려 있다고 하였다. 예로 「불어라 봄바람」, 「바위가 모래되어」, 「개구리와 봄」을 들고 있다. 그러나 지나친 종교적 의도의 제시로 오히려 작품상 미학을 파괴하는 작품도 있다고 지적하였다. 예로 「크리스마스의 선물」, 「감나무골 이야기」를 들었다.

3. 최규창[9]은 「한국기독교시인론」에서 "임인수 시의 대상은 하나님 이지만 하나님 앞에서 더욱 거듭남의 생명을 얻기 위해 예수 그리스도를 찾아나선 것"이라는 지적을 하고 있다.

4. 김양호는 「임인수의 작품세계」라 하여 구촌 작품에 반복되어 나타나는 이미지와 기법, 메타포에 등장하는 원관념, 그 작품세계의 특질과 나아가서 그곳에서 해석될 수 있는 작가의식과 지향점을 『임인수아동문학독본』을 중심으로 살펴보았다. 즉 소생의 지평이며 의인화 기법을 통한 긍정적 사고의 지평과 인정의 지평으로 보았다.[10]

5. 한홍자는 1999년도 성신여대 박사학위 논문, 『한국기독교시연구』에서 그는 하나님 말씀에 사로잡혀 신학을 하였고 그러한 신학적 지식을 문학적 상상력으로 전환시켜 절대적 순종과 절대적 신앙 자세의 순수한 서정으로 표현하고 있다고 분석하고 있다.

3) 기독교 아동문학의 본질

『임인수아동문학독본』에 실린 동화 25편, 소설 1편, 동시 72편을 살펴볼 때 그의 작품에 기독교 사상이 주로 나타나고 있다고 해서 잘못

---

9) 최규창, 「한국기독교시인론」(대한기독교서회, 1984), p.90.
10) 김양호, 「임인수론」, 『한국아동문학작가작품론』, 서문당, pp.407~420.

이라고 지적할 수는 없을 것이다. 도스토예스키의 『죄와 벌』이나 단테의 『신곡』 등 대문호의 작품에 나타난 기독교적 사상을 잘못이라고 할 수 없는 것같이 작가 자신의 사상을 글로 표현한다는 것은 당연한 것이기 때문이다. 문학이 너무 목적주의에 빠진다는 비난을 감수하면서까지도 작품을 통해 신앙을 소유하게 하여 생명과 구원에 이르게 하는 것이 기독교 문학이기 때문이며 독실한 기독교 작가의 소명이기 때문이다.

그렇다면 과연 아동문학에 있어서 작가가 담으려 하는 자신의 신앙의식 가운데서도 기독교 의식을 담으려 하는 기독교 문학의 내용과 기능은 무엇이며 그 의미는 무엇인가 하는 점을 짚고 넘어가려 한다. 그리하여야 임인수의 기독교적 색채에 대한 원만한 해결이 가능하리라고 보여지며 현재 한국문학이 안고 있는 위기감과 방향 상실성 또한 이에 따른 무력감 그리고 문학 연구의 편협성을 극복하기 위해서라도 우리는 이 문제—문학과 종교의 상관성—를 진지하게 검토해야 한다고 본다.

이는 작가만의 문제가 아니라 책을 만드는 편집자에게나 비평가, 그리고 독자 모두에게 절실히 요구되는 긴급한 요청이기 때문이다.

흔히 내재비평적 논리에 의하여 종교와 문학은 전혀 별개의 것이며 종교문학이란 종교와 문학 모두의 독자성을 부인하는 시대착오적 발상으로까지 받아들여지고 있는 실정이다.

종교문학이란 신앙을 가진 작가가 쓴 護教文學일 뿐 진정한 예술은 아니라는 전문화된 현대인의 안목이 작용하고 있다고 본다. 특히 한국 기독교는 한국의 문화와 유리된 삭막하고 고독한 문화의 섬이다. 한국 교회는 한국문화라는 차원에서 고갈되고 있다. 그러나 이 문제를 통시적인 측면에서 조금만 더 깊이 고찰하여 본다면 종교문학 부정론이 결코 온당하기만 한 견해가 아님을 알 수 있다. 왜냐하면 여기에는 다음과 같은 시각의 편향성이 내재하고 있기 때문이다.

먼저 원시종합예술이 발생할 당시 문학과 종교는 매우 긴밀한 존재로 문학을 포함한 예술의 기원을 종교적 제의에서 비롯되었다는 것은 이미 명백하게 굳어진 상식이 되고 있다.

어떠한 나라 문화이든지 세계의 대부분의 문화 속에서 종교와 문학은 출현 당시에 서로 구별될 수 없을 만큼 밀접히 연결되어 있었던 것이다.[11] 또 문학의 성장과 발전 과정에서 종교가 중추적 역할을 하였다는 것도 기독교를 문화의 핵심 원리로 삼고 있는 유럽문학의 문학사를 살펴볼 때 부인할 수 없으리라고 본다.

가령 성서의 번역과 釋義, 그리고 성서 주석가로부터 시작된 유럽문학은 종교문학과 완전히 중첩되어 이후 세속적 문학에까지도 종교적인 다양한 형식이 지속되었으며 종교적 언어가 모든 주요 작가의 어휘 속에 배어 있다고 보인다. 문학비평 역시 실은 성서 해석학의 직접적인 소산이라는 점이 비평 기술의 병기고(Arsenal)는 성서 해석의 기준을 개략적으로 제시한 어거스틴의 『기독교의 진리』와 같은 해석학에서 비롯되었다고 한다.

개화기 문학은 그 출발에서부터 기독교와의 만남에서 이루어졌으니 당시 민족의식과 신앙은 별개의 것이 아니라 동일 차원에서 인식되었다는 점이다.[12] 개화의 물결을 타고 나타난 지식층의 민족주의는 당시의 사회적 정치적 정황으로 보아 사상적 지향이 민족의 "광명한 미래를 위해 민족적 이상주의로 귀결되었고 이같은 이상주의 실천은 민족을 위한 자기 희생의 형태로 전개된다. 이러한 이유에서 자기 희생의 윤리를 가장 적극적으로 제시하고 있는 기독교가 정신적 기반이 되었던 것으로 임인수『땅에 쓴 글씨』역시 당 시대에 성장하여 50년대에

---

11) Theodore Ziolkowski, *Religion and Literature in a Secuiar Age: the Critic's Dilemma*, The Journal of Religion, Vol. 59. Jan. 1979. p.18.

활약하게 되니 박화목『시인과 산양』, 김현승『김현승시초』의 신앙시와 함께 그전의 찬송가류의 수준을 넘어선 작품을 발표하게 되었던 것이다. 즉 그가 한국 최초로 신앙시의 조건[13]인 독자의 틀을 마련하는데 성공하였다는 점이다. 그의 시는 이처럼 '보이지 않는 손길'에 대한 인식에서 출발한다. 다시 말하면 '바라는 것들의 증거요, 보이지 않는 것들의 확증'에 그 바탕을 두고 이렇듯 사로잡힌 절대의 속박에서 자기 실존의 긴장을 체험하고 그것을 작품으로 변용하고 있다는 것이다.

다시 말해서 어린이에게는 말로 표현할 수 없을 정도로 힘든 것들이 많은데 대개의 부모나 작가들은 이러한 마음의 불안에는 관심을 두지 않고 눈으로 보여지는 현실적인 것들이나 당시의 정치적 현실의 도구로써 아동문학을 염두에 두었던 것이다. 그러나 어린이들에게 더욱 절실한 것은 부모에 대한 애정 문제, 미래에 대한 불안감, 죽음에 대한 공포, 형제나 친구간의 경쟁의식, 어린이다운 죄의식 등 어린이 자신의 말로 표현하기에는 힘든 여러 가지 심리학적 문제들이 산적해 있는 것이다.

또한 어린이 자신도 자신이 늘 착한 존재가 아니라는 것을 잘 알고 있다. 인간에게 존재하는 선한 면과 악한 면, 밝은 면과 어두운 면을

---

12) 김우규,「한국 현대문학 80년과 기독교」,『기독교 문학』, 1997.
   개화 시가에 나타나는 기독교적 시의 예 : 이등박문을 안중근과 암살하려던 우연준의 시 "앉을 때나 섰을 때나/앙천하고 기도하기를/살피소서, 살피소서/주예수여 살피소서", 고종 생신 송축시 "높으신 상주님 자비론 상주님/긍휼히 보소서/이 나라 이 땅을 지켜주옵시고/오 쥬여 이나라 보우하소서……"
   1800년대부터 활발히 번역, 반포된 우리말 성서가 그 밑거름이 되어 신학자인 탁사 최병헌의『聖山明鏡』(유불선의 종교 변론을 통해 구원의 도리를 밝힘), 안국선의『禽獸會議錄』(정치적 부조리를 통렬하게 풍자)― "전능하신 창조주 하나님께서 이 세상을 만드시면서 인간을 가장 거룩하게 만들어 지난날의 사람들은 천리를 순종하여 하나님께 가까웠지만 지금은 도덕과 인륜이 문란하여 금수만도 못하게 되어…… 인간이 회개하지 않으면 하나님께 아뢰어 사람이라는 이름을 빼앗고 이등마귀라는 이름을 주자는 짐승들의 회의", 이해조의『고목화』, 김필수의『警世鐘』(종교적 차원에서 성서적 구원관을 역설), 이상협의『눈물』, 이상춘의『박연폭포』, 백악춘사의『다정다한』, 반아의『몽조』등 성서의 내용이 적극적으로 다루어진 80여 편의 소설이 이를 입증하고 있다. 그만큼 개화 엘리트들은 기독교이든 아니든 간에 성서에서 저항의 동력을 찾으려 했던 것으로 보인다.
13) 김우규, 앞의 글, p.24. 신앙시의 조건으로 신앙을 자기 것으로 내면화하고 또 그것의 시적 표상을 획득할 수 있어야 한다는 점이다.『땅에 쓴 글씨』에서 이렇게 고백하고 있다. '보이지 않는 손길에 이끌림이여/임은 한상 나를 부르시도다…… 진작 나의 곁에 있으며/나와 함께 하시며 나로 더불어/숨결같이 하시니…… 한갈래로 서는 자리에서/임은 영영 피할 수 없음이로소이다'. (서장의 일절)

'어린이에게 해를 주지 않는 상징적인 형태'로 간결하게 다루어 주어야 한다. 인간의 기본적인 문제를 요점만 따서 이야기해 줄 수 있다는 것이 기독교 아동문학의 본질이다. 어린이가 알고 싶어하는 문제의 본질을 다루어 주기 때문이다. 그러므로 기독교 아동문학의 본질을 다음과 같다고 정의하여 본다.

첫째, 먼저 문학이어야 한다. 소재주의에 빠지거나 목적론적 무게를 감당하지 못하여 문학적 형상화에 실패한 경우가 기독교 아동문학의 빈약성, 그 이유라고 보인다.

둘째, 기독교적 세계관이 지배적으로 나타나는 작품과 그에 대한 집념이 작품세계에 구현되어야 한다. 즉 기독교적 관점에서 인간의 역사와 세계를 이해한 기독교적 사유의 문학[14]이어야 한다.

셋째, 어린이의 흥미를 끌 만한 내용으로 우주와 세계에 대한 이해의 폭을 확장시켜 주어야 한다. 기독교 문학이란 믿는 사람에게는 의미의 창고이지만 불신자에게는 무언의 벽일 수 있다. 상대주의와 배금주의, 무신론과 회의주의 속에 사는 현대의 아동들에게 잃었던 삶의 가치를 인식시키지 못하고 있는 한 기독교 아동문학의 책임을 다하지 못한 것이다.

넷째, 영상매체에 독자를 뺏긴 이 시대에 생명과 구원의 문학으로 독자의 관심을 회복시키고 활로를 열어갈 수 있도록 전문화된 장르로 아동문학의 위기를 극복하는 교두보가 되어야 한다고 보인다(예로 신앙심을 가진 아동의 위기 극복 과정의 동화).

---

14) 기독교적이란 교인이 아닌 信者(크리스챤)로서「기독교도다운 사람으로 기독교의 사상대로 행동하는 삶을 살아가는 이웃사랑의 도를 실천하는 신앙인이라는 말이다. 이러한 이웃사랑에 근거하여 자신뿐 아니라 남도 구원하려는 목적으로 쓰여지는 문학으로 하나님이 베푸신 달란트; 사명―소명의식으로 기독교 작가가 되려는 것이라고 보여진다(마태복음 25~30).

편의상 기독교 아동문학의 유형을 다음과 같이 나누어 생각해 볼 수 있겠다.

1) 절대자의 영광을 찬양하는 찬미의 형태 ; 가장 소박 단순한 차원으로 하나님이 우주의 주관자시며 섭리자임을 드러냄으로 독자들은 미처 깨닫지 못했던 신의 존재를 발견하게 한다.[15]

2) 예수의 십자가 구속 사건에 대한 직접적 표현이다. 인류에 대한 엄청난 사랑을 직, 간접적으로 전해야 할 사명을 가지고 문학적 구현을 한다.

3) 구원의 사상이 문학적 표현으로 작품에 나타나는 경우 ; 비기독교적 세계에서 비기독교인이 경험하는 온갖 사건들로 문학적 흥미를 잃지 않고 기독교적 신앙을 소유하게 된다. 믿음 소유와 영에 대한 소망을 갖게 해주는 것이다.[16]

이러한 내용으로 이루어진 기독교 아동문학은 불신의 시대에 믿음의 문학으로 불가능을 가능하게 하고 현재의 위기를 축복의 기회로 삼는 힘의 문학으로 지식의 문학은 사람을 가르치나 '힘의 문학'은 사람의 마음을 움직여 변화시키는 작용을 한다.[17]

그렇다면 인격과 인생을 변화시키는 기독교 문학의 힘은 어디에서 연유하는 것일까?

근본적으로는 생명과 진리의 말씀을 전하는 데서 오는 것이지만 그것은 사랑에 기초하고 있기 때문이라고 본다. 그러므로 기독교 아동문학도 역시 어린이에게 하나님의 사랑을 전하는 것일 뿐만 아니라 이웃 사랑의 마음을 가르치는 것으로 구원의 문학적 기능을 다할 수 있다고 본다. 또한 현 존재에 대한 근원적 불안―죽음에 대한 불안과 공포심

---

15) 강요열, 전게서, pp.26~27 참조.
16) Leiand Ryken, 최종수 역, 『상상의 승리』, 성광문화사, 1982, p.208.
17) *De Quincey, Essays on the Works of alexander Pope*, North British Reviw, August, 1984, 신춘호 외 번역, 『문학의 이해』, 선일문화사, 1986, p.18에서 재인용.

을 해결해 주는 점에서 살아 움직이는 문학이며 아동문학의 본질적 기능을 완수하고 있다고 보여진다. 『임인수아동문학독본』을 대상으로 앞에서 제시한 본질과 유형, 기능에 비추어 임인수의 아동문학관과, 작품에 나타난 특성을 〈표〉로 정리하여 보았다.

번호	제목	문학성 (계절감)	기독교적세계관 (기도교적 사유)	아동에 적합한 언어 (감각적+리듬감)	유형(찬미/구속 사건/구원의 소망/소재만)	비고
1	아빠의 일기	우수(4계절)	부족	특히 뛰어남	찬미/소재만	계절의 의미
2	밤돌이와 가을	보통(가을)	없음	우수	미미함	용서의 의미
3	운동장	보통(여름)	없음	보통	미미함	양보의 의미
4	파리와 누나	우수(여름)	없음	보통	해당 안됨	잃은 동심
5	떡보이야기	우수	이웃사랑	우수	미미함	사랑의 실천
6	연	우수(겨울)	없음	우수	해당 안됨	38선을 넘은 태극연
7	베개아기	보통	없음	우수	해당안됨	동심의 순수성
8	불어라봄바람	우수:우화	미미	우수	미미함	봄의 이미지
9	피리부는 집	보통	미미;비유적		미미함	집짓는 비유
10	개구리와 봄	우수:우화성	지나친 우회성	우수	비약해석시해당됨	봄의 소식
11	아카시아꽃 그늘아래	보통	미미	우수	미미함	그리움
12	바위가 모래되어	우화성, 보통	자기 희생	우수	자기 희생	영원한 노래
13	대문없는 집	부족	집짓기		해당안됨	회상적
14	이름없는 시집	우수(가을)	계시록적	우수(꿈)	미미함	글자, 바다, 門
15	돋보기 안경	우수	잘 나타남	우수	성경읽기	동심 표현
16	땅위에 그린 그림	우수	지나친 우회성	난해함(꿈)	나무아래의 시인	봄날의 해
17	눈이 큰 아이	보통	없음	부분적 묘사 우수	해당 안됨	아동의 무서움, 불안에 대한 고찰
18	귀뚜라미와 방울벌레	우수	없음(서정성)	매우 우수	아름다운세상찬미	가을 추상

번호	제목	문학성 (계절감)	기독교적세계관 (기도교적 사유)	아동에 적합한 언어 (감각적+리듬감)	유형(찬미/구속 사건/구원의 소망/소재만)	비고
19	이상한 꽃	우수	없음	매우 우수	희생	피보다 더 고운 꽃
20	손님과 같이 온 꽃	우수	없음	보통(꿈)	해당 안됨	전쟁후의 평안
21	단풍잎 편지	우수(가을)	미미, 사랑의 세계로	우수(꿈)	미미함	언니 생각
22	파란장갑과 꽃버선	우수 (성탄절)	우수:크리스마스의 메세지 전달	우수(절묘한 의성의태)	사랑의 실천	누나의 동생을 위한 선물
23	산속에 오는 봄	우수,동물 과의 대화(봄)	소생, 부활의 봄	우수(반복의태)	구원의 소망	병들었던 할아버지의 소생
24	피리이야기	우수; 가을 소재	없음	우수	해당안됨	할아버지 담배 냄새가 나요.
25	호랑이와 담배	우수; 옛날 이야기체	없음	우수	해당없음	호랑이 만난 할아버지의 지혜
26	별들의 고향 (소년소설)	보통;올리버 트위스트 모방	우수:이웃사랑/ 원수사랑	보통	좋은나라에 대한 소망	성탄절날 '거리의 천사' 공연

2. 작품론

1) 아동문학관

앞에서 대략적으로 그의 생애와 작품집에 담으려고 하던 것은 과연 무엇인가 살펴보았다. 또한 앞의 표에서 자신이 작품 속에 구현하고자 하는 기독교적 형상들을 유추하여 보았다. 기독교적 가정에서 자라 신학대학을 나온 그가 그의 작품 속에서 구현하고자 했던 기독교적 세계관과 종교적 역사관이 아동문학관으로 형성되고 있는 것이다.

그 결과 그의 작품 속 아동상이 작가의 정해진 울타리 안에서 제한받고 있어 외적 조건으로는 다양한 수많은 아동상이 등장하고 있으나 비교적 좁은 범위에서 탈피하지 못하는 면이 보여진다. 그의 아동문학관을 잘 나타내고 있는 그의 작품 해설을 보면 다음과 같다.

"나는 어른의 세계와 어린이의 세계가 제각기 독립되었다기보다는 함께 얼크러져 돌아간다는 것과 톱니바퀴처럼 합치되어 돌아가야만 조화된 세계가 이룩된다는 사실을 야간 투영시켜 본 셈이다."[18]

그의 작품에서 그려지고 있는 아동의 생활은 독자적인 것이 아니라 성인의 생활과 결합된 형태로 나타나므로 성인과 친숙한 아동이 나오는 경우가 많다. 이것을 '아동에게 의도적으로 공동생활을 의식시키려는 그의 노력에서 나오는 결과'라고 보는 시각도 있다.[19]

이러한 작가의 有目的 태도는 동화에 있어서 환상성보다는 현실성을 택하게 되었고 그러므로 생활동화를 주로 쓰게 되었다고 본다.

또한 九村은 성인세계와 아동세계가 친화되는 곳에 기독교적 요소를 매개체로 다루고 있는 작품이 대다수로 「크리스마스 선물」, 「세가지 선물」, 「별들의 고향」, 「파란 장갑과 꽃버선」 등을 들 수 있는데 「감나무골 이야기」의 내용의 일부로 이해를 돕고자 한다.

"너희들 이 감이 어디서 난 줄 아니? 하나님이 너희들에게 선물로 주시는 거다. 그러니까 이 감을 먹을 땐 감사기도를 드려야 한다. 하나님 아버지 감사합니다. 맛있는 실과를 우리에게 주셔서 감사합니다. 하고"[20]

---

18) 임인수, 김영일 공저, 「만화선생」, 『한국아동문학전집』, 민중서관, 1965, p.4.
「만화선생」이라는 제목 아래 소제목으로 「금요일의 일기」, 「눈오는 밤에」, 「은종이와 동무들」, 「봄볕과 같이」로 짜여져 있다. 어른인 만화선생이 주인공이 되어 아이들의 이야기 를 이끌어 나가고 있다. 여기 '작품 해설'에서 임인수가 설명하고 있다.
19) 이재철, 『한국아동문학작가론』, 개문사, 1992, p.125.
20) 김영일, 임인수 공저, 『한국아동문학전집 7』, 민중서관, 1965, p.283~284.

확고한 작가의 의도적 목적성이 너무 작품 표면에 쉽게 流出되고 있으나 감사할 줄 모르는 어린이들에게 감사가 축복의 근원임을 가르치고자 하는 작가의 드러냄이라고 보여진다. 또한 작가가 가장 다루고 있는 소재인 봄은 기독교적 부활을 염두에 두고 다루었다고 보는 바 그의 작품에서 '봄과 부활' 즉 부활에의 무한한 의지와 봄의 사상을 빼앗아 버리면 아무 의미가 없을 것이라고 다음과 같은 서문 해설에서 홍웅선을 밝히고 있다.[21]

그리하여 임인수선생의 관찰한 세계와 말(告發)하고 있는 동화세계는 너무나 확고한 작가의 主體意識이 작품 그 자체 가운데 지나치리 만큼 밀접하게 접근하고 있다는 사실이다. 그 때문에 작품 속에서 하나하나 따로 움직이고 있어야 할 아이들의 산 모습(아동상)이, 오히려 스스로의 참 모습을 잃고 지은이의 자칫하면 비현실적인 생각(주관)의 꼭두각시가 되어 버리지 않았나 하는 점이다. 그러나 한편 이러한 결점들이 지은이에게 있어서는 어쩔 수 없는 지금의 必然이었을지도 모를 일이다. 온전히 그늘만을 걸어온 그 억압된 생활 가운데서 작으나마 꽃피울 수 있었던 해와 달과 별들의 은총을 고마워하는 것만으로도 지은이의 얼굴은 上氣되어 있는 것같이 생각되는 것이다.

그리하여 그의 아동상을 홍웅선은 다음과 같이 말하고 있다.

그가 생각하는 아동문학은 어린이 세계의 표현임은 물론이나 작가 자신의 사상 표현을 위한 도구로써의 색채도 짙다. 그의 작품에 등장하는 아동은 이 작가의 기독교적 思想世界를 벗어나지 않는 범위내의 아동이며 그 결

---

21) 홍웅선, 「해설」, 『임인수 아동문학독본』, 한국아동문학독본 7, 을유문화사, 1962.

과 작가의 주관적 주체의식에 의하여 그 개성을 농락당할 우려가 있다는 아쉬움을 남긴다.[22]

문학이 너무 목적주의에 빠진다는 비난을 감수하면서까지도 작품을 통해 신앙을 소유하게 하여 생명과 구원에 이르게 하는 것이 기독교 문학이기 때문이며 독실한 기독교 작가의 소명이기 때문이다. 즉 기독교의 진리를 문학의 형태, 동시와 동화의 형태로 전달하고자 목적하였던 것을 그의 글에서 엿볼 수 있다.

"참 사람 참 사회, 올바른 세계를 건설하자면 먼저 새시대의 주인공이 될 어린이들로부터 그 양심의 터전을 올바른 곳으로 지향할 수 있도록 마련하여 주어야 할 일이다. 거기에서 어찌 어른들의 邪心이 개입할 수 있을까 보냐!"[23]

그러나 앞의 아동문학관과는 달리 작품들이 독자인 아동들에게 보편적으로 함께 웃고 우는 공감대가 넓게 형성되지 못했다는 점이 한계성이라고 보여진다.
'별들이 모여서 이야기 하는 나라', 계수나무 잎사귀로 덮어 두었던 '달 뜨는 나라' 이를 고향으로 탄생한 작가가 바로 九村이며 마음속 깊이 끊임없이 아름답고 평화로운 세계를 어린이들에게 마련해 주고자 외로운 작업을 인생 과업으로 택해 살다가 간 선구적 아동문학가라는 점은 부인하지 못할 것이다.

---

22) 이재철, 앞의 책, p.126.
23) 임인수, 앞의 책, p.325.

2) 시정신에 뿌리 내린 생활동화

앞의 표에서 보여지는 대로 九村의 작품에서 가장 쉽게 발견되는 점은 현실성이라고 보여진다. 또한 일종의 우화 기법인 의인화가 자주 등장한다. 그러나 풍자가 지닌 독침이나 페이소스가 아닌 건강하고 긍정적인 분위기를 지닌 동식물과 무생물이 등장한다. 동화에서 더욱 강하게 나타나는데 가정 생활이나 아동 생활을 다룬 현실적인 소재를 토대로 하여 우리나라 생활동화의 근간을 마련하고 있다.

26편의 동화 중 3편의 소설 『개구리의 봄』『귀뚜라미와 방울벌레』『호랑이와 담배』를 제외하고는 대부분이 생활동화라고 보여진다.

특히 다른 동화작가와 구별되는 점은 아동 애호의 정서가 가득 담긴 것으로 따로 독립하여도 좋을 동시가 삽화처럼 존재한다는 것이다.

『아빠의 일기』속에 살짝 숨어 있는 「이웃집 고양이」나 「산너머 마을」「설날 아침」「봄이 오는 길」은 마치 동시를 위하여 동화를 쓴 듯한 느낌마저 들게 한다. 독립된 이야기가 서로 연관성을 가지고 자연스럽게 연결된 이야기는 마치 스케치한 수채화 같은 작품들이다.

현실적인 4계절의 소재를 작가 자신인 아빠, 성이, 엄마, 정이 누나, 엿장수 할아버지, 나그네가 등장하여 마치 달력을 넘기듯 구성하고 있다. 이것은 사물에 대한 빠른 통찰과 어린 세계에 국한되지 않는 사물의 본질까지도 밝히려 하는 그의 아동문학관에서 뿌리 내린 의도적인 흔적이라고 보인다. 그 예를 들어 본다.

〈설날 아침〉
설날이 오면 나이도 한 살 더 먹고,/꼬까옷 때때옷으로/새로 갈아 입고/모두들 점잖은 척 자 랑이지요.//성이야, 잘 컸느냐! 준이야! 은이야! 오늘 아침 너희들도/나이 한 살 더 먹었느냐/반가운 인사도 하지요./외양간의 당나귀는 설날인 줄을 아는지 모르는지?/잘랑잘랑 쟁그랑 쟁 그랑/잘랑 잘랑 쟁그랑 쟁그랑……/왕방울 소리를 내면서 여물을 씹고 또 씹으며 두 눈이 말똥해있지요.
　……팽이치기를 하는가 했더니 그것이 아닙니다./딱지치기를 했더니 그것도 아닙니다./아 새파란 구슬치기, …… "종들여!" 탁! 받아차고 나서는, "종 들여!" 탁! 아주 신이 나는 모양입니다.

—『아빠의 일기』[24)]

　九村이 다시 90년대의 작가라면 '아빠의 일기'가 아닌 '성이의 일기'를 썼을 것이다. 관찰자의 입장에서 '신이 나는 모양이라'는 것과 '너무 신이 났다'란 것은 독자인 아동의 입장에서 너무나 큰 차이가 난다. 거리감이 느껴지는 묘사 위주의 서술은 감동의 질이 떨어지는 법이다. 이러한 작가의 어린 시절을 회상하거나 떠나온 고향을 그리워하는 작가 회상적 작품은 윤동주나 목월 동시에서도 보이는 공통된 소재이지만 비록 생동감 있는 동시 삽입과 반복, 리듬에 의한 뛰어난 감각적 묘사 등이 돋보이지만 자기 만족적인 과거지향적 묘사로 인해 그 문학적 효과가 반감되고 있다고 보여진다.
　후반부 겨울편에야 기독교적 내용이 나타나는데 멀리 교회 종소리가 들리고 선물을 기다리다 잠든 성이와 사랑으로 준비된 소박한 선물, 상투모자, 색동양말, 나팔 한 개가 등장한다. 또한 외양간에 송아지가 아닌 당나귀가 등장되어 한국적인 성탄절 분위기를 조성해 보고자 한 노력을 엿보게 한다. 즉 당나귀는 예수님이 예루살렘 입성시 타고 들어갔던 동물로 순종과 희생을 상징한다. 그러나 한국 농촌 풍경으로는 조금은 어색하다고 볼 수 있다. 마찬가지로 의도적인 대화체를 간혹 사용하고 있는데 그 동기의 일면을 다음의 인용문에서 엿볼 수 있다.

---

24) 임인수, 전게서, p.25.

"우리는 여기서 한 발자국을 옮겨 놓아야 할 것이다. 생활 소재에 의한 새로운 작품 구성 및 스타일의 발견, 구체적인 이미지의 실감, 표현에서 전달로, 자기 중심에서 공동생활의 의식자로, 독백에서 대화로."[25]

임인수는 스스로 이제까지의 자기 작품에서 어린이의 대화성이 결핍되어 있다고 다음과 같이 밝히고 있다.

"내 작품에서 결핍되었다고 느끼는 점은 어린이의 대화성이라고 할까? 그런 회화성의 빈곤이다. 돌이켜 생각건대 이는 내 천성과 자연환경이 그만큼 고적하게 되어 있었다는 사실과 때로는 사상적, 서정적, 高孤性에 영향을 받은 소치이기도 하다. 그러므로 지금 내게 가장 문제가 되는 고민하고 있는 과제란 '대화로서의 동화' 바로 그것이 아닐 수 없다."

위와 같은 '대화로서의 동화'로 쓰여진 것이 소년소설인『별들의 고향』이다. 주인공인 성민은 자기 중심의 존재에서 공동체 속의 의식자로, 독백의 소년에서 참된 우정의 소유자이며 자기보다 어린 종민에 대한 수호자로 구체적인 변신을 꾀한다. 마치 '한국판 올리버 트위스트' 같은 이야기인데 꺽다리 왕초에 대한 묘사나 만석이의 우정어린 야무진 항변 등은 요즈음 어린이 독자의 심금도 충분히 울릴 만하다고 보인다. 그러나 지나친 대화에의 집착이 앞서 아동 심리나 아동 욕구에 대한 근본적 연구가 부족한 생활동화로서 가끔 바람직하지 않은 비어나 어법이 눈에 띄는 것이 옥에 티라고 보여진다.

"야, 이 새끼들이 여지껏 잠도 안 자고 무슨 수작이야!"

---

25) 임인수, 「동요작법」, 『세계문예강좌』, 어문각, 1962, p.24

"아버지! 성민이가 이제야 겨우 제정신을 차리고 일어났어요. [···중략···] 배가 몹시 뜨끔 뜨끔하다는군요."

―『별들의 고향』[26]

밑줄 그은 새끼란 단어는 '녀석' 정도로 고칠 수 있고 '하다는군요' 라는 말도 대화체로는 어울리지 않으므로 '하대요'로 고쳐져야 한다고 보인다. 일본 프로 문학(NAPF)이 지향한 생활동화는 "아동을 사회의 일원으로 보고 아동자신이 알기 쉽게 생활장면에서 그리는 것"이라고 하여 생활동화의 사실적 수법은 성인문학이나 아동소설과는 다르다. 비교적 복잡한 심리 묘사나 심리의 변화 과정, 배경 묘사 및 줄거리 등을 사물의 겉이나 대강을 스케치하는 정도에 머문다는 특수한 성격을 가지고 있다. 그러므로 임인수 역시 본질적 문제에 대한 심각한 접근 없이 단순한 기독교적 소재만 잠깐 등장시키는 경우가 많아 기독교 문학의 본질에 접근하려는 노력은 지난하였으나 그 온전한 접근이 어렵다는 것을 보여주는 좋은 전례를 남긴 셈이다.

3) 봄의 부활 사상

그러나 기독교적 생명 사상이 실감나게 나타나는 시를 살펴보면 무엇보다도 봄이 가장 많이 나타난다는 점을 발견하게 된다.

허물어진 터전 위에/봄비가 내린다./소근 소근 밤을 새워/봄비가 내린다. 봄비는 소올 솔/땅을 적시고/소올 솔 버들잎 초록눈/꽃망울도 적시고/ 허물어진 터전 위에 봄이 온다네/허물어진 터전 위에 꽃이 핀다네.

---

26) 전게서, p.231.

잠자는 우리 아기/판자 지붕 위에서/밤새도록 소근소근 봄비가 내려/새 세상이 되네.

―「봄이 오는 밤」 전문[27]

허물어진 터전 위에 봄비가 내려 새 세상이 되게 한다는 것은 봄비가 가진 속성으로 부활, 소생, 재생의 의미를 부여하고 있다. 역시 봄의 원형적[28] 의미도 희극이며 刷新, 소생, 부활 등의 이미지를 내포하고 있는 것이다.[29] 죽은 듯한 겨울에서 생명의 폭발과 더불어 자연이 생기를 띠게 되는 것을 막을 수 있는 것은 없다. 만물이 소생하게 되고 희망의 싹이 돋는다. 이는 누구에게나 공평하게 오며 녹색의 신선한 아름다움으로 희망과 기쁨을 준다. 임인수 작품의 봄 역시 이러한 봄의 이미지로 곤충, 조류, 꽃(코스모스, 맨드라미, 해바라기, 싸리꽃, 봉숭아, 과꽃, 국화, 진달래)과 나무들(벗나무, 다박솔, 아카시아, 오리나무, 느티나무)이 등장시켜 다음과 같이 어린이들에게 밝고 긍정적인 면을 보여주고 있다.

봄바람은 언제나 한국이 그리웠어요. 그래서 올 봄에도 또 다시 나들이를 떠났습니다.

―「불어라 봄바람」[30]

멀리서 거치른 땅을 일구는 농부의 씩씩한 목소리와 함께 어울려 두어마디 들렸던 개구리 정 서방의 소리는 이제 바야흐로 봄이 온다는 첫소리이며 첫곡조였습니다.

―「개구리와 봄」[31]

---
27) 전게서, pp.246~247.
28) N. 프라이, 임철규 역, 『비평의 해후』, 한길사, 1985, p.228.
29) 아지라 오리비에리 스크트릭 공저, 장영수 역, 『문학의 상징주제 사전』, 청하, 1989, p.290.
30) 전게서, p.64.

쪼르쪼르 쪼르르 골짝마다 눈 녹아 흐르는 샘물소리가 봄 이야기를 속삭여 줍니다. ……밤새도록 봄날이 오는 곡조에 둥둥 떠서 비둘기와 같이 사랑스런 이야기를 주고받았습니다.

―「산 속에 오는 봄」[32]

아퍼서 누워 있던 할아버지가 봄이 오는 소리를 듣자 병석에서 일어나 다시 휘파람을 불어대는 상황이 바로 부활이라고 보인다. 육체뿐 아니라 정신적인 치유가 병행되었을 때 완전한 부활, 온전한 소생이 이루어지고 있다.

세상의 어두운 면보다는 밝고 긍정적인 면을 어린이들에게 보여주어 희망차게 자라기를 바라는 마음이 작가로 하여금 스산한 가을이나 여름보다 희망찬 봄을 기다리는 겨울을 자주 나타나며 눈 또한 함박눈이고 특히 첫눈이 많이 등장하는 이유라고 보여진다.

다음과 같은 그의 글에서 그가 어린이에게 보여주고 싶었던 것에 대한 이해를 도울 수 있다.

오랜 세월, 우리의 가슴을 뜨겁고 맑고 따스하게 비쳐온 것은 무엇인가? 고향과 구름과 개와 고양이와 꽃과 풀과 바위와 언덕…… 거기서 듣고 보고 말하고 대답하고 순진한 인정미와 유머와 정의감과 참된 지혜로써 우리들 앞날의 밝고 명랑한 세계를 그려가고 꾸며 보는 것을 바랬다. 그래서 밝고 희망찬 환경에서 어린이가 자라나기를 바란다.[33]

작품「산 속에 오는 봄」「봄맞이 하러 가는 길」「불어라 봄바람」「개

---
31) 상게서, p.79.
32) 상게서, p.175.
33) 임인수, 『임인수 아동문학독본』, 을유문화사, 1962, p.349.

구리와 봄」「아카시아 꽃 그늘 아래」 등의 동화와 『별들의 고향』 같은 소년소설, 그리고 「봄오는 새벽」「봄비가 오는 밤에는」「봄비오는 밤」「봄바람」「봄이 옵니다」「봄날 아침」「3월의 초승달」「나뭇가지 눈텄다」「5월의 아침」「5월의 노래」「하얀 꽃그늘아래」와 같은 작품들은 모두 생명이 소생하는 부활의 이미지를 가지고 있다고 보인다.

바위는 지금 번개를 치는 그 순간에 부서져 흩어져 버렸습니다. 그리고 그 뒤 들고 나는 푸른 물결에 씻기고 씻겨 하늘 위의 별떼와 같이 수많은 모래알이 되었습니다. 지금은 그 옛날의 자기 모습을 잃어버린 채 은빛, 금빛, 모래알이 되어서…… 푸르고 씩씩한 바다의 그 늠름한 물결과 함께 영원히 그치지 않는 노래를 부르고 있습니다.[34]

기독교적 사유가 강조된 작품이 전체의 12편으로 부활하는 인물이나 사물에 대한 자기 성찰이 선행하고 있다. 부활의 의지는 자기 소멸의 상태에서 오는 허무를 극복하기 위한 노력으로 나타난다. 위의 작품에서도 보는 바와 같이 바위나 시인은 부활에 도달되는 하나의 경지를 위해서 일단 소멸의 과정을 겪고 있다. 이것은 마치 예수님이 부활하시기 전 십자가에서 못 박혀 죽은 것처럼 어둠은 다음의 광명을 의미하는 것이다.

그때 이 천지에는 아무도 사람이 없었고 다만 홀로 한분 하나님이 계셨단다…… 빛이 있으라 처음 말씀하시니 지금까지 잠잠하고 어둡던 온 세상이 쫘악 밝아진 것이다……[35]

---

34) 임인수, 『임인수아동문학독본』, 을유문화사, 1962, p.94.
35) 김영일, 임인수 공저, 전게서, p.284.

천지 창조에 대한 창세기 이야기를 정확하게 아이들에게 들려주는 것이나 다음과 같은 그의 대표작을 볼 때 그가 신학교를 졸업한 사람으로 어린이를 위한 기독교적 작품 형상화에 애를 쓴 흔적이 뚜렷히 보인다.

촛불이/호롱호롱/눈오는 밤에//산타크로스 할아버지를 기다립니다.//누나도 언니도/예배당에 가시고//엄마 바느질/화롯가에 앉아서/아기는 아기는 기다립니다.//"산타 할아버지 언제 오세요./엄마, 산타 할아버지 언제 오시죠?//해마다 찾아오는 크리스마스/오늘밤 몰래몰래 찾아오실까……?//산타크로오스는/고마운 할아버지 착한 아이 선물주러/오신다는데……/아기는 기다리다 기다리다 잠이 듭니다.//그만 꼬박꼬박/잠이 들었습니다.

―「눈오는 밤에」 전문[36]

크리스마스는 기독교의 대상인 예수님이 오신 날이고 그날의 설레임을 어린이들에게 가장 큰 관심사인 산타할아버지를 기다리는 아기의 마음으로 잘 나타내고 있다. 또한 엄마와 누나는 예배당에 간 사이 내리는 눈은 죄를 덮어 주러 오시는 구세주가 오는 밤의 배경으로 걸맞는 서정성을 더해 주고 있는 것이다.

아 이 한밤 '산타마리아'/눈부신 촛불 아래 머리 숙였네.
손에 손을 모두어/아기 예수 앞에 나아가//딩,뎅뎅 딩동 댕댕/성당 종소리……

―「종소리」[37]

---

36) 김영일, 임인수 공저, 상계서, p.349.
37) 임인수, 전개서, p.239.

「눈 오는 밤에」「종소리」 모두 성탄절이 소재인 시로 아기예수가 이 땅의 어린이들의 마음속에 태어나기를 기다리는 작가의 마음이 빚은 아름다운 이미지와 율격을 지닌 佳作으로 다음의 시를 든다.

울려오는 종소리/듣고 있으면//그 소리 하나하나/물결치는 음악이 되고//흰 눈 사박 사박/밟아서 걸어가는//환한 달빛 속에/속삭이는 이야기//이천년 전 그 옛날/아기 나신 그 밤을//나귀는 오호호옹……/양떼들은 매헤애……//슬기로운 눈망울을/ 반짝이고 있었네.//

―「아기예수 나신 밤」 전문[38]

3. 생명의 씨앗 뿌리기

본고에서 먼저 임인수의 생애와 연구사를 살펴보고 구촌의 작품에 대한 기독교 아동문학으로서의 분석을 위하여 먼저 기독교 아동문학의 본질을 아동문학으로서의 특성과 기독교 문학으로서의 특성을 가지고 그 개념과 범주, 기능, 유형을 유추하여 보았다.

그 본질로 우선 문학성이 투철할 것과 기독교적 세계관에 투철한 크리스챤의 창작으로 비신자인 어린이에게도 쉽게 이해되도록 아동에게 적절한 언어를 사용하여야 하며 그 유형에는 찬미의 형태, 구속과 구원의 사랑을 전달하는 것, 소재만 기도교적인 것, 간접적으로 기독교적 이미지만 다룬 것 등이 있다고 보았다.

임인수는 시 정신에 뿌리 내린 생활동화를 기조로 공상적 초자연적 소재보다는 현실적 아동의 생활상을 주로 다루었다. 주로 의인화 기법

---

38) 임인수, 전게서, 을유문화사, 1962, p.238.

아동문학가 임인수(1919~67).

을 사용하여 긍정적 사고의 지평을 열며 봄의 이미지를 가진 부활의 생명의식을 주로 다루고 있었다.

그가 다룬 기독교적 강한 메시지가 독자에게 강한 영향으로 행사하지 못한 요인은 자기 회상적인 생태 묘사, 계절적 서정에 치우친 자기도취적 서술로 바로 감동이라는 형식적 장치가 부족했기 때문이라고 보인다.

이는 아동의 근원적 욕구에 대한 구체적 분석 없는, 생동감 없는 부적절한 대화 남용 등으로 탄탄한 구조의식의 부족과 천편일률적인 인물군으로 재미성이 결여됨으로 빚어지는데 이와 같은 점이 임인수의 한계점이었다고 보인다.

그의 '봄을 통한 부활 사상'은 긍정적 사고, 진취적 사고, 희망을 잃지 않는 상향의식으로 귀결되고 있다. 그가 함께 다루고자 했던 새 하늘과 새 땅에 대한 기대는 눈 온 겨울 속에서 기다려지는 봄에서 구체화되어 나타난다.

즉 소망과 노력 속에 결실맺는 가을 등 4계절과 자연을 통해 밝고 긍정적인 세계를 만들어 보고자 했던 임인수는 환경 우선주의자이며 동시에 낙관적 점진주의자라고도 보여진다.

성인 시에 비할 때 구원에 대한 구체적인 추구, 삶의 궁극적인 물음에 대한 결핍이 지적되지만 일반적인 지식의 문학, 문학을 위한 문학이 아닌 '힘의 문학'으로 아동에게 강렬한 생명의식을 넣어 주려던 임인수의 강한 문학관은 그의 일제암흑기의 지하 운동의 연장과 같은 줄기찬 생명 운동으로 높이 평가되어야 한다고 본다.

어린이들에게 잃어버린 꿈의 회복과 참된 사랑의 실천을 위하여 아름다운 율격과 이미지의 조화를 통해 보여주려던 임인수의 부활 세계, 앞으로 아름다운 기독교 아동문학의 꽃이 만개되어 방향 상실의 암울한 한국 문단에 문학적 자산으로 확실한 자리매김을 할 때 영원한 세계의 가치를 충분히 인식시키려던 외로운 작업을 인생 과업으로 택해 살다 간 임인수의 선구자적 위치는 재조명되리라고 보여진다.

(1998. 3)

회복을 위한 소년소설
―강정규론

1. 촛불문학의 형상화

강정규는 한국 아동문학사상 몇 안 되는 『현대문학』[1] 추천의 소설가이다. 아동문학의 정리형성기[2]인 1975년에 소년소설 「돌」로 『소년』지에 안수길 선생님에게 추천받아 한국 아동문학의 전환발전기인 1977년부터 본격적 작품 활동을 하였다. 특히 주로 소년을 대상으로 아동소설[3]과 아동에게 국한되지 않는 동심을 가진 성인까지도 독자로 하여

---
1) 1985년 『현대문학』에 소설 「선」이 추천되었고 1978년 『紙燈의 季節』이라는 소설집과 『내 얘기 우리 얘기』라는 넌픽션집이 신원문화사에서 발행되기도 하였다.
2) 70년대 후반의 특징: 정치적 시대 상황과 더불어 『20년대 이래 주기적으로 일어나는 프로문학 성향의 리얼리즘의 대두로 이오덕을 중심으로 한 작문 지도 교사들이 일반 문학의 민중, 민족문화운동과 맥을 같이하면서 농촌 어린이, 근로 소년, 도시서민층 어린이들의 생활을 소재로 저항적 리얼리즘의 목소리를 높여가고 있는 상황이었다. 다양해진 주제를 분류해 보면 다음과 같다. ①자연보호정신, 동물애호사상, ② 물질문명과 메카니즘의 폐단에 대한 저항과 현실풍자, ③ 서민층의 아픔과 울분을 함께 하는 사랑, ④ 동심부재와 때묻지 않은 동심의 발견, ⑤ 상부상조하는 향토애, 조국애.
3) 이재철, 『아동문학의 이론』, 형설출판사, 1984, p.34.
  아동소설, 또는 소년소설이라고도 하는데 주로 소년을 대상으로 한 특수 문학으로 동화가 미치지 못하는 현실적 발판을 가지고 간접 경험을 주기도 하고 사회성, 인간성의 탐구로 독자적 인생관, 사회관 형성에 이바지하기도 한다. 그리하여 연령적으로 동화에서 성인 소설로 들어서는 아동에게 양쪽을 이어주는 교량적 기능을 하는 산문문학이다.

현실 문제, 종교적 문제, 인간성 회복 문제, 전통성 회복의 문제에 대한 열린 소망을 가지고 건강한 동심 재발견에 중점을 둔 글쓰기를 하고 있다.

그는 1941년 6월27일 북만주의 남산성자 부근 제법 잘 사는 집의 장남으로 태어나 4살 때 충남 보령 산간마을로 돌아와 유년기를 보낸다. 아버지는 해방되던 해 가을 38선을 넘어 귀향하여 이미 땅섬지기가 실하게 마련된 고향에서 집안의 귀염둥이로 성장

『작은 학교 큰 선생님』의 작가 강정규

한다. 유복함이 오히려 친구들에게 따돌림을 받는 이유가 되어 책상에 앉아 『집 없는 천사』나 『성냥팔이 소녀』 등을 읽는 문학소년이 되게 되어 중학시절 이광수의 『사랑』, 톨스톨이의 『부활』, 체홉의 『니나』, 도스도옙스키의 『카라마조프가의 형제』, 『데미안』, 『다사이 오사무』 등을 두루 섭렵하였다.

충남 서천고등학교를 거쳐 서라벌예대 문예창작과를 졸업 후 감리교 신학대학 신학과를 수료한다. 폐렴으로 잃은 여동생을 합하여 아홉 동생을 둔 그는 어느 해 가을인가 폭삭 망하여 강원도 수복지구에서 초토를 파헤치며 고물을 줍는 '사격장의 아이들' 신세가 되어 버린다. 고학으로 졸업하고 만기 제대 후 그곳에서 동생과 동생 친구들 30명을 모아 우선 교회에서 밤 시간에 중학 과정을 가르치는 '오뚜기 학교'를 연다. 그후 재건국민운동위원회에서 재건학교 설립 교섭이 와서 국민학교 교정을 빌려 90여 명이 수업을 하게 된다. 모내기 지원, 도로 복구 사업, 아카시아씨 채취 등을 하며 기금 모집을 하여 직접 교실을 지으며 10년의 세월을 보낸다. 가난, 질병, 세파에도 불구하고 불우 청소

년을 교육하는 재건학교운동을 하다 선거운동에 협조하지 않아 해임장을 받고 피땀으로 세운 하얀 학교를 떠나게 된다.[4] 그후에도 서울에서 대림재건학교 교사를 하며 신문사를 다닌다, 취재차 알게 된 시흥의 능곡재건학교 교사로 일하며 글을 쓴다.

1973년 삼일각에서 발행한 『아가의 꿈』과 신생사에서 출간된 『따뜻한 겨울』이 출간되었고 1977년에는 『짱구네집』이, 80년에는 『별이 따라 다니는 아이』가 성바오로출판사에서 잇달아 출간되고 『병아리의 꿈』이 1982년 창작과비평사에서 출간되었다.

1983년에는 동화 「민들레」로 제9회 한국아동문학상과 1991년 대한민국문학상을 수상하기도 하였다.

1984년 『짱구의 일기』가 캐톨릭출판사에서 『민들레와 달』이 1987년 대교에서 출간되었다. 2000년을 앞둔 1999년에 교학사에서 나온 『작은 학교 큰 선생님』으로 출판문화대상을 받기도 하였다. 크리스챤신문사 주간에 이어 현재 장안전문대학 문예창작과 겸임교수를 하며 숭의여전과 '한우리'에 강사로 출강중이고 아동문학 계간지 『시와 동화』의 주간 겸 발행인을 맡고 있다.

앞에서 살펴본 바와 같이 그의 전적을 살펴볼 때 그는 유복하게 태어났으나 모든 것을 잃게 된다. 그러나 그런 상황은 오히려 그를 끊임없이 단련하게 하여 자신을 태워 빛을 발하는 촛불 같은 삶을 살게 하며 또한 그런 문학의 길을 걷게 한 것이다.

---

4) 강정규, 『내 얘기 우리 얘기』, 신원문화사, 1978, pp.27~29
"이들은 내가 저희들을 버리고 서울로 취직이라도 하러 가는 줄 알 것이다. 그러나 어쩌란 말이냐. ……나는 '쓰러져 버린 오뚜기'였다…… 서울에 온 저는 또 재건학교를 해야겠어요. 지긋지긋한 재건학교를. 그러나 저는 이 어린 학생을 사랑해요. 한번 잡아든 길은 쉽게 바꿀 수 없나 보지요?
그후 대림동 해군본부 옆에 12평 묶은 집에서의 '대림재건학교'로 국민관, 한국청년학교, 살록수협회 중앙본부란 여러 이름을 가진 곳에서 허기진 배를 부여잡고 학생들을 가르쳤다. 그후 '알' 문학동인회 회원 주선으로 가정학습지를 만드는 대한교육사에 입사하여 출퇴근하며 학생들을 가르친다. 그후로 신문사에도 취직하였으나 경영란으로 문을 닫게 되어 그만두고 국민관을 떠나 취재차 알게 된 경기도의 능곡재건학교에 자리를 잡는다.

동화작가 강정규의 대표작 『짱구네 집』과 『돌이 아버지』의 표지.

 촛불의 붉은 빛과 흰 빛, 그것은 강정규가 몸담아 공부했던 문학과 신학 세계의 속성을 대변해 준다고 보여진다. 즉 흰 빛은 뿌리 쪽의 파란 빛과 연결되어 사회의 부패와 권력을 일소하려 하는 것으로 볼 수 있으며 붉은 빛은 심지와 연결되어 있는 모든 더러움과 불순물—즉 모든 사물의 제현상으로 볼 수 있다. 이 둘의 투쟁이 하나의 변증법을 이루며 빛을 내며 탄다. 강정규 동화 페이지 페이지마다 울려나오는 참다운 인간의 내면적 혼의 울림—보이는 것과 보이지 않는 것, 가치와 반가치의 대립의식—흰 빛의 상승과 붉은 빛의 하강, 가치와 반가치가 싸우는 결투장인 것이다.
 강정규 동화는 어느덧 독자를 촛불 밑으로 이끌고 그 촛불은 과거의 추억들을 되살리는 작업을 한다. 그리하여 상상력과 기억력이 일치하는 세계로 이끌어 가는 힘을 발휘하게 하는 것이다.
 발표된 강정규 아동소설 11권과 수필집 1권을 대상으로 앞에서 제시한 본질과 유형, 기능에 비추어 또 다른 강정규의 아동문학관과 작품에 나타난 특성을 살펴본다.

2. 회귀의식

초산업주의 이행 중에 있는 현대와 미래의 인간들에게 있어서 '이동'이란 하나의 생활방식으로 과거의 제약으로부터의 해방과 보다 풍요한 미래로의 진일보를 의미하며 보통 지위 상승을 의미하기도 한다. '장소이전'은 필연적으로 옛 관계를 파괴하여 일련의 새로운 관계들을 설정하며 '관련성의 상실(Loss of commitment)'을 야기시켰다. 전통적 인간 심리구조에는 고정된 장소는 구심성을 의미하며 또한 '뿌리내림(Rooteness)'을 뜻한다. 뿌리란 개념은 고정된 장소, 즉 영구적으로 정착할 '집', '고향'을 의미하며 인간을 자연과 과거와 연결시켜 주는 것으로 생각되었다. 일제의 치하로 떠났던 고향도 전쟁으로 휘저어진 수몰지구에서도 '집' = '고향' = '아버지, 어머니'의 등식이 성립되며 무엇보다도 돌아갈 곳, 의지할 수 있는 곳이었다. 이러한 떼어놓을 수 없는 인간의 귀소 본능이 강정규 작품에 여러 가지 양상으로 나타난다.

1) 기독교의식

① 어머니는 마지막으로 예배당을 찾아가는 길이었습니다.
"…어느 집 처마 밑에 어린애가 하나 앉아 있었습니다./……어머니는 고사 지낼 때 쓰고 남은 떡과 과일을 주섬주섬 보자기에 쌌습니다. 그리고 새벽참보다 훨씬 빠른 걸음으로…… 달려갔던 것입니다./……무작정 큰 절을 하기 시작했단다……. 그런데 갑자기 누군가의 커다란 손이 아주 커다랗고

부드러운 손이 에미의 어깨 위에 잠깐 올려 놓였 다가는…… 옷자락 스치는 소리와 함께 스르 빠져 나가는 느낌이 들었어……/그러나 예배당 안엔 아무도 없었 단다. 단위에 십자가만 그대로 세워져 있을 뿐……/……떡 한쪽 과일 한 개 손도 대지 않은 채 에미가 펼쳐 놓았던 그대로 놓여 있을 뿐 그 거지 소년의 모습은 보이지 않았어."

―「짱구의 일기」(『짱구의 일기』, 도서출판 새남, 1997, pp.185~186)

② "할머니!"
"왜야, 할미가 보이느냐?"
"할머니가 소년의 눈을 잡았습니다.
"할머니, 하나님 보여?"
"오냐, 어젯밤 네가 깜박 죽었을 때 꿈에 보았더니라. 등불 들구 네 마중 나가는 하나님을 보았니라.

……"임자 말이 맞는가 보오. 내 이번에 고향에 갔다가 옛날 그 에배당엘 가 보았지. 동네 모든 것이 변했는데 예배 당만 그대로야. 그대로만 있어두 괜찮은데 다 무너져가. 아무래도 이 집 정리해서 예배당 하나 지어야겠어. 작 고 예쁜 예배당 하나 지어 드리자구. 고향 동네 노인네들에게 위안처 하나 만들어 드리자구. 그것이 그분들에게 등불이 되게스리.

―「등잔」(『청거북』, 국민서관, 1998, p.132)

강정규의 작품 속에 위와 같이 기독교 의식이 나타나는 작품이 여럿 있다. 편의상 기독교 의식의 유형을 다음과 같이 나누어 생각해 보며 그 예를 들어 본다.

ⅰ) 절대자의 영광을 찬양하는 찬미의 형태; 가장 소박 단순한 차원으로 하나님이 우주의 주관자시며 섭리자임을 드러냄으로 독자들은 미처 깨닫지

못했던 신의 존재를 발견하게 한다.[5] —①②의 경우

ⅱ) 예수의 십자가 구속 사건에 대한 직접적 표현이다. 인류에 대한 엄청난 사랑을 직, 간접적으로 전해야 할 사명을 가지고 문학적 구현을 한다. —①②의 경우

ⅲ) 구원의 사상이 문학적 표현으로 작품에 나타나는 경우;비기독교적 세계에서 비기독교인이 경험하는 온갖 사건들로 문학적 흥미를 잃지 않고 기독교적 신앙을 소유하게 된다.;믿음 소유와 영에 대한 소망을 갖게 해주는 것이다.[6] —③의 경우

③ 39명의 졸업생들이 호명될 때마다 차례로 나가 교장 선생님으로부터 '경전'을 받았다. 나중에 알게 된 것이지만 그것은 성경책이었다. 성경책 속 표지에는 다음과 같이 씌어 있었다

학교에서 시작한 신앙으로 성서를 평생 가까이하면서 주님이 완성해주시리라 믿으며 훌륭한 평민의 길을 걷도록 교사와 재학생들의 마음을 담아 가장 귀한 선물을 드립니다.

제27회 창업생 방일에게
풀무학교 교사와 재학생 일동

……다음 순서는 학교장의 '창업의 말씀'이었다. …… '우리 학교 교장은 살아계신 예수님이다. 일생을 변함없이 작은 예수로 살아라. 한국의 양심이 되어라. 남이 싫어하는 일을 기쁘게 하라'는 등의 내용이었다.
—「거꾸로 가는 학교」(『청거북 두 마리』, 국민서관,1998, p.95).

---

5) 강요열, 전게서, pp.26~27 참조.
6) Leiand Ryken, 최종수 역, 『상상의 승리』, 성광문화사, 1982, p.208.

시험공포증으로 높은 입학율의 명문고등학교를 떠나 시험이 없는 풀무학교를 다니게 된 형의 졸업식에 간 동생의 시각에서 쓴 동화이다. 입시 경쟁의 잘못된 교육제도 속에 많은 새로운 대안학교가 생기고 그 학교의 여러 좋은 점들을 들 수도 있지만 특별히 그 학교가 지닌 기독교 정신 '작은 예수살기' 정신을 동화 속에서 다룬 것은 강정규 스스로가 추구하는 이념과 앞의 동화 속의 내용이 동일점이 있기 때문이라고 보여진다.

즉 ① 기독교적 믿음을 소유함으로 비전 없는 ③ 한국 사회에 행함으로써 미처 깨닫지 못했던 ② 신의 존재를 발견하게 하며 하나님이 ④ 우주의 주관자이며 섭리자임을 은연중 깨닫게 하는 장치라고 보여진다.

이러한 내용으로 이루어진 기독교 아동문학은 불신의 시대에 믿음의 문학으로 불가능을 가능하게 하고 현재의 위기를 축복의 기회로 삼는 '힘의 문학'으로 드퀸시의 말대로 '지식의 문학'은 사람을 가르치나 '힘의 문학'은 사람의 마음을 감동으로 움직여 변화시키는 작용을 하기 때문이다.[7]

그렇다면 인격과 인생을 변화시키는 기독교 문학의 힘은 어디에서 연유하는 것일까?

강정규의 작품에서 기독교의 메시지가 직접적으로 강렬하게 돌출되었음에도 불구하고 문학적 형상화에 오히려 감동적 요소로 작용되고 있는 이유는 무엇일까?

흔히 목적론적 무게를 감당하지 못하거나 소재주의에 빠져 문학적 형상화에 실패한 작품들이 대다수인 것을 볼 때 그 이유를 다음과 같이 들 수 있다.

---

7) *De Quincey, Essays on the Works of alexander Pope*, North British Reviw, August, 1984, 신춘호 외 번역, 『문학의 이해』, 선일문화사, 1986, p.18에서 재인용.

ⅰ) 현존재에 대한 근원적 불안—죽음에 대한 불안과 공포심을 따뜻한 가족애, 우정, 형제애, 사제간의 사랑, 동물애호의 동심 등으로 해결해 주는 점에서 살아 움직이는 문학이며 아동문학의 본질적 기능을 완수하고 있다고 보여진다. 우선적으로 어린이나 청소년, 동심을 가진 성인 모두가 관심을 가질 수밖에 없는 잃었던 삶의 가치를 인식시키고자 하는 회귀 본능을 자극하는 진실의 문학이기 때문이다.

ⅱ) 상대주의와 배금주의, 무신론과 회의주의로 만연되어 '뿌리내림'을 상실한 현대의 불신자에게는 인간의 역사와 세계를 이해시키는 '사유의 문학'이기 때문이라고 본다.

ⅲ) 근본적인 생명과 진리의 말씀을 전하는 데서 오는 것이지만 그것이 사랑에 기초하고 있기 때문이 라고 본다. 그러므로 강정규 문학도 역시 독자에게 하나님의 사랑을 전하는 것일 뿐만 아니라 구체적인 이웃 사랑의 마음을 가르치는 것으로 구원의 문학적 기능을 다할 수 있다고 본다.

ⅳ) 우선적으로 어린이나 청소년, 동심을 가진 성인 모두가 관심을 가질 수밖에 없는 잃었던 삶의 가치를 인식시키고자 하는 회귀 본능을 자극하는 진실의 문학이기 때문이다.

그러므로 앞에서 상기한 대로 귀중한 청년시기의 대부분을 불우 청소년들을 위하여 자신을 태우는 삶을 살았던 강정규에게는 소설로도 등단하였지만 '청소년을 위한 소년소설' 창작이야말로 그가 선택할 수 있던 여러 갈래의 길 중 가장 축복의 통로가 된다.

다음과 같은 글에서 그가 가지고 있는 기독교 의식을 엿보게 된다.

'집짓는 사람들이 버린 그 돌이 모퉁이의 머릿돌이 되었습니다. 이것은 주께서 하시는 일이기에 우리에게는 놀랍게만 보입니다.[8]

이 구절을 읽고 내 귀에 들려오는 소리는 이런 것이었다.

'너는 버림받았는가?'/허나 나는 버림받았다는 말을 할 수 없었다. 언제 버림받은 적이 있었는가? 그러므로 나는 '머릿돌'이 되기는 글렀다는 결론이었다. 길거리에는 '버림받은 돌' 투성이었다.
―「산다는 것」(『내 얘기 우리 얘기』, 신원문화사, p.92).

그가 가지고 있는 서민의식, 평민의식은 모퉁이의 버려진 돌, 머릿돌 의식에서 비롯되는가 싶다. 끊임없이 '버림받은 돌'에 대한 계속적인 애정은 지칠 줄 모르고 곰처럼 작품을 쓰게 하고 있으며 이러한 자기 성찰은 '우리에게 있는 시간은 금방 지나가 버리고 문득 우리 주님 앞에 서게 될 시간이 올 것'이라는 의식으로 많은 제자들을 가르치게 하고 있고 이 어려운 시기에 아동문학지 『시와 동화』를 발행하게 하고 있는 것이라고 보여진다.

2) 부성 회복;사제의식 회복

그렇다면 강정규의 작품에서 앞에서 제시한 대로 여러 메시지가 직접적으로 강렬하게 돌출되고 있음에도 불구하고 문학적 형상화에 오히려 감동적 요소로 작용되고 있는 이유는 무엇일까?

그것은 무엇보다도 강력한 부성 회복을 통한 가족애를 작품 속에서 실현하고 있기 때문이라고 보여진다.

한국문학사에서 줄기차게 불거져 나오는 아비 상실은 아동문학의 현실 속에 더욱 유별난 여성 편향성으로 나타났다. 「두 마리의 청거북」처

---

8) 「포도원 소작인의 비유」 마지막 부분에 나오는 말씀으로 마태복음 21:41―저희가 말하되 "이 악한 자를 진멸하고 포도원은 제때에 과실을 바칠 만한 다른 농부에게 새로 줄지니이다."

럼 사이가 좋은 두 아들을 가진 반백의 아버지가 입대를 앞둔 아들과 같이 머리를 깎음으로 부성애는 최고조에 달한다.

"어머나 당신!"
 맨 처음 엄마가 큰 소리로 말하려다가 손으로 입을 막으셨다. 나도 보았다. 아빠는 마치 내일 형과 함께 군대 에나 갈 것같이 그 보기 좋은 반백의 올백머리를 박박 깎고 나타나셨던 것이다.
―「청거북 두 마리」(국민서관, 1998).

입대를 앞둔 큰아들이 못 자르고 있는 장발을 아들에 앞서 머리를 짧게 깎았다. 머리카락이 의미하는 여러 가지를 차치하더라도 더 이상 어떻게 잠시 동안의 별리이지만 아들과의 이별을 섭섭해 하는 아버지의 마음을, 그 사랑을 더 이상으로 표현할 수 있겠는가? 이러한 '보이는 육체의 아버지'의 사랑을 통하여 작가는 '영적인 아버지'의 사랑을 표현하고 싶었는지도 모른다.

전통적인 아버지상은 마치 구약의 엄격한 야웨의 모습이나 그 아들이 커서 아버지가 되었을 때 감지하게 된 아버지의 향기가 여기저기서 표출된다.

아버님은 계속해서 종아리를 때리셨습니다. 매가 꺾어지면 새 매를 드셨습니다. 내가 무릎을 꿇으면 다시 세워 때리셨습니다.
"사내녀석이 매사에 당당하지 못하게끔 도망이나 치고……"
"다시 그러지 않을게요. 아버지……"
"그래, 그럼 됐다. 가자!"
……나는 울며 절뚝거리며 걸었습니다. 한참 그렇게 걸어가는데 눈 앞에 하얀 무엇이 길을 막고 있었습니다.

"업혀라."……아버지의 등이 땀으로 젖기 시작했습니다. 때없이 모기 한 마리가 앵앵거리며 따라 붙고 있었습니다. 나는 나도 모르게 모기를 쫓았습니다. 아버지의 손이 번갈아가며 내 양쪽 종아리를 쓸어 내렸습니다. 아버지는 앞장 서서 말없이 걸으시고 나는 곧은 신작로를 걸었습니다.

―「파리와 모기」(『찌그렁이발사』, 대교, 1997, pp.23.~24).

즉 사회적 측면에서 아버지가 마땅히 가져야 할 기존의 관습, 제도, 가치관으로 올바른 공동체의 성원으로 성장해 가도록 돕는 후견인의 기능과 심리적인 면에서 자신의 처신이나 행동양식을 직, 간접으로 영향을 주어 자식의 초자아 내지는 모델적 존재가 되게 하려는 자연스러운 표출이 여기저기서 보이는 것이다.

"……그 형은 카세트가 없나 봐요. 무척 갖고 싶은 눈치였어요."/"그래서?"
"제 카세트를 그 형 주면 어떨까요?"/돌이가 말했습니다./"그냥 주면 자존심이 상할걸?"
……"그래? 그것 참 잘 됐구나. 이왕 주려거든 새 카세트를 사 주려무나, 학원비는 네가 번 거니까……"/방이 더워서인지 어느새 조각엿이 녹아 붙고 있었습니다.

―「엿」(『별이 된 다람쥐』, 동아출판사, pp.63~64).

산업화 사회는 일자리를 찾아 땅을 버리고 필요하면 어디로든지 이동할 수 있는 능력과 용의를 갖춘 노동자 집단을 요구했다. 그러므로 전통적인 확대 가족보다 이동성이 높은 이른바 핵가족 단위가 등장하게 되었고 전통적인 아버지의 상은 변모하게 된 것이다.

특히 한국의 시대 변천에 따른 아비 상실은 당연한 결과로 주권 상실과 맞물린 가부장제의 붕괴와 동란으로 인한 전쟁의 폐허 속에 남성성의 이완, 근대 산업의 고도 성장기에 대부분의 아버지들은 산업 현장으로 나아가 자연히 가정은 아내에게 양도할 수밖에 없게 되어 아버지의 입지는 최소화되고 그 자리를 대신한 것은 아내, 또는 교사였다.

여권 신장에 힘입은 양성 관계의 공생 속에서 상대적으로 왜소해진 것이 오늘날의 아비상이다. 한 집안의 가장으로 가정의 중심적 존재이며 충효를 근간으로 하는 유교 사회에서 지니던 공동체의 초석적 의미에서 이제는 ㉠ 친구 같은 아빠, ㉡ 놀이의 상대로서의 아빠, ㉢ 대화자로서의 아빠가 등장한다.

㉢"우리 짱구, 시인되겠구나." 아빠가 짱구를 번쩍 안아 올렸고 나는 아빠 도시락 가방을 받아 들었죠…… 어느 땐가는 내가 외갓집에서 잡아온 개구리를 보더니 기어코 엄마 개구리에게 갖다 줘야 한다고 우겨대지 뭐예요. 결국은 그날 밤에 ㉠아빠랑 셋이서 다시 시외버스를 타고 시골에 다녀왔다니까요./……그런데 형, 갑자기 똥이 마렵지 뭐야? 변소로 뛰어가 보니 거기도 대청소야 할 수 없이 교문 밖으로 뛰었지. 비닐하우스 사이에 엉덩일 까구 앉았지. 글쎄 학교 교실 유리창마다 아이들이 잔뜩 붙어서 바라보며 소리를 지르는 거야…… 아이쿠!/……"아이쿠는 뭘 ㉢아빠는 어렸을 때 똥을 싼 적도 있는데 ……초등학교 2학년 땐가?"/아빠가 거들어서 우리는 다시 웃고 엄마가 버릇대로. "어이쿠, 조씨 문중 알아 줘야지…… 아예 ㉡아빠랑 춤을 추어라!" 하서서 우리는 지붕이 날아갈 듯 웃고 말았답니다.

—「아빠랑 춤을」(『청거북 두 마리』, 국민서관, 1998, p.37).

또한 강정규 동화 속에 나타나는 부성 회복의 회귀의식에는 강렬한 사제의식이 함께 용융되어 나타난다. 청암 이하복 선생의 영향을 받아 고학으로 대학 졸업 후 수몰지구에서 재건학교운동을 10년이나 한 작가 자신을 그린 「오뚜기 합창」은 5년 뒤에 『작은 학교, 큰 선생님』이라는 이름으로 스승의 10주기에 출간하여 1999년 출판문화대상을 받게 된다. 이는 「하얀나비」에서 처음으로 싹튼 시집 간 선생님에 대한 애틋함에서 비롯되어 「작은 새」에 등장하는 용서와 격려의 스승의 모습으로 나타난다.

> 선생님은 나의 머리를 쓰다듬어 주시고 등을 토닥거려 주시고 나를 품안에 꼭 안았다가 놓아주셨다. ……그날밤 나는 날아오르는 꿈을 꾸었다. 겨드랑이밑에 작은 날개가 돋아나 그것을 조금씩 까불댔는데 내 몸뚱이는 비누방울같이 가벼워져서 둥둥 떠오르고 있었다.
> ―「작은 새」(『짱구네 집』, 성바오로출판사, 1977, p.121).

산업화 사회는 일자리를 찾아 땅을 버리고 필요하면 어디로든지 이동할 수 있는 능력과 용의를 갖춘 노동자집단을 요구했다. 이렇게 해서 전통적인 확대가족보다 이동성이 높은 이른바 핵가족 단위가 등장하고 전통적인 아버지의 상은 변모하게 된 것이다.

특히 한국의 시대 변천에 따른 아비상실은 당연한 결과로 주권 상실과 맞물린 가부장제의 붕괴와 동란으로 인한 전쟁의 폐허 속에 남성적 이완, 근대 산업의 고도 성장기에 대부분의 아버지들은 산업현장으로 나아가 자연히 가정은 아내에게 양도할 수밖에 없게 된다. 이때 아버지의 입지는 최소화되고 빈 자리를 대신하는 존재는 어쩔 수 없이 어머니이거나 그 자리를 대신하는 존재로 교사가 등장하여 아버지를 대신하여 말을 한다.

"사람은 어떤 경우에도 희망을 가질 수 있단다……/그 희망이 자기 자신만을 위한 것이어서는 안 된단다. 그 꿈은 여러 사람을 위한 것이어야 한단다. 그런데 대개의 경우, 잘 사는 사람들의 꿈은 더 부자가 되기 위한 욕심이 아니면 겨우 조금 떼내어 나누어 주려는 생각 정도더라. 그러나 가난한 사람, 마음이 깨끗한 어린이의 꿈은 그렇지 않다는 것을 알게 됐단다……/
어쩌다 다른 이유로 그렇지 못하더라도 그렇게 되도록 우린 노력해야 된단다."

―「오뚜기들의 합창」(『별이 된 다람쥐』, 동아출판사, 1992, p.155).

그러나 요즈음 어린이나 청소년이 이해하기에는 역부족인 사제의식이 등장하는데 특히 작가적 체험을 기반으로 한 작품인 경우(예;『큰 소나무』,『작은 학교 큰 선생님』) 그 작품 서두에 그 상황에 대한 해설―작가의 변을 달아 작품 이해에 도움이 되도록 하는 친절함이 더하여지거나 그 상황까지도 작품으로 형상화가 되어야 독자들이 그 작품을 끝까지 읽어낼 수 있다고 보여진다. 이러한 아버지적 동화의 특성이 어머니적 동화와 구별되는 점이기도 하지만 언어 구사의 친절함이 문학적 가치의 가벼움을 가져온다고 보지 않기 때문이다.

3) 자연 회귀―생명 존중 현상

"애비야 그만 고향으로 가자꾸나. 한 식구 살리려다 온 식구 다 죽겠구나. 고치지도 못하는 병, 전생에 무슨 죄가 많아서……"/할머니는 가끔 가슴을 두들기며 우셔

―「짱구의 일기」(『짱구의 일기』, 도서출판 새남, 1997, p.145).

강정규 동화엔 유독 '고향'을 소재로 한 작품이 많다. 사람에게 '고향'이란 무엇인가? 고향이란 자신이 태어나고 자란 곳으로 본질적으로 찾아가고 싶은 본능을 일으키는 공간적 대상을 말한다. 그러나 그의

작품에 나타나는 고향의 의미는 단순히 태어난 곳, 육신적 고향만을 뜻하는 것이 아니라 귀중한 것, 순수한 것, 존재의 근원, 혹은 오염되지 않은 것 등의 영적인 고향, '더 나은 본향의 상징'으로 나타난다. 산업화 도시화에 따른 비인간화 현상, 자연 파괴와 환경 오염 문제를 작가는 고향을 통하여 예리하고도 아프게 확인하고 있다.[9]

"임자 말이 맞는가 보오. 내 이번에 고향에 갔다가 옛날 그 예배당엘 가 보았지. 동네 모든 것이 변했는데 예배당만 그대로야. 그대로만 있어두 괜찮은데 다 무너져가. 아무래도 이 집 정리해서 예배당 하나 지어야겠어. 작고 예쁜 예배당 하나 지어 드리자구. 고향 동네 노인네들에게 위안처 하나 만들어 드리자구. 그것이 그분들에게 등불이 되게스리. 그렇게 해드리자구."

할아버지는 여전히 곱돌을 갈고 다듬어 등잔 꼬투리를 만들며 가만가만 말씀하셨습니다. 산신령같이 허연 수염에 흰옷을 입구 네 마중 나가시는 하나님을 보았더니라. 아이구 우리 새끼 살려주셨네!"……할머니가 여전히 성경을 읽으시며 말씀하셨습니다.

―「등잔」(『청거북 두 마리』, 1998, p.132)

'예배당'의 내연은 '등불'과 통하며 그것도 '집짓기'를 바탕으로 이루어지는데 그곳은 '고향'의 문 안과 문 밖이다. 그 안에서 독자는 당연스레 '자연의 질서'를 발견하게 된다. 그 질서가 무너질 때 '고향'도, '등불'도, '집짓기'도 존재하지 않는다. 그러므로 작가는 황급히 그리고 늘 준비된 예민한 영감을 가지고 보이지 않는 독자에게 진솔한 내면인 가정과 고향을 용기있게 드러내 보이는 것이다.

---

9) 황헌식, 「열려진 소망과 건강한 메시지」, 『짱구의 일기』, 도서출판 새남, 1997, p.207.

그래서 가장 많이 취하고 있는 공간 배경이 생활의 모체인 가정이며 그 다음은 도시와 연결된 외가, 작가 자신이 자란 고향 같은 시골이 대다수로 등장한다.
"지구의 마지막 화두인 자연보호!"로 그것은 생명에 대한 이데올로기로 작가는 이를 독자적인 의미 세계로 연결시키고 있다.

'다람쥐는 무서운 거야. 겁이 나서 저렇게 달리는 거야. 다람쥐는 산으로 가고 싶은 거야. 거기 친구들도 있거든. 불쌍한 다람쥐, 놓아 줘야 해. 집안 식구들이 모두 나갔을 때……/……도망 가게 할 거야. 산 속으로, 친구들을 만나러 달려가게 할 테야.'
"달달달달……"/나는 다시 잠에서 깨어났습니다. 아직도 발목은 아팠지만 일어나야 한다고 생각했습니다.
―「다람쥐」(『짱구의 일기』, 도서출판 새남, 1997, pp.64~65).

강정규는 끊임없이 갇혀진 동물(다람쥐, 고양이, 병아리, 개구리)들을 다시 자연으로 돌려보내는 작업을 한다. 아니 탈출시키지 못할 때는 차라리 동화 속 주인공이 되어 자연 파괴의 고발자로 나타나고 있으니 『짱구네 집』에 보이는 「금붕어」[10]나 「살진 소」, 「보약이」들이 좋은 예이다. 또한 인간에 의하여 스러지는 동물의 넋(토끼, 강아지 에스 등) 때문에 차라리 앓아 눕게 되는 동심과 이에 동조하는 아버지에 의하여 조금씩 확장되는 공간들로 독자의 직관을 훈련시키고자 한다.
또한 강정규의 어린 시절에 강한 인상을 남긴 민구 삼촌―서울로 가 공부도 많이 했으나 보이는 것이 너무 많아 두다돌아모, 두다돌아모……라 외치는 정신병자가 됨―의 존재 역시 갇혀진 존재에서 다시

---

10) 「금붕어」, 『짱구네 집』, 성바오로출판사, 1977, pp.122~128. 도시화 속에서 사람들이 이기적으로 생기는 무관심과 소외를 금붕어의 시점에서 표현.

금 생명력을 되찾는 심볼로 등장하여 짱구와 만구, 진이의 눈을 통하여 생명의 비밀을 외치게 하고 있다.

"얘, 아주 복잡한 것은 단순하게 생각하면 돼. 우리 집이 왜 시골루 이사 왔는지 아니? 우리 아빠도 민구삼촌만큼이나 공부도 많이 하시구 똑똑한 분이야. 신문사에 다니시다가 어느 날 사표를 내셨어. 그리구 이곳으로 이사를 온 거야./㉠우리 아빠가 시골에 오셔서 마음이 편해진거나 민구삼촌이 앞 못 보는 ㉡맹인중창단을 만나 웃음을 되찾은 거나 마찬가지라구 생각해."/……시인은 진리를 말해. 꾸미지 않고 쉽게 말해. 거짓이 없어. 쉬운 이야기 속에는 거짓이 있을 수 없어. ㉣예언자도 그래. 있는 그대로 말하는거야. 진실이란 있는 그대로를 말하는 거라고 ㉢아빠가 말씀하셨어.
―「짱구의 일기」(『짱구의 일기』, 1985, pp.154~159).

여기서도 보이는 ㉢절대적 부성에 대한 신뢰감, ㉠자연 회귀에 의한 치료, ㉡'영혼의 노래'에 의한 치료를 이야기하면서 강정규는 자신이 '상실한 시대의 동심을 위한 치료사'가 되기를 원하며 우리가 우주적 질서를 회복할 때 마땅히 회복되는 축복을 이야기하고 싶어한다.

그래서 강정규는 온갖 종류의 새와 짐승과 어울리며 이야기하고 그들과의 대화를 전달하려 하는 것이다. 바로 그것이 하늘나라의 모형이 아니고 무엇이랴. 그것은 강정규가 가지고 있는 사물과 세계에 대한 따뜻한 시선―돌아갈 고향을 예비하게 하는 힘인 것이다.

4) 이야기성의 회복

강정규는 그가 발행인인 『시와 동화』의 책머리에 다음과 같이 쓰고 있다.

지금은 이야기를 잃어버린 시대이고 우리는 노래를 잃어버린 세대이다. 우리는 이야기를 잃은 대신 광고카피와 넋두리를 얻었고 노랫소리를 잃은 대신 광기와 소음을 얻었다. 이야기와 노래에는 의미가 있다. 그러나 우리는 의미를 잃어버리고 잡다한 일에 허둥대며 향방없이 달려가고 있다…… 나는 할머니의 노래와 이야기 속에서 성장했다. 이야기는 자기자신을 확장시키며 기존의 사물을 재해석하게 만든다. 이야기는 상호이해와 관계를 조성하며, 그래서 인간회복의 첩경이 된다. 노래 또한 마찬가지다./동화의 원형은 이야기이고 시의 원형은 어울려 부르는 노래가 그 근간이 된다. 기름행주로 몇 년을 두고 아침저녁으로 문질러 윤기내고, 대물려 밥짓고 국 끓이던 무쇠솥이 그리운 시대다.[11]

그리고 시중드는 일에 열심인 마르타와 '귀 기울여 이야기를 듣는 마리아'에 대한 이야기를 들어 살상 필요한 것은 '이야기 듣기'로 그것은 빼앗겨서는 안 될 좋은 몫이라는 누가복음10장의 말씀을 인용하고 있다. 그러므로 강정규의 동화는 아이들을 위한 것이라기보다는 차라리 동심을 가진—꿈이 있으나 그 꿈을 잃고 있는 어른들을 향한 발언으로 이야기란 갈래 속에 전래동화, 전래동요, 창작동요 등을 빌려 표현하고 있다.

"그런데, 그런데 말이다……."/할머니의 이야기가 지금까지의 노래조에서 정말 이야기조로 바뀌기 시 작했습니다./……그런데 말이다. 깊은 산골이 밤나무골에 어느 날 어디선가 허우대가 멀쩡한 다람 쥐 한 마리가 나타났구나./……달빛 잠긴 외나무/다리 아래로,/흐르는 맑은 강물비친 별나라. 그날 밤 별이 한 개/늘었습니다./반짝 반짝 빛나던/별무리 속에,/아주 예쁜 별과 별/두 별 사이에,/커다란 별이 한 개 /생겼습니다/"뚜껑 열고 별을 꺼

---

11) 강정규, 『시와 동화』, 동심원, 1999. 가을호, pp.12~13.

내/불을 켜서 하나 살리고,/뚜껑 열고 별을 꺼내 불을 켜서 둘 살리고,/뚜껑 열고 별을 꺼내/불을 켜서 셋 살리고.……"/

―「별이 된 다람쥐」(『별이 된 다람쥐』, 동아출판사, 1992. pp.163~213.

또한 장편동화인 『큰 소나무』에서는 인형극 대본, 판소리 대본, 시의 인용[12]하고 있으며, 어린이들이 즐겨보는 텔레비전, 드라마 대본 등도 새롭게 등장한다.

이외에도 강정규 동화에서 쉽게 눈에 띄는 것은 한 음절 제목의 동화들로 '돌, 새, 엿, 흙, 꽃' 같은 것을 들 수 있는데 이것들의 특징은 마치 황순원의 「소나기」 같은 서정적 분위기를 지닌 단편소설적 구성으로 역시 이야기성의 회복을 위한 의도적인 면이 엿보인다는 점이다.

현대를 살아가는 우리가 잃어버린 것이 있다면 그것은 자기도 모르게 다가와 마침내 자기를 다 앗아가 버리는, 자기 자신에 대한 고독한 신뢰이다. 이런 현상은 현대 사회에 만연한 종교의 祈福化 傾向과 맞물려 풀어야 할 고독공포증(Monophobia)이다.

자기 혼자만을 경직되게 믿어내야 하는 불신은 또 다른 불신을 재생산하게 되어 현대인은 이중적으로 불안한 고독감에 포위되는 것이다. 멀리는 낙원의 상실, 가깝게는 절대자의 상실, 더 가깝게는 윤리 규범의 상실로 세기말적 병리 현상의 다발적 충격이 그 병인이라고 본다. 현대는 더 이상 내적 세계와 외적 세계 간의 변증법적 통일이 지탱될 수 없으며 개인과 사회의 이음고리는 의미를 상실하고 있다. 따라서 개인은 좌절과 불안에 쉽게 사로잡혀 사회적 관계, 즉 진정한 자아를 박탈당하며 역사는 무의미해지고 미망에 찬 순환 논리의 지배를 받는다. 「짱구의 일기」에서 보이는 민구 삼촌이 바로 그 좋은 예이다.

---

[12] 「의식주」라는 시, 「너는 흙이니 흙으로 살아라」란 이현주 목사의 시를 인용하고 있다.

이런 상황하에서 '꿈을 잃은 자' 들은 위축될 대로 위축된 자아의 실체를 발견하게 되고 쉬운 것, 보여지는 것, 영상매체(만화, 영화, 컴퓨터 게임) 속에서 쉽게 위안을 찾는다. 그러다가 앞의 요소를 두루 갖춘 동화 속에서 화자가 중얼거리는 혀놀림을 주목하게 되는 신지식인도 생겨난다.

그래서 신지식인층은 동화 속에서 동시대의 치유법을 발견하기 위해 꿈을 잃은 자신을 위하여 동화을 산다. 그러므로 탈현대화 사회에서 문학작품은 굳이 루시앙 골드만의 언급을 하지 않더라도 개인의 창작물에 한정되는 것이 아니라 사회적 병리 현상의 징후로 읽어낼 필요도 요구되는 것이다.

특히 강정규 작품에서는 오랜 세월을 걸쳐 포도주처럼 묵은 여러 작품이 눈에 띈다. 다시 말해서 작가가 말하고 있는 꽃씨처럼 할머니에 의해서 잉태된 이야기의 씨앗이 여러 종류의 옷을 입고 가지가지의 시도 끝에 재치넘치는 착상과 소설적 전개에 의한 구조 서정적 분위기의 수채화 같은 단편소설적 동화로 탄생된다. 그 첫 예는 「돌」로 『현대문학』의 추천 작품인데 피난 온 소녀에게 건네지던 따뜻한 돌은 「나비이야기」에서 알밤으로 탈바꿈을 하고 「오뚜기의 합창」에서는 뒤를 이을 오명희 선생에게 건네진다. 「새」는 「병아리의 꿈」으로 완성되고 「짱구네 집」에서 잉태된 작가의 자전적 가정 이야기는 「짱구의 일기」를 거쳐 「청거북 이야기」와 「아빠와 함께 춤을」로 뒤를 잇고 「행복한 별나라」는 『별나라에서 온 편지』란 장편으로까지 자리바꿈을 한다. 자전적 일대기인 "오뚜기들의 합창은 장편인 『작은 학교 큰 선생님』으로 출판문화대상까지 받게 된다.

그러나 달콤한 언어 구사 뒤엔 독자의 머리를 무겁게 하는 생각의 갈피—웃음으로 세상에 반응하되 극도의 고통으로 긴장하는 팽팽한 間隙—사이에 구체화된 호소력이 존재하여 '경험의 매개'로 참다운 경험을 독자와 나누고자 하는 시인의식이 여럿 보인다(예;『작은 학교 큰 선생님』, '아침 못, 저녁 호수', '화분 그리고 어항').

또 다른 이야기성의 시도로 보이는 현상으로 명작동화적 전개 방식을 빌린 구조적 틀을 들 수 있다. 이는 60년대 최효섭의「열두 개의 나무인형」에서 보이는 명작동화 속의 주인공들과 현대의 한 소녀가 만나는 착상과는 또 다른 소설적 기법으로 안델센의『성냥팔이 소녀』[13]『그림없는 그림책』[14] 생택쥐페리의『어린왕자』[15]의 구조를 빌려 새로운 전개를 한다.

> 하늘에는 수많은 별나라가 있습니다. 세모진 별, 네모진 별…… 행복한 별나라와 불행한 별나라도 있었습니다……. 왕자님은 여행을 떠났습니다. 조각배를 타고 은하수를 노저어 별나라 순례를 떠났습니다. 왕자님은 우선 잘 사는 별나라를 구경하기로 하였습니다./어서오십시요……. 왕자님 눈에 맨 먼저 보인 것은 커다란 굴뚝이었습니다……/포장이 되고 딱지까지 붙어 툭툭 떨어지는 것은 모두 똑같은 것들이었습니다……/왕자님이 두 번째로 만난 사람은 농부였습니다./……거름통을 지고 부지런히 걸어갔습니다……/'아이쿠 아파라, 네가 말을 붙이는 바람에 칼로 손을 베었지 않니?
> —「행복한 별나라」(『이야기된 꽃씨』, 중원사, 1993, pp.36~56).

그러나 단순한 명작동화의 재구가 아닌 현실에 뿌리내린 환상이 만나는 새로운 세계 속에 물질문명과 공해로 오염된 세상에 대한 풍자 등으로 오늘날 가장 문제가 되는 핵심문제들—메카니즘의 비판, 개인주의와

---

13)「새」,『왕눈이와 달랑이』, 성바오로출판사, 1979, pp.49~57, 정거장 계단, 거지 소녀의 백일몽.
14)「나무인형」,『짱구네 집』, 성바오로출판사, 1977, pp.142~144. 한 청년에게 조각된 십자가상의 인형의 시점에서 쓴 글.
15)「행복한 별나라」,『돌이 아버지』(대원사),『짱구의 일기』(새남),『이야기가 된 꽃씨』(중원사)에 중복으로 실림.「병아리와 개」,『짱구의 일기』(새남)도 같은 구조.

회복을 위한 소년소설 151

생명 경시, 소외된 자에 대한 관심 등을 꾸준히 제기해 온 것이다.

3. 강소천과 이원수 동화의 접목

그의 작품 세계가 가지는 의미를 크게 내용상으로는 기독교적 사상을 바탕으로 한 회귀의식과 형태상으로는 이야기성의 회복으로 명작동화의 틀, 시와 전래동요, 희곡 등의 인용한 소설적 구성을 가진 서정적분위기 속에 내면적 울림을 다루고 있음을 엿볼 수 있다.

또한 직접 그를 문단에 추천한 안수길과 이원수에 의해 그 동화는 강한 현실 고발의 풍자성을 가진다. 그러나 이야기성 추구를 하다 도달한 회귀의식은 강소천 동화가 추구하던 동심 위주의 천사동심주의가 적절하게 양립하여 나타남으로 한국 아동문학의 새로운 지평을 소리 없이 열어 보이고 있는 것이다. 강정규 작품의 특질을 정리하면 다음과 같다.

첫째, 생각이 가벼운 시대에 '생각하는 동화'를 씀으로써 정의로운 사회를 구현하려는 목적의식으로 시작한 면이 전반기 작품에 두드러진다. 현실의 부정적 측면에 관심을 두고 그러한 현실 타개를 위한 비판, 고발, 참여의 글을 쓰게 된 것이다. 즉 카프 문학의 뒤를 이은 이원수 계열의 참여문학의 색채를 지니고 인간이 아닌 금붕어, 돌, 새, 소, 개, 개구리, 포도 등의 주인공을 내세워 표현하였던 것이다. 이는 무의식 속에 그가 참여했던 재건학교 학생이던 청소년층이 대상이 되었던 것으로 보이며 아울러 '버려진 돌'이 머릿돌이 된다는 소외된 것에 관심은 기독교적 의식에 바탕을 두고 있다.

둘째, 읽기는 수월하나 그 속에 담아 둔 의미의 하중은 상대적으로 무거운 편으로 생각하기를 싫어하는 어린이들에게는 부담스럽게 받아들여지는 작품이 대다수였다. 그러나 사라져 가는 이야기를 찾으려는 작가의 노력은 다시금 잃었던 동심의 세계를 찾게 하였고 이를 기반으로 한 이야기성의 회복은 현대의 담론의식에 앞선 선각자적인 시인의식으로 보여진다.

세째, 전래동요, 인형극 대본, 판소리 대본, 시나 텔레비전, 드라마 대본 인용, 명작동화적 전개 방식을 빌린 구조적 틀을 이용한 다양한 실험적 시도, 명쾌한 대조에 의한 극적인 구성 양식 등 재치넘치는 착상과 서정적 분위기의 수채화 같은 단편소설적 형태적 특징을 지닌다.

다섯째, 동화작가로서는 보기 드물게 개작을 단행함으로 작품의 질 향상에 부단한 노력을 보이고 있다는 점이다. 독자의 대상에 따른 전개와 언어 취사를 함으로 동화창작의 새로운 면을 보여줌으로 최근 작품은 점차 성인과 청소년층의 대상에서 어린이에게도 충분히 수용될 수준으로 변모되고 있다.

네째, 무엇보다도 중요한 것은 이야기성의 회복으로 말미암은 가족애 회복으로 강소천 동화 등에서 추구했던 '상실과 찾음'의 맥에 동참하고 있다는 점이다. 물질적 빈곤보다 더 가슴아픈 애정적 결핍—이로 인해 어린이들이 잃게 되는 꿈에 대한 위협을 함께 제시하고 있다는 점이다.

그리하여 동화 전편에 흐르고 있는 회귀의식은 자연 이원수 동화 등에서 강조되고 있는 고발과 비판, 그 분노의 문학에서 '찾음'이라는 회귀의 문학으로 전환된다. 즉 자상한 아버지상을 통한 부성의 회복, 부성을 대신한 사제간의 애정, 기독교 의식을 통한 경천성의 회복, 희생과 봉사를 통한 보편적 사랑으로 생명 존중 의식과 자연 회귀 의식을 확장시켜 나가고 있다. 즉 육친애에서 비롯된 가족애에서부터 점차 대상을 넓혀 교우간의 애정, 소년소녀에 대한 애정, 점차 폭넓은 인류애로까지 확대되어 나타난다. 그리하여 곤충과 가축에 대한 애정에서 자연에 대한 사랑으로 확장되고 점차 생명에 대한 존귀성으로 심화시켜 생명 외경의 정신으로까지 함양될 가능성이 엿보인다. 다음 작품이 기다려진다.

참고문헌(강정규 작품 : 동화 11권, 수필집 1권)

짱구네 집, 성바오로출판사, 1977.
내 얘기 우리 얘기, 신원문화사, 1978.
왕눈이와 달랑이, 성바오로 출판사, 1979.
병아리의 꿈, 창비, 1982.
짱구의 일기, 도서출판 새남, 1985.
꾸러기의 달, 새소년, 1989.
돌이아버지, 대원사, 1990.
별이 된 다람쥐, 동아출판사, 1992.
이야기가 된 꽃씨, 중원사, 1993.
큰 소나무 12, 산하, 1994.
작은 학교 큰 선생님 1·2, 교학사, 1997.
청거북 두 마리, 국민서관, 1998.

분단을 소재로 한·중장편동화 들여다보기

　1945년 8월 이래 오늘날까지 우리 민족은 분단 상황에 놓여 있다. 분단으로 삶 전체가 뿌리부터 흔들린 사람, 또는 분단 상황에 대한 깊은 인식 없이 하루하루의 삶을 즐기는 사람. 무엇보다도 6·25를 직접 체험한 세대와 그것을 단순히 하나의 역사적 사건으로 인식하는 젊은 세대와는 커다란 차이가 있다. 그런 차이를 하나로 묶어 주는 작업이 바로 문학이 문학으로 살아남는 이유라고 할 수 있다. 특히 한국문학의 특성상 한국 민족만이 겪었던 분단의 소재를 다룰 수밖에 없었다는 것을 대다수의 중견 동화작가들이 참여함으로써 증명해 보이고 있었다. 『아침햇살』(1999년, 16호)에서 아동문학에서는 처음으로 '분단 소재 아동문학'을 발굴 조명하는 작업이 있었다. 성인 소설문학 연구에 비추어 볼 때 늦은 감도 없지 않지만 의미 있는 작업으로 기억될 것 같다. 그 중에서도 중·장편동화 20여 편에서 그 의미를 재조명해 보는 일을 맡아 놓고 그 양이 많고 앞에 다룬 전례가 없어 과연 해낼 수 있을까? 자타가 걱정했었는데 두 달 동안 매일 밤 읽는 가운데 나도 모르게 그 시대로 빨려 들어가는 경험을 하면서 만나게 된 것은 무엇보다도 '동족상잔의 전쟁에 대한 고발의식'과, '그리움의 한', 그리고 '통일에의 의지'에 대한 놀라움이었다. 그래서 몇 년 만에 심하게 앓았다. 너무도 깊은 그 골을 외면하고 산 것에 대해 깊이 반성을 하며 그리고 깨닫게 되었다.

무엇보다도 우리 어린이들에게 잊혀져 가는 분단의 아픔과 실향민의 그리움 따위를 강조하기 전에 먼저 그 분단의 역사적인 원인과 되풀이되는 우리 민족 역사의 하나되지 못하는 수치스러움에 대하여 적나라한 조명이 선행되어져야 한다는 점이다. 바로 우리 어린이들이 이시대에 통일이 이루어지지 못하면 다음 시대에 통일의 문제를 인계받아야만 하는 주역이기 때문이다. 그러므로 어린이들에게 역사의 긴 안목으로 과거를 살피고 현재를 살며 미래의 삶을 다양하게 계획할 수 있도록 올바른 방향을 제시하는 임무를 아동문학이 떠 맡고 있다는 현실이다. 그러므로 우리의 분단 상황을 올바로 인식하게 하고 이를 어떻게 극복해 갈 수 있는가를 제시해 주는 일, 그리고 통일 이후의 새로운 가치관을 가지게 하는 일이 곧 분단 극복의 가장 큰 문학적 과제라고 하겠다. 그것은 무엇보다도 통일에 대한 자신감을 심어 주는 일이다. 그러므로 『아침햇살』 16호(p.316)에서 제시한 분단을 다룬 미수록 중단편들과 빠진 작품 몇 편을 다음과 같이 네 가지 시각으로 살펴본다.

1. 체험 고발의식

최초의 창작동화인 「바위나리와 아기별」을 쓴 마해송 역시 그가 겪은 최대 비극인 6·25와 1·4후퇴를 우리나라 어린이들은 어떻게 겪었나? 하고 그 한 면모를 『앙그리께』로 엮은 것이라고 하였다.

『앙그리께』는 1955년 『소년세계』에 두 달 연재한 후 한국일보에 60회, 경향일보에 82회가 연재되었다. 텅 빈 서울집을 지키다 돌아가신 할머니와 끌려간 양딸 영애에게 바친다는 끝말이 붙여진 이 작품에는 그의 어린이에 대한 존중사상이 잘 나타나고 있다.

영애의 눈으로 본 6·25를 그린 『앙그리께』는 76년부터 77년도에 『소년조선』에 연재된 송명호의 『전쟁과 소년』의 모체가 되었다고도 보인다. 소년 지수가 전쟁의 와중에서 위기 상황을 넘으며 펼쳐 보이는 낭만적 모험담과 대비가 되기 때문이다. 소년의 눈과 마음을 통해 보고 느낀 6·25사변의 이모저모가 상당히 충실한 자료를 바탕으로 서정적으로 그려지고 있기 때문이다. 그렇다면 그간 어떤 이유에서 분단 소재의 아동문학물이 도외시되었던 것일까?

첫째, 무조건 6·25의 비극을 소재로 한 작품이라면 전쟁을 일으킨 북한에 대한 적개심만 부추켜 다시는 그런 비극적인 일이 발생하지 말아야 한다는 교조주의적 차원의 눈으로 보았다. 그리하여 그 속에 담긴 분단 정서를 통한 순응적 인간형과 통일에의 강렬한 메시지적 차원을 간과해 왔던 것이다.

둘째, 선과 악의 대립을 명확히 하는 아동문학의 고유한 특성상 자연히 악은 북으로, 남은 선으로 대치될 수밖에 없는 교육적 구도로 분단을 소재로 한 문학은 흔한 반공 교재로 오인 분류되는 소지를 안게 되었던 것이 현실이었다. 그러므로 문학은 예술성에 바탕을 두어야 한다는 인식을 가진 작가에게 이러한 제재는 창작 의욕을 떨어뜨리게 하고 독자 역시 분단 소재라면 반공 아동물 정도로 폄하하는 인식이 보편화하게 된 것이다.

셋째로 들 수 있는 것은 꿈과 정서를 심어 주어야 한다는 아동문학적 인식으로 전쟁이라는 참혹한 제재로 인해 들어나는 죽음, 절망감, 배반, 폭력 등을 담는데 곤혹함을 느끼며 소극적 선별적 주제 설정에 자족하고 있었다는 점이다.

넷째는 성인 문학에 있어서는 자리잡기 시작한 평론에 의하여 분단문학들이 자리매김을 하고 있었지만 아동문학에서의 전문적인 평론이 자리잡지 못하여 순수예술로서의 문학 선호도의 평론으로 일관하여 우리 아동문학이 우리의 역사를 담는데 매우 편협적이고 소극적임을 지적하지 못했던 바도 인정해야 한다고 본다. 이런 점에서 기존 작가들의 분단 소재 작품 다시 읽기의 의미는 자못 크다고 보겠다.

이렇듯 이빠진 것처럼 6, 70년대를 건너뛰어 80년도에 가서나 6·25의 비극적 삶을 직접적으로 제시하고 있는 장편작품들을 만날 수 있으니 바로 40대에 분단 소재의 작품으로 등단한 성인 작가 박완서의 「고발의식」과 비견된다고 볼 수 있다.

말하지 않을 수 없는 그 시대, 그 풍경을 작가들은 서서히 아동문학이라는 그릇에 조형화하지 않을 수 없는 것이었다. 즉 시대적 증언의식이다.

권정생의 『몽실언니』, 이상배의 「부엌새아저씨」, 김재창의 『동굴 속 사람들』과 『아침햇살』 목록에는 단편으로 게재되어 있지만 중편인 김요섭의 「이슬꽃」 등을 들 수 있다. 앞의 네 작품들은 같은 6·25를 다루면서도 그 관점과 태도는 저마다 다르다. 김요섭은 팬터지 기법으로 '어린아이의 심리를 파고드는 6·25'라면 김재창은 처음부터 끝까지 '모험과 고통의 6·25'을 사실적 기법으로 그려가며 주인공의 성장기의 각성으로 끌어올리는 데 주력하였고 권정생은 '몽실언니'라는 생생한 인물상을 통하여 남북으로 갈린 상황의식에서부터 분단체제를 빚은 국내외적 원인, 분단이 빚은 사회적, 정치적, 모순과 경제적 갈등, 소외계층에 이르기까지 그 주제와 소재를 넓게 보여주고 있다. 뿐만 아니라 『앙그리께』의 영애와 『전쟁과 소년』의 지수처럼 자기 앞에 놓인 운명적인 삶을 꿋꿋하게 살아나가는 생생한 인간상을 제시하고 있다.

머리와 얼굴을 분간할 수 없이 검댕과 흙투성이가 되어 있고 시꺼먼 맨발이었다. 아궁이 속이라도 숨어 있다가 들킨 모양이었다. …… "드르륵!"/ "악!"/다발총 소리가 하늘과 땅과 앞산 뒷산에 울리고 외마디 소리를 지르며 쓰러지는 무딘 소리가 들렸다……/둘은 연기나는 총을 들고 터벅터벅 내려갔다./웃어뵈는 김동무의 눈은 영애를 잡아먹을 듯이 날카롭고 매서웠다./김동무고 또 한 놈이고 영애에게는 사람같아 보이지 않았다.

—『앙그리께』, p.75

"굴려라!"/동굴 속 사람들의 마지막 무기인 바윗덩이가 사정없이 적들을 덮쳤다. 안심하고 올라오던 그들은 뜻밖의 공격을 받고 비명을 지르며 나뒹굴었다./바윗돌들은 따발총보다 위력이 더했다. 굴러떨어지는 게 바윗돌인지 사람인지 분간할 수가 없었다./……그들의 부릅뜬 눈이 어둠 속에서 파랗게 빛을 내고 있었다.

—『동굴 속 사람들』, p.64

조금 각도가 다르지만 권정생이 체험한 전쟁은 다음과 같이 묘사되고 있다.

아이들은 이젠 별로 겁을 내지 않았다. 기차 정거장이 있는 마을에 폭격을 퍼부었다. 학교가 타고 정미소가 불이 났다./그러나 전쟁에 익숙해진 아이들은 재미있게 구경을 하고 흉내를 냈다. 총 쏘는 시늉, 죽는 시늉, 쓰러져 죽는 시늉, 칼로 찌르고 자빠뜨리고, 몽둥이로 패고 함성을 질렀다./……신작로로 탱크가 지나가고./……이상하게 생긴 전쟁마차도 지나갔다./……학생의용군이라고하는 까까머리 어린 인민군이 마을 앞으로 지나갔다. 새까맣게 탄 얼굴, 움푹 들어간 눈자위랑 기다란 모가지가 가엾게도 지쳐 있었다.

—『몽실언니』, p.114

'그 상황 속에서 나라면 어떻게 하였을까?' 내용을 읽은 어린이들에게 많은 갈등을 일으키게 하는 여운이 남는 동화로 이상배의 「부엌새 이야기」를 들 수 있다.

모든 마을 사람이 피난 간 후 혼자 남게 된 덕빙이는 악랄한 자웅눈의 협박에 못이겨 마을 사람들이 숨은 금적굴을 가리킬 수밖에 없게 된다. 그는 그후 그 정신적 충격으로 마을 사람들이 모두 비석이 되어 누운 비석골을 떠도는 정상적이지 못한 회한의 삶을 살게 된다.

자웅눈이 또 총을 쏘아댔다./"꼬마야, 어서 앞장서라. 어젯밤 식량을 어디로 가져 갔니? 시간없다. 어서 앞장서."/……덕빙이는 머리를 가로 저었다. "이 녀석이 혼나 봐야 똑바로 대겠니? 어서 이러낫."/자웅눈이 또 두발 총을 쏘았다. 산울림이 찢어지는 듯했다./……"안돼요, 안돼요……"/"탕,탕!"/자웅눈이 총을 쏘아댔다. ……총소리가 몇 방 귀청을 찢었다. 그리고 정신없이 석비레고개에 이르렀을 때 다시 총소리가 들렸다. 쉴새 없이 콩볶듯이 들려왔다……

— 『부엌새아저씨』, p.196~197

김요섭의 「이슬꽃」에서 그려지는 6·25는 비극적이기보다 비정적이다. 주인공 은실이의 아버지 김중위는 전쟁터로 나가고 어머니와 은실이는 할아버지집을 찾아 피난길에 나선다. 은실이의 체험은 피난길에서 '팔에 붉은 완장을 두른 젊은이'들에게 조사를 받으면 '아버지가 없다'고 하라는 '거짓말하기'에서부터 은실이 새 할머니의 '철저한 외면'과 은실의 유괴사건에 이르는 비정한 사건들이 전개된다. 한마디로 김요섭이 표현한 6·25는 전쟁으로 인한 한 가정의 비극이라기보다는 비정한 사건으로 인해 천진스런 은실에게 놓여진 외로움과 공포의 세계일 따름으로 보여진다. 단지 6·25란 제대로 있어야 할 모든 것이 사라져 버리게 한 '이슬'과 같은 것이었다. 이런 팬터지 기법은 전쟁의 비극상이 은실이의 천진성이란 안경이 극명할수록 외부 세계는 더욱 비정하게 보여주는 장치로 작용되어진다.

분단 상황에서 통일로 나간다는 것은 '동굴 속에서 빛의 세계를 향하여 나가는 것과도 같다'는 암시가 보이는 작품이 있다. 김재창 작 『동굴 속의 사람들』의 주인공인 바우나 혜수형 등이 가족이나 조직에서 이탈되어 다시금 개인들의 삶이 여러 모양으로 결속되어지는 과정을 사실적 수법으로 제시하고 있다. 전쟁은 개개인에게 정신적으로나 물리적으로 큰 상처를 주지만 대신 더 큰 결속과 다짐을 하는 것을 주된 구도로 삼고 있다.

이는 그들이 전쟁이라는 거대한 비극 속에서 어렵게 획득한 능동적 인간형이 되고 그런 인간형으로 인해 자연스러운 결속을 유지하게 됨을 보여주고 있다.

극적으로 표현되는 남장 여자였던 혜수형의 죽음이 주는 충격이나 '큰 절에서 떨어져 나와 암자에 기거하는 늙은 스님'의 존재, '공습통에 함께 피난가다 잃어버린 아버지', 도움을 준 군인 아저씨지만 아버지를 위해 배반할 수밖에 없었던 군인 아저씨, 영웅적 면모를 보여 젊은이들의 인기를 끄나 자신이 저지른 만행이 들어나는 산사람, 괴뢰군의 정체들……

결코 상상이나 가공으로는 엮을 수 없는 오랜 세월 눈물로 바꾼 '체험문학'이기에 쓰여진 작품들인 것이다. 이념 때문에 오랜 감옥생활을 하게 된 임수경이나 좌경화된 우리 젊은이들이 이런 작품을 유년기에 접하였더라면 그 인생의 향방은 좀 달라졌을 것이리라. 이제라도 새로운 각도로 지난 작품들을 새롭게 단장하여 어린이들에게 읽히려는 노력이 필요하다고 보여진다.

6·25란 이미 끝난 전쟁이 아니라 건드리기만 하면 언제고 다시 터질 수 있는 덧나는 상처다. 그러기에 차라리 과거사로 묻어 두고 싶은 체험 세대도 있고 우연히 발견한 녹슨 철모나 외국에 입양된 혼혈아들이 뿌리를 찾아 돌아오는 뉴스 속에서 6·25의 파장을 간접적으로 인식하는 미체험 세대, 그 둘이 하나로 만나는 광장으로 새로운 분단 소재의 고발문학도 필요해 보인다.

2. 극복의 아동상

좋은 아이디어라고 항상 새로운 아이디어는 아니다. 때로는 옛 아이디어가 적절한 시기에 부활하여 좋은 아이디어가 될 수 있다. 삶과 사회에 대한 옛 철학이 부활하기 위하여는 어느 정도의 시간이 무르익어야 할지도 모른다. 이런 점에서 분단문학, 그 전쟁의 심각한 상흔을 치유한 '극복의 아동상'을 살펴보는 것은 의미 있는 작업이라고 보인다. 즉 분단 주제의 아동문학을 인간상의 유형별로 접근하는 작업도 병행되어져야 한다고 본다.

자식을 많이 가진 한 노인이 그 자식의 혼처를 정할 때 한 가지만은 반드시 알아 보시는 것을 보았다.
"6·25 때 부친은 무엇을 했누?"
이 말에는 출신이 이북인지 호남인지 아니면 영남인지 부역을 했는지 피난은 어디 가서 어떻게 살았는지를 가늠하시는 말이다. 그것으로 그 집안의 모든 것은 대충 짐작되는 것이 우리의 사정인 것이다.
이렇듯 6·25는 민족의 대이동을 일으켜 움직이는 역사 속에 구체적으로 활동하는 여러 종류의 인물을 창조하였다. 감정과 정서를 박제화시켜 버린 인간상—역사를 바라보는 주체가 아예 그 흐름에 관심을 갖지 않는 관찰자 내지는 방관자, 아니면 자포자기의 절망형과 전쟁에 운명적으로 순응적 인간형, 그 가운데서도 삶을 자신의 최대 발휘 기회로 삼는 부단한 자기 구현형과 양면성을 가진 정서적 존재를 만나게 된다.

문학은 인간학이기에 언제나 각 시대마다 새로운 유형의 인간상을 창출해낸다. 분단체제의 냉전 이념 아래서는 당연히 흑백논리의 이분법적 가치관에 따른 선악의 기준만이 적용되는 단세포적 인간상이 양산되었다. 그러나 살펴본 20여 편을 보건데 두세 편만이 그러한 '이분법'이 강조되어 있었고 그 밑바탕에는 강요된 흑백논리에 대해 끊임없이 회의하고 가치의 혼란 속에 갈등하는 어린이다운 리얼한 동심의 아동상이 생생하게 그려져 있어 오히려 기존의 성인 소설보다도 우위의 문학의 자리에 차지하고 있음을 발견하게 되었다.

이들의 인간상을 표로 분석하여 보면 다음과 같다.

〈표1〉

인간상		자포자기의 절망형	순응적 인간상	자기구현적 인간상—기회주의적	관찰자 방관자;양면성
특징		감정과 정서를 박제화시킨 동물적 본능으로 지탱/삶의 원시적 형태로 존재하다가 자연 도태함.	전쟁에 운명적으로 순응	삶을 자신을 최대한으로 발휘하는 기회(권력과 생존의 추구형)	일괄성이 없음.깊은 고뇌를 하는 민족적 허무주의자.
	소설	장용학, 손창섭의 반전문학--직업적 간첩, 사람고기를 먹기도 함. 근친상간:50년대적 냉전 일변도의 관념론적 인간상	『영웅시대』의 이동영--지주의 아들로 일본 유학 중 무정부주의 운동에서 사회주의자로 변신한 '살아남기 위한 선택'이라함.	조정래 『태백산맥』의 하대치;이상이나 진리로의 이념 접근이 아닌 삶의 현실 구축	최인훈의 『광장』에서의 이명훈, 김원일의 배도수 『노을』; 60년대의 이념의 시각으로 바라봄

작품의 예	동화	이상배의「부엌새 아저씨」의 덕빙이;괴뢰군인 자웅눈. 박숙희의「외딴집 할아버지」—황바우 할아버지. 「몽실언니」의 친어머니. 「호수 속의 오두막집」의 할머니.	신지식의「기찻길」의 혜수,「갈매기의 집」의 영주,「날개치는 작은 새」의 애희. 권정생의「몽실언니」의 몽실이. 마해송의「앙그께」의 영애와 할머니. 송명호의「전쟁과 소년」의 지수.	장문식「따에 내린 별」의 석구 김재창의「동굴 속 사람들」의 동호와 해수. 이현주의「육촌형」에서의 근태. 임신행의「골목마다 뜨는 별」의 호주, 할아버지.	마해송의「앙그리께」에서의 김동무. 「호수 속의 오두막집」에서의 숙이. 박상재의「통일을 기다리는 느티나무」에서의 느티나무.

신지식은 『갈매기의 집』 후기에서 이렇게 말하고 있다.

영주는 지금 어디서 어떠한 생활을 하고 있을까?/……틀림없이 늘 환한 미소를 띠고 부지런히 일하면서 살고 있을 것이다. 어쩌면 자기를 담은 귀여운 아기 엄마가 되어 고운 목소리로 자장가를 부르고 있을지도 모르지……/나에게는 집없는 어린이들에게 몹시 마음이 쓰였던 시절이 있었다. 1960년대 6·25사변을 겪고 난 후 우리나라에는 이런 아픔을 안고 거리를 방황하는 어린이들이 헬 수 없을 만큼 많았다. 끊임없는 부모의 보호와 사랑이 넘쳐나는 따뜻한 가정에서 자라도 자칫 상하기 쉬운 어린 시절에 부모를 여읜 것보다 더 큰 불행이 어디 있을까? 〔…중략…〕 환경을 탓하지 않고 항상 긍정적인 마음가짐으로 자기를 아름답게 키워나가는 사랑스런 영주, 영주의 모습은 나의 이상의 소녀상이다. 이런 의미에서인지 나는 이 『갈매기의 집』을 다른 어떤 작품보다도 좋아한다.

—신지식, 『갈매기의 집』 후기, 1974. 11. 3, pp.263~264.

남성 작가들이 채 다루지 못한 전쟁 고아들의 섬세한 감정상의 편린

들을 여성만의 섬세한 터치로 다룬 밑줄 그은 〈표1〉 속의 세 작품을 분단문학에서 제외시켜서는 한국아동문학의 맥을 이을 수 없다고 본다. 한국동란의 의미를 알지 못하는 세대에게 그 분단의 인간성 부재의 참상을 당시의 언어로 심층적 체험의 매체로 남아 있다는 것은 『한국아동문학작가작품론』에 실린 「신지식론」[1]에서 밝힌 것처럼 참으로 다행스런 일이라고 보인다.

이렇게 볼 때 분단시대의 인간상은 냉전이념의 주형화된 사회체제에도 불구하고 문학은 끊임없이 그 극복을 위한 새로운 인물을 창출하고 있음을 엿보게 된다. 즉 변증법적인 반전의식에서 이념 각성으로 그 이념에 대한 비판으로 즉 변증법적 부정으로 민족사적 의미 창출로 이어져 내려왔다는 해석이 가능해진다. 외형적으로는 가족적 연대감의 붕괴 현상에 대한 증언에서 민족의식의 각성이라는 승화되는 형태로 발전해 온 것이다. 즉 민족상쟁의 전란을 다룬 모험담에 속하는 작품일수록 가족적 연계가 더욱 끈끈한 그 핵으로 활용된 데 비하여 부수적 전쟁의 상흔을 다룬 것일수록 민족과 역사 우선주의로 대체됨을 느낄 수 있었다.

최초의 분단장편동화가 된 『앙그리께』에 이어 강소천, 신지식에 이어져 내려온 순응적 아동상은 권정생의 『몽실언니』에서 완성된다. 거대한 이데올로기와 맞서는 인간 삶에 대한 진지한 검토와 반성의 반향을 일으키는 몽실이란 생생하게 살아나오는 주인공의 형상화가 '이야기성의 회복'이라는 문학적 의미와 함께 한 전환점이 되고 있는 것이다.

이 작품은 70년대 그의 문학적 출발이라고 할 수 있는 「무명저고리와 엄마」에서 나타나고 있는 기층민, 그 삶의 구체화된 표상이라고도

---

[1] 정선혜, 「신지식론—작품에 나타난 이미지」, 1991년 이재철선생회갑기념논문집인 『한국아동문학작가작품론』, 서문당, 1991년, p.732.

볼 수 있다.

『몽실언니』나 『앙그리께』에서 주인공인 아동다운 천진성이 생생하게 표출되면서 동시에 분단 현실의 혼란상을 독자인 어린이들에게 적절하게 통찰하게 하는 몇 대목을 짚어 본다.

　　영애는 어제 짱구 아버지에게 들은 이야기를 하고 싶어서 못 견디었다.
　　"민애야! 나만 아는 얘기가 있는데 민애가 아무에게도 말하지 않으면 가르쳐 주지!"
　　"무어 말야? 말해봐!"/"저……."/영애는 나지막한 소리로 말했다./"……인제 내가 이 집 주인이 된데…… 그리고 너희들은 아랫방에서 살고……"/"무어! 정말?"/" 정말이래!"/민애는 눈이 둥그래져서 발딱 일어섰다./"말하지마!" 민애는 대답도 않고 방으로 들어갔다.
　　　　　　　　　　　　　　　　　　　　　　　　─『앙그리께』, p.21

　　"국군하고 인민군하고 누가 더 나쁜 거예요? 그리고 누가 더 착한 거예요?"
　　"……"/" 왜 인민군은 국군을 죽이고 국군은 인민군을 죽이는 거여요?"
　　인민군 여자는 누운 채 말했다./"몽실아, 정말은 다 나쁘고 다 착하다."
　　"그런 대답이 어디 있어요?"/"국군 중에도 나쁜 사람이 있고 착한 국군이 있지. 그리고 역시 인민군도 나쁜 사람이 있고 착한 사람이 있어."/"그래요. 아까 낮에 태극기를 불태워 준 인민군 아저씨는 착한 아저씨는 착한 분이셨어요?"/"……너에겐 어려운 말이지만, 신분이나 지위나 이득을 생각해서 만나면 나쁘게 된단다. 국군이나 인민군이 서로 만나면 적이기 때문에 죽이려 하지만 사람으로 만나면 죽일 수 없단다."
　　　　　　　　　　　　　　　　　　　　─권정생 『몽실언니』, pp.114~115

품안에서 워리를 빼앗으려 했다.

"안돼요, 안돼요."/자웅눈이 총을 쏘아댔다. 하지만 워리는 지그재그로 달려왔다. 덩빙이는 재빨리 엎드렸다. "워리, 여기야 워리, 워리!"/워리가 왈칵 달려들었다. 덩빙이는 워리를 안고 뛰기 시작했다./……총소리가 콩 볶듯이 들려왔다. 덕빙이는 고개마루에 서서 멍청히 금적산을 바라보았다. 눈가에 눈물이 흘렀다. 무서운 마음은 일지 않았다. 왠지 큰 소리로 울고 싶었다. ……/……덕빙이는 은행나무로 달려갔다. 총소리는 계속 들렸다……/자꾸 벗겨지는 신발도 벗어 던졌다. 두 주먹을 불끈 쥐었다. 주먹 등으로 눈물과 땀을 훔쳤다. 눈 속과 입 속이 쓰리고 따가웠다./……이제 전쟁이 어떤 것인가를 어렴풋이 알 것 같았다. 붉은 깃발, 붉은 완장, 총을 장남감처럼 가지고 노는 자웅눈이 어떤 사람인가를 알 것 같았다.

—이상배,『북치는 소년』, pp.197~198

할아버지는 은근한 목소리로 호주를 불렀다.

"네."/"저 별좀 봐라."/할아버진 우거진 소나무 숲 사이로 열려보이는 하늘의 별을 가리켰다. 별무리가 새하얀 안개꽃처럼 돋아나 깜박이고 있었다.

"어쩌면……"/ 소나무 숲 사이로 보이는 별이 너무 아름다워 호주는 나지막이 입을 열었 다./"별은 어느 별보다 초여름 밤 별이 제일이지. 보리타작을 할 무렵 살구나무 아래에서 바라보는 밤 하늘의 별이 제일이야."/"……봄이면 살구나무에는 하얀 꽃이 피고 꽃이 핀 초저녁에는 하늘을 보면 모두가 별로 보이지. 살구나무 가지에 온통 별이란다. 살구꽃이 별이고 별이 살구꽃이고."

"살구꽃이 별같이 생겼어요?"

—임신행,『골목마다 뜨는 별』, pp.17~18

엄마의 병이 점점 더 심해집니다./아빠는 엄마 약을 사 오려고 장사를 하러 나갔습니다./오늘은 여의도에 가지 못합니다. 아빠가 없으니 못 갑니다. 헤어진 엄마 가족을 어서 찾아야 합니다. 그래야 엄마 병이 빨리 낫습니다. '나 혼자 여의도에 갈까?'/향아가 생각합니다./……"우리 엄마를 찾으셔요!"……향아는 울면서 광장을 헤맵니다./……"너 혼자 왔 니?"/"예."/방송국 아저씨는 향아의 배에 씌어진 글자를 읽습니다./……"우리 엄마는 아파요."/향아는 울음을 터뜨리고 맙니다./……"어린이 이름은 뭐예요?"/"고향이어요."/"고향? 이름이 고향이에요?"/……"엄마가 고향을 무척 그리워하는 모양이군요. 그런 것 같아요?"/"예. 고향 얘기만 나오면 울어요."…/"선생님, 이 어린것이 이렇게 울지 않도록 해주십시오. 왜 우리가 이렇게 울어야 합니까? 누가 우리 민족을 울리는 것입니까? 이게 누구 때문입니까?

—이동태, 『울보엄마』, pp.83~85

    요즈음 어린이들에게는 애완동물만큼 소중한 존재가 없다. 단순한 어린이의 애니미즘적 공통성에 의한 것뿐만 아니라 현대사회가 가중시키는 여러 가지 스트레스에서 정서적 안정감을 얻고 미래가 주는 불안한 정신적 외상으로부터 벗어나려는 돌파구에서 기인된다고 보인다. 전쟁 중에 부모와 떨어져 혼자 남은 덕빙이에게도 강아지 '워리'는 그만큼 소중한 존재였고 강아지의 발달된 후각에 의해 금적굴의 위치가 들통날 수도 있는 상황이었기에 '워리'를 찾다가 기어코 자웅눈에게 발각되고 만다. 하여튼 '워리'로 인해 금적굴에 숨은 마을 주민들의 생명과 자신의 생명을 두고 저울질하게 된 극한 상황이 결국은 비석골의 최후를 가져오게 된 것이다.
    몽실이 역시 아버지와 어머니가 있긴 했지만 가정적으로 보호받을 수 없는 상황임을 어느덧 인식하게 되는데 마찬가지로 같은 민족으로 인민군이나 국군이 동시에 존재하나 이 역시 몽실이에게 의지가 되지 않는 설정은 우연이라고 보기에는 작가적 장치로 이해해도 될 것 같다. 그러므로 이때 주인공들은 자신만의 순수한 자각에 의한 현실 파악과 그 대립 속에서 성숙된 자아로 발전해 나가는 모습을 보게 된다. 이것은 단순한 어린이의 본능적 호기심의 차원을 넘어 일종의 반사심리라고 김용희는 「분단 현실의 문학적 인식과 분단극복」에서 다음과 같이 말하고 있다.

> 몽실이의 순수한 사유는 가족과 이웃으로부터 보호받으려는 심리와 보호하려는 이중적 심리로 작용되어 선택 불가능한 현실의 대립을 극소화하고 올바른 이해관계를 수긍하고자 한 것이다. 몽실이가 남에게 베푸는 사랑의 원천과 불행의 감수도 순수한 사유경험을 통해 얻어질 수 있었다. 바로 몽실이의 개인 심리는 개인과 민족의 아픔을 통찰해 나가는 한 방법일 뿐 아니라 자신이 겪어야 하는 불행과 베풀어 나가는 온정을 한꺼번에 감당할 수 있었던 귀중한 요건이다.
> ―김용희, 『동심의 숲에서 길 찾기』, p.165

순수한 사유경험에서 얻어진 '몽실의 의지적인 삶 인식'이라고만 규정하기에는 무엇인가 미진한 느낌이 든다. 그러나 다음과 같은 대목에서 마치 '바리데기공주'[2] 설화에서 보여지는 탐색담이 주는 희생성은 원초적 어둠과 죽음의 공포를 극복하고 획득하는 不死性의 느낌 속에

---

[2] 서대석, 「바리공주연구;서울지방의 서사무」, 『계명론총』(1972. 12), p.39~43.
조선조에 한 임금이 왕비를 맞이하려 점을 치니 당년에 결혼을 하면 7공주를 보고 명년에 혼례를 지내면 삼동궁을 본다고 하였다. 급한 마음에 당년에 결혼을 하니 예언처럼 딸만 일곱을 낳았다. 크게 노한 임금이 일곱째로 낳은 딸을 후원에 갖다 버리게 하였다…… 바리공주는 비리공덕할미와 할비에게 양육되는데 하늘이 낸 아기를 버린 죄로 바리공주의 친부모인 양전마마는 죽을 병이 든다. 이에 문복(問卜)한 결과 부장신선의 약려수를 길어다 먹어야 낳는다는 답을 듣는다. 양전마마가 여섯 딸에게 무장신선의 약물을 길러 갈 것을 청하나 저마다 핑계를 대고 거절하였다. 그리하여 임금의 명을 받아 신하들이 바리공주있는 곳을 찾아가 […중략…] 남복을 입고 주령을 짚고 구약여행(救藥旅行)을 떠나게 된다. 바리공주는 석가세존을 만나 낙화를 얻고 저승에 이르러 죄지은 귀신들을 전도하고 약수를 건너 무장신선을 만나 약수를 얻기 위해 물 삼년, 불 삼년, 나무 삼년, 하여 주고 다시 결혼하여 일곱 아들까지 낳는다. ……돌아가신 부모 상여 앞에 나아가 약려수와 꽃으로 부모를 회생시켰다. 부왕마마는 무장신선을 인견(引見)하고 벼슬을 내렸다. 그 후 바리공주는 만신의 몸 무신(巫神)이 되었다고 한다.

전통적 한국 여성상이 떠올려진다.

    절뚝거리며 걸을 때마다 몽실은 온몸이 기우뚱기우뚱했다. 그렇게 위태로운 걸음으로 몽실은 여태까지 걸어온 것이다. 불쌍한 동생들을 등에 업고 가파르고 메마른 고갯길을 넘고 또 넘어온 몽실이었다./아버지가 그를 버리고, 어머니가 버리고 이웃들이 그리고 이 세상에 있는 모든 칼과 창이 가엾은 몽실을 끊임없이 괴롭혔다.

―권정생, 『몽실언니』, p.270

    회피할 수 없는 시련과 위기 속에 순명함으로 운명과 적극적으로 대결하는 한 본보기라 할 수 있는 것이다. 이러한 순응적 인간상이 분단이라는 상황을 한 기회로 자신의 삶을 최대로 발휘하는 자기 구현형의 인간상이 되기도 한다. 그러나 보통의 선량한 백성인 자포 자기형이기도 한 팔자 타령의 절망형이나 일괄성 없이 이랬다 저랬다하는 양면성의 방관자의 인물상 가운데 자기 극복의 순응적 아동상의 모습은 오히려 그 빛이 더욱 극명하게 드러나는 것이다. 우리 전통적인 모성성 속에 면밀히 흐르는 맥임을 보여주는 '몽실언니형'의 생생한 인물 창출은 비극적 전쟁의 이데올로기나 자아와 민족의 발견이라는 의미에 앞서서 큰 울림을 가지게 된 것이라고 보인다.

3. 이산가족의 한, 그 뿌리 찾기

    6·25는 모두에게 불안과 굶주림을 의미하며 상실감을 주었다. 그러나 현대 미혼모들에 의한 해외 입양아들보다 6·25 당시 입양 고아들의 99%가 고국을 찾아 뿌리를 찾고자 한다는 것이 의미하는 것은 무

엇일까? 이는 그들이 비록 유년기에 더욱 많은 고생과 어려움을 겪었을지라도 긍정적인 부모의 순수한 사랑에 대한 기억이 무의식 속에 끈질기게 남아 그 뿌리 찾기를 앙망하게 한다는 점이다.

식량 부족으로 허덕이는 북한에게 꾸준히 카드로 내미는 것이 하나 있으니 분단으로 이산된 가족을 만나게 하자는 것이다. 생명이 되는 쌀과 바꿀 수 있는 것—만남인 것이다. 이제 이산된 가족의 노령화로 그 끝에 서 있는 한은 어느 것과도 바꿀 수 없기 때문이다. 다음은 분단으로 인한 고향에의 그리움이다. 6·25로 인해 파괴된 고향도 있지만 고향 상실은 뿌리 없는 부평초의 삶, 바로 그것이기 때문이다. 이를 다룬 내용의 소재를 정리하여 보면 다음과 같다.

〈표2〉 분단문학 작품 속에 나타난 그리움

	분류	이산가족에 대한 그리움-(기다림)	고향에 대한 그리움(실향민의 한)
1	작품	이원수 「호수 속의 오두막집」—아버지에 대한 기다림/이동태의 「울보엄마」—고아엄마의 식구 찾기/박상재 「통일을 기다리는 느티나무」/강원희 「북청에서 온 사자」/장문식 「땅에 내린 별」/박숙희 「외딴집 할아버지」/신지식 「갈매기의 노래」, 「임진강이야기」/문종현 「먹보아저씨」	김상삼의 「고향별」—뿌리찾기
2	공통된 한	임신행 「골목마다 뜨는 별」, 김영희 「거럼할아버지의 희망사항」, 이동렬 「서울에 온 백두산표범나비」	

KBS가 전개한 '이산가족찾아주기운동'을 계기로 쓰여진 임신행의 「골목마다 뜨는 별」은 북한 역시 민족 동반자라고 규정한 7·7선언이 후 발표된 김상삼의 「고향별」과 장문식의 「땅에 내린 별」과 마찬가지로 모두 '별'로 표현되지 않으면 안 될 만큼 매우 순도 높은 상징을 통해 실향의 아픔이 그 그리움이 별로 표상되어야만 하는 상황임을 의미한다.

「골목마다 뜨는 별」의 사진작가 정수명 노인은 사진을 찍고 「고향별」의 식이 아버지는 그림을 그리는 화가이다. 그들이 사진을 찍고 그림을 그리는 예술적 표현 행위나 문종현의 「먹보 할아버지」가 만나지 못하는 그리운 아들들 대신 동네 아이들에게 밤이며 다래를 따다 주어야만 하는 것도 실향민으로서의 그리움에 대한 집요한 뿌리 찾기의 양식이라고 보여진다. 정노인은 두고 온 가족 때문에 새롭게 가정도 꾸리지 못한 채 같은 처지의 고아 호주를 돌보며 고향 소식을 물어 올지도 모를 철새를 잡아 다리에 소식을 묻는 편지를 매어 보내는 애착 증세를 보인다. 고향의 진달래를 그리며 고집스레 화폭에 고향이 닮은 곳이나마 그려야 했던 식이 아버지. 역시 만날 수 없는 아들들 대신 준이와 석이에게 독립군 생활로 남은 자신의 보물과 같은 태극기와 칼을 남기는 행위—모두 갈 수 없는 고향에 대한 실향민의 답답한 상황과 의식을 객관화해 주는 고독한 투쟁으로 보이는 것이다.

또 다른 종류의 어린이들의 아픔을 다룬 작품을 제외시켜서는 안 될 것 같다. 고아원에서 미국으로 입양되어 가는 동생에 대한 그리움과 그 이전에 헤어진 엄마에 대한 그리움을 다룬 신지식의 『갈매기의 노래』이다. 고아들이 수용된 외딴 섬의 고아원 이름이 '갈매기의 집'이니 한마디로 그리움의 덩어리가 아니고 무엇이겠는가? 그리움의 한을 다룬 작품들을 순서대로 찾아보았다.

① 울다 울다 지쳐 잠들어 버렸는지 두 눈에는 눈물 자국이 있습니다./ 한쪽 손에는 할미 꽃을 한다발 꺾어쥔 채 고요히 숨소리를 내면서 자고 있는 것입니다……" 상순아, 상민이는 갔어…… 배 타고 멀리 갔단다. 상민이가 너를 보고 싶어했는데, 그래 너는 상민이가 가는 것을 보고 싶지 않았니?"/ "봤어."/……놀랍게도 상순이는 눈물을 손등으로 닦으면서 이렇게 대답하는 것이 아니겠습니까./……"언니, 상민이가 간 미국은 좋은 곳이야?" / "그

럼 말이야…… 언니는 뭐든지 상민이가 원하는 대로 할 수 있단 말이지?" /……"그럼 말이야…… 상민이는 엄마를 만날 수 있어? 상민이도 엄마가 보고 싶을 거야."

—신지식, 『갈매기의 노래』, p.183

그러나 신지식의 『갈매기의 노래』에서 가장 보편적인 진리 하나를 다음과 같이 슬며시 추가하며 매듭을 맺는다.

② "나는 언젠가는 반드시 이 섬에 돌아와서 일하겠어./이 섬은 나의 고향인걸 뭐…… 사람은 누구나 자기의 고향에 돌아가고 싶어하는 법이라니까./…… '몇 번째의 이별일까…… 이러한 사람들하고 나는 꼭 이 자리에 서서 안녕을 하였다. 모두 기쁜 얼굴로 웃으면서 만날 수 있을 것이다. 그날들을 위하여 나는 지금 안녕을 하고 있는 것이다.

—신지식, 『갈매기의 노래』, pp.259~261

③ "……아들이 어린애가 아닐 텐데 집이 이사 갔다고 못 찾아올 것 같습니까? 그러구, 도대체 아들은 언제 어디로 갔기에 그러시오?"
"간 데를 알면 찾아가지요. 모르니까 이 집에서 기다려야 한단 말이오."
"할머니 정신을 차려요. 그리고 어서 옮길 준비를 해요."
……"집을 짓든 궁궐을 짓든 내 집은 못 헐어. 너희들 다 가고 난 뒤에도 나 혼자 이 집에 들어앉았을 끼다."/절망적인 발악같이 할머니는 말했다.
숙희가 어른처럼 대꾸했다.
"할머닌 물 속에서도 살 수 있어? 뭐 고긴감?"
"난 고기 아니라도 그럴 끼다. 두고 봐라."……/물이 방바닥에 들어오던 날, 할머닌, 물이 고이는 방바닥에 주저앉아서 다듬이 방망이로 방바닥을 치며 울었다.

"진규야. 이놈아, 왜 안 오노, 왜 안 오노!"/숙이어머니가 할머니를 안고 같이 울며 끌어냈다.

—이원수, 『호수 속의 호두막집』, pp.74~75』

④ "식아, 먼훗날 아빠가 없어도 넌 고향을 잊으면 안돼. 저 고향별을 향해 똑바로 가면 우리의 고향이 있으니까."

아버지의 말은 너무나 엄숙했다. 미친 사람의 말이 결코 아니었다. 할아버지가 머리를 끄덕이며 아버지의 손을 잡았다.

쿠웅 쿵

어둠 속에서도 대포소리는 여전히 들려오고 있었다.

—김상삼, 『고향별』, p.163.

⑤ "나는 언젠가는 고향에 갈 수 있겠지. 살구나무가 서 있는 골목에서 별을 바라볼 수 잇 겠지."

"그럼요."/호주는 자신있게 큰 소리로 말씀드렸다. 하늘에는 그림처럼 기러기들이 줄지어 날아가고 있었다.

기러기들은 별과 별 사이를 훨훨 날아가고 있었다. 할아버지의 눈동자에는 기러기 무리 와 안개꽃 같은 별들이 오롯이 담겨 있었다.

—임신행, 『골목마다 뜨는 별』

⑥ 할머니도 물을 한 방울도 안 남기고 다 드신 후 말없이 눈물을 펑펑 쏟으셨다./"어머님은 모르는 꽃, 모르는 나비가 없네요. 아무리 어릴 때 보고 자란 것이라고는 하지만 오십 년이 지났는데 어떻게 보자마자 척척 알아맞추세요?"/삼촌이 혀를 내두르며 한 마디 했다./"이녀석아, 제 살붙이 이름을 잊어먹는 사람도 있냐? 내가 망령이 난 것도 아닌데?"

—이동렬 『서울에 온 백두산 표범나비』, pp.191~12

첨단 기술 사회는 통근, 여행, 가족 전체의 정기적인 이동이 마치 제2의 본성이라도 되듯 마치 클리넥스나 맥주 깡통을 버리듯 '장소를 쓰고' 버리고 있다. ③에서 보이듯 인간 생활에서 차츰 장소의 중요성이 감퇴되고 있음을 역사적인 유적들이 수몰되는 현장에서 목격하고 있다. 이는 초산업사회의 '미래형 인간'들의 특징적 현상으로 과거의 제약으로부터의 해방과 보다 풍요한 미래로의 진입을 의미한다. 그러므로 매년 1인당 공간 이동량은 빠른 속도로 증가하고 있다. 그러나 평생 동안 일생의 대부분을 한 장소에 고정되어 산 주민들― '움직이지 않는 사람들;Immobile'―은 갑작스런 이동시에 다음과 같은 반응을 보인다고 한다.

그들의 반응은 비탄의 표현이라고 보면 틀림없다. 고통스러운 상실감, 계속되는 갈망, 전 반적으로 침울한 어조, 빈번한 심리적, 사회적, 신체적 고통의 증세…… 무력감, 직접적인 또 는 전이된 분노의 간헐적 표현, 그리고 빼앗긴 장소를 이상화하는 경향 등으로 나타난다. 이러한 반응은 마치 고인을 애도하는 것과 매우 흡사하다.[3]

즉 6·25로 인해 고향을 떠난 실향민은 어쩔 수 없이 새로운 남한 땅에서 적응하고 있다 해도 이미 전과 같은 사람은 아닌 것이다. 장소이전은 필연적으로 옛 관계들의 복잡한 그물을 파괴하여 일련의 새로운 관계설정을 의미하기 때문이다. 이러한 혼란이 한번 이상 반복되는 경우 발견되는 '관련성의 상실(loss of commitment)'은 어느 한 곳에 뿌리 내리기가 어렵게 된다. 그래서 사람에게 '고향이란 식물의 뿌리'와 같은 의미성이 주어지는 것이다.

---

3) Maric Frid, 매사추세츠 종합병원의 지역사회연구소, 앨빈 토플러, 『미래쇼크』, 한국경제신문사, 1989.

뿌리라는 개념은 고정된 장소, 영구적으로 정착된 '집'을 뜻한다. 거칠고 배고프고 위험이 많은 상황에서 집이란 설사 '오두막집'일지라도 최후의 피난처로서 자신을 과거 및 미래와 연결되는 자연인 것이다. 그러므로 집의 부동성은 당연한 것으로 전통적 인간의 심리적 구조 속에 자리잡고 있는 것이다. 그러므로 집은 구심성을 가지게 되고 이러한 구심성은 수많은 방법으로 문화에 반영되었으며 ④, ⑤, ⑥에서 보이는 고향에 대한 그리움으로 '어둠 속에서도 여전히 들려오는 대포소리'가 나는 극한적인 상황 속에서도 집요하게 나타나는 것이다.

그러므로 다음과 같은 등식의 통로를 연상하게 한다.

엄마 = 고향 = 집 = 그리움 = 뿌리 = 살붙이 = 희망 = 별

그러나 실향의식을 소재로 한 장편동화들은 분단의 아픔과 고통을 드러내는 데 기여한 것은 사실이지만 과거에 대한 지나친 집착과 감상적 회고에 치우쳐 분단 현실에 대한 냉정한 이해와 분단 현실 극복에 대한 구체적인 대안 제시에 대한 합리적이고 이성적인 대응 의지가 부족되는 작품이 대다수라는 한계를 지니고 있다.

4. 하나됨의 모색

6·25동란은 이미 우리 사회의 가속적 추진력을 가지고 진행되었던 인간—장소 관계의 축소를 가속시켰고 이는 인간—사물 관계의 단절과 병행하게 되었다. 두 가지 관계의 경우에서 개인은 보다 빠른 속도로 관계를 맺고 또 단절할 수밖에 없게 되므로 '일시성'의 정도는 더욱 높아지게 된다. 그러므로 남북통일이 늦어지면 늦어질수록 한 민족으

로 그 이질성은 그 골이 더욱 깊어지고 그 회복은 더욱 어려워지게 되는 것이다. 그렇다고 섣부른 통일은 이제껏의 분열과 격차로 인한 통일 비용이 더욱 엄청나기 때문에 통일을 위한 양자의 노력이 함께 병행되어져야만 한다고 보인다. 그렇다면 어떻게 남북은 만날 것인가? 또한 어떻게 해야 하나가 될 수 있을까?[4]

이를 위한 작가들의 고심이 보이는 작품들을 발표된 순서대로 찾아보면 다음과 같다.

……손에는 이전의 하얀 꽃 대신 오색꽃을 한아름씩 안고 왔습니다. "전하 이걸 보십시오."/"그것들은 모두 오색 꽃이 아니오?"/"그렇습니다. 노란꽃, 자주 꽃, 보라꽃, 그리고 연두 꽃이옵니다. 이것들은 모두 이웃나라 빨간 꽃씨와 하얀 꽃씨에 새로 태어난 튀기 꽃들이랍니다."……/"바로 그것이옵니다. 전하."/……우리 백성들도 이렇게 어 우러지면 좋을 듯 싶사옵니다. ……그러려면 먼저 강을 이어야 되지 않겠어요?"/……"아, 배보다 다리를 놓으면 더 좋을 것이요."/……"우리 쪽부터 다리를 놓습니다. 그러면 대보름나라에서도 틀림없이 다리를 놓을 것이오."……먼저 입을 열었습니다./"귀하의 백성은 훌륭하군요."(칭찬)"귀하의 백성과 우리 백성이 하나가 되었습니다."/……"백성이 하나 가 되면 나라도 하나가 되야지요."/"그렇담 우리 두 사람이 문제이겠습니다."/"문제요?" 대보름 임금님이 넌지시 되물

---

4) 박명서, 「남북한 통일방안과 독일통일의 교훈」, 『통일시대의 사회발전과제』, 광주대학교 사회과학연구소, 1998: 독일통일의 경우를 보더라도 문제는 통일에 대한 양측 국민의 확고한 의지와 국민적 합의가 중요하며 민족의 장래를 걱정하는 양측지도자의 자질과 확실한 결단만이 통일을 가능하게 할 것이다. 독일통일은 대내외적 요인들이 상호 결합하여 서독에 의한 동독의 흡수통일의 형태로 이루어졌다. 동독에 대한 서독의 정치, 경제, 사회체제상의 절대적 우위가 서베를린의 방송 전파를 통해 자본주의의 문화가 자연스럽게 유포되고 이를 통해 동서간 상당히 동질적인 문화가 형성되어 활발한 인적, 물적 교류와 결합되어 서구 문화를 생활화한 동독의 일반 시민과 동독공산당 사이에 일체감이 허물어져 감으로 동독은 몰락하게 된 것이다. 그러므로 급격한 흡수 통합보다는 북한체제를 시장경제체제로 전환시키면서 점차적으로 양체제를 통합하는 점진적 통합안이 바람직하다고 본다.

었습니다./"네, 한 나라에 임금이 둘 있다면 좀 우습지 않 을까요?"/한낮에는 벽오동임금님이 꽃관을 쓰고⋯⋯ 한밤에는 대보름임금님이 나라를 다스리자는 것이었습니다. (역할 분담, 양보) 그렇게 되면 백성들은 하나의 왕관을 쓴 한 임금님을 갖는 셈이지요. 두 임금님은 이제 손만 맞잡지 않고 뜨거운 가슴을 맞대며 서로의 볼을 비볐습니다. 그리고나서 왕관을 벗어 하나 둘 셋! 하고 강물에 던졌습니다.

―김은숙, 『빨간 왕관의 나라 하얀 왕관의 나라』

제일 먼저 두 나라에서 있었던 것은 '의견듣기'였고, 이에 대한 '자유로운 토론'이 이루어졌다. 그 다음은 상대에 대한 '정보수집'이었으며 서로 좋은 것에 대하여는 '수용하는 태도'가 먼저 상대방 나라와 '어우러지면 좋을 것이라는 확신'을 가지게 하고 이는 '받고 싶은 대로 먼저 대접하라'는 불문율에 따라 '다리 놓기' 할 수 있는 자신감으로까지 형성된다. 그래서 '만남의 형성'이 되고 서로를 격려 칭찬하는 단계까지 오르게 된다. 그래도 한 나라가 못 되었기에 '먼저 손을 내밀고 양보하고 역할을 분담하는 희생의 지혜'가 요구되는 것이다. 그러기 위하여는 기존의 가치관, 권위의식의 상징인 '왕관을 버려야 하는 것'이다. 형식이나 말뿐만이 아닌 가슴속에서.

작가는 이집트의 나일강이 두 강이 만나서 하나되는 것을 보면서 통일은 인간 내면의 자발적 의식에서 우러나올 때 가능하다는 생각으로 우화적인 이 작품을 구상했다고 한다. 그 후 여러 편의 흡사한 동화가 시도되었는데 김목의 단편동화 「다시 놓는 다리」에서도 남북 분열을 위한 화해의 접점을 모색하는 우화 정신을 통해 민족 동질성을 회복하려는 시도가 엿보인다.

몽실은 크게 한번 고개를 흔들었다. '그래, 난 앞으로도 이 절름발이 다리로 버틸거야. 영득이랑, 영순이랑, 그리고 난남이도 보살펴야 해./편지의 시작은 이렇게 되어 있었다……. 언니, 몽실언니, 이 세상에서 가장 소중한 우리 언니…… 난남이의 병세는 어떤지요? ……어서 완쾌되어 행복하게 살 수 있도록 빌고 있습니다. 오빠에게 지난번 소식이 왔는데 집배원 생활이 더없이 보람 있다는군요./"엄마가 날 낳아 준 것 고마워."

"뭘 새삼스럽게 그런 말 하니!"/"언니가 참 좋거든."/난남은 몽실이 곁에 있을 때에는 언제나 어린애였다.

—『몽실언니』, pp.247~255 발췌

어떤 사람에게 자신이 태어난 것을 감사하게 하는 이유가 되는 사람이 된다는 것—그것만으로도 그 사람은 산 보람이 있는 것이다. 몽실이는 주변 누구에게도 그런 느낌을 느끼게 한다. 바로 그런 힘!—그것이 분단조국에 통일을 가져다 주는 힘이 아닐까? 역사의 팔은 분단이라는 최악의 현실을 가져다 주었지만 '몽실이의 절뚝이는 다리'는 긍정적 축복의 다리로 힘이 되어진다.

60, 70년대에는 결코 보여지지 않던 '역사성에 대한 통찰'이 드디어 분단 문제를 다룬 아동문학에도 소극적인 형태로나마 80년도에 와서 보여지면서 제법 통일을 위한 다각적 모색을 하고 있다. 즉 김은숙의 「빨간 왕관의 나라 하얀 왕관의 나라」에서 그 모색이 시작되어 '바리공주', '심청'의 한국적 모성성을 가진 '몽실언니'에게서 분단이라는 역사적 상황의 모순과 갈등 극복 의지가 분명하게 보여지고 문종현의 「먹보할아버지」, 윤사섭의 「문패」에서도 약하나마 역사적 고찰에 대한 시도가 보여진다.

북이와 청이는 함께 짝을 이루어 힘차게 춤을 추었습니다. 둘이 약속이라도 한 듯이 똑같은 춤사위로 춤을 추었습니다. 그 약속은 40년도 넘게 북이와 청이의 그리움이 몸에 밴 말없는 약속이기도 했습니다. ……입맞추고 이를 잡아 주는 시늉을 하며 서로의 등을 긁어 주기도 했습니다./그때 북이는 그리운 아우의 눈에서 흐르는 눈물이 달빛에 반짝이는 것을 보았습니다./……사자춤이 끝나자 북이와 청이는 누가 먼저랄 것도 없이 서로 얼싸안고 흰 눈밭에 뒹굴었습니다. 북청사자놀이에 등장했던 사람들이 원을 그리며 북이와 청이를 둘러쌌습니다./……사람들이 몰려와 원을 그리며 춤을 추기 시작했습니다./구경꾼들이 모두 나와 함께 어우러져 춤을 추자 원은 점점 커졌습니다.

—강원희, 『북청에서 온 사자』, 1997, pp.212~214

모든 예술의 기원은 원시종합예술이던 집단종교예식이던 Balad Dance에서 기인된 것이다. 우리의 전통적 놀이 형식인 북청사자놀음도 이에서 기인된 민중놀이로 보여진다. 함경남도 북청군 일대에서 음력 정월 대보름을 기해 행해지던 민속놀이로 모든 짐승의 왕인 사자에게 酸邪의 능력이 있어 사자놀음으로 잡귀를 쫓고 마을의 安過太平을 빌었다고 한다. 이러한 놀이는 마을 사람들의 흥을 돋워 쌓였던 스트레스를 푸는 정신적 치료가 선행되어 무당의 푸닥거리와 같이 마음을 하나로 묶고 맺혔던 한을 풀어 주는 구실도 했다. 따라서 통일도 이러한 놀이같이 우선 '한마당에 모이기' '사설듣기' '시늉하기' '둘러싸기' '어우러져 춤 추기'가 이루어진다면 그간 맺혔던 것들이 풀어져 하나되기의 걸쇠가 풀리워진다는 한국판 '오즈의 마법사' 같은 우의성이 돋보이는 강원희 씨의 작품을 꼽을 수 있다. 하지만 수용자인 어린이에게 전달되기에는 무리한 비약이 있어 다시금 쉽게 풀어쓰는 재시도가 기대된다.

"난 안 싸워! 성태는 내 동생이야. 내가 왜 동생하고 싸우니?"/"뭐? 뭐라고? 너 내 말 을 거역할 참이냐?" "그래! 난 죽어도 안 싸운다!"/"이 자식이?"/소리와 함께 홍탱크의 주먹이 날아와 근태의 턱을 후려쳤다. 그때 나는 어느새 두 손에 큼직막한 돌을 들고 있었다. 무슨 생각을 했었는지는 조금도 기억이 나지 않는다./다만 탱크의 주먹에 쓰러진 나의 육촌 형 근태를 살려야 한다는 그런 생각뿐이었던 것 같다./"우린 이제 안 싸울텨!"/양짓담 증민이도 말했다./"그려, 이제부터우린 안 싸울려. 싸울 테면 니들끼리나 싸워!"/……우리들 뒤에는 유세아, 홍탱크, 오토바이 셋만 남아 서로 얼굴을 쳐다보며 멍하니 서 있었다./……"됐어. 이제 서로 안 싸워도 되는 거여. 우리가 똘똘 뭉치기만 하면 저 새끼덜 꼼짝 못하게 할 수도 있어."/혼자서 속으로 중얼거리고 있었다./ 가까운 숲 어디에서 부엉이 우는 소리가 들려 왔다.

—이현주, 『육촌형』, 끝부분

근태와 성태는 같은 핏줄을 나눈 남과 북으로 비유될 수 있다면 홍탱크와 오토바이, 유세아는 그 이데로올로기의 배경이 되던 미·중·소 강대국으로 해석될 수 있다. 처음에는 그들의 협박에 못이겨 민족 상쟁의 비극도 치르었지만 무엇보다도 피를 나눈 혈연이라는 인식이 상황에 대한 올바른 방향을 깨닫게 된다. 이러한 '주체적 각성'은 용기있는 대결의식을 촉발시키고 분연한 행동은 방관자였거나 관찰자였던 무리에게도 전환 의지를 불러일으키게 된다는 강렬한 '통일에의 메시지'를 담고 있는 것이다. 어린이들의 생활상을 날카롭게 붙잡아 쉽고도 재미있게 표현된 우의적 동화라고 보인다. 1978년에는 분단의 슬픔을 다룬「오로리의 노래」에 이어 통일을 염원하는 우화동화인「살꽃이야기」가 1982년에 씌어졌고 그 이후인 1985년에 『아기 도깨비 루루의 모험』이라는 책에서 단편인「벌거숭이 산맥」이 씌어졌음도 밝힌다.

분단에 대한 역사적 인식을 넓혀 근대의 시작인 동학혁명에서부터

임진란, 일제의 침공에 의한 한일합방과 독립만세운동, 6·25사변에서 현대의 物神主義에 의한 젊은이들의 정신적 타락까지 다루고 있는 박상재의「통일을 기다리는 느티나무」가 있다. 그러나 이러한 민족문제의 역사적 지평을 넓힌 작품이지만 주로 느티나무의 독백으로 이루어진 평면적 구성과 분단에 의해 헤어진 아버지를 그리는 아들의 한으로 종결될 뿐 아쉽게도 '통일에의 방책'은 제시되지 못하고 있다. 그러나 다음과 같은 후편에서는 벌써부터 꿈만 같던 금강산 여행을 예견이라도 한 듯 구체적인 통일 방안이 기획되어지고 있는 것이 돋보이는 작품이 있다.

"아범아! 우리나라가 통일이 되면 통일 비용이 엄청나게 많이 든다는구나. 그런데 통일은 확실히 될 것 같으냐?"/"네, 아버님! 통일은 틀림없이 될 것입니다. 엄청난 통일 비용에 보탬을 주기 위하여 어느 은행에서는 '통일 예금통장'을 만들었답니다./……참 좋은 생각인 것 같습니다./……할아버지는 그날 은행을 찾아가 통일저금통장을 만든 후 용돈을 쓰지 않고 꼬박꼬박 저축을 한 것입니다……"/"아빠, 좋은 생각이 있어요. 통일이 되면 기차를 타고 고향을 찾을 수 있도록 기차표를 미리 예매하는 거예요. 평양행, 신의주행 통일 기차표를 말이에요."/……철도청에서 기차표를 예매한 돈으로 녹슨 기차길을 새로 고치는 거야. 그래서 끊어진 기찻길을 서로 이어 통일이 되기 전이라도 힘차게 달리게 하는 거야."/"……고향을 잃어버린 실향민에게는 꿈과 희망을 주고 국민들에게는 통일에 대한 신념을 주고 끊어진 철도를 복구할 돈도 마련할 수 있어서 좋고, 이로운 점이 한두 가지가 아니군!"
―박상재,「통일로 가는 기차표」, 1997년 7월『소년』게재

실향민의 깊은 한을 성공적으로 승화시킨「골목마다 뜨는 별」의 임신행은 97년 동서 화해와 공산국가의 민주화 개혁이 한소협력시대로

이어지는 국제 질서의 개편과 발맞추어 분단 상황에 대한 새로운 인식을 기하는 열린 시대의 동화로 내놓은 것이 임신행의 「붉은 찔레꽃」이다. 한소 관계는 연변에 있는 우리 조선족과의 교류를 열게 하였고 남북 문제는 새로운 국면을 맞이하게 되는데 무엇보다도 오랜 가뭄과 정책적 결함에 의한 북한의 식량난이 가장 큰 이슈로 등장된다.

"무섭다 무섭다 해도 배고픈 것처럼 무서운 것이 없디. 배가 너무 고파 이 어린 것이 총을 들고 나선 게지. 다 지도자를 잘 못 만난 기야. 이런 비극은 이 지구상에 없을 것이야……"/"위대하긴 개코가 위대하냐? 인민은 굶어 죽고, 지는 비싼 술을 프랑스에서 수입해다가 배 터지게 먹는 게 위대한 지도자냐? ……"/"부자라야 남을 도우남, 없으면 없는 대로 나눠 먹으면 되지. 〔…중략…〕오마니, 감자 국수도 좀 나눠 주라우요." 〔…중략…〕 "염려 말라우, 오마니가 다 알아서 보따리 싸 뒀으니까. 없는 사람은 등 따숩고 배 부른 게 최고야……"/"……사람 사는 데는 고비가 있는 기야. 저 눈 속의 소나무처럼 꿋꿋이 살라우, 어쨌든 참고 견디라우."/……"우리 살아 남아서 만나자우. 꼭! 희망을 가지라우. 마음속 희망은 아무도 뺏어가진 못해. ……희망을 버리면 사람은 금방 죽고 말디."……/……"우리는 통일이 된 거나 진배 없는데 ……많이 배워 높은 자리에 앉아 떵떵거리는 사람들은 무슨 생각에 서로 못 잡아묵어 이 짓인고. 이 통에 죽어나는 것은 어진 인민들만 죽어나지. 죄없는 어린 것들과……"/"맞아요, 오마니! 하지만 우린 통일 됐시야요."
—임신행「붉은 찔레꽃」,『아동문예』,1997년 3월호, pp.428~442

……때마침 호랑이땅 우두머리들은 서로 뜻이 달라 싸우고 있었거든. 그래서 쉽게 붉은해섬 사람들에게 나라를 빼앗기고 말았지./호랑이땅을 차지한 붉은해섬 사람들은 다시는 호랑이의 기운이 살아나지 못하게 하려고 별 짓을 다 했단다. 산의 뼈대와 핏줄을 자르는가 하면, 백두대간 곳곳에 쇠말

뚝을 박아 놓았지. 그 뒤 우리 호랑이들은 다른 곳도 아닌 호랑이 땅에서 멸종 위기를 맞닥뜨리게 되었단다. 지리산 호랑이들은 백두산 호랑이들과 짝짓기를 하곤 했는데, 호랑이땅 허리가 높은 쇠가시줄(철조망)과 벼락가시골(휴전선)로 길이 막혀 서로 오갈 수 없게 되었기 때문이지.

—박운규, 『부루가 간다』

　남한의 한 재벌 총수는 북한인 고향에서 소 한 마리 판 돈으로 서울로 오면 결심하기를 '소떼를 몰고 반드시 고향으로 가리라'고 결심하였다고 한다. 그 어린 시절의 결심이 열매를 맺어 꿈에 그리던 금강산을 가는 세상을 열었다.
　마치 박운규의 지리산 마지막 호랑이 '부루'가 휴전선을 넘어 짝짓기에 성공하는 것과 같이 한 사람의 '통일에 대한 강렬한 의지'가 잃었던 금강산을 다시 보는 꿈을 현실화시킨 것이다. '부루'란 단군할아버지의 아들 이름에서 따 온 것으로 부루는 고조선의 첫 태자였다가 2대 임금이 되어 우리나라를 다스렸다고 『한단고기』에 기록되었다고 한다. 기억상실증에 걸린 소년이 환경오염 괴물을 물리치는 「초록댕기와 눈사람 투비투비」, 외래종 물고기와 싸우는 토종 민물고기 이야기 「물속나라」와 과학동화 「뼈끔뼈끔 물 속 친구들」 같은 의식적 동화를 주로 쓴 박운규는 이 작품의 주요 무대를 북한만 빼고 직접 다 다녀왔을 만큼 심혈을 기울였다고 한다. 또한 우리나라에 사는 8목 28과 96종의 짐승들을 조사하여 그 습성과 생김생김을 가깝게 담았고 '가륵'이라는 한라산에 산다는 상상 속의 흰사슴이 등장하는 것이 압권이라고 보인다. 그리하여 읽는 어린이들로 하여금 마치 우리나라의 백두대간을 홍길동처럼 축지법을 써서 넘나들게 함으로 벌써 동화 속에서는 통일이 됨을 느끼게 된다. 한마디로 『부루가 간다』를 통하여 잃었던 민족의 기가 다시금 호랑이의 웅혼한 정신을 통하여 돌아오는 듯한 기분이다.

이미 너무나 다른⁵⁾ 두 색깔의 한 민족이 통일이 되기 위하여는 먼저 우리가 잃었던 우리의 氣를 되찾아서 통일 후 더 큰 혼란과 좌절을 맛보지 않기 위하여 힘에 겨운 것은 사실이지만 먼저 아무 것도 바라지 말고 혈육의 정을 베푸는 것이다. 어렵게 생각할 것이 아니라 쉽게 '받고자 하는 대로 먼저 대접하는' 사랑의 방식으로 우리의 납북자들을 돌려받기 위하여 억류된 그들을 먼저 풀어 보내고 또한 중국에 팔아넘겨지는 딸들과 꽃제비로 떠도는 배고픈 아이들에게 따뜻한 밥 한 그릇으로 그들의 언 마음을 녹여 주는 것이 필요한 것이다. 또한 무엇보다도 막연하게 북한에 대한 환상에 젖어 있는 우리 어린이들에게 실제적인 그들의 모습을 알려주는 것도 시급하다. 그런 점에서 '한국독서지도회'에서 발행한 이영호의 『6·25이야기』의 '죄없는 희생자들'(1997)⁶⁾과 이슬기의 3개월간의 납북 체험기 『북한의 실상』(1998)⁷⁾과 권태문의 『북한 어린이 이야기』(1998. 3)⁸⁾도 의미 있는 발행이라고 볼 것이다. 그러나 분명히 창작동화 형태인데도 반공 도서 같은 제목을 달아 격하시키는 제작진의 편집 태도가 걸림돌이 되어지고 있다.

---

5) 여금주, 귀순자 간담회, 한국교육개발원 제2회의실, 1995. 6. 2, 통일 관련자 15명 참석.
   김남호, 『북한의 학교교육을 중심으로 한 정치사상교육실태』, 연대 석사학위 논문, 1988. "남한에 와서 적응하는 데 정해진 것은 곧잘 하겠는데 가장 힘든 것은 자기 스스로 생각해서 창의적으로 하는 일이다." —이런 실상을 이해하여 수용하는 과정이 필요하다. —기계적이고 반복적인 주입식 교육에 적응해 온 어린이들이 통일 후 적응시 겪을 가장 큰 과제라고 보인다.
6) 이영호, 『6·25이야기』, 한국독서지도회. 철도학교 학생인 인표의 눈에 비쳐진 6.25—비극의 날 아침부터 서울이 점령되기까지 숨가빴던 며칠 동안의 모습을 소재로 함. 빈약한 무기의 국군이 목숨을 내던지며 용감하게 싸웠지만 끝내 서울을 버리고 패주할 수밖에 없었던 눈물겨운 사정과 그로 인해 애꿎은 백성들이 당해야 했던 지옥으로 변했던 서울의 참상, 돌아가신 아버지 무덤 앞에서 피난 대신 국군에 인표는 자원한다.
7) 이슬기, 박찬복 그림, 『북한의 실상』. 3개월간 납북되었다가 풀려난 납북어부들의 이야기.
   방학을 맞아 창규는 어부인 외삼촌 몰래 배를 탄다. 그런데 고기잡이에 열중할 때 북한 배가 대포를 쏘며 다가와 북한 구역을 침범했다는 억지로 납북해 간다. 그러면서 자진해서 북으로 넘어온 것으로 하라고 강요를 한다. 납북 후 보게 되는 평양 시내와 낙후된 북한의 이모저모, 무엇보다도 김일성과 김정일 찬양 일색의 실상 등, 황씨 아저씨는 헤어졌던 아들 병수와 상봉하게 되지만 '북에 남아 달라'는 아들의 설득 앞에 고민을 한다. 그러나 아들도 속아 산 세월을 깨닫고 연극을 하면 몰래 북의 실상을 적은 쪽지를 전해 주며 아버지를 보낸다. 남한의 열화 같은 항의에 북한은 할 수 없이 타고 왔던 거북호를 내주어 다시 자유의 몸이 된다.

5. 결어 ; 축복의 터널

  사람에 몸에 자연 치유력이 있는 것처럼 잘라진 남북도 필연적인 귀소본능에 의하여 하나가 될 것임을 피력해야 되는 것이 분단문학이다.
  20세기는 인류가 처음으로 전체적으로 자멸(Autodestruction)할 수 있는 수단을 갖게 된 대파멸의 주변에 도달한 세기다. 덧붙여 20세기는 통신의 순간적임과 즉각적임을 특징으로 들 수 있는데 중세와 마찬가지로 조그마한 부족으로 분열되면서 지구촌의 단일화가 되는 모순 속에 존재한다. 21세기, 새로운 미래는 이러한 모순 속에서 상상할 수도 없이 빠른 가속도로 전개되기에 이런 변화와 내용이 주는 충격으로 우리는 이러한 변화의 방향이나 내용보다 그 속도의 '가속화'에 어떻게 적응할 것인가가 더 큰 문제라고 『미래의 충격』의 작가인 토플러는 내다봤다. 이러한 예견대로 세계는 너무나 급격한 변화를 겪고 있어 그 충격으로 부분적인 '방향의 상실'과 적응의 붕괴 현상까지 빚고 있다. 무엇보다도 영속성에 대한 가치가 흔들려 모든 것이 '일시성'을 가지고 '가치관의 붕괴' 등으로 분열되는 가족관과 다양성의 세계 속에 적응력의 한계에 도달하게 되어 인간 생존에까지 보장해 줄 아무것도 없다고 주장한다. 이러한 인간적인 미래를 구축하려면 최우선적으로 필요한 것은 대중을 미래 쇼크의 위협에서 직면하게 하면서 동시에 대중이 다뤄야 할 모든 문제―전쟁, 생태계 침범, 환경문제, 인종문제, 빈부간의 추잡한 대립, 젊은이의 반항, 대중적 비합리주의의 대두 등을 더욱 악화시키는 고삐풀인 가속화 현상을 멈추게 하는 일이다.

---

8) 권태문, 『북한 어린이 이야기』, 장토천 하류 구리 광산 호하라는 광산촌은 성분이 나빠 밀려온 사람들이 산다. 향남, 귀남이란 이름은 서울이 고향인 할아버지가 고향으로 돌아가고 싶은 마음으로 지어 주신 것이다. 산돼지 사냥으로 고픈 배를 모처럼 채웠으나 굶던 창자에 돼지 기름기는 설사를 일으키는 둥 배고픈 군인들이 돼지머리만 남겨 두고 몰래 잡아먹어 '나라 산마다 김일성 이름을 적어 곰보를 만들 듯 주민들 마음에도 못질을 해 곰보를 만든다'고 한숨을 쉬신다. 이런 배고픔과 억압 생활을 못 참아 생명을 걸고 탈출한다.

이러한 난폭한 성장, 역사적인 암을 치료할 방법은 없다. 즉 미래 쇼크를 치료할 기적의 약은 없다. 그러나 우리 민족에게는 다행히도(!) 이미 '분단'이라는 양성 종양이라는 진단이 이미 내려졌었고 50년 동안이나 자성적인 치료에 대한 연구가 선행되었기에 오히려 분단이란 역사가 우리에게 준 시련이 21세기가 당면할 미래적 위기 극복의 힘을 기르게 했다는 궤변도 주장할 수 있는 것이다.

이제껏 분단을 소재로 하여 동심과 동심을 가진 성인을 대상으로 한 중 단편을 살펴보았다. 이제 새 천년을 맞이하는 우리 아동문학이 분단 극복의 문제를 심화하기 위한 몇 가지 과제는 다음과 같다.[9]

첫째, 일제에 의한 국권 침탈기의 아동문학 이전부터 구비된 설화, 신화, 전설 등이 이 나라 문학이 발전할 수 있는 모판으로 기초다지기와 그 바람직한 방향을 모색하는 데 바쳐졌다는 것을 인식하며 그것들이 생성하게 된 역사적 배후를 살펴봐야 한다는 것이다. 즉 일제 치하에서는 주권 회복만이 신앙이어서 일제의 탄압으로 마지막 남은 문학의 보루가 아동문학이었다는 점을 기억해야 한다. 그러므로 그 맥을 이어 오면서 교육성과 예술성이라는 양날을 진 아동문학의 사명 중 교육성이 우선되었던 것을 반성하여야 된다. 그러므로 이제는 어린이들이 진정으로 원하는 세계를 보여줄 수 있도록 그들의 심층언어로 미래를 위한 수고를 아끼지 말아야 한다는 것이다.

둘째, 민족문제에 대한 역사적 시각을 확대시켜 나가야 한다는 점이다. 흑백론적인 오랜 규범에서 벗어나, 우리 시대의 모순된 역사나 현실을 다루면 비순수, 경향성으로 몰아부치던 편협한 사고의 틀을 깨야 한다는 것이다. 부족한 연구 등에 다시 한번 자성하며 시대와의 불화 속에서 나름대로 문학적 실천을 위해 헌신한 공과를 본받는 아동문학

---

9) 참고로 기존의 분단문학 작품 목록이 필요한 독자는 『아침햇살』(1999. 봄호)를 참조.

의 공부하는 자세가 절실히 요구되는 현실이라고 보며 이러한 정신사적 맥락—민족 심상의 원형을 찾는 민족 고유의 정서를 수용하는 방향의 분단동화도 쓰여져야 한다고 생각된다.

셋째, 본인의 독특한 개인적 사유에 기반을 두지 않은 고착된 영웅적 사회주의에 대한 역사적 비판이 가해져야 할 때라고 보인다. 한마디로 가장 물질적인 부르주아의 삶을 살면서 소위 '못 가진 자, 피압박자, 노동자'의 편인 척하는 가증스러움의 가면들을 벗게 하여야 하는 것이다.

넷째는 분단모순을 극복하는 적극적 의지의 생동감 있는 아동상 창출이 시급하다는 것이다. 무엇보다도 분단 현실의 올바른 원인 규명과 분단이 준 피폐의 현실과 함께 이를 극복하는 인물상을 통하여 통일에의 전망이 보여지기 때문이다.

다섯째는 성인 작가들의 작품에 대한 연구도 병행하여 이를 뛰어넘는 수준의 작품이 나와야 된다는 것이다. 물론 비록 소수이지만 아동문학평론가들이 성인 작가들의 작품 경향과 수시로 대비하여 실랄한 비판으로 자극을 주어 방향 제시를 해야 된다고 보며 월북하였거나 납북된 작가들의 작품 복원과 공산권에 남아 있어 수용되지 못하고 있는 교포들의 작품도 독자들에 손에 적극적으로 들려지도록 하는 작업도 필요한 바이다.

마지막으로 아동문학은 다음 세대를 위한 문학으로 통일 이후 예상되는 갈등과 어려움을 형상화하여 수용자들로 하여금 스스로 대비하게 하는 '준비의 문학'임을 잊지 말아야 한다. 그러기 위해서 북한체제에 대해 보다 깊은 연구를 하여 그 사회에서 세뇌되어 자란 어린이들이 통일시대에 적응시키기 위한 모색도 병행되어야 한다. 즉 실질적인 준비로 통일 국가의 미래상, 통일을 위하여 우리 사회에서의 개선점, 실제적인 통일 국가의 이념, 민족의 전통적 가치 추구 등, 통일 국가의 미래상을 제시해 주는 아동문학이 되어야할 듯싶다. 그러기 위하여는

50년대의 『앙그리께』로부터 시작하여 70년대의 『호수 속의 오두막집』, 『전쟁과 소년』, 잊혀져 간 70년대 고아들의 집이었던 『갈매기의 집』 등을 작가들이 먼저 읽어 보아야 하며 또 새롭게 단장되어 우리 어린이들 손에 들려지도록 해야 하고 80년대의 『몽실언니』도 그 후편이 쓰여져야 된다고 보인다.

『골목마다 뜨는 별』, 『고향별』도 만나야 한다. 90년대의 『동굴 속 사람들』도 만나야 하며 『서울에 온 백두산 표범나비』도 새롭게 읽혀져야 하며 우리 어린이들 스스로 '부루'가 되어 보는 경험도 필요하다. 물론 자기본위의 이기적 우리 어린이들이 이념적으로 다른 세계에서 오랫동안 살아온 남북한 어린이들이 함께 어우러질 수 있는 새로운 가치관을 발견하는 일에 주력해야 할 것이다. 이는 무한한 상상력과 오랜 사유에 기반된 동서고금의 역사 속의 지혜 속에서 찾아야 할 것이다. 아니 없으면 창의적으로 만들어서라도 우리 어린이들에게 주어야 할 것임에 틀림없다. 용기를 줄 수 있는 작품은 용기 있는 자만이 쓸 것이기에 새로운 천년을 위하여 무엇보다도 지나간 천년 둘을 공부해야 된다고 본다.

새 천년의 아동상은 누구나가 세계 전체를 지배하는 '일반적 경향들'에 대처하는 위기 관리의 리더가 될 수 있어야 하기에 자기 나름대로의 소질을 발견하며 통일 조국 이후의 가치관을 발견하여야 한다. 이를 기반으로 한 세계에서의 한국의 역할을 인도의 시성 타고르는 다음과 같이 이미 예견하고 있음을 끝맺음으로 대신한다.

> 일찍이 아시아의 황금시대에
> 빛나던 등불의 하나 코리아.
> 그 등불 다시 켜지는 날
> 너는 동방의 찬란한 빛이 되리라.

마음에는 두려움이 없고
머리는 높이 올라간 곳,
지식은 자유스럽고
좁다란 담벽으로 세계가 조각조각 갈라지지 않는 곳,
진실의 깊은 속에서 말씀이 솟아나는 곳,
끊임없는 노력이 완성을 위하여 팔을 벌리는 곳,
지성의 맑은 흐름이
굳어진 습관의 모래벌판에 길잃지 않는 곳,
무한히 퍼져나가는 생각과 행동으로
우리들의 마음이 인도되는 곳.
그러한 자유의 천당으로
내 마음의 조국
코리아여 깨어나소서

(1999)

참고문헌

1. 김영화,『분단상황과 문학』, 국학자료원, 1992.
2. 김문환,『분단조국과 통일문화』, 서울대학교 출판부, 1994.
3. 이만열 외 9인,『민족통일을 준비하는 그리스도인』, 두란노, 1995.
4. 찰스 핸디,『헝그리 정신』, 생각의나무, 1997.
5. 김용희,『동심의 숲에서 길찾기』, 청동거울, 1998.
6. 이재철,『세계아동문학사전』, 계몽사, 1989.
7. 앨빈토플러,『미래쇼크』, 한국경제신문사, 1989.
8. 신형기,『변화와 운명』, 평민사, 1997.
9. 이기동,『한국의 위기와 선택』, 도인서원, 1997.
10. 김준원 외,『통일시대의 사회발전과제』, 광주대학교 사회과학연구소, 1998.

제3부
한국 여성동화작가 연구

신지식 동화의 변모 양상 연구
―꽃, 새 그리고 물

1. 머리말

　인간이 추구하는 것은 단순한 자기 행복이라기 보다는, 자신보다 더 위대한 것을 위하여 자신을 '교환'함으로써 성취되는 인간의 密度라고 본다. 즉 인간의 구원, 인간의 영속성은 이 일회적인 세계에서 자신의 행동에 의한 창조에 의해서 성취된다.
　일반적으로 인간은 자기 형성을 위해서 시간과 공간이라는 구조를 피할 수 없다. 이것이 제약으로 성장의 열쇠가 되기도 한다. 왜냐하면 '構造의 網 속으로 결합되지 않는 한 인간은 아무것도 아니며 사고방식과 방향' 설정법도 알 수 없기 때문이다. 성장이란 영속적인 가치부여를 의미하며, 또 다른 노력을 위하여 지나간 하나의 노력을 포기하지 않으면 안되는, 자유를 위한 끊임없는 제약을 의미하기 때문이다.
　申智植 역시 공간성에 정착되어 시간성을 지니는 바, 그의 작품 속에 나타나는 외재적 구조로서의 공간의 이동과 시간의 변천, 내면적 구조

로서는 '내면적 평화'와 '선택'이 바로 그것이다.

창작된 예술 작품은 다음 4단계로 관계지워 설정할 수 있다.

① 소재가 작가에게 경험을 주어 감동하게 하고, ② 작가는 작품을 창조하여, ③ 작품이 독자에게 감동을 주며, ④ 독자는 다시 소재에 반응을 일으켜 새로운 경험으로 형성되어 간다.[1]

〈표 1〉

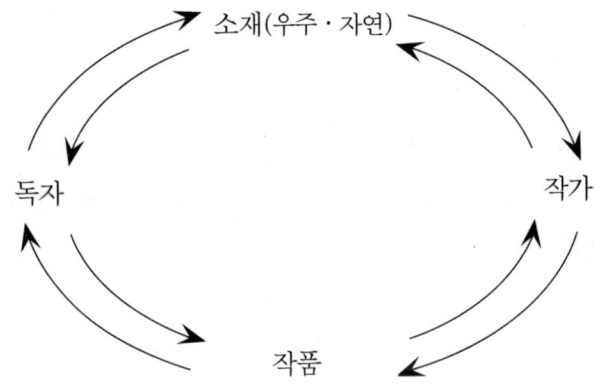

이때 이 단계 중 어느 입장에서 살필 것인가 하는 갈림길에 서게 된다. 여기에서는 작가의 작품 창작의 시간성과 공간성의 좌표에 따른 작가적 경험과, 재창조하여 이를 받아들이는 독자의 경험적 입장을 다루어 보고자 한다. 즉 작품 속의 소재와 색채가 주는 이미지를 살펴봄으로써 그의 내면세계를 이해해 보고자 한다.

신지식에 대한 문학적 접근은 이미 몇 차례 시도된 바 있는데 ① 이재철, 「갑지식론」, 『한국아동문학작가론』(개문사, 1983), pp. 224~231. ② 김학선, 「서정적 세계에 투사된 원형의 아니무스」, 『아동문학

---

1) 劉若愚, 『中國文學理論批評』, 汎學社, 1978, p.31.

평론』39호(1986. 여름), pp.16~23. ③ 문정옥, 「서정적 개성과 자유가 부여된 아동상」, 『아동문학평론』(14호. 1980. 봄), pp.52~55. ④ 김경희, 「신지식론—창작동화와 소녀소설을 중심으로」, 성신여대교육대학원 석논, 1992. ⑤ 선안나, 「신지식론」, 『한국아동문학』9호, 한국아동문학인협회, 1995. 등의 논문이 있으나 현재도 끊임없는 변모를 획책하는 작가이기에 그 문학에 대한 총체적 평가에는 역부족이라고 보여진다. 앞 연구들을 바탕으로 실제적 작품 분석을 해 보고자 한다.

2. 본론

서울에서 출생한 한 소녀가 유년기를 서해의 조그마한 섬, 황해도 옹진군에 속해진 용호도라는 작은 섬에서 산다. 바다를 바라보며 다른 세계의 그리움을 책에 쏟으며 자란다. 그러다 국민학교 3학년 때 수산중학교 교장이셨던 아버지[2]는 사표를 내고 중국 대륙으로 가족을 이끌고 떠나, 8년을 낯선 이국에서 보내다가 해방을 맞이한다. 혼란과 격동의 길가에서 많은 죽음을 목격하며 남으로 오는 피난열차에서 목격한 어느 병정의 비참한 최후는 16세 소녀에게 오랫동안 삶의 허망함을 안겨준다.

설상가상으로 병약하시던 어머니는 돌아가시고 돌아온 서울 땅은 낯설기만 하여 정을 붙일 수 없었다. 그러던 중 1948년 고교 2학년 때 제1회 여고문학작품공모에 응시하여, 의과 지망생이던 작가는 문학의 길로 들어서게 된다. 직후 6·25 전쟁이 일어난다. 꽃다운 20세 문학소녀가 겪은 전쟁은 어떠하였는가?[3] 즉 그가 겪었던 시대적 공간적 제약은 그로 하여금 어떠한 작품을 빚게 하였는가? 다행히도 그 소용돌이치던

---

[2] 부친 申鴻雨 씨와 모친 高木愛 여사 사이의 1남3녀 중 둘째딸로 1986년 『아동문학평론』, 여름 제39호에 '동화와 나' 란 글에 신지식의 문학세계가 특집으로 다루어졌다.

비극의 역사 속에서 '생명에의 강한 의지'를 천착시키고 있었던 것이다.

여러 현실의 현장에서 자신의 자리를 확보하고자

동화작가 신지식.

하는 인간의 본질적인 의식을 작가 자신은 이렇게 쓰고 있다.

어떠한 환경에서도 자기를 지킬 수 있는, 그리하여 환경을 이겨 나아가서는 환경을 바꿀 수 있는 그런 강한 인간상을 그려보고 싶었던 것이다. 그리고 그 힘은 오로지 아름다움을 추구하는 마음에 있다고 생각하였다. ―중략― 단편에 주력하면서 나의 관심은 눈에 보이지 않는 문제들에게로 기울게 되었다. 〔…중략…〕 한 편의 동화를 구상할 때 나는 먼저 한 장의 그림을 머리 속에 그려보는 버릇이 있다. 말하자면 글로 쓰는 메모가 아니라 '그림'으로 그리는 메모인 셈이다. 〔…중략…〕

동화는 詩와 같기 때문에 언어구사에 각별히 신경을 써야 한다고 생각한다. 아름다운 언어, 아름다운 문장은 동화의 필수적인 조건이라고 생각되기 때문이다.[4]

이제부터 그의 작품 속에 나오는 이미지(image)와 문장에 나타나는 여러 修辭法을 추적하여 살펴보고자 한다.

---

3) "나는 지극히 잔잔한 마음으로 이 비극적인 역사의 소용돌이를 이겨낼 수 있었을 뿐 아니라, 많은 짐에 눌려 잃어버리고 있는 소중한 것의 모습들을 끊임없이 찾고 있었다."
申智植, 특집「申智植의 文學世界」,『兒童文學評論』39호(1986. 여름), p.7.
4) 申智植,「동화와 나」,『兒童文學評論』39호,(1986. 여름), p.7.

申智植의 작품은 그 독자의 대상이 크게 세 번 바뀌는 것으로 구분할 수 있다. 이는 그의 내면적 성숙과 점진적 변모에 따른 것으로 이를 분류하면 다음과 같다.

〈표 2〉

1. (자전적)소년소설시기	2. 소년동화시기	3. 본격동화시기
1. 하얀길(1948) 2. 분홍조갑지(1956. 7, 새벗) 3. 탱자아주머니(1957. 새벗) 4. 가는 날 오는 날(1968, 창조사) 5. 날개치는 작은 새(1973, 계몽사) 6. 갈매기의 집(1974. 11. 성바오로)	1. 바람의 금잔화(1976) 2. 끊일 듯 이어지는(1976, 성바오로) 3. 별들의 메아리(1976, 일지사) 4. 눈이 또 하나 있었으면 (1985, 일지사) 5. 숲마을 집배원(1982, 동화출판사) 6. 장박새의 나들이(1979, 서문당)	1. 열두달 이야기(1979, 일지사) 2. 안녕하세요(1972, 창조사) 3. 황옥 공주(1974, 성바오로사) 4. 외로운 오뚝이(1979, 견지사) 5. (그림동화) 숲속에서 걸려온 전화(1985, 일지사) 6. 파랑새 이야기(1990, 성바오로) 강가 초롱이네집 이야기 8

1) 소년소설시기 — '하얀색'의 이미지

신지식의 전반기 작품집들로서, 대부분이 단순한 허구가 아니라 자기의 어린 시절의 경험을 바탕으로 한 창작작품이다. 특히 그 대상이 성인과 아동의 양면성을 띤 소년·소녀이며 특히 소녀 중심적 소재와 주제를 다루고 있다.

아동소설의 특성을 참조하여 볼 때 다음과 같다.

아동소설에는 아동의 연령과 교육적인 면을 고려하여 상상과 지혜로써 인생을 즐겁고 밝게 해 주는 주제를 선정해야 되는 것이다. 그리고 이 경우 주제의 성격은 아동 소설의 주된 독자를 男兒에 두느냐 女兒에 두느냐 또는 양자의 공통적인 특징에 입각해서 쓸 것이냐 하는 문제에 따라서 조금씩 달라질 것은 말할 나위도 없다. 아동 소설의 대상은 동화에서처럼 완전 미분화 상태의 아동은 아니다. 남녀 아동에 따라 신체적 정신적 특징이 성인이 생각하는 것 이상으로 현저하게 차이를 갖고 있다는 것을 명심해야 한다.[5]

구체적인 예로『하얀 길』(성바오로사, 1974) '하얀 길'—나, '아카시아'—현희, '기찻길'—혜수, 그리고『가는 날 오는 날』(창조사, 1968) 의 딸 애희나 규네마이 등은 역시 자신의 어린 시절의 한 환경이며 모습이라고 볼 수 있다.

'기호네 오마이' 라는 마을에서의 속칭은 혀 짧은 우리들에게는 도저히 발음할 수 없어 그렇게 불리었는지는 몰라도 언제부턴지 우리 집에서는 '규네마이' 라는 사랑스러운 이름으로 통하고 있었다.[6]

규네마이의 옛날 얘기가 준 기쁨을 나 자신이 만들어 보려고 노력하는 것이다. 눈물 젖은 얼굴을 주름살 밑에 감추고 평정과 인내를 길러주던 무뚝뚝한 얼굴에 대한 그리움을 어릴 적 동화책과 채색된 국민학교 교과서에 대한 향수와 함께 지닌 채, 규네마이는 내 어린 시절 고향이다.[7]

한편 신지식의 작품에서 그 내용이나 문체를 살펴보면 어떠한 일관성 있는 흐름을 보이고 있다. 이는 작가 의식 저면에서 추구하고 있는 아름다움이다. 아름다운 마음과 아름다운 언어의 표현은 단순한 어휘나 문장 뿐 아니라 상징화된 하나의 색채로 나타난다. 이는 작가가 주변 세계에서 얻은 이미지가 잠재된 인식의 표현으로 변화한 것으로 볼 수 있다.

---

5) 李在徹,『아동문학평론』(文運堂, 1967), p.260.
6) 申智植,『가는 날 오는 날』(창조사, 1968), p.76.
7) 申智植,『한국대표수필문학전집』제11권, 을유문화사.

즉 그녀 자신의 내부에서 일어나는 슬픔, 희망, 연민 등의 여러 갈등 의식과 동화적인 어린 시절의 향수가 표백된 '무의식'이 바로 흰색이다.

'하얗다'라는 의식의 표현은 극단적인 양면성을 띠는데 좌절, 포기, 恨, 그리움의 부정적인 면과 희망, 신비감, 깨끗함, 기대감, 순수 등의 긍정적인 면을 지닌다. 그러나 신지식의 경우는 새로운 생명력에 대한 의미로까지 승화시키고 있음을 『하얀 길』[8]이란 작품집을 분석해 보면 알 수 있다.

〈표 3〉

작품	어휘	이미지
아카시아	하얀 꽃송이 하얀 종이	순수, 아름다움 여운
하얀길	하얀 길 하얀 연기 하얀 날개 흰 돛을 단	동경, 빛남 승화력 생명력, 순수함 죽음, 체념
달 밤	흰 나비 흰 모습 하얀 꽃송이 흰 봉투	신비스러움, 그리움 죽음, 신비 그리움 슬픔, 인내
선생님과 강아지	흰 놈 흰 것	죽음 이별
기찻길	하얀 옷의 할머니 하얗게 비추던 달빛 하얀 그림자 하얀 김 하얀 코스모스	恨, 외로움 애상함 두려움, 고독 승화력 추억, 고독

이렇게 초기에 작품 전편에 걸쳐 하얀색은 자주 나타나는 빛이다. 그 이유가 무엇인지 작가의 後記를 살펴보면 알 수 있다.

---
8) 申智植, 『하얀 길』(성바오로출판사, 1974).

단지 그 새의 꿈을 이루고자 아직도 오린 이 글을 이 세상에 펴낼 것인지 여러 번 망설였습니다. 그러나 점점 커지면서 꿈만 먹고는 살 수 없는 얄미운 새가 되어버렸나 봅니다. 또는 꿈을 보고 싶어 참을 수 없는 수다스러운 새로 변했는지 모릅니다. 〔…중략…〕
다만 나는 무척 꿈이야기를 나의 주위의 많은 소녀들에게 들려주고 싶었던 것입니다. 그리고 불사조의 이야기처럼 스스로가 발한 불길에 타서 재가 되면 다시 움터 나온다는 새로운 생명을 믿고 싶습니다.[9]

하얀 재가 되어도 소멸된 재가 아닌 새로운 생명을 잉태시키는 모태와 재생의 재로서의 의미를 갖는다. 이와 같이 작가의 '하얀색'의 표현의식은 모든 감정의 복합체로서, 하얀 재로 변해 하얀 관 속에 하얀 영구차를 타고 하얀 길로 떠나신 어머니지만 새롭게 작품 속의 이미지로 살아서 문학을 통하여 자신이 새로운 삶을 개척한 것처럼 당대의 상처받은 동심을 치유하는 치료문학의 전례를 보여주고 있다.

2) 소년동화시기 — '노란색'의 이미지

과연 신지식의 소년소설에 나타난 하얀색의 이미지는 불사조처럼 새롭게 상징적 구조를 가지고 새 생명으로 태어난다. 즉 독자로서의 아동을 의식한 소년동화에 도달했다는 점이다. 그리하여 『바람과 금전화』 속에는 초기의 소녀적 동경과 꿈이 승화하여 완숙된다. 즉 잃어버렸던 공간의식으로서 '집', '가정'에 대한 구조의식이 조카, 명호 등에 대한 사랑으로 새롭게 탈바꿈되어 명상과 기도와 사랑의 시간으로 내

---

9) 이명순, 『現代幼兒美術敎育』(보육사, 1978), p.68.

면적 구조를 이룬다.

즉 작가가 추구하는 내면적 평화가 分散과 갈등으로부터 스스로의 선택에 의해 비로소 진정한 평화와 질서를 회복하였다고 본다. 이른바 참된 자유는 한정된 제약 속에서 얻어지며 잃었던 낙원의식은 질서에 대한 복종에서 되찾게 됨을 깨닫게 되어 오랜 방황에 종지부를 찍고 있다. 이 생명의 빛나는 변화는 어린이들이 가장 좋아하는 색이[10] '노란색'으로 작가의 작품 속에 나타난다. 다름 아닌 내재적 요구의 실현으로 나타난 논리적인 조직의 결과가 아니라 완성된 하나하나의 작품이 진주알 마냥 절대적 가치를 가지고 어린이에게 인간과 자연에 대한 행동창조의 동화를 자신 있게 내놓고 있다.

그럼 '노란색'이 가지는 이미지는 어떠한 것인가, 특히 어린이인 경우는 어린아이이고 싶은 욕구와 관계가 깊다고 보며, 단독적인 표현인 경우는 의존적이다. 정신발달의 면에서는 인지나 인식보다는 정서에 좌우되는 경우가 많다고 본다. 노란색을 많이 쓰는 경우 그 어린이는 친구들과 사이가 좋으며 평판이 좋다고 한다. 또한 단독적으로 사용되었을 대는 행복감에 찬 상태로 본다.

또한 오렌지색(주황)은 주위 환경에 잘 순응하며 즐겁고 명랑한 기분을 가진 어린이들이 잘 쓴다. 간혹 내적 불안의 출구로도 사용되기도 하는데 상상적인 놀이에 빠지는 경우에 종종 나타나고 있음을 알 수 있다. 그리고 늘 쓰이는 색은 아니지만 가끔 나타나는 색인 보라색은 특별한 의미를 가지고 있는데, 가정적으로 불안해진 경우나 친구들로부터 버림받은 경우에 나타난다.[11]

다음은 『바람과 금전화』[12]에 나타나는 색채들이다.

---

10) 이면순, 『現代幼兒美術教育』(보육사, 1978), p.68.
11) 김재은, 「그림에 의한 아동의 심리 진단」.
12) 申智植, 『바람과 금전화』(성바오로출판사, 1986).

〈표4〉

작품명	어휘	이미지
사랑스러운 사람들	명호의 그림에는 오렌지 색이 많습니다. 오렌지색 기관차	개성풍부 상상력
빨간 벗	주홍색 빛 빨갛게 익은 게발	명랑함 선명함
잊어버리지 않게	노랭이	고집 구두쇠
바다	빨간 물가	강렬함
크리스마스 선물	바다는 물색이지 물색 수영복	신비함 평화
그 애	초록빛 벌레소리	신록, 평화
은행나무 이야기	노란 은행나무잎 은행잎이 황금빛 몸짓	행복감 풍요
비둘기의 추억	그 하얀 집	그리움, 어머니
혼자 갈 수 있어요	노란 수선화 화분을 어린 승리자에게	행복감
선물	노란색 수웨터와 하얀 하늘 색 양복 회색과 분홍색	밝음, 행복 깨끗함 대비
하얀 운동화	하얀 색 어머니의 색	추억
없어진 미미	노란 크림이 잔뜩 얹혀 있는 케익	복합
아름다운 꽃	진보라색 꽃(과남풀)	외로움, 우수
바람과 금잔화	진한 오렌지빛 금잔화	상상, 순응
빨강 시클라멘	하얀 수건 하얀 각봉투 빨강 시클라멘 까만 곰모의 옷	선물
가을 요정	연보라색 엷은 베일 분홍빛 작은 눈 노란 들국화	신비감 소녀다움 소박함

	하얀 벤치 진한 초록색 베레모자 하얀 국화꽃을 닮은 노란 은행나무 노란 은행잎의 춤	외로움 신선함 그리움

『눈이 또 하나 있다면』[13]을 살펴보면 다음과 같다.

〈표5〉

제목	어휘
추석날 밤에 있었던 이야기	오렌지 색깔의 고운 불빛 달맞이 노란 꽃잎
할머니의 고향	보라색 들국화 붉은 노을 속 잠자리 날개
잠이 오지 않는 밤	귤빛 노을 눈 덮힌 하얀 마차 노란색 털실 샛노란 부리

위를 살펴보면 노란색〉주홍색 · 빨강〉초록 · 물색 · 하늘색〉흰색〉검정색의 빈도 순으로 나타난다. 이는 작가의 과도기적 단계에서 표출된 단순한 과거집착의 하얀색으로의 몰입에서 탈피하여, 보다 개성적이고, 활동적 · 진취적인 어린이의 창조를 뜻한다. 또한 인간과 자연에 대한 중요한 행동 창조의 탐구적 실험의식을 엿볼 수 있다. 또한 인간과 자연에 대한 중요한 행동 창조의 탐구적 실험의식을 엿볼 수 있다.

"정순아, 내 몸이 이상해."
"어떻게요, 아프세요?"

---

13) 申智植, 『눈이 또 하나 있다면』(一志社, 1985).

"자꾸 근질근질한 게 말이지, 잎이 나오려나 봐……."
"아이 참. 선생님은 이따금 엉뚱한 말씀하시더라.! 선생님 몸이 나무예요?"
"글쎄, 그게 이상하다니까, 몸에 물이 오르는 것 같은 느낌이 든다 했는데 이번엔 자꾸 몸이 근질거리지 않니……. 나무가 되어 버리려나 하는 생각이 든단 말이야. 푸른 나무를 보고 있으니까……."
"그래서 몸을 흔들고 계셨어요?"
"그랬나봐."14)

위와 같이 '노란색' 이미지의 시기에서는 작가의 정신세계가 현실과 환상을 장벽 없이 교류하고 있다는 특성을 엿볼 수 있다. 가끔 환상세계의 이야기를 현실세계 속에 연장해 놓고 앞에서와 같이 당황하기도 하지만, 그것 역시 유모어적이기도 한 의식적인 창작이며 때로는 환상 그 자체를 미완성의 장으로 남겨 놓음으로써 여운 있는 결말을 보이기도 한다.

두 시기와 함께 현재에 이르는 시기를 살펴보면 작품 창작의 대상이 더욱 더 어려워지고 있으며, 시적 정조를 여러모로 살리면서 작품 전체가 유기적으로 결합되고 있는 원숙함이 심화되고 있다. 무엇보다도 이전 시기에 비하여 상징적 구조를 가지고 있다. 그 상징의 대상이 되고 있는 서정적 요소들을 작품에서 찾아보면 다음과 같다(대체로 많이 나타나는 빈도대로 정리해 보았다).

---

14) 申智植,『끊일 듯 이어지는』(성바오로 출판사, 1976).

〈표 6〉

요소	종류
꽃	유채꽃〉달맞이꽃〉장미꽃〉들국화〉수선화〉풀꽃〉들꽃〉 민들레, 금전화, 창포풀, 사과꽃, 찔레꽃, 과남풀
새	까치〉비둘기〉참새〉산새〉갈매기〉장박새,종달새,두견새
나무	미루나무〉아카시아나무〉아가위나무〉버드나무〉전나무, 탱자나무, 보리수, 자귀, 버들강아지
집짐승	염소, 강아지, 소
곤충	나비, 반딧불
사람	어머니〉친구〉선생님〉아버지〉할머니〉이모〉형제
기타	도깨비, 옷, 운동화

가장 많이 나오는 것은 역시 꽃이다. 다른 모든 사물이 그렇듯이 꽃의 이미지는 '피었다가 스러짐'에 있다. 사물이란 왔다가 가기 마련이다. 모든 생명은 다른 것에 자리를 내주고 사라지는 자기 완결성을 갖는다. 꽃은 씨앗이 움터 성장한 최고조의 '생명의 상징'으로서 시간의 수레바퀴 속에 새로운 생명을 위해 사라짐을 의미한다. 그래서 소리는 없어도 꽃은 웃고 있기도 하고 울고 있기도 한다. 꽃은 스러져 사라져도 다른 형태로 생명으로 보존하는데 열매와 씨앗이 바로 그것이다. 작가는 꽃 속에서 자아를 발견하게 된다.

    어린 시절을 보낸 나의 시골집에는 꽤 큰 화단이 있었다. 우리 형제들은 이 꽃밭을 '어머니의 꽃밭'이라고 불렀다. 그만큼 어머니는 이 꽃밭을 정성 들여 가꾸었던 것이다.
    이 어머니의 꽃밭에 제일 많던 꽃이 금전화였던 것이다.[15]

수많은 꽃 중에서 금전화를 고른 것은 무의식 속에 잠재되어 있던 자신의 욕구인 어머니에의 갈급한 그리움이다. 또한 작가의 어머니는 하필 그 많은 꽃 가운데서 냄새도 별로이고 멋도 없는 금전화를 가꾸셨을까? 그 어머니의 모습을 작가의 여러 글 중에서 더듬어 본다.

"근데 참 이상한 것은…… 너는 그렇게 심하게 한 번씩 앓고 날 때마다 자라는 것 같단 말이야. 매미가 껍질을 벗듯 그런 과정이 사람에게는 필요한 모양인가. ……어떻든 너무 우는 것은 좋지 않다. 참을 줄도 알아야지. 그래야만 사람은 정말 튼튼하게 클 수 있어요."[16]

"……엄마두 뱀은 싫다…… 하지만 뭔가 뜻이 있을지도 몰라. 하나님은 뱀이 이 세상에 필요하다구 생각하셨을 거다. ……뱀을 보여 주어야 했을지도 모르지. 어디 가도 뱀은 있어요. 애희야, 옛날 옛날부터 있었대요. ……애희나 엄마같은 사람보다 먼저 있었던 뱀으로 해서 사람들에게는 아픔이 생기게 되었다는 구나.……"[17]

"……애야 인제 알았지? 어떠한 일이건 부지런하고 열심히 진심으로 하면 사랑 받을 수 있다는 것을 말이다. 무서움이란 자기의 생각에서 오는 것이 아닐까? ……엄마는 네 스스로가 그것을 깨닫게 되기를 바라고 있었기 때문이에요. 그것이란 너 혼자 힘으로 행동하면서 네가 지니고 있는 능력을 인정받고 너의 성품을 발휘하여 사랑을 받고…… 너 자신도 사람들을 사랑하게 되기를 바라며 기다리고 있었던 것이다.……
사랑스러운 소녀! 이것이 너에 대한 엄마의 소원이고 꿈인 것이다."[18]
동시에 나의 몸 어딘가에 박혀 있던 형체 없는 의혹이 꿈틀거리기 시작하

---

15) 申智植,「금전화의 아름다움」,『눈보라 속의 수선화』.
16) 申智植,『가는 날 오는 날』(행림출판사, 1985), p.220.
17) 申智植, 위의 책, p.47.
18) 申智植,『끊일 듯 이어지는』, pp.73~76.

였던 것이다.

"엄마 아이노고가 뭐야?"

"뭐라고, 누가 그런 말을 하더냐?"

"그 새로 들어온 애가 날 보고 그렇게 말한 것 같은데……."

"너같은 사람들을 말하는 거야. 너같은 아버지와 엄마를 가진 아이들 말이다……."

지극히 간단히 아무렇지도 않게 대답해 주었다.

"엄마가 조선말을 너희들처럼 잘 못하는 까닭을 너는 알지? 엄마의 그전 고향은 일본이예요. 하지만 엄마는 아버지한테 시집을 왔으니까 조선사람이 되었지. 그러니까 여기서 이렇게 조선 옷을 입고 조선 말을 쓰면서 조선 아이들이 너희들과 살고 있는 게 아니냐?"

숙제는 풀렸다. 동시에 나에게는 새로운 질문이 쏟아져 나왔다.

"엄마, 어디서 아버지를 알았어?"

"동경서 알았지."

"아버지도 동경에 계셨어?"

"공부하러 오셨더랬어요."

……그러나 언덕 위 나의 집의 질서는 엄연히 존재하고 있었다. 관습이라는 테두리에서는 완전히 벗어나 어떠한 세월의 영향도 받지 않는 한 인간에 의해, 오로지 그 사나이의 강한 고집에 의해 소리없이 이루어져 가고 있었던 것이다.……그리하여 이 집은 어떤 바람이 불어와도 흔들림 없이 항상 남쪽 바다를 내려다보며 조선이라는 땅에 깊이 뿌리를 내리고 큰 나무처럼 당당하게 서 있었다.[19]

굳건한 신념의 아버지와 헌신적인 사랑의 결실인 작가의 내면 세계

---

19) 申智植,『가는 날 오는 날』, pp. 257~263.

에는 세월이 흘러도 하늘과 땅 위에 가득 퍼져있는 어머니의 사랑으로 늘 그 회복을 갈구하게 되며, 그것은 작품 속에서 고향, 우정, 엄마, 사랑 등으로 나타난다.

예를 들면「잠이 오지 않는 밤」[20]「엄마의 비둘기」[21]「향기」[22] 등에서는 어머니에 대한 그리움이,「메아리」[23]「솔잎 향기」[24]「할머니의 고향」[25]「그 애」[26] 등에서는 고향에 대한 그리움이,「철새와 들국화」[27]「장박새와 비둘기」[28]「열두달 이야기」[29]「까치야 어디 갔니」[30] 등에서는 자연과의 교감을 통한 사랑이 구체적으로 인지된다. 이러한 작품 세계에 투사한 내면의식은 누구나 보편적으로 가지고 있는 '에덴의 원형'이라고 김학선은 규명하고 있다.[31]

즉 동경, 혹은 그리움으로 표상되는 인간이 희구하는 본연의 모습 그대로를 보여주는 것이다. 인간 무의식 속에 잠재되어 있는 인간 본연의 고향인 '에덴'은 바로 어머니의 품이기도 하며 사랑의 원천이기도 하기에.

3) 본격동화시기;물의 이미지

이러한 사랑이 원동력이 되어 작가가 우리나라의 12달을 아름다운 그림으로 나타낸「열두달 이야기」를 두드러진 특성에 따라 분석하여 본다.

---

20) 申智植,『눈이 또 하나 있었으면』(일지사, 1985).
21) 申智植,『별들의 메아리』(일지사, 1976).
22) 申智植,『바람과 금전화』.
23) 申智植,『열두 달 이야기』(일지사, 1976).
24) 申智植, 위의 책.
25) 申智植,『눈이 또 하나 있었으면』.
26) 申智植,『바람과 금전화』.
27) 申智植,『별들의 메아리』.
28) 申智植,『안녕하세요』(창조사, 1972).
29) 申智植,『열두 달 이야기』.
30) 申智植,『숲속에서 걸려 온 전화』(일지사, 1985).
31) 金學善,「서정적 세계에 투사된 元型의 아니무스」,『兒童文學評論』39호(兒童文學評論社, 1986).

달/제목	등장인물	주 제	수사법	색채어휘
1월 연	홍어연, 참새, 두루미	빛나는 새해기원	의인법, 대화법, 공감각에 호소	푸른 바다색· 엷은 바다색· 옥색 치마색 하늘
2월 봄비	오빠와 누이, 수선화, 떡잎	봄의 느낌	의성어, 청각에 자극	연두, 새싹, 노르스름한
3월 까치집	까치들, 미루나무	봄소식	의인법, 대화법, 의성어	파랗게 자라고 있던 보리밭, 자주색, 긴 꽃술
4월 된바람 샛바람	냉이, 달래, 소루쟁이, 참새, 민들레, 씀바귀, 버드나무, 제비, 염소	이윽고 들이닥친 봄	의인법, 의태·의성어	야들야들한 초록색
5월 아가위꽃	뻐꾸기시계속 뻐꾸기, 지연, 봄날의 꽃	봄날의 단잠	열거법, 의인법	짙은 나무색, 병아리색 얇은 망사, 연분홍색 안개
6월 메아리	할머니, 찔레꽃	찔레꽃에 얽힌 어머님의 추억	연상법	하얀치마저고리 하얀 찔레꽃 하얗게 빤 빨래
7월 바다	호주, 경희 일선지구의 아버지	떨어져 사는 가족간의 그리움	반복법, 인용법	짙푸른 물색수영복 초록색 바닷가 파란바다색
8월 칠석날	까치들, 견우직녀, 자귀꽃	칠석날의 유래, 막내까치의 기다림	의인법, 반복법	은빛물
9월 바다	수현, 어머니, 큰이모	추석날의 의미, 그리운 고향에의 추석	편지 인용법	푸른 솔잎, 초록과 주황, 연두색으로 무늬진 꽈리
10월 제비남매	아기 제비남매 (기운이와 이슬이), 엄마 제비, 접동새, 들국화	자연환경의 오염, 가을의 쓸쓸함	의인법, 생략법	붉게 물드는 저녁무렵, 황금빛 세상, 울긋불긋, 빨간 고추잠자리, 보라색 들국화

11월 첫눈	꽃 할아버지, 장미나무, 백일홍	기다리던 첫눈	의인법, 도치법, 과장법, 화상법	회색빛 구름, 하얗게 눈에 덮힌 공원
12월 할아버지 가시던날	준석, 삼촌, 나, 아버 지, 까치, 고모	할머니의 임종	열거법, 생략법, 회상법	빨간고추, 진회색 공중, 희끗희끗한 것

　위와 같이 내용과 형태에 따라 나타나는 여러 가지를 분석한 결과 다음과 같은 특성을 알 수 있다.
　① 4계절이 주는 가르침을 작가의 내면적 잠재의식이 추구하는 구조, 즉 자연의 회귀본능과 내면세계의 평화에 나타내고 있다(5, 9월).
　② 한국적 토속미와 동심과의 만남이 이루어지고 있다. 전쟁이 가져다 준 보편적인 비극과 민족상잔이 주었던 아픔을 관념이 아니라 진실된 정서적 실체로 다음 세대인 어린이에게 조심스런 충격으로 건네주고 있다(6, 12월).
　③ 한국적인 초목과 조류에 대한 눈부신 작가적 고찰은 오염된 자연환경에 대한 철저한 고발 의식이 눈에 디며, 시와 같은 상징적 표현과 언어 절제의 기술은 자못 극치에 달한다(4, 10월). 특히 첫 문장과 마지막 문장의 다양한 수법의 표현은 참으로 감탄할 만하다.

　　「연」　넓은 하늘은 바다였습니다.
　　　　　부디 빛나는 새해되기 바란다. 영일아 안녕!

　　「봄비」　심청은 다시 한번 아버지가 계시는 마을 쪽을 향하여
　　　　　　수선화 떡잎은…… 피어 오르고 있었습니다.

　　「까치집」　긴 겨울이 가자―

그것은…… 포근한 봄날 저녁이었습니다.

「된 바람 샛바람」 "아이 속상해.…… 진눈깨비가 오다니!"
　　　　　　　　우물가 옛집으로 날아갔습니다.

「아가위 꽃」 "뻐꾹 뻐꾹……"
　　　　　어머니는 새하얀 꽃다발을 지연에게 안겨 주었습니다.

　수사법을 살펴보면 직접화법을 사용하여 실제적인 대화를 통해 생동감을 주고 있으며, 반복법·대조법·설의법과 청각적·후각적·시각적 언어를 통하여 아동의 감성에 강하게 호소하고 있음을 알 수 있다. 특히 신선한 감각의 의성어(예: 빗쫑 비잇쫑, 후이 후이)와 의태어(예: 조붓한 잎, 갭직한데 놀라)[32]를 반복, 대조의 묘미를 가지고 쓰고 있다.
　④ 그 중에서도 이 작품에 두드러진 면은, 동화는 산문이지만 內在律과 外形律을 자연스럽게 지니고 있다는 점이다. 아동의 直觀에 호소하는 율동적이고 간단명료한 서술과 대화, 묘사가 가져온 결과로서 3·4조, 4·5조 등의 우리나라 음률과도 맞아떨어지고 있음을 알 수 있다

아무래도　　막내는　　못데리고　　갈 것 같아요.
　4　　　　　3　　　　4　　　　　3

아이오,　　귀 따가와라!　　오냐, 오냐　　알았어.
　3　　　　　5　　　　　　4　　　　　3

이는 한 문장내의 단어수가 많지 않아서 간단 명확한 문장으로 언어

---

32) 申智植,『열두 달 이야기』, p.54.

가 절약되고 있다는 것이다. 보통 4~6개의 단어를 쓰고 있으며 많아야 8단어를 넘지 않았다(토씨는 단어에 포함시키지 않았음).[33]

⑤ 제목에서 보이는 특징은 작품 전체를 대표할 수 있는 구체적 사물을 들고 있다(12월:「할머니 가시던 날」은 제외). 즉 지나친 추상적 표현 대신 직접적이고 구체적인, 어린이에게 친절한 표현방식으로 보다 상징적이고 많은 생각을 담아낼 수 있음을 시사해 주고 있다. 즉 쉽고 단순한 이야기식 글이어도 크고 무거운 주제의식을 얼마든지 담을 수 있음을 보여준다. 그러나 이전 시기의 소년소녀, 소년동화 보다는 긴장과 박진감의 부족함이 느껴진다. 즉 사건의 전개 과정에서 결정적 순간에 충격적 감동을 주는 대신 물밀 듯 꾸밈없이 써내려 가는 서정적 분위기의 울림으로 남는 동화라고 볼 수 있다. 그러나 다음 단계에서 보이는 동화는 실로 비약하여 모든 동화적 요소에[34] 완벽을 기하고 있으니, 그 동화를[35] 내용과 형태에 따라 분석해 본 결과는 다음과 같다.

〈표8〉

작품	소재(주인공)	감각성	상상성	생활성	전달성	수사법
1. 봄아 어서와	초롱이 장난감친구 (곰돌이, 토순이, 공작새, 종이학, 기린 등)	빨간지붕 하얀 벽, 노란 손을 흔들며	어린이들이 좋아하는 동물과 그 세계로의 자연스러운 유입	유아들의 생활과 밀착	독창적인 문학적요소로 전달됨	의인법, 대화법, 설의법(…편지를 받은 모양이죠?)
2. 엄마 손은 따뜻해	엄마, 초롱이, 나비, 개나리꽃, 민들레, 제비	파란 하늘 파란 둑길, 후각에 호소(흠흠 좋은 냄새!)	친구를 생각함	그리움에 대한 묘사, 말에 대한 교육	우수함	대화법, 어감의 표현, 의인법

33) 신지식, 위의책, pp.48~49.
34) 鄭善惠,「韓國幼年童話硏究」(『誠信女大 碩士學位 論文』, 1980).

3. 말썽꾸러기 비둘기	아가, 초롱이, 엄마, 비둘기	청각:탕탕탕 시각:의태어 의성어, 후각에 호소 (홍홍)	상상성은 없음	유아들의 욕구와 밀착	아동어 (꼬꼬, 끼끼)	의인법 (비에 세수한 사철나무잎), 대화법, 도치법
4. 파랑새 이야기	소라(소녀) 할머니, 아이비, 제비꽃, 파랑새, 보람이 (소년)	색채감 (주황색, 장미꽃, 옥색하늘), 청각적 언어(피! 피르르……피그르르), 시각적 언어 (깃털의 가루, 바래어 더러워진 느낌의 연두빛)	할머니 방에서 일어난 사건 (책→환상)	수수께끼, …… 합니다 (구연체어미)	옛날 이야기를 통한 전달, 질문에 대한 대답으로 전달	의인법, 감탄법, 생략법, 인용법, 설의법, 대화법

① "어때요, 참 아름다운 시죠?"[36] 『파랑새 이야기』의 서문에서 작가는 쟝 콕토의 시「소라」[37]를 인용하고 있다. 그러나 그보다 더 아름다운 동화를 신지식은 쓰고 있으니, 『강가 초롱이네 집 이야기』를 통하여 "온 세상의 모든 것을 가장 강렬한 흡입으로 알려고 하는 초롱이"와 우리 모두에게 생명을 건네 준 사랑의 어머니, 나비, 장난감, 미루나무가 한데 어울려 정적이면서도 생동감 있는 작품을 빚고 있다.

② 또한 문체에 있어서 사건 진술체와 대화체, 서경적 묘사체, 옛이야기체 등 변화있는 문장으로 훈계적이거나 설명적이지도 않고, 유아 스스로 이야기를 전개하는 형식을 취하는 생활동화다. 그 속에 맛있는 요리처럼 우의성과 의인법, 환상성, 반복성, 대조성 등이 자연스럽게 어우러져 있다.

---

35) 申智植,『강가 초롱이네 집 이야기』(성바오로 출판사, 1991) 및 『파랑새 이야기』(성바오로 출판사, 1990).
36) 申智植,『파랑새 이야기』(성바오로 출판사, 1990).
37) "내 귀는 소라껍질/먼 바다의 파도소리를 듣는다."

③ 이는 이야기꾼의 공식면허증을 이미 따놓은 작가이지만 그 진가를 더욱 확실하게 보여주는 작품이다.

> 상상력은 지식보다 강하다.
> 신화는 역사보다 강하다.
> 꿈은 사실보다 더 힘이 있다.
> 희망은 늘 경험을 이겨낸다.
> 웃음은 슬픔의 유일한 치료약이다.
> 사랑은 죽음보다 강하다.[38]

그렇다. 마음의 기적과 상상력과 신화와 꿈과 희망과 웃음, 그리고 사랑이야말로 현실과 공상이 未分化되어 있는 유년기의 아동에게 자연스럽게 상상의 세계로 몰입시켜 경험할 수 없는 것을 경험시키고 있다. 그 예로『파랑새 이야기』[39]의 절정 부분을 본다.

> 아! 그런데 이게 어쩐 일이지요? 파랑새가 없었습니다. […중략…] 책장이 팔랑팔랑 넘겨짐과 동시에 소라의 정신이 가물가물 멀어졌습니다.
> "난 책을 읽어야 해! 파랑새 이야기를……"
> 소라는 온갖 힘을 다해서 정신을 차리려 했는데, 눈이 떠지지 않았습니다.
> "피! 피그르르…… 피그르르……"
> 아스라히 고운 소리가 들려옵니다. 꼭 은으로 만든 피리 소리 같습니다.
> […중략…] 이불은 끝자락은 아득한 곳에서 옥색 하늘과 닿아 있습니다.
> '어딜까? 저 끝은 어딜까?'

---
38) 로버트 풀검,『내가 정말 알아야 할 것은 유치원에서 배웠다』(김영사, 1990), p.6.
39) 申智植,『파랑새 이야기』(성 바오로 출판사, 1990), pp.39~44.

어디서 본 듯한 고운 가루가 안개처럼 하늘에서 내려오고 있습니다.
〔…중략…〕 가지가지 색깔의 작은 새들이 되어 종종거리다가 바람처럼 하늘로 다시 날아 올라갔습니다.
파랑새가 날아오더니 기쁜 목소리로 말합니다. 〔…중략…〕
파랑새의 슬픈 울음소리를 들으면서 소라는 그 글을 또박또박 읽어 내려갔습니다.

파랑새의 친구였던 귀여운 소년
열두 살 어린 나이로 여기 묻힌다.

우리의 사랑 보람아!
비바람 몰아치고
캄캄한 밤이 와도
두려워 말고 고이 자거라.
천사와 별과 햇님이
항상 너와 함께 계시니!

〈표 9〉 幼兒의 空想(想像)世界[40]

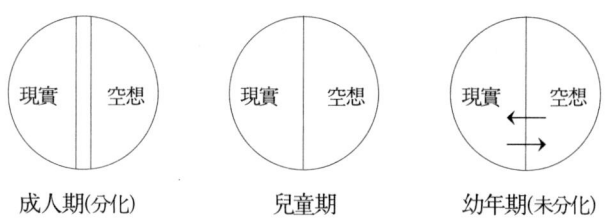

---

40) 金幸子, 『兒童發達學』(修學社, 1979), pp.80~82.

위 동화에서 보여주듯이 높은 사고에 앞서 감관세계를 통해 미화된 삶의 모습 속에 상상력의 세계, 공상의 세계가 전개된다. 이는 위 그림과 같이 유아들만의 특성[41]으로, 공상세계 속에 몰입되어 경험할 수 없는 많은 것을 경험함으로써 자유로운 성장과 성취에의 욕구와 인생의 생로병사에 대한 두려움 등을 극복하여 그 의미를 파악하게 된다.[42]

그리하여 상처받은 동심에는 치유제가 될 것이며 어려운 세상을 살아가는데 영혼의 보호막이 될 것으로 보인다.

④ 앞에서「갈매기의 집」,「장박새의 나들이」,「꽃샘 바람」,「외로운 오뚝이」등에 많은 종류의 새가 등장함을 보았다.[43]

동화집『눈이 또 하나 있었으면』은 총 14편 중 7편이나 새가 나오는 바(참새, 산새, 까치, 비둘기, 두견새, 도요새 등) 최근의 작품에 더 강한 이미지의 새가 등장한다. 새의 이미지는 무엇인가?

새는 장애물 없이 움직이는 것의 상징이며, 자유스럽게 그가 마음먹은 곳으로 향하고 오르고 내려오고 선회하며 가까워졌다가 또 멀어져 가기도 한다. 새의 비약을 위해서는 특별한 길이 필요치 않으며 묶어두는 난간도 필요치 않으니 새의 비약, 그것은 自由이며 완전한 움직임인 것이다.[44]

즉 '꽃'의 이미지에서 '새'의 이미지로, '하얀색'의 이미지에서 '주황빛' 또는 '노랑색'의 이미지로 작가는 새롭게 태어난 것이다.

그렇다면 왜『강가 초롱이네 집 이야기』에서 초롱이네 집은 강가일까? 강가는 '물'의 이미지와 연결된다. '꽃'도 물에 의하여 그 생명을

---

41) 幼年期의 특성: 자기중심적, 정서성, 구체성 등의 미분화 단계로 幼兒期的 特性이 아직 남아 있음.
42) 鄭元植,『知力과 情意敎育』(晋英社, 1978), pp.68~70.
43) 앞의 〈표6〉을 참조.
44) 全錦周,「Rimbaud의 時世界硏究」(全南大學校『碩師學位論文』, 1983), p.34.

얻고 '새' 역시 물가에서 휴식을 얻는다. 그렇다면 물의 전통적인 개념은 무엇인가?

물은 생명의 원천이며 생명력 그 자체이다. 물이 고갈되면 대지는 사막에 불과하고 배고픔과 갈증의 왕국으로 변한다. 이러한 '생명의 물'이 존재하듯 '죽음의 물'도 있는데, 홍수는 모든 생명체를 휩쓸어가고 대지를 혼란에 빠뜨리는 물이다.

이와 같은 물에 대한 가장 원초적인 생각은 물의 정화작용을 인정하는 것이다.[45] 심리학에서는 물을 무의식의 상징으로서 존재의 여성적인 측면으로 보고 있으며, 어머니의 이미지가 투사되고 있다고 본다. 즉 물은 어머니 자궁의 양수(the amniotic fluid within the mother-womb)로서 간주되는데,[46] 이것은 물이 모든 형태와 모든 생명체에 선행하며, 가장 두드러진 특성은 항상 새로이 움직여 변화한다는 점이다. 흘러가는 물인 강은 바다로 흘러 들어간다. 변화와 이동의 상징이며, 생명력의 상징으로 대자연의 이곳 저곳을 연결하는 공간을 의미하기도 한다.

어린이들이 원하는 진기한 것들로 가득 찬 자연의 세계를 충분히 보여 주자고 하는 작가의 애정어린 마음이 바로 『강가 초롱이네 집 이야기』로 응축되어 나타났다고 보인다. '닫힌 공간'이 아닌 '열린 공간'으로, 무한히 열려 있는 자연과 더불어 자기 자신을 그 자연만큼 무한대로 넓히고 키우려는 작가의 갈망은 한 곳에 머물러 있지 않고 앞으로 나아가는 존재이다. 그러니까 앞으로 나아가는 것은 미지의 나라로 뛰어드는 것이며, 여기에 있지 않은 것을 향해 쉬임없이 찾아 헤매는 또 다른 탐색과 내밀히 연결되어 있다고 본다. 이렇게 자신 주변의 환경을 변화시키려는 적극적인 의도는 초기와 중기의 여러 인물들 '혜수'[47] '탱

---

45) J.E. Cirlot, A dictionary of symbols(New York : Philosphical library, 1962), pp.345~347.
46) J.E. Cirlot, 위의 책, p.45.
47) 申智植, 『하얀 길』.

자아주머니'[48] '영주'[49] '준석'[50] 에서도 공통적으로 나타나는 특성이라고도 보인다.

3. 맺음말

엄청나게 달라질 다음 세대의 어린이들[51](사회구조의 면화, 경제생활의 변혁, 과학의 실용화로 규격화되는 가정 공간과 철저한 자기 본위적 삶을 살게 될 어린이. 또 커뮤니케이션의 기술화·집중화로 사고의 범주가 확장 유도되나 생각의 깊이는 얇어지고 사람의 섬세함이 달라지는 새로운 감각시대의 어린이)에게, 먹는 것 입는 것이 달라지고 사는 방법은 달라진다 해도 생각하는 것이 달라지는 것은 아니라는 것을 가르쳐야 한다. 오히려 세계성 속에서 자기를 찾고 지키려는 의식적인 노력이 어려서부터 더 중요시해야 한다는 것을 가르칠 수 있는 것은 무엇인가? 몸소 해방과 6·25와 4·19가 오늘을 살고 있는 신지식의 동화가 아닐까 한다.

바로 21세기의 우리 어린이들이 '나는 누구인가? 나는 과연 무엇인가?' 하는 질문을 과학기술화된 비인간화 사회에 던질 때, 옛부터 지녀온 삶에 밴 우리의 것, 관습, 풍속, 전통, 사고방식, 가치관이 담겨져 있는 신지식 동화야말로 한국이라는 특수성을 최대한 생명감나게 승화시킨 것이며 한국적 정서라고 본다.

신지식의 작품의 문학사적 의의를 아리스토틀에 따라 정리하여 보면 다음과 같다.[52]

---

48) 申智植, 『감이 익을 무렵』.
49) 申智植, 『갈매기의 집』.
50) 申智植, 『날개치는 작은새』.
51) 유경환, 「한국적 서정과 환상의 회복」, 『兒童文學硏究』 1輯(韓國兒童文學硏究所, 1984), pp.33~42.
52) 유성은, 「Aristoteles의 커뮤니케이션 요소와 모델」, 『시간관리와 자아실현』(숭문출판사, 1988), p.91.

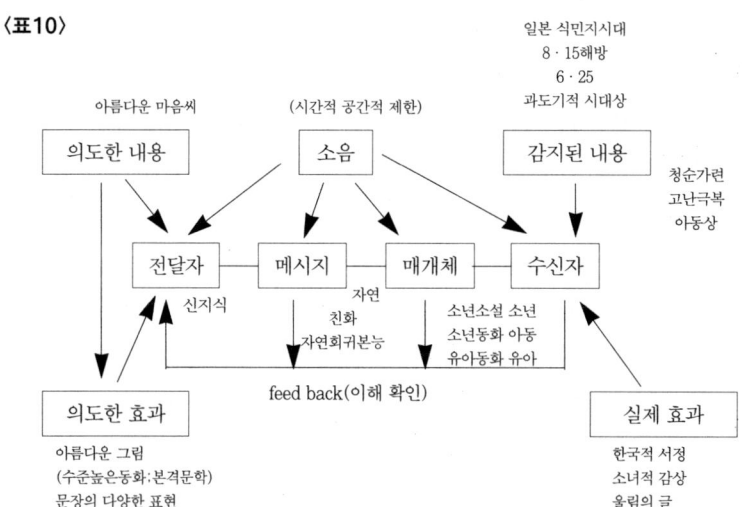

〈표10〉

첫째, 1956년 첫작품집을 낸 후 동란 후 저급, 통속화라는 아동문단에 참신함과 패기로 본격동화운동에 정진하여 동화문학의 질적 향상에 기여하였다.

둘째, 본격 문학형성기에 입체적 리얼리즘세계의 형상화로 청소년 정신생활에 큰 영향을 미친 '소녀소설'이라는 장르를 개척하였다는 점이다.

셋째, 초기의 소녀소설이라는 틀에서는 탐미적 감성적 정서를 어머니의 메시지를 전달하는 '하얀색' '無意識의 色'으로 자서전적 동심의 표현으로 사용하고 있으며 두 번째 단계인 소년동화기에서는 삶과 죽음, 갈등과 동경의 색이 상징이라는 옷을 입고 작가 주변의 사물 속에서 장치되어 나타난다. 즉 꽃과 새와 나무들의 매개체를 통하여 감지된 것은 결국 그리움이란 사랑의 실체이고 그 구체적인 이미지—평안과 행복을 주는 '어머니에 대한, 그의 본향의식'이다. 그 실제 효과를 위해 쓰인 색—'주황빛 도는 노랑색'으로 금전화, 민들레, 유채꽃, 달맞이꽃 등의 색은 작품 속의 인물들 역시, 맑은 행복을 추구하면서 타인에 대한 자아의 따뜻함을 가지고 있는 아동상을 보인다. 그리하여 신지식은 자신의 '내적 평화'를 효율적인 방법—다양한 통로를 통하여 커뮤니케이션하는 과정에서 以心傳心의 방법으로 상처받은 동심을 치유하는 치료문학의 전례를 보여주고 있다.

넷째, 매개체로서 언어적 형태에서도 괄목할 만한 성숙으로 보이는데, 무엇보다도 제목과 문장에서 보이는 관념어의 철폐와 명확성을 들 수 있고 다음과 같이 독자의 대상에 따라 구분되는 명확한 글쓰기의 본을 보여준 최초의 동화작가라는 점이다.[53]

〈표 11〉

年齡	3 4　5 6 7　　　8 9 10 11　　12 13　14 15 16　　17
段階	乳兒　幼兒期　兒童前期　中期　　後期　　　少年期
piaget	直觀的 思考期　　具體的 思考期　　　少年期
申智植동화의 단계	知覺　　　本格兒童童話 　　　유년동화　　少年童話　　　少年少女小說(초기)
작품집	・열두달이야기 ・파랑새이야기 ・강가초롱이네 집이야기	・바람과 금전화 ・눈이 또 하나 있었으면 ・숲마을 집배원 ・장박새의 나들이 ・끊일 듯 이어지는 ・별들의 메아리	・하얀길 ・감이 익을 무렵 ・가는날 오는날 ・날개치는 작은새 ・갈매기우집

---

53) 鄭元植, 『知力과 情意敎育』, pp.68~70.

특히 1976년 『열두달 이야기』로 대통령상을 수상한 후, 작가의 본격적으로 보다 대상을 한정시켜 그림동화로서의 자리를 확고히 하고 있으며 문예진흥원에서의 아동문학분야 심사위원으로 또 아동문학전문지인 『시와 동화』에서 일본동화번역 등을 통하여 후학들에게 격려하는 원로의 본을 보여주는 현역작가라는 점이 한국아동문학사에 길이 남을 것이다.

다섯째, '어린이들이 알고 있는 것', '어린이들이 바라는 것'과 '시대가 필요로 하는 것'에 늘 가까이 있기에 오늘도 생명력의 근원인 강가에서 벌어지는 초롱이의 이야기를 통하여, 한없는 자유와 활동성과 해방감의 상징인 파랑새 등을 통하여 이야기하고 있는 것—과거를 통해 현재와 미래의 방향을 제시하는 통찰력의 작가라는 점이다.

즉 예전의 작가 자신의 요구에서 창작되던 작품이 이제는 受信者인 아동의 욕구(성장하려는 욕구, 흥미에 대한 욕구, 지적 발달에 대한 욕구)들을 충족시키고 있다는 점이다.

그리하여 우리의 전통적인 민요처럼 소리가 지어내는 韻과 마음의 눈으로 보는 그림의 기쁨과 언제나 늘 따라 다니는 잠재의식인 마음의 고향, 어머니의 애정으로 빚은 스토리 있는 우리의 동화를 탄생시키고 있다.

여섯째, 한국동란의 의미를 알지 못하는 세대에게, 그 분단의 극한적이고도 인간성 부재의 참상을 고발한 아동문학에 있어서 분단문학의 선두주자라는 점과 22년이란 세월을 한 여학교에 근무하며 『거울』이라는 학교신문을 맡아 발행하여 명실상부한 한국 문학교육의 모판적 삶이 되었다는 점이다. 그러므로 이제 문학의 질적인 면이나 작가적 자세에서도 신지식은 한국 아동문학의 대표적 작가로 그 족적을 남기고 있다.

지나간 동화로 死藏되어진 여러 동화들—전쟁고아를 다룬 「갈매기의 집」과 「날개치는 작은새」, 「기찻길」 등을 새롭게 단장하여 선보여야 한다고 말하고 싶다. 당대의 생생한 체험문학인 순수하고 진실된 우수 문학작품이 어린이들에게 나누어 줄 적나라한 체험은 팬터지동화만큼이나 정서적 충격을 줄 수 있기 때문이다. 앞으로 통일의 주체가 될 아동들을 위하여 학교교육에서나 TV시나리오로 또 시나리오 등을 통한 연극, 영화 등에서 새롭게 만나는 조용한 충격이 이루어지기를 바란다.

결론적으로 말해서 신지식의 작품세계는 이미 이루어져 버린 세계가 아니다. 즉 '흰색으로 노랑으로' '정적인 꽃에서 동적인 새로' 이동하며 끊임없이 이루어지고 있는 세계이며, 그 이미지들이 확대 재생산하고 있는 미래 지향의 세계로 아직도 변모되고 있다고 보기 때문이다. 즈음의 해외 여행 등을 통하여 세계적 작가로의 변모를 기대해 본다.

참고문헌

■기본자료

申智植, 『가려진 별들』, 성문각, 1962.
──, 『가는 날 오는 날』, 창조사, 1968.
──, 『안녕하세요』, 창조사, 1972.
──, 『날개치는 작은 새』, 계몽사, 1973.
──, 『하얀 길』, 성바오로출판사, 1974.
──, 『황옥공주』, 성바오로 출판사, 1974..
──, 『갈매기의 집』, 성바오로출판사, 1975.
──, 『감이 익을 무렵』, 성바오로출판사, 1975.
──, 『끊일 듯 이어지는』, 성바오로출판사, 1976.
──, 『별들의 메아리』, 一志社, 1976.

──, 『열두달 이야기』, 一志社, 1976.
──, 『외로운 오뚝이』, 견지사, 1979
──, 『숲마을 집배원』, 동화출판사, 1982.
──, 『눈이 또 하나 있었으면』, 一志社, 1985.
──, 『숲속에서 걸려온 전화』, 一志社, 1985.
──, 『바람과 금전화』, 성바오로출판사, 1986.
──, 『파랑새 이야기』, 성바오로출판사, 1990.
──, 『강가 초롱이네 집 이야기』, 1·2·3권, 성바오로출판사, 1990~91.
──, 특집 〈신지식의 문학세계〉 '동화와 나', 『아동문학평론』 1986년, 여름 제39호, p.5~44.
──, 〈내작품의 언저리〉 까치이야기, 『아동문학평론』 1982년, 겨울, 제25호, p.4
이재철, 『한국아동문학연구』, 개문사, 1983.
──, 『한국아동문학작가론』, 개문사, 1983.
C.G.Jung, 『인간과 상징』, 조승국역, 범우사, 1981.
유경환, 韓國的 抒情과 幻想의 回復, 『兒童文學研究』, 韓國兒童文學研究所, 1984.
유성은, 『시간관리와 자아실현』, 숭문출판사, 1988.
劉苦愚, 『中國文學理論批評』, 汎學社, 1978.
이면순, 『幼兒美術敎育』, 文運堂, 1967.
──, 『韓國現代兒童文學史』, 一智社, 1978.
──, 『韓國兒童文學作家論』, 開文社, 1983.
──, 『世界兒童文學事典』, 계몽사, 1989.
전금주, 「Rimbaud의 詩世界研究」, 全南大學校 佛文學科 碩士學位論文, 1983.
鄭元植, 『知力과 情意敎育』, 培英社, 1978
鄭善惠, 「韓國幼年童話研究」, 誠信女子大學校 國文學科 碩士學位論文, 1980.
──, 「小波童話上에 나타난 兒童像」, 『兒童文學研究』, 1984.
──, 「金永子의 幼年童話研究」, 『兒童文學評論』, 14호 1980.
──, 「신지식작품에 나타난 이미지」, 『兒童文學作家作品論』, 서문당, 1991.
J. E. Cirlot, *A dictionary of Symbols*, New York ; Philosophical Library, 1962.
로버트 풀검, 『내가 정말 알아야 할 것은 유치원에서 배웠다』, 김영사, 1990.

金學善,「서정적 세계에 투사된 元型의 아니무스」,『兒童文學評論』39호, 兒童文
 學評論社, 1986 여름호.
문정옥,「申智植論」,『아동문학평론』14호, 1980 봄호.
김경희,「신지식론―창작동화와 소녀소설을 중심으로」, 성신여대교육대학원 석
 논, 1992.
선안나,「신지식론」,『한국아동문학』9호, 한국아동문학인협회, 1995.

발달에 따른 팬터지적 조형
―金永子의 幼年童話를 中心으로

1.머리말

　문학 연구의 목적은 과연 무엇일까? 오늘날 비평은 실질적으로 그 기능을 다 하지 못하여 문학이라는 한 산업의 일부분으로 전락되었거나 학계의 내적 분야로 자리잡는 것으로 만족하고나 있지 않은지 살펴보아야 할 것이다. 감히, 말하건대 작가의 작품은 우리 문화의 공공 유산이다.[1] 그러므로 비평은 학계내에서 한 계급 문화에 대한 비판을 수행하는 역할을 넘어서 우리 시대에 발표되고 읽혀지는 작품의 올바른 이해와 해석으로 정확한 지도처럼 우리들에게 비전과 목표를 제시하여 앞날의 방향을 알려주어야 한다. 왜냐하면 오늘날 우리 어린이뿐만 아니라 성인들까지도 앞에 놓여 있는 형세조차도 무르며 그 곳을 헤쳐 나가기 위하여 무엇을 준비하여야 되는지도 모르기 때문이다.

---

1) 신동욱 외, 『신화와 비평』, 고려원, 1992, p.3.

동화작가 김영자.

김영자 동화가 다른 작가의 작품과 명백히 구분되는 이유가 무엇인가? 그것은 무엇보다도 당대의 작가들이 '어린이'라는 막연한 대상으로 작품 활동을 하였던데 비하여 아동의 연령성을 의식하여 동심의 직관성을 가지고 오늘날까지 꾸준하게 유년동화의 장르를 개척해 왔다는 점이다.

필자가 본고를 쓰면서 알게 된 것은 김영자에 대해 쓰여진 작품론이란 유일하게도 필자가 『아동문학평론』 14호(1980. 봄호)에 '여류문학 특집 평론'으로 이영희, 신지식과 함께 다룬 것과 석사학위논문에서 부분적으로 언급했던 것이 전부였다는 사실이다. 초등학교 3학년 교과서에 실려 있는 작가의 작품, 「달과 박」처럼 작가가 달님처럼 초가지붕에 얌전히 앉아 있어서일까.

"부엌에서는 달님보다 내가 더 쓸모가 있겠죠."
"내가 못하는 일을 네가 하겠구나!"[2]

가장 심신 변화가 활발한 단계의 어린이들에게 합당한 동화를 들려주기 위한 노력으로 1961년 김영자는 강소천과 함께 최초의 TV 인형극 「미야와 짐승들」을 썼다. 한편 그는 TV 유치원, 교육방송에도 했으며 16년간이나 어린이들을 어린이회관에서 직접 지도하고 문교부 국어 교과서 집필 및 심사위원으로 일하고 있다.

---

2) 김영자, 「달과 박」, 일지사, 1979, p.9.

2. 동화세계의 배경

  작가의 생애를 살펴 본다는 것은 작가의 처해 있던 시간과 공간의 '構造의 綱', 그 흐름을 읽어보려는 노력이다. 그러므로 작가의 개안사는 작품 해명의 중요한 열쇠가 되기도 한다.
  김영자는 황해도 황주에서 1939년 金達三과 鄭寶吉의 2男 3女 중 둘째딸로 태어났다. 대구만큼이나 유명한 사과의 고장에서 대지주이며 교육자였던 할아버지, 아버지의 7남매 사이에서 유복한 유년생활을 보냈고, 자연 속에서의 정서적 체험이 후에 작품 속에 나타난다. 즉 작가의 어느 작품 속에서도 도도히 흐르고 있는 자연친화의 정신이 바로 그것이다.
  작가 스스로 고향의 추억을 그리는 유년시절을 회상하는 수필을 발표한 것을 소개한다.

  내 발이 멈춰선 곳은 푸짐하고 탐스러운 열매더미 앞이 아니었다. 어느 촌 할머니의 무릎에 동그마니 놓인 양동이 하나 그리고 그 속에 담긴 진초록 풀잎.
  낯익은 모습, 정다운 냄새였다. 고향의 향기가 가슴 깊이 스며들고 있는 것이다. 지금은 차표도 살 수 없는 북녘땅, 그래서 고향을 찾는 인파들과는 무관하게 여겨온 나에게 솔잎을 따던 고향의 옛동산이 이렇듯 불쑥 나타날 줄이야……[3]

  그러나 초등학교 1학년 때에 해방이 되고 나서 집안은 이듬해 월남하여 서울에 정착한다. 그리고 초등학교 5학년 6·25가 나고 집안은

---
3) 김영자, 「모여성지」, 연대미상, 부분적으로 복사하여 작가가 스크랩 했음, p.234.

피난민 대열에 끼인다. 마침내 도착한 곳이 부산이었다. 다시 피난의 여정은 제주도에까지 이어진다.

아버지는 그곳에서 구멍가게를 열어 제주도 생활은 비극의 역사 속에서도 '생명에의 강한 의지'로 자연에 대한 경이감, 인간사의 길흉, 애정의 고귀함을 배웠던 것이다. 특히 제주도에 수많은 전쟁 고아가 수용되었던 사실과 6년의 제주 생활 이후 자리잡았던 경기도 송탄 서정리에서 매향중학교 2학년 때부터 시작한 주일학교 반사활동은 자연스럽게 유아에 대한 관심을 불러 일으키게 되었다. 또한 이들에게 절실히 요구되는 것이 빵 한 덩어리보다 한 편의 동화임을 느꼈을 것이다.

여고시절 소설 창작에 뜻을 두고 1700매 정도의 작품도 썼지만 문예반 교사였던 강소천과의 만남은 운명적이라고 말할 수 있다. 강소천을 만나 동화창작을 지도받으면서 함께 만난 박목월과 최태호는 유아동화의 필요성을 강조하였음이 다음과 같은 서문에서도 나타나고 있다.

아동문학에 대한 나의 절실한 소망은 유아문학이랄까, 아주 나이 어린 독자와 도란도란 대화를 나누는 작품이 필요하다는 것이다.

물론 유치원 상대의 동화는 양적으로 생산되었다 할지라도 그것은 어린이를 관념으로 가상하였을 뿐, 그들의 생활과 심리와 밀착된 것이 드물다는 것이다.

아직 이 방면에 관심이 적은 우리 나라에서 애러를 무릅쓰고 초지 일관 창작에 임하는 그의 태도에 경의를 표하며 비밀을 탐구하여 점점 세련되어 가는 작품을 아끼고 주목하는 것이다.[4]

김영자는 1960년 『동아일보』에 「잃어버린 인형」, 『경향신문』에 「예

---

4) 최태호, 「사슴이 노래에 부치는 글」, 『사슴의 노래』, 세종문화사, 1975.

쁜 옷 미운 옷」 등으로 동화 발표를 시작했다. 그리고 1963~1965년에 걸쳐 『아동문학』에 「하얀 코스모스 꽃잎」 「달과 가로등」 「외톨밤과 다람쥐」로 3회 추천 완료를 하였다(심사위원 : 박목월, 조지훈, 김동리, 최태호, 마해송). 또한 1966년에 『경향신문』에 「엄마와 선생님」으로 당선되었다. 그러나 그 이전에 보육사에서 『엄마별 아기별』이 출간되었으니 당시 얼마나 절실하게 유치원 아동을 위한 동화에 목말라 있었음을 보여주는 증거라 하겠다.

숭의여전 졸업 후 강소천의 형이 운영하던 보광유치원 등에도 근무하며 이화여대, 건국대 대학원에서 교육학 석사학위도 취득하였다. 이처럼 동화작가로서 연구하는 태도, 어린이와 좀더 가까워지려는 열의로 KBS 주최 전국교사동화구연대회에서 최우수상도 타게 되었고 1977년에는 소천문학상을 수상하고 1987년에는 이주홍문학상을 「어린이 왕국」으로 수상했다.

3. 내용상의 특징

1) 강소천, 마해송 동화와의 비교

詩的 童謠를 계승하여 동시의 출현에 결정적 노력을 한 동시인이면서 현실에 대한 긍정적 태도로 커다란 꿈, 실현할 수 있는 꿈, 실현하는 꿈을 사랑으로 빚던 교육적 동화작가, 아동문화 보급 육성에도 꾸준한 노력을 기울이던 '꿈의 작가'가 강소천이었다.

김영자 역시 작가 자신이 언제나 아동세계 속에 호흡하고 있다는 사실과 자연을 童眼으로 직시하는 예리한 관찰력, 아동과 자연에 대한 觀照의 자세가 아니라, 그 세계에 몰입한다는 공통점을 가지고 있다.

그러나 강소천의 꿈은 소극적 懷古 趣味를 벗어나지 못하고 교화성이 두드러진 작품으로 논의의 대상이 되기도 하였다.[5]

한편 김영자 동화에서 나타나는 꿈은 미래를 향한 역동적이며 자유분방한 움직임을 위한 것이다. 또는 사물을 다시금 인식하는 성숙과 몸과 마음이 자라는 시간적 이동을 암시하기도 한다.

"그래, 힘을 합쳐서 침략자를 무찌르는 거야. 그들의 눈, 살갗에 독을 뿌리잔 말이야."
곤충들은 이렇게 결정을 하고 헤어졌습니다. ……마루에서 잠깐 잠이 들었던 진아의 꿈이었습니다…….
'왜 그런 숙제를 내주실까? 선생님은…….'[6]

즉 언어로 표현할 수 없는 세계, 다시 말해 세계와 무의식의 숨겨진 것들을 만나게 하는 방법으로 꿈을 설정하고 있다. 「송이의 어린이날」[7]에 묘사된, 보리밭에서 잠결에 종달새들의 대화를 엿듣게 하는 꿈,[8] 「저금할래요」에도 보이는 꿈은 시간과 공간의 이동을 의미한다. 어린이들에게만 가능한 팬터지의 세계, 이야기할 수 없는 무생물인 돼지저금통과의 대화가 가능한 세계다.

한편 작가는 강소천이 세상을 떠난 2년 후 마해송의 추천으로 『아동문학』에 3회 추천완료를 하였다.

우리 나라 최초의 본격적 창작동화를 썼으며 우의적 주인공과 연결적 구성으로 풍자성과 간결성을 지닌 마해송의 동화는 김영자 동화에 직접·간접적으로 영향력을 주었다고도 생각된다. 김영자 동화에 전면

---

5) 김용희, 「소천동화에 나타난 꿈의 상징성」, 『한국아동문학작가작품집』, 서문당, 1991, p.219.
6) 김영자, 「곤충들의 회의」, 『인형의 풀각시』, 일지사, 1979, p.73.
7) 김영자, 「송이의 어린이날」, 『송이의 어린이날』, 삼성미디어, 1991, p.17.
8) 김영자, 「저금할래요」, 『송이의 어린이날』, 삼성미디어, 1991, pp.22~48.

적으로 나타나는 동식물의 주인공과 간결한 문장은 마해송의 지도로 매무새를 갖추었다고 볼 수 있다.

> ……그의 문장에서는 '그림씨'나 '어찌씨' 따위의 꾸밈말이 그다지 많지 않으며 '이음말'은 줄여져서 여간 경쾌하지 않다.…… 너무나 정확하기에 한 구석의 빈자리를 남겨 두지 않고 있어, 바로 이점이 그를 문학사가 시작된 때로부터 오늘에 이르기까지 능히 대표적인 '문장가'라 이를 만한 충분한 근거를 갖는 것이다.[9]

또한 심사평을 맡았던 마해송의 문학은 궁극적으로 민족이 처한 상황에 따라 민족주체성 확립을 위한 작가의 사상 표현의 방법으로 시종일관 조소와 야유의 풍자를 하였지만 김영자는 우화적 表材로써 아동의 생활 주변의 동식물을 다루었다. 김영자의 대표작인 『어린이 365일』을 살펴보면 다음과 같이 나타난다.[10]

NO	단계 및 제목	봄호	여름호	가을호	겨울호	계	%
1	어린이의 생활	13	11	16	16	50	34
2	동, 식물	14	18	10	12	54	36
3	세시풍습	5	3	6	4	18	12
4	환상적인 것	5	5	11	15	26	18
	합계(권당)	37	37	37	37	148	100

다시 말해서 첫째가 '어린이 생활과 그 주위의 배경인 자연'이 소재로 그 속에 의인화된 동식물이 쏟아져 나오며 어린이들이 알고 싶어하는 것, 알아야 하는 것들이 다음과 같이 깔려 있다.

---

9) 박경용, 「창작동화의 개척자 마해송님」, 『카톨릭 소년』, Vol. 10, ND. 1, 1992, p.62.
10) 정선혜, 「한국유년동화 연구」, 성신여자대학교 대학원 석사논문, 1980.

김영자 동화 속에 나타난 소재들[11]

동물	새	식물	자연현상	무생물
토끼(9), 강아지(9), 쥐(8)	비둘기(6)	민들레	바람(4)	달력
다람쥐(5), 호랑이(6)	까치(4)	제비꽃	샬랑바람(1)	라디오
개미(7), 사슴(5), 여우(6)	참새(7)	할미꽃	해님(3)	신발들
사자(4), 젖소(3), 늑대(3)	맵새(4)	채송화	새싹(2)	태극기
족제비(3), 돼지(4), 오소리(4)	콩새(2)	치자꽃	봄비(2)	단추
산돼지(3), 두더지(2), 곰(5)	종달새(3)	봉숭아	구름(4)	허수아비
포인터(3), 개구리(3), 기린(3)	뻐꾸기(3)	분꽃, 튜립	별(2), 달(3)	자
코끼리(1), 붕어(3)	거위(3)	나리꽃	이슬(2)	인형
원숭이, 침팬지(3), 뱀(2)	오리(3)	오동나무	물방울(2)	옷
잉어(1), 게(2), 박쥐(1)	닭(4), 십자매	전나무, 포도	흙, 빛(1)	실
	공작새, 갈매기	풀꽃, 토끼풀	눈바람(2)	바늘
	앵무새(1)	포플러, 잔디	먼지(1)	

2) 발달단계에 따른 팬터지적 유형

幼兒期란 3세에서 7세에 이르는 시기로 다음과 같은 특징을 가진다.
① 몸 전체를 움직이는 전신운동이 심하며 다른 어린이와 함께 놀이를 즐기려는 사회화의 출발기이다.
② 지능과 언어생활이 급속도로 광범위하게 발달하여 3세가 되면 일상생활에 지장을 안 받을 정도의 언어를 구사한다.
③ 의타적 자기 중심적(egocentrism)과 구체성, 정서성, 적응성이 나타나며 성역할과 성유형이 뚜렷하며 동일시 현상과 불안 극복의 방어

---
11) 上揭書, p.46

기제를 취하고 특히 초자아와 양심이 형성된다. 또한 기초적 습관(basic habit)인 습관, 대소변가리기, 옷입기, 청결, 수면습관이 형성되며 놀이의 방법, 예절 등 사회성과 미적 감정을 기를 수 있는 시기이다.

즉 快와 不快에서 분화한 공포, 분노, 질투, 애정, 환희, 호기심 등으로 나타나는 정서성이 특징이고 이에 따라 행동하고 이해한다. 이를 자기중심성, 정신적 기능의 미분화라고 하며 실제의 사태나 행동을 통해서만 사고한다.[12]

또한 유아전기(7세~9세) 역시 아직도 유아기의 특성이 지배하나 신체의 발달이 원하고 전체적으로 정서가 안정되나 성인에 비해 일시적으로 강열하다. 그리하여 다음과 같은 공통된 특성을 유아기와 아동전기에 걸쳐 지니기에 유년기의 공통된 욕구를 살펴볼 수 있다.[13]

① 애정에 대한 욕구 : 가정과 우정을 중심으로 정을 주고 받는 가운데 애정에 대한 신뢰를 얻으며 이 신뢰는 위험과 실패, 비극에 대처하는 강한 힘의 원천으로 동식물에 대한 애정도 강하게 느낀다.[14]

② 지식에 대한 욕구 : 지적 발달의 발현인 호기심으로 다양한 독서를 통해 지식욕을 충족시켜 나간다.

③ 미와 질서에 대한 욕구 : 인간은 원래 심미적 욕구가 강하여 격조 높은 작품에 의한 심미적 욕구 충족을 도와야 한다.

④ 자유로운 성장과 성취에의 욕구 : 시도와 반복, 수정에 의한 체험에 근거한 성장 속에 한 인격으로 대우받고 사랑받고 사랑하는 것을 배우며 자유로운 선택과 경쟁을 스스로 하는 법을 배운다.

---

12) 김행자, 『아동발달학』, 수학사, 1979, p.137.
13) 정선혜, 「한국유년동화연구」, 성신여대 대학원 석사논문, 1980, pp.8~9.
14) 이상금, 「아동도서선정의 욕구」, 『아동문학평론』 6호, 1977, pp.35~39.

⑤ 자신감에의 욕구 : 가치받고 신뢰받는 아이로 대접받기를 원한다.
⑥ 소속감에의 욕구 : 가정, 학교, 친구의 집단 속 일원으로 자신의 위치를 인식하려고 한다.
⑦ 자기표현의 욕구 : 마음 속의 불안, 공포, 적개심, 자랑 등이 활동으로 발산되어야 안정감을 지닌다.
⑧ 공포심으로부터의 해방의 욕구 : 인생이 지닌 生老病死에 대한 두려움을 극복하여 그 의미를 알려고 한다.

그리하여 '알 듯 한데 알지 못하는 것이 아이들의 마음'이라고 어른들은 한탄한다. 그러나 동화는 꿈이 그대로 실현되는 것 같은 환상의 세계로 아동을 인도하기도 하며, 느끼고, 생각하고, 행동하는 것, 요컨대 인간이 살아가는 데 필요한 기본을 솔직하게 제시해 주므로 아동은 동화를 통해서 성장의 의미를 알게 된다.[15] 그러므로 동화를 분석할 때는 다음과 같은 기준을 가져야 될 것이다.

① 먼저 동화 속에서 일어나는 사건의 배경에 어떤 인간의 욕망이나 갈들이 깔려 있는지 추리하는 것과 같은 심리학적인 눈으로 추궁해 가야만 한다.
② 동화의 등장인물이 어떤 행동을 하며 왜 그렇게 말하게 되는지를 생각해 보아야 한다(단순한 말과 행동의 숨겨진 의미를 예리하게 탐색한다).
③ 등장인물 등의 관계에 주목하여 갈등, 질투, 애정, 선망, 증오의 관계인지 상세히 음미해본다. 또한 그 원인을 생각해 볼 필요가 있다(예; 형과 동생의 갈등—부모의 애정을 독차지하려는 욕망으로 사실은 세 사람의 관계로 본다).

---
15) 정희경,「명작동화의 심층」,『명작동화의 매력』, 교문사, 1992, pp.113~115.

④ 색깔이나 형태, 정경 등을 상징적 차원에서 이해한다(빨강색, '3'의 의미, 숲).
⑤ 이야기 결말의 의미를 생각해 본다(부분 부분의 해석을 통합).
⑥ 다른 동화나, 옛날 이야기, 타국의 동화에서 유사한 모티프가 있는가를 조사해 본다(만약에 있다면 인류의 고통의 심리 —집합적 무의식—를 얘기한다고 볼 수 있다. 또는 자기와 동일한 인생관을 탐색하는 열쇠가 될 것이다).

할머니가 손주에게 옛이야기를 하듯 어머니가 무릎에서 들려주는 이야기로서 아동의 가슴에 잔잔한 흥미를 주는 이야기는 위와 같은 요소[16]를 지니고 있다.

즉 앞에서 말한 욕구에 의하면 어린이에게 필요한 것은 즐거움을 주는 공상과 큰 위험으로부터의 도피, 깊은 절망으로부터의 회복이지만 일상 생활에서 수시로 가장 필요한 것은 위안이다. 또한 어린이에게는 '슬픔의 미래'가 아니라 행복한 미래만이 요구된다. 그래야 어린이는 어떤 역경에서도 빠져나올 수 있는 지혜와 용기를 습득할 수 있다. 죽음이 죽음으로 끝나지 않고 '죽음을 통한 진실한 삶'을 가르치는 안델센처럼 '죽음과 재생'이라는 이차원적 삶을 함축된 동화로 보여줄 수 있다는 것은 놀라운 일이다.

성장 발달이란 좌절과 갈등, 분리, 불안이 있음을 나타내 주고 있는 것으로 바람, 구름, 떠남, 눈물, 먼지 따위를 들 수 있다. 또한 크고 아름다운 꽃보다 들풀 같은 미미한 존재가 어린이에게 동일시가 쉽게 일어나게 하고 있다.

아무리 동화가 시적으로, 사실적으로 정묘하게 뛰어나다 하더라도

---

16) 김희경, 「동화의 요소」, 『명작동화의 매력』, 교문사, 1992, p.590.

그 동화 속에 어린이 마음의 행복을 보장해 주는 내용이 결여된다면 어린이들은 그 동화를 외면할 것이다.

3) 인지, 인식, 창조적 기능의 동화

아동문학의 특수성 다시 말해 문학성과 교육성, 특히 아동들이 읽게 된 최초의 책으로 일생 동안 영속성으로 지속될 각인[17]이기에 다음과 같은 여러 가지 기능을 가진다.

기능의 여러 단계

나이＼내용	만 2~3세	3~4세	4~5세	5~7세
소재	사물	자기주변	환상공상이야기	자연, 과학
기능	인지	인식	창조적 기능	인식
사고	사물	활동	상태	개요
구문	~이다	~하다	~같은	~이지만
말	명사	동사	형용사, 부사	부사
질문	무엇	어찌하는가	어떠한가	왜

유년동화의 여러 기능의 면을 요약하면 위의 표와 같이 인지(recognition—생활 주변의 사물을 재인식하며 그 명칭을 통해 언어 습득과 지적 활동이 시작됨을 의미한다)와 인식(conitive-activity—인지의 세계를 바탕으로 일상생활 속에서 새로운 활도을 전개할 동기를 마련하여 언어의 상징적 표현, 동작, 상황, 주제를 중심으로 사고력이 발달된다) 그리고 창조(creative behavior in life—언어의 허구성을 기조로 사물의 성격을 묘사하는

---
17) 김재은, 『올바른 유아교육』, 태양문화사, 1977, p.13.

등으로 이루어진 개념, 사고, 사회성, 도덕성, 자주성, 종교성, 성취성 등을 심미적으로 표현하여 나름의 세계를 가진다)[18]로 나누어 생각할 수 있다.

김영자 동화에서 가장 강조되는 것은 인식의 단계인데 전체의 44%에 해당하는 69편 정도가 있다. 즉 가장 배우기 곤란한 인간의 마음에 대한 지식으로 막연히 공상하고 있던 일을 어린이 특유의 상상력이나 예민한 호기심의 보상으로 간접 인생을 가르치고 있다. 예로 「금메달」, 「엄마가슴」, 「빨간 연필, 파란 연필」, 「돼지의 새끼」 등을 들 수 있다. 그 다음으로 32%에 해당하는 창조의 단계 동화가 50편에 이른다.

그리하여 사랑이라든지 그리움을 다음과 같이 어린이들에게도 가르치고 있다.

"사랑을 해 보셨어요?"
"사랑?"
"달님을 사랑한답니다."
……
"그러니까 발돋움을 하고 지붕에 올라간 건……"
"달님을 오래 보기 위해서였죠."
"나는 달님처럼 살고 싶었답니다."
〔…중략…〕
"사랑의 힘이 박을 또 하나의 달로 만들었다는 걸."
"사랑!"
하고 나는 외어 보았습니다.[19]

어렸을 적 찔레나무 밑에서 어머니가 그리웠어요.
새장 속에서는 찔레나무가 그리웠어요.

---

18) 材石昭三, 『ことだとち文學の幼兒敎育』, 동경, 1974, p.146.
19) 김영자, 「생각하는 달」, 『세상보다 큰 아기』, 세종문화사, 1977.

"찔레 아주머니, 난 지금 무엇이 그리운 것일까요?"
"그야 많을 테지. 살아있는 모든 것은 그리움을 버리지 못하니까."
……
"정이 든 것은 잊지 못하지, 그래서 그리운 법이야."[20]

인지의 단계를 다룬 동화로는 남을 해롭게 말아야지 나를 조심하십시오 김장 등을 들 수 있는데 세시풍습, 어휘의 발달, 보편적 모럴이나 객관적인 사물에 대한 것, 보이지는 않으나 존재하는 것들에 대한 지식을 24%의 작품에서 다루고 있다. 이를 다음과 같은 표로 정리하여 보았다.[21]

단계	인지(35편:24%)		인식(65편:44%)		창조(48편:32%)	
기능	언어교육	지적기능교육	생활교육	사회성교육	예술교육	상상력개발
내용	*모국어의 습득(발음, 문장, 어휘, 시제, 존칭어, 어감, 한자어 등), 말하기, 듣기, 읽기, 교육.	#지각교육(공간, 시간, 운동지각). #기억력 개발 #사고력	*바른말 *바른 행동 *올바른 정의감 *인격형성 *습관교육	#인간관계 #도덕성 #자율성 #종교성 #전통성	*정서교육 *미 의식을 기름 *창조력개발	#창작력양성 #미화된 사상교육 #개성적 자아형성 #경험을 통한 산교육 #감동교육

오늘날 어린이들은 급속한 사회적 변화와 높아만 가는 학습의 기대감 때문에 과도한 스트레스로 인하여 마지못해 행동하는 비의도적 생물이 되고 말았다. 어릴 때부터 급성장하도록 재촉하는 과도한 스트레스는 그들에게 과다한 짐이 되었고 결국은 해가 되어 나타나고야 만

---

20) 김영자, 「새」, 上揭書, p.30.
21) 정선혜, 前揭書, p.146.

다. 스트레스를 받는 우리의 아이들에게 엄마의 모습은 어떻게 비쳐질 것인가? 작가는 벌써 이전부터 여러 번 이것을 작품화하고 있다.

어떤 때는 엄마는 돌멩이처럼 딱딱합니다.
"시험성적이 왜 이러냐?"
"피아노는 왜 안 치냐?", "치약은 왜 중간을 눌러 쓰느냐?", "음식은 왜 가려 먹느냐?"……
하지만 할머니는 언제나 부드러운 솜사탕입니다.[22]

엄마는 외출하시면서 다른날과 다름없이
"아무나 문 열어주지 마라."하고 다짐하셨다.
"누가 오면 얼른 문을 열어드려라"가 아니었다.
〔…중략…〕
"놀이터에 가지 마라."
"놀이터에 가서 신나게 놀아라."하고 생기를 주실 때는 언제 쯤일까?[23]

이렇듯 어린이의 마음으로 동화를 쓸 수 있게 하는 힘은 어디에서 비롯되는가? 앞에서도 밝혔듯이 작가는 중학교 때부터 시작하여 여지껏 주일학교 일을 맡아하고 있으며 3대가 기독교인 집안이다. 그러므로 겉으로는 드러나지 않지만 기독교적 사랑—양보, 오래 참음, 온유, 위로, 헌신, 절제, 절망 속에 포기하지 않는 소망, 땀의 소중함들을 일상에서 충만하게 먼저 살며 그 체험을 동화로 빚고 있는 것이 아닌가 한다. 우리 나라 최초의 동화의 이론서 『신선동화법』[24] 역시 조선예수교

---

22) 김영자, 「송이의 어린이날」, 『송이의 어린이 날』, 삼성미디어, 1991, p.10.
23) 김영자, 「미라와 해라」, 『세상보다 큰 아기』, 세종문화사, 1977, p.76.
24) 탑손 박사, 강병주 역, 『신선동화법』, 조선예수교장로회총회 종교교육부 발행, 1934.

장로회총회 종교교육부에서 선교사였던 탐손 박사에 의하여 다음과 같이 쓰여졌다.

동화에 사람의 마음을 움직이는 능력이 있는 것은 그 속에 진리가 있는 까닭이다. 이와 같이 귀중한 동화를 사용하는 이는 곧 하나님의 명령과 신용을 받은 줄 알 것이며 또한 영광스러운 기회를 얻은 줄로 알 것이다. ―중략― 동화는 가장 힘있는 설교요, 전도인 줄 깊이 기억하면 동화에 대한 어려운 문제를 쉽게 해결할 수 있다(p.51).
낡은 사람을 벗어버리고 새 사람이 되려면 좋은 동화로 새 사상을 가지도록 하는 수밖에 다른 도리가 없는 것이다(p.3).
사실이 참됨을 증거할 때 철학이나 심리학보다도 이야기가 제일이 될 것이다. 어린 사람 마음에 좋은 진리의 씨를 동화로 심어 놓으면 장래에는 반드시 큰 세력이 나타나기는 틀림이 없을 것이다(pp.8~9).

바로 유년 동화 작가, 김영자동화를 예견한 글이라고 보여진다.

4. 형태상의 분석

개인차와 사고의 자기 중심성 및 이해력과 문자 사용에 한계를 지닌 유년기 아동을 위하여 언어, 구성의 특성을 살피고 분석해 보았다.

1) 언어적인 면

작가의 동화에 나타나는 언어의 특성은 다음과 같다.
① 정서적 생활감을 주는 고운 말이다. : 美感과 흥미를 주는 교육적

인 언어다.

② 활동적인 언어 : 선명하고 눈에 보이는 듯한 구체적 언어를 사용한다.
③ 표준어, 생활언어 사용 : 유년아들이 이해하기 쉬운 말
④ 고상한 언어 : 인격적 형성을 위하여 바람직한 언어를 쓴다.
⑤ 변화있는 언어, 감촉적인 언어를 사용하고 있다. : 감탄어나 음악적 요소가 있는 말, 의성어, 의태어를 자연스럽게, 적재적소에 쓰고 있으며, 시각, 청각, 미각, 후각에 호소하는 감각적인 말을 쓰고 있다.

김영자는 우리 나라 80년대 창작유년동화 작가 중 유이하게도 난해어를 사용하지 않은 작가였다. 흔히 당대 어린이가 동화를 외면하는 요인은 추상적 개념의 관념어로 작가의 자기 탐색적 묘사 중심으로 동화를 쓰거나, 회고 중심으로 써서 어린이들에게 읽혀질 수가 없다는 것이다.[25]
또한 작가의 동화구연 실력이 바탕이 되어 종결어미의 대화체(~군요, ~지요, ~까요?, ~답니다, ~이란다.), 구연체(~답니다, ~했어요, 래요.) 어미가 함축성과 간결미를 돋보이며 문장표현체(~입니다.), 문장낭독체(~습니다.)보다 아동의 수준과 맞아떨어져 리드미컬한 면을 지니게 되었다[26]는 것을 김영자 동화의 형태상 특징으로 지적할 수 있다.

♪♩ 기린이랑 사슴이랑 숨바꼭질 재밌다.
바위 뒤에 기린 목 얼른 들키고
나무 뒤에 사슴뿔 아안 들키고 ♪♬[27]

---

25) 정혜선, 上揭社, p.31.
26) 정혜선, 上揭社, p.56.
27) 김영자, 「기린이랑 토끼랑 사슴이랑」, 『달과 박』, 일지사, 1979, p.57.

이처럼 언어란 누군가의 세계를 그리는 도구이다. 즉 지각할 수 있는 사실의 논리적 그림이기에 김영자 동화 속에는 언어로 잘 지어진 논리의 집이 자리잡고 있다. 그리하여 작품의 구조를 살펴본다는 것은 언어로 표현하지 않은 또 다른 세계를 엿볼 수 있으며 당대의 본질에 관한 인식에 도달할 수 있을 것이다.

2) 구성의 면

유년기의 아동이 좋아하는 동화의 구성은 다음과 같다.[28]
① 가장 중요한 것은 제목의 흡인력이다. 호기심을 자아내고 감각에 호소하는 것이어야 하는데 간단 명확할 수록 좋다.
② 첫인상에 사로잡을 수 있는 서두로 다음에 전개될 상황에 대한 기대를 갖게 해야 한다.
③ 위안과 안도감, 회복의 해피엔딩이 바람직하다. 또는 갈등이 해결되는 화해의 결말이 바람직하다.
④ 주인공 중심의 점진적 진행으로 유기적 통일감이 있어야 한다.
⑤ 입체적 복합구성, 평면적 단순구성 인가하는 작가의식이 반복과 대립과 점층적 흥미를 유발하여야 한다.

김영자 동화의 전개 유형은 4가지로 나눠 볼 수 있다.
① 가벼운 일상의 대화, ② 강하게 호기심을 유발하는 서두, ③ 다음의 사건을 암시하는 서술, ④ 노래나 동요를 인용한다.
어린이의 집중시간이 짧기에 관심이 다른 곳으로 분산되기 전에 독자의 흥미를 일으킬 사건이 전개되고 있다. 그러나 간혹 서정적 묘사

---
28) 정혜선, 上揭書, p.57.

중심의 글로 모험적이거나 초능력 공상적 요소가 가미된다면 금상첨화라고 하겠다.

즉 사건이 보다 강렬하게 부각되는 작품이 전체의 반수에 못 미치고 있음으로 아동이 스스로 찾아서 읽기에는 어려움이 있었다고 본다.

인물, 사건, 배경의 구성 요소 중 가장 많이 나타나는 특성은 생활성이고 그 다음이 의인성, 환상성(空想性) 등을 들 수 있다. 특히 꿈에 의한 시간과 공간 이동을 자연스럽게 이루며 이야기 속에 여러 가지의 짧은 이야기를 전개하는 액자 형태[29]의 동화가 후기에 전개된다.

작가의 동화 속에는 37편 정도의 회상 내용이 나온다. 작가 스스로도 느끼지 못하는 가운데 현재는 미래보다는 과거에 얽혀 있다. 현재에 있어서 가치가 변한 것 그러나 그 가치를 보다 명료하게 부각시켜야 할 때는 작가의 잃어버린 고향, 그래서 더욱 소중한 유년시대가 등장하는 것이다. 이러한 빈번한 회상은 현재의 행동을 靜的으로 만들어버려 서정적 묘사 중심으로 이끌게 된다.

"여름을 나타내는 글감에는 무엇이 있을까?"
"선생님은 어떤 글감을 고르시겠어요?"
"손톱!" […중략…]
정말 어렸을 적 우리집 화단에는 여름마다 봉숭아가 가득하였다. 살이 쪄 연한…… […중략…] 오래 전 그 기억이 지금까지 생생한 것을 보면 나는 어지간히 그 꽃을 좋아하나 보다…….[30]

또한 작품 소재의 표현에 있어서 그 시점이 흔한 설화체적 서술기법이 아니라 아동 입장의 일인칭 시점으로 전지적 시점보다 월등히 눈에

---

29) 유창근, 『현대아동문학론』, 동문사, 1989, p.171.
30) 김영자, 「봉숭아」, 『모여성지』, 연대 미상.

뜨인다. 그러나 종종 일인칭객관자시점도 보인다. 즉 전지적〉일인칭시점〉작가관찰자적〉일인칭객관자 시점의 순서로 분류되고 있다. 아동은 보편적으로 보다 자유롭고 분석적인 심리적 표현의 동화를 좋아한다. 전래적 동화가 어린이 생활 속에 재구성된 「불사조」[31] 「인어여왕」[32] 등에서 잘 나타나고 있다. 이 작품들은 일인칭시점을 서술기법으로 사용하고 있는 것으로 보인다.

　　나는 사람들에게 흔히 꿈이 많고 상상력이 풍부하다는 소리를 듣습니다. 어떤 때는 친구들끼리 까지도 나에게 엉뚱하다고 합니다./그러면서도 내 이야기를 들으며 우르르 몰려오는 것은 참 이상한 일입니다.

　　　　　　　　　　　　　　　　　　　　　　—「불사조」

5. 맺음말

　김영자의 작품을 보면 '감정은 이성보다 훨씬 직접적인 방법으로 현실을 파악하고 직관은 지성보다 깊이 진실을 파악한다' 는 소박한 진리를 깨닫게 된다.

　어린이에게 지성만을 강조한다는 것은 경기를 지켜만 보는 중풍병자가 되라는 것이다. 어린이를 행동하게 하는 것은 신념이다. 오직 눈물어린 애정만이 행동의 원동력이 된다. 바로 어머니 자신만이 자신보다는 아이의 행복을 택하기에 자식을 성공적으로 키운 어버이는 늙어 쇠잔해지거나 병들어 죽을 때에도 올바로 자연을 따른 자에게만 주어지는 편안한 기쁨에 젖을 것이다.

---

31) 김영자,「불사조」,『어린이왕국』, 인간사, 1986, p.58.
32) 김영자,「인어여왕」,『세상보다 큰 아기』, 세종문화사, 1977, p.121.

해방과 6·25의 민족적 수난은 작가로 하여금 민족의 대이동 대열에 끼여들게 하였고 타고난 문학적 소질에 고향에의 향수, 피난지—제주도에서의 자연 환경은 작가적 소양을 더욱 풍부하게 하였다. 또한 강소천, 최태호, 박목월, 조지훈, 그리고 김동리의 가르침으로 유아동화의 개척자가 되었으니 그 의미가 크다고 할 수 있다.

김영자 작품의 문학사적 의의를 살펴보면 다음과 같다.

50년대의 통속과 본격의 복합적 문단구조 속에서 아동문학은 御用的, 敎育的이라는 것이 역사적으로 저해 요소라는 것을 깨닫고 美的 效用價値가 앞서야 한다는 문학 본래의 교육 가치에 대한 새로운 인식을 한다. 신인의 등단과 문단 풍토의 개선, 아동문학의 이론 전개, 신춘문예제도의 부활, 각종 아동문학 잡지의 신인추천제도로 60년대의 본격 아동문학이 전개된다.

이러한 시기에 오랜 문단의 수련 과정을 거쳐 공식 등단한 김영자는 다음과 같은 '동화문학의 본질에의 접근'에 영향을 입는다.

① 환상과 현실의 상관성 : 아동생활에 뿌리 내린 공상을 의해 상상을 사용한다.

② 상징성 수법의 다양화 : 발단 단계에 맞는 동일시될 수 있는 우화성, 의인성을 띤 작품 창작의 시도를 꾀한다.

③ 전승 설화 정리에의 의욕이 증대 : 대여섯 편의 우수작이 있으나 유아와 아동 대상의 생활동화에 주력한다. 당시부터 환경보호동화인 자연보호동화와 한국적 역사의식을 고양하는 선구자적 동화를 쓰기 시작했다.

그러므로 김영자의 동화에서 보여지는 문학사적 의의는 다음과 같다.

첫째, 문학의식의 과잉으로 인한 '문학으로서의 동화'가 아닌 '동화로서의 문학'으로 난해성의 문제가 철저하게 지향되고 있다.

둘째, 아동애호가로서 '어린이로 하여금 동화로 즐긴다는 경험'을 나누어 가진다는 것을 중요시했다. 무엇보다도 발달 단계적 이론에 근거한 유아들에 합당한 동화를 쓴 작가라는 점이다.

셋째, '들려주는 동화'를 썼다는 점이다. 구연체 어미, 대화체 어미를 변화 있고 함축적인 언어로 아동의 직관에 호소했다.

넷째, 책상 위의 작가에서 현대의 '영상 위의 아동'을 위해 직접 영상

연령	2세, 3세, 4세, 5세, 6세, 7세, 8세, 9세, 10세, 11세, 12세, 13세, 14세…→				
단계	乳兒지각기	幼兒期	아동전기	아동중기	아동후기	소녀소년기
		직관적 사고기	구체적 조작기		형식적 조각기	
동화	본격유아동화		유년동화		창작동화…→/소녀소년소설	
특성	생활성/ 이해성/ 촉가성/ 발달성/ 반복성/ 현재성/ 간결성/ 의인성/ 전지적 시점, 단순구성/ 반복적 언어, 의성, 의태어/ 동식물 소재/ 대조, 나열식 제목/ 음률이 작품의 활력이 됨		우의성/ 공상성/ 현실에 뿌리내린 환상성/ 위안과 용기, 함축적 문장/ 일인칭시점 도입, 시간에 따른 사건전개/ 환경, 전통, 애국에 대한 인식/ 이야기 내용을 암시하는 서두/ 꿈에 의한 사건전개/ 대조, 반복에 의한 점층적 의미		갈등과 대립의 심화/ 포기하지 않는 아동상 등장/ 서정적 묘사/ 유년시절, 고향에 대한 회고담/ 액자식 구성, 유기체적 플롯의식이 확고해짐/ 일인칭시점, 객관자적 시점도 보임/ 소녀 취향적 주인공/ 문학성이 두드러진 장편물	
작품집	언니별 아기별; 보육사, 65/ 송이의 어버이날; 삼성미디어, 90/ 나비그림의 엽서; 견지사, 80/ 올챙이; 일지사,82/ 동그라미 하나는; 꿈동산, 83/ 꿈나라 은행; 전국은행연합, 86/ 숲속의 은행; 전은, 87/ 나비나라; 여울, 79/ 잃어버린 모자; 계몽사		어린이왕국; 인간사, 86/ 선생님의 거울; 꿈동산, 87/ 영희는 못말려; 89/ 껑충이 똥보; 미상, 80/ 손을 꼭잡고; 미상/ 세상보다 큰 아기; 세종문화사, 77/ 어린이 365일/ 새싹이 좋아요/ 인형과 풀각시; 달과 박/ 해뜰밤; 일지사, 79/ 옛날 옛적에; 민족문화추진위원회		사슴의 노래; 세종문화사, 74/ 레미의 일기; 새가정사, 79/ 파란 들판아 안녕; 대광출판사, 73/ 아기사슴; 견지사, 80/그리운 무지개; 일지사, 81/ 마음의 나라; 꿈동산, 87/ 글짓기 지도서, 새싹들의 큰잔치; 예문당, 85/ 별들의 오색낙서; 예문당, 85/ 소년소녀동화선집; 프뢰벨, 87 그외 위인전: 아아 이승복; 서적공사/ 강소천 위인전, 이율곡, 신사임당.	

매체와 라디오 방송의 제작에도 관여하여 왔다는 점과 교육의 핵심인 교과서 심의, 편찬위원으로 오랜시간 꾸준히 봉사해 왔다는 점이다.

앞의 표는 작가의 작품집을 중심으로 내용적, 기능적, 형태적인 특징을 정리해 본 것이다.

김영자는 앞에서 보는 바와 같이 오십 권에 육박하는 책을 펴냈다. 그런데도 서점에서 작가의 동화집들을 만날 수가 없었고 작가의 글이 평론계에서 본인 이외에는 취급하지 않았다는 것은 얼마나 우리 아동문학평론이 유아문학, 유년동화에 대하여 도외시하고 있었던가 하는 일면을 보여주는 바이다. 여러 기성인 문학작가들이 가끔씩 역량을 발휘해 보거나 자기 만족적인 성인 취향의 동화를 어린이들에게 강권하여 만성 소화 불량 증세를 일으킴으로 책보다는 만화, 비디오, TV 시청을 즐기는 어린이로 만들지나 않았는지 반성해야 할 일이다.

참고문헌

김재은, 『올바른 유아교육』, 태양문화사, 1977.
김정환, 『인간화 교육 어떻게 할 것인가』, 내일을 여는 책, 1995.
김인환, 『비평의 원리』, 나남출판, 1991.
이재철, 『한국아동문학가작품론』, 서문당, 1978.
　〃 , 『한국현대아동문학사』, 개문사, 1983.
　〃 , 『한국아동문학연구』, 겨문사, 1994.
이경희, 황인교, 우남득, 김현숙 공저, 『문학상상력과 공간』, 도서출판 창, 1992.
T. 이글턴. F. 제임슨 글, 유희석 옮김, 『비평의 기능』, 제3문학사, 1991.
신동욱 외, 『신화와 비평』, 고려원, 1992.

브룩스 외, 이경수 옮김,『신비평과 형식주의』, 고려원, 1991.
이재철,『아동문학의 이론』, 형설출판사, 1983.
데이비드 엘킨드 글, 이현순 외 옮김,『스트레스 받는 우리의 아이들』, 창지사, 1988.
김종원,『어린이말연구』, 개문사, 1975.
김행자,『아동발달학』, 수학사, 1979.
정선혜,『한국유년동화연구』, 성신여자대학교 대학원 석사학위논문, 1980.
　〃 ,「김영자론:유년동화연구」,『아동문학평론』14호, 1980.
이상금,「아동도서선정의 욕구」,『아동문학평론』6호, 1977.

레몬향 풍기는 환상 공학

1. 최초의 여류 본격 동화작가

과연 우리한국 동화작가중 어느 누구가 '아직도 나를 능가하는 팬터지 동화작가를 본 적이 없다'고 감히 말할 수 있겠는가?

이는 이미 환갑을 넘긴 나이이지만 팬터지동화에 대한 작가의 열정이 넘쳐나는 말이다.

현재 그는 정치 일선에서 물러나 포항에 자리잡고 일본인들의 '마음의 고향'으로 불리며 천여년간 노래로 불려온 최고의 歌集인 『萬葉集』 연구에 몰두하여 한일고대사 연구에 새로운 장을 열고 있다. 왜냐하면 우리 고대사인 이두로 표기된 것을 일본말로 온전하게 풀이하는 일— 한국인으로서 음과 훈을 꿰어 맞추고 이것을 능숙하게 일본말로 설명하는 일에 일본 동경에서 태어나고 자란 이영희만한 시적 상상력의 연구자가 없기 때문이라고 한다. 최근에는 아예 일본에서 '이영희후원회'까지 결속되어 매달 연구잡지가 발행되고 있어 그 후임을 이을 자가 나타날 때까지는 이영희 본연의 동화창작을 등한할 수 밖에 없는 상황이다.[1] 그러나 이런 다양한 체험들이 그의 동화 속에 용융된다면 우리 어린이만이 아니라 세계의 어린이들에게 보다 넓은 세계와 더 깊은 사상을 전해줄 동화가 되겠기에 그간의 공백을 깨고 본연의 동화작가의 자리로 돌아올 날을 고대하여 이 졸고를 작성한다.

그간 이영희에 대하여 잘못 알려진 몇 가지 중 가장 큰 오류는 여러 논문에서 본명이 明子라고 잘못 표기된 것인데[2] 이는 일본식 이름일 뿐이다.('희' 자 돌림의 동생이름을 보아도 알 수 있다) 이영희는 사업을 하시던 李命出, 金鳳仙의 9남매중 둘째 딸로 다복한 가정에서 자랐으며 어렸을 때부터 항상 1등만 하는 수재였고 무슨 일이든 끝까지 해내는 자주적 성격으로 대학원 재학시 우연히 제출하였던 한국일보 신춘문예에 「조각배의 꿈」이 당선되어 동화작가로 문단에 등단한다. 그러나 이미 이영희는 8·15광복후 귀국하여 이화여고를 다니게 되어 신봉조, 박목월, 월북시인인 이병철의 지도를 받으며 시인의 꿈을 품고 있었다. 그러다 2학년 때 교사였던 조영암시인에 의해 대구의 동인지『竹筍』[3]에 추천을 받았으니 이미 성인문단에 인정을 받은 셈이었다. 1958년 처녀동화집인『책이 산으로 된 이야기』[4]를 필두로 1967년『꽃씨와

---

1) 그리하여 그가 아동문학에 바친 정열이나 업적에 비하여 다음과 같이 그에 대한 선행 연구는 작가론과 작품해설 정도로 단편적 고찰에 그치고 있다.
  1.신숙현,「이영희론―시적 팬터지의 문학」,『아동문학평론』, 아동문학평론사, 1986. 여름, p.58.
  2.안승덕,『아동문학 작품 해설』, 배영사, 1986, p.120.
  3.이재철,『한국아동문학작가론』, 개문사, 1988, p.238.
  4.장혜영,「이영희 동화연구」, 성신여대교육대학원교육학과 국어교육전공 석논, 1992.
  5.정연지,「이영희동화에 나타난 팬터지의 세계」,『현대아동문학작가작품론』, 집문당, 1997, p.207
  6.박상재,「섬세하고 풍부한 환상의 구축」,『한국창작동화에 나타난 환상성 연구』, 단국대 박사학위논문, 1997, p.124
  7.김자연,「상황묘사와 은유적 환상」,『한국동화의 환상성연구―형성과 전개를 중심으로』, 전남대 박사학위논문, 2000, p.132.
2) 이재철,『세계아동문학사전』, 계몽사, 1989, pp.283~284. 본명이 이명자로 오기됨, 1955년 한국일보 신춘문예에 동화「조각배의 꿈」이「조가비의 꿈」으로 게재되어 이를 인용한 글에 계속 오류가 발생됨.
3) 당시 진주고를 다니던 천상병 시인과 함께 추천된 동기라고 함.
4) 이영희,『책이 산으로 된 이야기』, 신교출판사, 1958.

동화작가 이영희(왼쪽)와 일본에 있는 후원회의 도움으로 일본에서 발행되고 있는 이두 연구잡지(오른쪽).

태양』 등 16권의 동화와 『살며 사랑하며』,[5] 『사랑학에세이』 『꽃과 유리의 언어』 등 4권의 수필집이 있다. 1968년 제2회 해송동화상, 1972년 제7회 소천아동문학상, 1979년 제1회 대한민국 아동문학상을 수상하여 아동문학가로서의 최고의 영예를 누렸다.

  이러한 이영희의 유년기에 가장 큰 영향을 준 사람으로 이영희 본인은 와세다대학 영문학부를 다니다 요절한 외삼촌인 金龍哲을 꼽는 데 어린 시절의 영희에게 『마더구스』나 안델센의 원작들을 직접 소개하였었다고 하였다. 그러므로 감수성이 예민했던 이영희에게 외삼촌에 대한 간접적인 그리움은 동화 속의 팬터지의 세계 속에 여러 가지의 모양으로 되살아난 것이 아니었던가도 싶다. 이는 50년대 이영희와 함께 가장 활발한 활동을 한 신지식 역시 여학생 시절 만주에서 겪었던 어머

---

5) 이영희, 『살며 사랑하며』, 서문당, 1973.

니와의 사별 과정에서 쓴「하얀 길」로 여고생 시절에 등단한 것처럼 이영희 역시 시「弔歌」로 동인지에 추천을 받은 것과도 일치된다. 즉 이영희는 신지식보다는 1년 늦은 1931년에 태어났지만 이화여대 영문과에서 본격 문학수업을 받은 작가라는 점을 들 수 있다. 그러므로 이영희가 전공한 영문학을 전공한 결과 모더니즘을 넘어선 대중주의[6] 미학을 견지한 포스트모더니즘적 문학적 접근이 가능하였던 것으로 보여지며 강소천 선생님의 추천으로 새벗사 잡지 편집장을 하게되고 이러한 경향으로 인하여 신문기자로의 향방이 결정되어진다.[7] 그러나 문화부기자시절이던 1993년 천마총이 발굴되어 고대사 연구의 붐으로 역사공부를 하게 되고 이를 위해 공부한 한문을 이를 토대로 8c초 日本書紀, 故事紀, 風土記와 아울러『萬葉集』을 연구하게 된다. 이는 1981년이후 유정회 국회의원으로 정계에 진출하게 된 이면에도 이러한 이영희의 포스트모더니즘의 실험적이고 긍정적 측면으로 개성, 자율성, 다양성, 대중성을 중시하는 특성적 태도가 저변에 깔려진 것이라고 해석되어질 수 있다. 또한 돌이켜 볼 때 이영희는 본인이 의식하지도 못하는 가운데 포스트모더니즘의 중요 특성인 페미니즘의 선두주자[8]의 삶을 살았던바 그의 페미니즘은 통념적 페미니즘과는 구별된다. 남성과 대립되는 여성주의가 아니라 남녀의 인간성을 동시에 수렴하는 여성성, 즉 아니마

---

6) 안승덕,『아동문학작품해설』, 배영사, 1986, p.120에서 "……문학작품은 우선 독자에게 읽혀야 한다는 입장에서 보더라도「꽃씨와 태양」은 성공한 작품으로 동화가 갖추어야 할 모든 것을 거의 갖춘 작품이다"고 해설하여 독자수용의 측면을 고려하였음을 알 수 있음.
7) 한영옥,「한국현대시와 포스트모더니즘 징후」, 재미시인협회 주관 세미나 발표 원고, 1996. 8. 유진 런이『마르크시즘과 모더니즘』에서 밝힌 모더니즘의 4가지 특성—①미학적 자의식과 자기반영성 ②동시성, 병치, 몽타쥬 ③패러독스, 모호성, 불확실성 ④비인간화와 통합된 개인이나 개성의 붕괴 등을 그대로 합류하면서 방법만을 극단화시킨다. 다만 엘리트주의를 표방한 모더니즘에 비해 포스트모더니즘은 대중주의를 견지한다는 편차를 기억해야 한다. 이는 철학, 역사, 사회를 대상으로 한 이론적 틀인 후기구조주의와 긴밀한 관계를 지니는데 한마디로 이성 중심의 서구형 이상학의 세계를 전복시키려는 야심을 펼친다. 즉 기존 제도의 해체를 시도한다는 포스트모더니즘의 특성을 말하는데 이는 앞의 것과 겹쳐지는 부분을 지니면서 보다 폭넓은 의미의 해체를 감행한다. 그리하여 시의 경우에 종전의 시에서는 볼 수 없던 대상의 거부, 무의미의 탐색, 패로디, 패스티쉬, 몽타쥬, 소재의 일상성, 세속성을 꼽을 수 있다. 즉 사소한 개인의 지극히 사소한 개인의 지극히 사소한 삶의 얘기를 과감히 보편세계로 편입시키려 한다.

의 페미니즘이다. 흔히 남성이라는 기호로 암시되는 논리, 이성 체계, 완결성, 중심 등의 명료한 개념에 대비되는 비논리, 감성, 분열, 미종결 등의 불명료한 여성만의 특수한 기호이다.

이영희가 작품활동을 전개한 50년대의 우리의 현실은 혼란한 전후의 상황으로 아동문학 역시 통속화 상업화되는 꿈과 이상이 실종된 시기였다. 또한 당연히 남성으로 기호화된 서구의 형이상학이 구축되는 시기로 오랫동안 눌러왔지만 그 억압의 횡포가 극에 달하여 반사적으로 뚜껑이 열리게 되었으니 아동문학에 있어서 이 판도라의 상자를 여는 선두주자가 바로 이영희였다.[9] 이영희는 남성의 기호로 편입되기 이전 아늑한 세계, 모성성의 아니마가 넘출되는 세계의 두 기호인 시의 언어로 빚어진 팬터지 세계를 다룬 동화만이 닫혀진 질서를 타개할 수 있다고 파악한 것이다. 그리하여 어쩔 수 없이 동화란 감옥에 즐겨 갇히게 되고 자신의 딜레마로 직면하자 택한 것이 배우자이며 동역자인 시인, 김요섭을 선택하게 된다. 그리하여 이영희는 30년간 풍부한 상상력으로 김요섭과 함께 한국 동화를 본격적 문학의 위치에 올리는 데 공헌하였다.[10] 닫혀진 시대에서 이영희가 대안으로 선택된 동화는

---

8) 이영희, 『사랑학에세이』, 해냄출판사, 1990, pp.182~183.
"둘째딸인 나는 다른 형제에 비하여 항상 푸대접을 받고 있는 듯한 느낌을 받아 왔거든. 내 위의 언니는 아버지와 어머니의 특별한 관심 속에서 키워졌지. 내 아래 동생은 또 맏아들이라 우대받는 듯했고, 그 아래의 또 그 아래로 쪼르르 이어지는 남동생은 남자아이라는 특권 아래 맴세하는 듯이 보였단다…… 둘째같이 명랑하고 활발해서 공부도 척척 잘하면 얼마나 좋을까요? 둘째는 내 딸이지만 누구한테라도 큰 소리칠 수 있는 자랑거리예요"라는 내용에서 알 수 있듯이 무슨 일이든 끝까지 해내는 자주적 성격으로 페미니즘적 태도를 가질 환경에서 성장하였다.
9) 이영희는 조선일보 신춘문예 등단 이후 어린이 잡지 『새벗』 주간, 1960년 『소년한국일보』 편집부장, 1961년부터 『한국일보』의 문화부 차장, 부장을 거쳐 정치부장, 논설위원 등으로 22년간 재직하였다. 1981년부터 '85년까지 민정당 전국구 출신 12대 국회의원으로 있으며 국회 '문화공보 상임위원회'에 소속되어 문학교육에 관계되는 일을 하였다. 그 외 한국여기자클럽 회장, 한국여류문학인협회 회장 등을 역임하며 주옥 같은 동화를 남긴 것을 볼 때 그가 얼마나 열심히 자아 실현에 힘쓰며 살아왔는지를 알 수 있다.
10) 스미스의 『아동문학론』 번역 출간하였으며 1970년에는 『아동문학사상』을 편집발행하여 이론 부재의 아동문학에 비평과 연구의 토대를 마련한 것으로 평가되고 있다. 또한 자신의 아동문학 이론서인 『현대동화의 환상적 탐험』을 간행하여 동화의 환상에 있어서의 이론을 정립하는 데 동반자적인 역할을 하였다.

여성성의 드넓은 세계를 감지하며 닫쳐진 질서 안에 삶의 총체성을 구현하려는 환상성을 지니게 된다.

그리하여 이분법에 의한 서열화되고 유형화된 기존의 아동상 틀을 부수고 오히려 분별화되지 않은 무의식의 세계를 다루는 환상의 동화를 조금씩 변모하는 양상을 보이면서 시기에 따라 껍질을 벗고 變態하는 나비처럼 다음과 같이 대략 세 부분으로 나누어 고찰할 수 있다.

① 1955년~1960년중반:「조각배의 꿈」,「달님의 선물」,「왕거미 검서방」,「사탕나라 꿈나라」 등이 실린 처녀동화집인『책이 산으로 된 이야기』가 여기에 속하는데 소외되고 부정적인 현실 탈피를 위해 꿈을 매개로 한 환상이 서구적 감각언어로 다루어진다.

② 1960년~1970년대 후기:『꽃씨와 태양』,「하얀 배가 된 아파트」,「아기용의 꿈」,「옛초롱」 등으로 『날씨 굽는 가마』가 여기에 속하며 『별님을 사랑한 이야기』,『생각의 꽃씨』를 포함한다. 상상력을 보다 확장시킨 환상으로 상징에 의한 이미지화와 현실과 환상이 융화되는 환상이 형상화된다. 사랑이라는 절대가치를 표출하기 위하여 강화된 이미지로 초월적 세계를 지향하고 있다.

③ 1979년대 이후의 작품:『도깨비와 쌍동이』,『아기 도깨비와 꽃초롱』,『어린 선녀의 날개옷』,『도돌이의 도깨비 공부』,『달속의 푸른바람』,『가슴에 꽃을 가꾸는 짐승』 등으로 「불개가 있는 마당」,「비둘기의 여행」,「날씨굽는 가마」,「별이 열리는 나무」,「투명나비의 집」,「잉어등」 등이 환상과 현실을 交織시키는 수법으로 환상의 미적 기능이 더욱 심도있게 부각되어 나타난다.

아동문학이란 '문학의 기간사업'이라는 신념으로 아동문학에 임해야한다는 소신을 가진 작가, 이영희 작품세계를 분석하여 본다.

2. 레몬향 풍기는 환상공학

1) 비유적 감각적 언어

1967년 이영희는 『레몬이 있는 방』이라는 수필집을 낸다. 1930년대의 '모더니스트 이상'이 갈망했던 '레몬의 향기'를 그도 역시 향유한 것은 무슨 연관성이 있을까? 자신의 손자와 같은 직관을 갖기를 추구했던 이상이 오늘날에도 재조명되는 한국적 모더니즘의 역사적 의미를 이영희에게서도 발견하게 된다. 타자 부재의 근대적 현실 속에 이영희가 여고 시절에 이미 시로 등단한 이후에 아동문학가로서의 데뷔가 이루어졌다는 점, 특히 아동문학가로서의 진출이 아동잡지 투고 중심에서 1955년에 신춘문예 현상응모라는 진보적 양상으로 변모되어 실시된 그 해에 등단한 '최초의 현대적 본격여류작가'라는 점에서 이영희가 지닌 문학적 위상이 발견된다는 점이다.

특히 당시의 아동문학은 마해송의 「바위나리와 아기별」을 제외하고는 대부분 소년, 소녀소설이거나 전래동화를 개작한 것으로 "환상적"이라는 동화의 본령과는 거리가 멀었다. 즉 아동문학운동시대에 돌입하였지만 1945년대의 광복혼미기와 '50년대의 통속확장기로서' 60년대의 정리형성기에 출간한 그의 최초의 동화집은 그때까지 발표된 다른 작품에 비하면 확실히 수준급 이상으로 간주되었다. 강소천이 쓴 다음과 같은 책머리의 내용만 보아도 충분한 증명이 된다.

"……이영희 시의 작품에는 어딘가 외국적 향기가 풍기는 것이 특징이라면 특징이요, 또한 흠이라면 흠이라 하겠다. 그러나 옛날이야기나, 구연동화조로 출발한 동화작가에 비하면 얼마나 그의 작품이 앞으로 아름다워지고 뻗어갈 수 있을까하는 것을 의심치 않는다……"[11]

흔히 동화를 시적 문학이라고도 하는데 이는 운률적 리듬의 형태론적 특수성을 지칭하는 것이라기보다는 언어의 함축미를 가르킨다고 본다. 다시 말해서 시의 직관성과 암시와 상징을 동화역시 그 표현수법으로 공유할 수 있음을 의미한다. 이영희 동화가 시적이라고 하는 것은 상상력에 있어서 시적 특성을 포함한다는 의미라고 보여진다. 특히 초기의 탐미성을 추구하던 감각적 직유의 언어의 예를 들어본다.

무지개같은 비단, 안개같은 나이롱, 저녁노을같은 양복지, 주홍, 깜장, 노랑, 자주, 가지각색의 옷 감들이 찬란하였습니다…… 아가는 애기별이 보내준 그 귀여운 꿈을 조갑지처럼 조그만 손으로 부여 잡고……
―「달님의 선물」, p.10.

가을 하늘같은 파아란 사파이어며, 우유 빛깔같은 꿈같은 오팔알이며, 안개같은 진주알이며, 그 물의 여기저기에서 마치 눈처럼 빠알갛게 비쳐보이는 진홍석이며, 그야말로 눈이 부셔서 앞을 못 볼 정도였읍니다.
―「왕거미검서방」, p.26.

푸르디 푸른, 마치 바다 물결처럼 투명하고 반짝이는 들판입니다.
따스한 햇빛이 넘쳐 흐르는 들판, 그 한가운데를 하얀 오솔길이 우뚝 솟은 오동나무 있는 곳까지 구비쳐 있습니다./오솔길에는 반짝반짝 빛나는 조약돌들이 반가운 웃음을 햇님에게 보내느라고 서로 야단들입니다./ 그 길을 따라 오동나무가 서있는 데까지 가면 '오월'이 살고 있는 집이 있습 니다./ '오월의 집'에는 오월의 어머니와 서른 한명이나 되는 딸들이 재미있게 살고 있었습니다.
―「오월의 딸들」, 『책이 산으로 된 이야기』, p.62.

---
11) 강소천, '책머리에', 『책이 산이 된 이야기』, 신교출판사, 1958, p.4.

첫째, 주로 지성보다는 감성에 호소하는 첩어형식의 의태어, 의성어—음상징어로 율동적 리드미컬한 시적 문체가 특징으로 보여진다.

둘째, 한 문장 속에 여러 수식어구가 넘쳐날 뿐 아니라 문장 자체에까지 주문장을 위하여 수식문으로 사용되기까지 한다.[12] 이것은 보다 더 아름답고 환상적 분위기를 조성하려는 의도였지만 독자인 아동에게 식상하는 결과를 초래함을 깨닫고 실험적인 개척정신으로 한계를 극복한다. 즉 1960년대에 이르러 상징적 주제를 구현하기 위한 시적 이미지가 창조적 상상력의 세계를 구축하려는 힘있는 은유의 언어로 변모되어 나타난다.

모든 문학적 스타일은 결국 은유가 아니면 환유 중 어느 하나를 선택하여 표현한다고 했다. 낭만주의에서 리얼리즘을 거쳐 상징주의에 이르기까지 그 역사적 변천은 은유에서 환유를 거쳐 다시 은유로 돌아오는 스타일의 변천이었다. 모더니즘과 상징주의는 본질적으로 은유적인 반면 반모더니즘은 사실주의적이고 환유적이라는 순환과정단계를 거쳐 현대문학이론은 전개되었다.[13] 이영희의 초기의 서구적 취향의 수식어 남용의 화려체를 극복하고 직유적 기교를 배제하여 중기에 오면서 평이한 언어의 결합에서 생기는 은유를 도입함으로 보다 蒸溜된 상징적 문체를 확립하는데에 이른다는 것이다. 즉 일련의 동의어, 반의어, 대용물로 제시될 수 있는 수평적 수직적 차원의 대체될 수 있는 언어들—인접성 혼란[14](contiguity disorder)을 활용한 은유의 구조를 가진다.

이렇게 잠시 숫자의 교통정리를 하다 보면, 굳이 전화를 걸어야 할 일도

---

12) 이재철, 『한국아동문학작가론』, 개문사, 1988, p.232.
13) David Lodge, 윤홍로, 이유섭, 이병규 옮김, 레몬셀던의 『현대문학이론』, 백의, 1995. p.97(The Modes of Morden Writing, 1977). 환유는 주어진 사건에서 한 개의 요소로부터 또 다른 요소로 변화를 수반한다. 즉 컵은 '담는다'는 의미를 수반하고 경마장은 '경주'를 수반한다. 그런 이유로 야콥슨은 리얼리즘(하나의 완성물을 일깨우기 위해 독자에게 작품의 양상들과 부분들, 세목을 제시한다)을 환유로 연결된다고 본다.

없었다고 깨닫게 되는 것은 이상스런 노릇입니다. 반드시 걸고 싶은 곳이 한군데 있다면, 내 가슴에 달처럼 떠 있는 얼굴임자에게일 뿐, 그러나 그 임자에겐 전화가 없습니다.

—「별님네 전화번호」, 『꽃씨와 태양』, 숭문사, 1967, p.18.

2) 세계명작의 틀 빌리기

이영희 초기 동화의 특징은 앞에서 소천이 밝힌 바대로 ① 서구적 향취가 들어나는 ② 세계 명작의 틀을 빌린 듯한 구조와 청각적 운율과 회화적 색조가 두드러지는 감각적 시어가 돋보인다는 점이다.

① 주인 아가씨는 처음엔 내가 생각해 낸 그 '스포오츠'에 퍽 놀랜 듯도 했지만—어쩌면 저렇게 가볍게 떨까—하면서 자기도 길에서 가까운 돌에 뛰어 내려오지 않았겠니…… 저게 유명한 '마스캇드' 랍니다.—네, 잘들 열렸구만요……

—「금빛 바람」, p.106~109.

② 소녀의 영혼은, 그 나무에서 벗어나와 달님이 사는 영원히 즐거운 하늘동네로, 하늘동네로 올라 가는 것이었습니다. 하얀 털 외투를 입고—

—「달님의 선물」, p.29(성냥팔이 소녀의 구조).

①②"넌 누구니?"/"나는 설탕 나라 '프린쓰' 란다."/그 소년은 민수에게 이렇게 대답하였습니다../

---

14) 만약 오두막(Hunt)라 하는 단어 연상 테스트에서 일련의 동의어, 반의어, 대용물인 오두막(cabin), 광(hovel), 궁전(palace), 밀실(den), 동굴(burrow)등을 제시할 수 있는 인접성 혼란(contiguity disorder)과 유사성 혼란(Similarity disorder)—타버린 초라한 작은 집(bern out)으로 전체를 위한 부분들의 연속적 통합의 경우로 구별된다.

"프린쓰?"/"응, 왕자란 말야."/"설탕나라 왕자?"/"그렇단다."
―「사탕나라 꿈나라」, p.132(어린왕자의 틀).

①② 그리고 보면 꽃을 그린 마루는 초코렛 상자곽을 오히려 깔은 것이고 환한 벽은 모두 초코렛 싸는 금종이로 도배하여 놓은 것이었습니다.
―「사탕나라 꿈나라」, p.191(헨델과 그레텔적 분위기).

「사탕나라, 꿈나라」에는 존 번역의 『천로역정』[15]이나 『어린왕자』의 구조, 『헨젤과 그레텔』적 분위기 등이 함께 시도되고 있으며 「달님의 선물」에서는 『성냥팔이 소녀』의 끝마무리를 연상하게 하는 아름다운 환상의 유미주의적 경향이 나타나며 「오월의 딸 들」에서는 『작은 아씨들』이나 제인 오스틴의 『오만과 편견』[16]적 구성과 배경이 엿보이며 특히 서른하나나 되는 딸들을 길러냈지만 젊은이 못지않게 아름답고 저윽이 행복스러워 보이는 어머니는 희랍신화에 나오는 풍요와 수확의 여신 '데메테르'[17]를 연상시킨다. 이러한 기조는 여성적이어서 포스트모더니즘의 특성인 패미니즘적 성향을 엿볼 수 있게도 된다.

「똑딱선이 떠날 때」 등에서 비약적 구성과 지나친 감상이 노출된 소

---

15) 존 버니언, 天路歷程(The Pilgrim's Progress), 종교적 우의소설. 제1부는 작자가 12년간의 감옥생활 후 1675년에 다시 투옥되었을 때 집필하여, 78년 출판. 제2부는 84년 출판됨. 작자의 꿈 얘기를 우화의 형식으로 1부는 주인공 크리스찬이 처자를 버리고 등에 무거운 짐(죄)을 지고, 손에는 한 권의 책(성서)을 들고 고향인 '멸망의 도시'를 떠나 도중에 여러 인물들을 만나며, '낙담의 늪' '죽음의 계곡', '허영의 거리'를 지나, 천신만고 끝에 '하늘의 도시'에 당도하는 여정을 그렸다. 제2부에서는 그의 처자가 그의 뒤를 쫓아가는 여정을 그렸다. 간결한 언어 구사로 진지한 신앙과 풍부한 인간 관찰을 묘사하여 영국의 근대문학의 선구로서, 영국문학 발전에 기여한 바 크다. 한국에서는 1895년 선교사 J. S. 게일이 번역하고, 김준근(金俊根)이 판화를 그려 상하 2책으로 원산에서 목판간행되었는데, 근대의 첫 번역소설이다. 특히 일부 판화에서는 원근법을 사용했을 뿐 아니라 등장인물들도 한복과 갓을 쓰고 있으며, 천사의 모습은 한국 고전의 선녀를 연상케 하는 등 유불선(儒佛仙)적인 분위기를 풍긴다.
16) 제인 오스틴, 『오만과 편견』, 『분별과 다감』, 1775년 영국 햄프셔에서 7형제 중에 하나로 후에 마을 전도사가 된 그가 스무 살 때 가족을 즐겁게 하려고 지어낸 소설로 18세기 당시 상류층 영국인들의 가족상, 관습, 사교생활을 사실적으로 다루고 있음.
17) M. 그랜트, J. 헤이즐, 『그리스 로마신화사전』, 김진욱 역, 범우사, 1993, p.44. 데메테르 역시 딸을 찾아 사방으로 헤매이며 여러 지방을 다니게 되어 그리스 각지의 여자들의 숭배를 받게 되는데 특히 아테네의 제전에서 여자들이 多産과 豊作을 기원했다고 한다.

녀 취향의 감상성이 노출되기도 한다. 그러나 한국 동화에 대한 어떠한 이론도 정착되지 못한 시대적 상황에서 살필 때 본격동화를 위한 실험정신과 몸부림이며 변모하기 위한 탐색 과정으로 볼 때 초기 이영희 동화가 가진 한계의 의미라고 보여진다.

3. 사실 탐구가 아닌 가치 탐구적 주제의식

1) 사랑의 발현

무엇을 쓴 동화인가를 살펴보기에 앞서 이제는 그 무엇을 어떻게 표현하고 있는가를 살펴볼 때이다. 즉 문학의 주제론적 측면과 표현론적 측면에 대한 관심이라 본다면 이제는 어떻게 읽혀지는가라는 독자수용의 측면에서 관심을 가져야 할 때다. 즉 문학이 주는 울림을 문학을 향수하는 독자, 즉 아동이 그런 것들을 어떻게 받아들였는가를 살피는 수용미학적 측면 역시 작가 역량 연구의 일환이라고 보여진다.

이영희 작품을 읽다 보면 그는 체험과는 거리가 먼 다양한 상상력의 세계를 작품 속에 투영시키려 노력했음을 알게 된다. 그 다양한 팬터지의 실체는 사실 문제보다는 늘 가치 문제에 천착하는 치열한 작가정신에서 비롯되고 있음을 어린이 독자의 주제 분석에서 나타난다.

이영희가 성인을 위한 동화집 「별님을 사랑한 이야기」와 「가슴에 꽃을 가꾸는 짐승」에서 사랑의 본질을 집요할 정도로 추구함이 보인다.

내용	사랑			상징적			주제
	인간애	가족애	사랑의 본질	모험심	희망(긍정성)	풍자 (탐욕, 위선등)	기타
작품수(편)	8	15	16	4	9	5	5

사랑이란 정말 남보기엔 의아스럽고 딱하기까지 한 것이지만 본인들에게 있어서는 '목숨을 건 쓰라린 작업' 이어서 그런지도 모르겠습니다.그것이 비록 순간적인 것이라 할 지라도……/그럴지라도 저는 결코 원망도 체념도 하지 않을 것입니다. 이별이야 말로 사랑을 십분히 전개시켜 주는 것, 꽃 피우게 하고 열매맺게 해주는 것이라 믿는 까닭입니다.

―「민들레가 보낸 편지」, 『가슴에 꽃을 가꾸는 짐승』, p.24~25

하늘을 날던 불개는 여름 한나절의 태양처럼 이글이글 타오르는 것을 눈여겨보았습니다. 어느 기와집 뜨락 감나무에 맺혀 있는 단감이었습니다. 단 한 알, 높다란 가지 끝에서 빛을 토하고 있는 큼직한 그 단감은 흡사 불씨였습니다…… 불개는 더 생각할 염도 내지않고 그 감을 삼켰습니다. 그리고 곧 토해 버리고 말았습니다. 뜨겁다 뜨겁다 해도 그렇게 뜨거운 것은 처음이었습니다. 뭐라고 해야 할까요? 뜨겁다 못해 얼음장같이 저릴 듯 매웠다고나 할까요. 얼른 토하고 났지만 가슴은 계속 쓰리고 얼얼했습니다.

―「해가 되고 달이 되고」, 계몽사, 1994, p.7~8.[18]

가령 제비가 연못 속에 헤엄쳐 다니고 나뭇가지에 둥지에서 개구리가 올챙이를 키우고 있다하더라도 '그 집' 마당에서 일어난 일이라면 조금도 이상할 것이 없습니다……/아, 그 찻맛을 나는 잊을 수가 없습니다. 그러나 그 맛이 어떻다는 것을 설명할 수도 없습니다. 다만 가슴이 후들후들하도록 향기로왔다고나 할 뿐, 아주 달콤했던 것같기도 하고 아주 씁쓰름햇던 것도 같아서 도무지 종잡기 어려운 것입니다…… '그 집' 마당은 한겨울 속인데도 한봄을 맞고 있었습니다. 아름드리 나무엔 오 색 꽃무늬 찻종들이 구름떼같이

---

18) 단감 하나를 먹고 가슴을 덴 불개가 한약방으로 달려간다. 한약방 아저씨가 진맥한 결과 가슴 안에 있는 짙은 향기 때문에 화상치료가 어려우니 애인을 찾아 토하여야 향기가 걷히게 된다고 한다. 불개는 사랑하는 애인을 찾아 헤매다 이윽고 백자 항아리를 발견하고 그 항아리를 삼켰다가 토하게 된다. 토해낸 백자 항아리가 하늘로 올라가 달이 된다.

피어 있었습니다……/……아뭏튼 '그 집' 주인의 이름 석자만이라도 가르 쳐
달라는 그 골목대장에게 나는 살짝 귀띔해 준 적은 있었습니다./ "짝사랑"
―「불개가 있는 마당」, 『가슴에 꽃을 가꾸는 짐승』, 교학사, p.13.

여러 가지 사랑의 속성을 일상의 소재를 통하여 과감히 보편세계로
편입시키고 있다. 타오르는 것, 관심가지고 바라보게 되는 것, 단 하나
의 것, 다다르기에는 높은 곳에 있는 것, 불씨와 같이 서서히 타오르게
되는 것, 처음 경험하는 뜨거운 맛의 것, 정의내리기 어려운 것, 힘들
어 토하고 싶기도 한 것, 그래도 가슴에 남아 계속 얼얼하게 만드는
것…… 또한 후에 발견한 백자 항아리와 달의 이미지를 결합시켜 사랑
은 '은은히 빛나는 물종, 싸늘하면서도 따스하고 하얀 듯하면서도 푸
른 듯한 것, 그리고 우주처럼 둥근 것'으로 묘사하여 두 개의 이미지를
연관시켜 구성하는 데 성공하고 있다. 이는 사랑을 체험해 본 사람만
이 표현할 수 있는 사랑의 행로를 상징적으로 암시하여 동화로 형상한
놀라운 은유적 투사이다. 여기서 상징은 원시적 사고를 바탕으로 하는
신화적 발상에 의해 이루어지는데 신화적 발상은 언어의 은유적인 특
성을 일컫는다. 모든 사물의 존재가 언어영역 속에서 구현되고 그 존
재가 무한무궁인바 유한한 언어는 불가피하게 은유적 의미의 유동성
을 갖게 된다. 신화적 세계의 표현은 외계의 사물에도 인간의 감정을
부여하여 작용시키고 행동하게 하여 인격적으로 파악한다. 이러한 행
로는 시적 메타포를 가지고 자신의 내면화된 고뇌를 깊게 경험한 자만
의 고백임을 다음과 같은 작가의 말에서 엿볼 수 있다.

순수하기 때문에 더욱 감미롭고 더욱 얼얼한 고통, 이 고통을 철저히 분
해함으로써 '사랑이 아픔인 뜻'을 내나름대로 납득하고 싶었다.[19]

특히 모든 형태의 사랑[20] 중 가장 기본적인 사랑인 가족애와 형제애를 다룬 「도깨비와 쌍둥이」, 그 중 감정적 유대 가운데에서 가장 성스럽고 至高한 것으로 어머니의 사랑을 잘 나타내고 있는 것에 「오월의 딸들」과 「도깨비와 쌍둥이」를 들 수 있다.

> 그러나 해순이와 달순이 어머니는 쩔쩔 매셨습니다. 두 아이에게 젖을 먹이고 두 아이를 목욕시키 고 두 아이를 번갈아 안아주고, 두 아이의 산더미 같은 옷가지들을 빨래하고……곱으로 일하는 사이에 하루하루는 후딱후딱 지나가 버리고 맙니다. 어머니에게는 허리를 펴실 사이가 도무지 없었지요.
> ―「도깨비와 쌍둥이」, 견지사, p.9.

또한 자녀들과 함께 놀며 세상 살아가는 법을 가르치는 아버지의 따뜻한 사랑을 다룬 「한국일군」[21]을 들 수 있다.

수필동화 『생각의 꽃씨』 서문에서 '사랑에 대한 글쓰기를 한 까닭'을 작가는 다음과 같이 밝히고 있다.

> 우리나라 사람에게는 자기 둘레의 것을 업신여기고 이웃도 별로 사랑하지 않는 경향이 있습니다. 이 같은 버릇은 자기 둘레나 이웃은 물론 자신까지도 불행하게 만드는 버릇입니다. 나는 이 책 안에 서 사람은 왜 남을 사랑해야 하는가를 자질구레한 생활의 일들을 통해 밝혀보려 했습니다. 책을 읽으면서 이러한 꽃씨 몇 알인가를 주워서 여러분의 마음 밭에 여러분 스스로

---

19) 이영희, 「동화에의 초대」, 『별님을 사랑한 이야기』, 갑인출판사, p.126.
20) 사랑의 본질에 대한 추구:「불개가 있는 마당:짝사랑의 이면」―김자연은 그의 학위 논문에서 안주하고 받아들이는 사랑의 모습으로 분석했음./「가슴에 꽃을 가꾸는 짐승:운명적인 사랑에 희생적인 사랑」/「민들레꽃:자신을 모두 던지는 것」/사랑의 이중성인 뜨거움과 차가움을 다룬 작품으로는 「투명나비의 꿈」, 「해가 되고 달이 되고」, 「불개가 있는 마당」이 있다.
21) 이영희, 「한국일군」, 『아가도깨비와 꽃초롱』, 삼성당, 1980, p.58.
아기들에게 공부도 잘 가르쳐 주고 숨바꼭질도 같이 해 주고, 일요일이면 들로 산으로 놀이도 데려가 주고, 밤이 오면 재미난 이야기를 많이 많이 들려주는 아빠가 되고 싶은 것입니다. 그러한 아빠로 손꼽히는 한국일이 되었으면 하는 것입니다.

가 뿌려준다면 나는 정말 기쁘겠어요.

―「생각의 꽃씨」, p.4.

한 부분에서 나타나듯이 거대한 도시의 익명인으로 사는 개인의 지극히 사소한 삶의 이야기가 과감히 보편세계로 편입되어 소재의 일상성으로 노출되는 포스트모더니즘적 경향을 본인도 의식하지 못하는 가운데 보여주고 있다. 즉 모든 형태의 사랑중 가장 기본적인 사랑인 형제애와 모성애에서 시작하여 타자에 대한 의식이 싹트게 된다. 그러므로 다른 사람을 의식하게 되고 책임감을 느끼며 배려하며 존중하는 것을 배우게 되는데 이는 자신의 생활을 향상하려는 희구를 가지고 있기 때문이다. 이는 나아가서 모든 인류에 대한 사랑과 맥이 통하는 것으로 낯선 사람, 무력한 사람, 가난한 사람까지도 사랑하게 하는 인간애의 시작이 되는 것이다. 즉 '너의 이웃을 네 몸과 같이 사랑하라' 하는 성경의 가르침처럼 인간애의 기본을 두고 있음을 전래동화적 요소가 가미된 다음과 같은 작품에서 살필 수 있다.

배를 가르면 잉어는 죽습니다. "모른 체해서 시치미를 떼고 사느냐" 아니면 임자에게 물건을 돌려 주기 위해 죽느냐."하는 것입니다. 시치미를 떼고 있으면 아무도 모를 것입니다. 그러나 자기 하나 때문에 하늘과 땅이 난리가 난다면…… 지느러미가 저리도록 괴로워했습니다. 그리고, 그 괴로움은 끝내 견딜 수 없는 것이었습니다. 잉어는 기슭으로 다가가 아기들 별에게 말했습니다./"저의 가슴을 잘라 주시오."

―「잉어등」, p.120.[22]

자기 목숨을 희생하여서라도 직녀님의 은북, 북두칠성 공주님의 물국자 보석을 돌려주는 희생적인 인간애로 귀결된다. 그러나 잉어등의 희생의 끝은 죽음이 아니라 부활로 '환히 밝히고 싶던 소망'이 이루어진다. 죽음이라는 정지된 시간을 극복하여 부활과 함께 꿈을 실현하는 '잉어 등'의 역동적 환상성은 꿈의 미학으로 환상의 존재가치를 확인시켜 주고 있다.[23]

이러한 동화에서는 완결된 의미는 유보된다. 아니 의미는 상정하지 않고 의미의 탐색 과정만이 투사될 뿐이다. 이것이 정작 이영희 동화가 꾀하는 동적인 리듬감이 있는 팬터지의 세계이다. 팬터지는 잡을 수 없는 진리를 잡은 것처럼 착각하고 진리라는 이름으로 폭력을 행사하던 기존의 제도에 대한 반발일 수 있다. 이 야릇한 해체감이야말로 함부로 정의 내릴 수 없는 우리 삶에 대한 재현일 수도 있다는 아이러니가 이영희의 포스트모더니즘적 팬터지의 세계를 즐기게 되는 묘미라고 보여진다.

2) 지상에서 날아오르기

이영희 동화에서 자주 눈에 뜨이는 상승의식—날개가 달려 있건 없건 무엇이든지 하늘로 날아오르려는 욕구가 간헐적으로 눈에 뜨인다. 하다못해 이불을 만들 솜까지도 하늘로 날아오른다. 날아오른 것들은 아기별이던지 아니면 하늘의 솜구름이 되고 외로움과 무의미, 또는 불능의 상태의 존재에서, 보다 의미 있는 존재로 탈바꿈된다.

햇살을 섞어서 갓 만들어낸 솜 반장이 가을 바람에 날려 그만 하늘로 날아오르고 말았습니다. 할머니가 밟을 사이도 없었습니다. 가을바람이 약삭빠르게 꾀어냈기 때문입니다. 솜 밭 위 하늘에서 가을 바람은 솜 반에게 말

---

22) 잉어등은 깃대에 매달려 밤거리를 밝히던 옛날의 가로등이었다. 먼지를 뒤집어쓴 채 잊혀져 가던 잉어등은 어느 날 녹쓴 깃봉이 빠지면서 하늘을 날게 된다. 늘 자신의 빛으로 골목을 밝히기를 소원했던 잉어등이 마침내 생명을 부여받고 은하수를 누비며 굶주렸던 배를 채우느라 여러 가지를 삼킨다. 착한 소년의 고장난 시계, 사랑하는 사람에게 보내려고 쓰다 만 편지의 조각, 직녀의 베틀북, 북두칠성의 일곱 개 보석 중 하나를 삼켜 버린다. 그런데 하늘나라 임금님의 노여움과 땅나라의 홍수로 인해 잉어등은 삼켜 버린 물건들을 다시 주인에게 돌려 주어야 했다.
23) 박상재, 『한국창작동화에 나타난 환상성연구』, 단국대 박사학위논문, 1997, p.133.

했습니다. "그까짓 솜이불이 되면 뭘해. 나하고 놀아." 가을 바람에 솜 받은 높이 높이 날아오르면서 가슴이 부풀고 부풀어서 솜구름이 되었습니다.

―「별님을 사랑한 이야기」, p.110.[24]

가락지의 바로 바깥쪽 둘레엔 고운 눈매를 지닌 또 한 마리의 학이 아름다운 날개를 펴서 금방이 라도 날아 오를 듯이 기다리고 있을 것만 같았습니다······ 미더운 두 날개를 힘껏 뻗고 파닥이는 소리도 늠름하게 눈부신 쪽빛 하늘을 가로질러 날아가던 학, 〔···중략···〕 날아간 소리가 분명합니다.

―「불로초」, 『가슴에 꽃을 가꾸는 짐승』, 교학사, pp.44~47

한 뭉치의 천조각을 얻어서 돌아온 어린 선녀는 이 조각들을 한 장 한 장 꿰매기 시작했습니다. 큼직한 색동천 왼쪽에는 눈부신 금빛 조각을 대고 오른 쪽에는 하얀 천을 댔습니다. 은하수 선녀님의 옷조각은 길게 그 옆에다 이었습니다. 서툰 솜씨지만 한 바늘 한 바늘 정성 들여 꿰매어 나갔습니다. 바람선녀님의 말간 천을 덧대는 일이 끝났을 때입니다. 이 커다란 보자기같은 한 장의 천은 하늘하늘 절로 날기 시작했습니다.

―「어린 선녀의 날개옷」, 동화출판공사, 1982.

인간은 이승의 속박으로부터 영혼을 해방시키고자 욕구가 하는데 비행기가 나는 것도 이 세상에서 놓여나고자 하는 인간의 상상력의 산물이라고 본다. 새가 상징하는 것도 마찬가지로 우리 삶의 얼개가 원하는 자유의 삶을 내포하고 있다고 보인다. 이러한 날아 오르고자 하는

---

24) 내용; 할머니에게서 도망한 솜구름은 안개구름을 만나고 꽃송이와 자리바꿈놀이를 즐기다 밤이 된다. 솜구름은 별님을 잡아보려 그물로 변하여 할머니 방으로 별님을 휘감고 들어선다. 그러나 별님의 모습은 보이지 않고 방안의 레이스커튼이 되고 만다. 솜구름이 소유하려는 사랑이 잡으려 할수록 더 멀리 달아나고 만다는 것은 '사랑의 참모습은 소유함이 아니라 지켜 주는 것'이라는 메시지를 강조하는 고도의 상징이다.

의식의 내면을 이해하는 데 다음과 같은 표가 도움이 된다고 보인다.[25]

A 聖; 永遠;(超現實) 混沌	B 宇宙 (現實) :瞬間 ; 俗
神 a 樂園 ; 自由 幸福; 豊饒,健康,永生	人間 制約 ; 苦痛 불행: 貧困,疾病, 死亡
未分化　　　　　無空間 b　(永遠)　　　無時間	天　　　分化(秩序) 　　　空間 　　　　　地 時間(終末)
實在	非實在

정반대의 상황인 A와 B는 빈곤과 질병, 죽음이 있는 불행한 상황과 우주 밖의 초현실계로 神이 있고 제약이 없는 자유로운 낙원적 상황으로 풍요롭고 건강하여 영생하는 행복한 상황이다. 즉 A는 인간이 도달하고 싶은 긍정적 세계이고 B는 인간이 처해 있는 현실의 부정적 상황이다. 종교나 신화, 팬터지에서는 A가 의미 있는 실재적 상황이 되고 B는 의미 없는 비실재적 상황으로 인간은 끊임없이 A쪽의 실재적 상황을 성취하려 노력한다.[26] 즉 제약된 현실로부터 오는 반대적 투사현상인 낙원적 상황을 향한 날아오르기이며 상상력의 힘을 빌리게 되는 것이다.

---

25) 김태곤, 「샤머니즘과 공연예술의 상징적 原義」, 『韓國文化의 原本思考』, 민속원, 1997, p.250.
　　융은 어느 시대 사람이나 공통적으로 지니고 있는 무의식의 구조를 원형:Archetypus라 하고 개인과 집단의 의식 변화에 따라 발전하면서 다양해질 수 있다고 하였다. 엘리아데는 신의 행동, 특히 천지 창조 행위를 원형이라하고 인간의 생활과 관련된 여러 가지가 신의 천지 창조 행위를 반복하는 것이라 하였다.
26) A쪽이 인간에게 긍정적 상황으로 인식되는 그 근원은 인간이 넘을 수 없는 b단의 우주 질서로부터 오는 것으로 어둠의 혼돈 카오스로부터 개벽되어 하늘과 땅이 열리고 그 우주가 시작과 끝이 전제되어 있어 우주 안의 인간도 출생과 함께 죽음이 전제된다는 창조론에서 기인한다. 그러나 우주 이전의 카오스 상황에서는 무공간, 무시간의 영원으로 지향하게 된다.

그래서 작가는 일종의 샤먼으로 부정적인 현실인 B를 그 반대의 긍정적 상황인 A로 바꾸는 순환의지를 상승적 욕구로 표현하고 있다고 보인다.

그러므로 팬터지 동화에서는 완결된 의미는 유보된다. 아니 의미는 상정하지 않고 의미의 탐색 과정만이 투사될 뿐이다. 이것이 정작 이영희 동화가 꾀하는 팬터지의 세계일 수 있다. 팬터지는 잡을 수 없는 진리를 잡은 것처럼 착각하고 진리라는 이름으로 폭력을 행사하던 기존의 제도에 대한 반발일 수 있다. 이 야릇한 해체감이야말로 함부로 정의내릴 수 없는 우리 삶에 대한 재현일 수도 있다는 아이러니가 이영희다운 팬터지의 세계를 즐기게되는 묘미라고 보여진다.

이러한 가치중심적 주제의식으로 말미암아 잡다한 복선적 모호성을 띠게되는 은유에 의하여 수준 높은 문학적 예술성을 아동문학에 실현한 계기가 되었지만 아쉽게도 수준 미달인 당대의 독자에게 난해성으로 지적되어 작가와 독자 사이를 離間시켜 주는 요소로 지적당하기도 하였다.[27]

최초의 동화집 『책이 산으로 된 이야기』에 실려 있던 것 중에서 약간의 변모를 거쳐 『가슴에 꽃을 가꾸는 짐승』에 실린 것이 「오월의 딸」, 「왕거미 검서방」, 「토끼의 미술」, 「계수나무 살롱의 털외투」 등이 있다.

개작의 예를 들어보다가 발견된 것이 있다.

    허허허 고 예쁜 계집애가 소식도 없이 걸려들었구먼
    → 허허허 고 이뿐이가 소식도 없이 걸려 들었군 그래.

—「왕거미 검서방」

---

27) 이재철, 한국아동문학작가론, 개문사, p.237.

열째는 요리선수./열 한째는 홀딱 반할만큼 머리 모양이 이쁜 새침장이./열둘째, 열심히 하느님을 믿는 착한 소녀⋯⋯

→ 열째는 요리선수./열 한째는⋯⋯/열 넷째. 그 얼굴생김새가 형제 중에서도 가장 뛰어난 미인./열다섯째. 그와 비슷한 열여섯째, 진홍가슴(새 이름)과 소풍 잘 다니는 열 일곱째, 열 여덟째, 열 아홉째

—「오월의 딸」

1958년에 출간된 것을 1987년에 다시 개작하였으니 29년만의 개작이다. 그런데 초기 「오월의 딸」에서 보이는 열둘째 딸의 덕목인 '열심히 하느님을 믿는 착한 소녀'라는 서술에서 의외로 이영희의 「하느님을 공경하는 신앙심」을 발견하게 된다.

이것은 어느 외로운 나무의 이야기입니다. 사철을 두고 푸르른 나무⋯⋯몸매도 잎도 날카롭고 뽀족 하고 단정하여서, 친구 나무들은 그를 붙임성 없다 하여 돌려 세웠습니다. 새들은 그를 어려워하였습니다. 그러므로 푸른 나무는 날이 갈수록 외로와지기만 했던 것입니다⋯⋯/그러나,⋯⋯그는 꽃과 열매를 무척 지니고 싶어하였지만, 하나님께서 주신 자기모습을 원망하는 일은 결코 없었습니다. 푸른나무는 늘 기도를 잊지 않았습니다. 하늘을 향하여 아침마다 밤마다 기도를 올렸습니다./⋯⋯기도, 기도, 기도! 외로운 이 나무에게는 하늘에 바치는 기도만이 참다운 벗이었습니다⋯⋯〔⋯중략⋯〕/이상하게도 그 열매는 곧 하나씩 둘씩 하늘로 날아가기 시작했습니다. 열매가 아니라 그것은 바람에 날려 내려온 아기별이었던 것입니다. 비바람이 몰아치는 밤, 푸른 기도의 나무는 아기별들의 미더운 피난처가 되어 주었던 것입니다./그후부터 푸른 나무는 추운 겨울이면 열매를 맺는 나무가 되었습니다.⋯⋯/⋯⋯푸른 나무엔 금빛, 은빛, 붉고 푸른 빛깔의 별들만이 아니라 주렁주렁 눈부신 구슬도 열릴 것입니다. 그리하여, 끝내 기도를 잊

지 않았던 외로운 나무를 에워싸고 어린이들은 '베들레헴'이랑 '징글벨'을 부를 것입니다. 즐거운 '크리스마스'가 오는 것입니다.

―「별이 열리는 나무」, 『가슴에 꽃을 가꾸는 짐승』, p.112

크리스마스의 상징인 성탄목의 유래에 대한 수채화 같은 동화이다. 하필 여러 나무 가운데서 아무 꽃도 열매도 없는 푸른나무가 인류 구원의 기쁜 소망을 가지고 오신 아기예수님의 날을 상징하게 되는가? 기도하는 나무, 기다림의 나무가 세상의 열매도 아닌 하늘나라 아기별을 열매로 다는 극적인 장면…… 이영희 목소리를 대신하고 있는 푸른나무―하나님께서 주신 자기 모습을 원망하지 않는 긍정적 사고를 보여주고 있다. 이는 이영희가 어려운 일이 있을 때에 붙잡는 말씀 '형통한 날에는 기뻐하고 곤고한 날엔 생각하라 하나님이 이 두 가지를 병행하게 하사 사람으로 그 장래 일을 능히 헤아려 알지 못하게 하셨느니라'는 전도서 7장 14절 말씀처럼 오묘하신 하나님의 섭리에 맡기는 순응적 삶을 의미한다고도 보인다.

이영희 집안은 원래 천주교였으나 미션스쿨이었던 이화여고와 이화여대에서 자연스럽게 개신교를 접하게 되고 후에 독실한 기독교 집안인 김요섭과 결혼하게 됨으로 기독교로 개종하여 현재 장로교인 소망교회에 적을 두고 있다고 한다.

그러므로 기독교의 본질인 '이웃사랑과 하늘나라에 대한 소망'을 이해함으로써 이영희의 '사랑에 대한 집요한 천착'과 '하늘로 날아오르기' 등에 대해 어느 정도의 설명이 가능하다고도 보여진다.

1950년대에서 조심스럽게 추구되던 동화 속에서의 사랑을 아예 책 한 권의 주제로 끌어담은 작가의 치열함은 상징과 은유라는 기법의 완성, 감각적 시적 문체에 의한 팬터지 동화의 모범으로 한국 동화문학이 가졌던 한계성에 대하여 새로운 극복을 제시하고 있다고 보인다.

3) 우리 것 알기;전통성의 추구

이영희의 후기 작품의 특징 중 첫째는 '사랑에 대한 집착' 만큼이나 도깨비 소재에 집중하고 있다는 점이다. 즉 「아기 도깨비와 꽃 초롱」, 「외다리 외톨박이」, 「모닥불 모란불」, 「까치와 도깨비가 주운 달조각」, 「자전거타기는 왜 신기하가?」, 「도깨비와 쌍둥이」, 「도돌이의 도깨비 공부」, 「아기도깨비와 꽃밭」, 「쇠기러기가 낳은 순금알」 등이 있다. 작품의 서문에 밝힌 소재의 辯을 들어보면 다음과 같다.

> 도깨비는 아주 재미난 한국산 괴물입니다./한밤에 나타나 둔갑을 부리고 장난도 하는데 눈 깜짝하는 사이에 기와집을 지었다 헐었다 하는 엄청난 힘을 가지고 있다나요. 그런가 하면 무엇이거나 잘 잊어먹는 어리석은 데도 있지만, 무엇보다도 중요한 것은 은혜를 입으면 반드시 갚는 성격이라는 점이지요./이렇게 적어 가면 머리 좋은 여러분은 "음, 도깨비는 우리나라 사람을 닮았네!" 하겠지요.
> 나도 그렇게 생각합니다. 그래서 도깨비를 주인공으로 한 동화를 여러 편 써 봤지요. 우리나라 사람들을 스스로 더 공부하기 위해서였습니다.
> ―「도돌이의 도깨비 공부」, p.3.

도깨비를 소재로 쓰면서 그 목적은 도깨비가 우리나라 사람을 많이 닮았기에 도깨비를 공부한다는 것은 곧 한국 사람 공부가 된다고 밝히고 있다. 이는 어린이 마음속에 사라져 가는 우리 것에 대한 즉 전통적 민족의식을 불어넣으려는 작가의식의 발로라고 보인다. 동경에서 태어나고 자란 이영희가 서구의 문학을 공부하면서 우리말로 시와 동화를 쓰게 되고 문화부 기자로 연륜을 보내면서 결론적으로 깨닫게 된 것이 바로 우리 민족의 정체성이었던 것이라고 보여진다. 그리하여 다음과 같이 이영희 동화에 나타나는 도깨비는 일반적 도깨비의 속성과는 달리 '아름다움을 사랑하고 착한 사람을 도와주는' 우리 민족성의 우수함을 자랑하고자 한다.

도톨이와 까치가 이 기름진 땅에 누구를 살게 했는지 알아맞혀 보세요. 네? 누구라고요? 김청년과 순이 내외라고요? 그외에도 또 한 사람 있어요. 사기꾼에게 땅을 빼앗긴[28] 방게잡이 할아버지지요./도깨비 도돌이와 까치는 이 복동네를 떠나 다시 여행길에 올랐어요./이제는 좋은 일만 하기 위한 즐거운 도깨비 여행이지요.

―「도돌이의 도깨비 공부」, p.69.

이영희의 도깨비 소재의 의미는 아직 성인 문단에서도 못 다룬 전통적 소재의 도깨비를 현대적 감각으로 한심한 세상 인심이나 세태 풍자의 경지까지 이르고 있다는 점이다. 그리하여 전래동화 개작의 문제점인 천편일률적 권선징악적 주제를 탈피하여 다양한 주제가 나타난다는 점이다.

월급봉투 안에 숨어 들어가 사각사각 돈을 갉아 먹어치우는 월급도깨비, 말이 많고 마무리짓기를 싫어해 몇 년이고 회의를 끌어가는 회의 도깨비, 요리 붙었다 조리 붙었다 해서 조화를 부리는 선거 도깨비, 사람들이 술마시고 떠들고 있는 동안에 넋을 빼가는 술도깨비…… 기계 속에 숨어 들어가 종일 사람을 부려먹는 기계 도깨비, 공으로 둔갑해 자기 공이 들어가 버리게 만드는 축구도깨비 등이 있다.

―「도돌이의 도깨비 공부」, p.69.

---

[28] 1970~1980년대의 사회문제가 된 땅과 석유문제를 다룬 소재로 경제개발로 인하여 피해를 본 소외층과 그 소외층의 무식함을 빌미로 사기를 친 사건을 묘사함으로 현대사회의 문제점까지 풍자하고 있다. 이런 일을 속시원하게 해결하여 사기꾼에게 땅을 뺏어 할아버지에게 돌려주는 일은 동화 속에서나 가능한 일로 오늘날 포스트모더니즘의 소재인 ①근대화에의 투쟁 ②환경보전, 생태학문제 ③기존문화에 대한 새로운 접근적 태도라고 보여진다.

둘째는 전래동화에 나오는 소재—전설, 민담들을 차용하여 현대적으로 합리성 있게 개작하여 어린이들이 흥미를 잃지 않고 읽도록 재창작에 성공하고 있다. 전통적인 소재를 다룬 동화를 정리하면 다음과 같다.

	동화 제목	전통적 소재
1. 상상의 짐승	아기 용의 꿈, 꽃농사, 꿈농사, 불개가 있는 마당	용, 불개, 이무기
2. 초월적 존재	도돌이의 도깨비공부, 기다림이란 이름의 꽃씨, 어린 선녀의 날개옷, 잉어등, 쇠기러기가 낳은 순금알.	산신령, 하느님, 선녀
3. 한국적 정서의 꽃	앞의 동화들	유채꽃, 메밀꽃, 감자꽃, 도라지꽃

용이 되는 시험에 낙방한 뱀이무기, 해와 달을 삼키는 꿈을 가진 불개, 표범아버지와 호랑이 어머니 사이에 태어난 '스라소니'라는 주인공이 나오는 이영희 동화는 스케일이 큰 주인공과 독특한 소재에서 참신성이 돋보인다. 결국 이무기는 우물파기꾼으로, 불개는 대장장이가 되지만 이들은 결코 실망하지 않고 맡은 바 일에 충실한다. 불개가 흘려보낸 녹물로 이무기가 파놓은 연못 낚시터의 고기가 죽어 싸움판이 벌어지자 꽃팔이꾼이 되려다 취직 못한 스라소니는 이런 경황 속에서도 유채꽃밭을 지키는 데 안간힘을 쓴다. 전래동화 속 주인공들이 현실 세계에서 공해로 인한 싸움벌임을 풍자한 팬터지이다. 세 주인공이 힘을 모아 꽃농사를 시작하면서 꿈을 실현시킨다는 이 이야기는 먹을거리보다 자랑거리가 있다는 것이 얼마나 중요한가를 일깨워 주고 있다.

셋째는 전래동요, 민요 등을 인용한 문장의 탄력성이 작품상의 변화감을 유도하며 민족적 정서와 맥락을 언어 발달 단계에 맞추어 삽입하고 있다는 점이다.

"옳지, 저 노인을 골탕먹여 볼까?"

까치는 고개를 갸웃거리며 대답을 하였습니다.

쇠똥 말똥 바구니에 가득

♩♪♩♪ ♫♫♩

실게 방게 개울 안에 가득

♩♪♩♪ ♫♫♩

귀바늘 도깨비는 착한 도깨비

♩♩♩ ♩♩♩♩ ♫ ♩♩♩

복을 실어오는 복도깨비

♫ ♩♩♩♩ ♩♩♩♩

응야차 응야 복도깨비

♫ ♩ ♫ ♩♩♩♩

—「도돌이의 도깨비 공부」, 서문당, 1986, p.57, 63.

"리듬의 마력을 가진 시의 아름다움에 아무런 반응도 나타내지 않는 어린이가 있을까?"라는 L. H. Smith의 말을 빌리지 않아도 오랜 시간 동안 민족적 정서로 갈고 닦여진 전래동요, 민요 등이 가진 리듬의 마력이 지리한 묘사나 서술보다도 리드미컬하게 작품상의 변화감을 주며 민족적 정서와 맥락을 이어 주고 있음을 알게 된다. 또한 전래동요, 민요 등의 인용은 아동의 언어 발달에도 효과적인 기여를 한다고 보인다.

4. 맺는 말

최초의 본격 여류 동화작가, 새로운 포스트모더니즘적 삶을 살고 있는 이영희의 생애와 변모하는 작품세계를 3단계에 따라 살펴보았다. 그의 작품에 나타나는 특징은 시기별로 그 모습이 조금씩 다르게 나타난다.

초기의 '꿈'이라는 의식작용이 세계명작적인 구조, 서구적 발상과 분위기를 통로로 하여 주인공이 '바라는 세계;유토피아'로 들어간다. 이러한 유토피아적 통로는 주인공들의 현실을 반성하는 계기가 되어 '부정적 자아 → '팬터지의 세계' →긍정적 자아'로 변모된다.

중기에서는 초기의 서구적 취향의 수식어 남용의 화려체를 극복하고 증류된 은유, 우의된 환상을 사용하는 시적 상징적 문체를 확립한다. 그리하여 '현실 같은 환상'과 '환상 같은 현실'이 시적 팬터지의 마력으로 작용하여 팬터지의 질서가 현실의 세계로 이어져 조화를 이룬다. 이러한 팬터지 세계의 구축이 60년대 본격동화의 자리매김에 큰 영향을 주었다. 이에는 동화의 대상을 어린이에 한정하지 않고 동심을 가진 성인까지도 확장하여 '사랑'이라는 절대가치적 상징적 주제를 주변의 사소한 삶의 일상적 소재를 통하여 과감히 팬터지 속에서 보편세계로 편입시킨다는 점이다.

후기에서는 초기의 사건 중심, 중기의 분위기 중심의 환상 세계와 달리 팬터지 속에서 현실 세태의 부조리를 차분하게 풍자하는 작가의 현실 인식이 엿보인다. 이러한 현실 인식과 아름다운 전설적 팬터지 세계와의 조화와 한국 동화에는 보기 드문 마술, 요술 같은 매직적 요소를 끌어들여 한국 동화의 취약점인 소재 확장에 기여했다.

이영희 팬터지의 특징은 무엇보다도 집요한 실험정신에 근거한 작가적 탐구정신으로 보여지는데 '사랑의 발현'과 '전통성 추구'이다. 이는 초기의 긍정적 자아라는 '자의식'에서 시작하여 '동양적 희생적 사랑'으로 나아가 나와 남을 동시에 구원하는 '이타적 사랑;이웃 사랑'으로 확대되어 후기에는 '참된 인간애;박애주의' 구현으로까지 귀착된다. 특히 죽음까지도 초월한 희생으로 부활과 함께 꿈을 실현하는 역동적 환상성은 꿈의 미학으로 환상의 존재 가치를 확인시켜 주고 있는 것이다.

이러한 동화에서는 완결된 의미는 유보된다. 아니 의미는 상정하지 않고 의미의 탐색 과정만이 투사될 뿐이다. 이것이 정작 이영희 동화가 꾀하는 팬터지의 세계일 수 있다. 또한 전통적 소재를 차용하여 민족 정체성 규명에 앞장서는데 일반적 도깨비와는 달리 아름다움을 사랑하고 착한 사람을 도와주는 한국적 '도깨비'에 대한 천착을 들 수 있다.

이는 사실 탐구가 아닌 가치 탐구적 주제의식의 결과로 긍정적이고 진취적이며, 고난을 극복하기 위해 적극적으로 사고하는 자기 실현을 이루는 창조적 아동상을 추구하고 있다. 그것은 어린이의 시선이 어디로 향해야 하는가를 늘 암시한다. 바로 상향의식으로 귀착되는데 주인공들은 여러 형태의 방법으로 끊임없이 날아 오르고 있음이 발견된다. 이영희의 문학적 특성을 정리하면 다음과 같다.

첫째, 독특하고 강한 팬터지의 리듬으로 시정신에 뿌리 내린 본격동화에의 끈질긴 지향의식으로 철저한 작가의식은 현대동화가 나아가야 할 방향을 제시하고 있다.

둘째, 끊임없는 작가정신의 발현으로 구성, 문체 등의 변모를 통해 동화의 새로운 가능성을 시험하려 한다는 점이다. 감동을 불러일으켜 삶을 아름답게 하는 것이 무엇이며 수용자가 끝까지 고수해야 할 가치가 무엇인지 알게 한다.

셋째, 집요한 사랑의 발현에 대한 탐구로 동양적 사랑에 근간을 둔 자의식이 박애적 사랑으로 발전됨이 발견된다. 이는 참된 인간애로 용융된 기독교의 본질, '이웃사랑과 하늘나라에 대한 소망'을 이해함으로써 이영희의 '사랑에 대한 집요한 천착'과 '하늘로 날아오르기'의 내면이 설명된다.

넷째, 민족 정체성을 동심에게 계승하려는 집요함으로 민족 정서의 도깨비 이야기와 전통적 소재 개발에 성공한 본보기를 보이고 있다. 전통적 민족의식을 불어넣으려는 작가의식의 발로라고 보인다.

동경에서 태어나고 자란 이영희가 서구의 문학을 공부하면서 우리 민족의 정체성을 살리는 시와 동화를 쓰게 되고 이제는 일본말로 일본에서 가장 오래된 歌集, '만요슈'의 이두를 풀이하는 작업을 하는 국제적 존재로 변모되었다는 것이 의미하는 바는 무엇일까? 분명 이영희는 이 오랜 작업의 터널을 뚫고 한일간에 이어진 보이지 않던 끈을 보여주는 작업, 그러므로 그 끈 끝에 세계를 잇는 작업을 하리라 보인다. 그 끝의 이름은 '한국팬터지동화'라고 믿어 본다. 끝으로 나중의 연구자들을 위하여 이영희 작품을 독자 대상에 따라 표로 분류 정리해 본다.

年齡	3 4	5 6 7		8 9 10 11	12 13	15 16	17
段階	乳兒	幼兒期	兒童前期	中期	後期	청소년기	
piaget	知覺期	直觀的 思考期		具體的 思考期		청소년을 포함한 어른	
이영희 동화의 단계		本格兒童童話 ← 유년동화		少年童話 ←——→		어른을 위한 동화, 수필집	
분석대상이 된 작품집		·어린선녀의 날개옷(동화출판사 1982) ·도깨비와 쌍둥이(견지사,1979) ·아기도깨비와꽃초롱(삼성당,1980)		·책이 산으로 된 이야기(신교출판사,1958) ·꽃씨와 태양(숭문사,'67) ·날씨굽는 가마(샘터사)'72 ·사랑나라꿈나라(갑인,'79) ·달 속의 푸른바람(금성,'86) ·가슴속에 꽃을 가꾸는 짐승(교학사,1987)		수필 ·레몬이 있는 방 (동화,1967) ·살며사랑하며(서 문당'73) ·사랑학에세이(해 냄,'90) ·별님을사랑한 이야기(갑인,78) ·생각의 꽃씨(갑인 출판,'78)	

참고문헌

이재철,『한국아동문학연구』, 개문사, 1983.
───,『韓國現代兒童文學史』, 一智社, 1978.
───,『韓國兒童文學作家論』, 開文社, 1983.
───,『世界兒童文學事典』, 계몽사, 1989.
C. G. Jung,『인간과 상징』, 조승국 역, 범우사, 1981.
유경환,「韓國的 抒情과 幻想의 回復」,『兒童文學硏究』, 韓國兒童文學硏究所, 1984.
김요섭,『현대동화의 환상적 탐험』, 한국문연, 1986.
안승덕,『아동문학작품해설』, 배영사, 1986.
이인모,『문체론』, 이우출판사, 1980.
김자연,『한국동화의 환상성연구』, 전주대학교 박사학위논문, 2000. 2.
박상재,『한국창작동화에 나타난 환상성연구』, 단국대학교 박사학위논문, 1997.
정연지,「이영희동화에 나타난 팬터지의 세계」,『한국아동문학작가작품론』, 집문당, 1996.
김영희,『한국창작동화에 팬터지에 관한 연구』, 연대석사 학위논문, 1977
신숙현,「이영희론─시적 팬터지의 문학」,『아동문학평론』39호, 1986. 여름
N. Frye, 임철규역,『비평의 해부』, 한길사, 1982.
鄭善惠,「韓國幼年童話硏究」, 誠信女子大學校 國文學科 碩士學位論文, 1980.

한국 동화 속에서 잃어버린 모성찾기
―문예진흥원대표선집에 실린 여성동화작가 작품 분석

1. 서언

'어머니'라는 세 음절의 낱말이 주는 진한 감동은 동서고금을 통하여 넓고도 깊은 영원과도 통하듯 실로 뭉클하다.
우리가 약하고 누추함을 느낄 때 마음 깊은 곳에 숨어 있는 어머니의 모습은 우리의 삶 속에 약해진 우리를 강하게 해주는 원동력이 되곤 한다.
그러나 이러한 어머니의 개념도 시대에 따라 어떤 유형과 범주를 지니게 되는 것이 사실이다. 이미 떠나온 것 같은 고향과 같은 전래동화 속에, 또 문화 태동기였던 일제하에 싹튼 초기의 근대동화 속에서 깃든 어머니의 빛깔을 찾으려 한다. 또한 91년도에서 97년도까지 발간된 문예진흥원에서 편한 『한국문학작품선』 8권[1]에 실린 대표적 여성 동화 작가

---

1) 실려 있는 동화는 총 288편으로 그중 여성작가는 81명으로 92편의 동화를 읽고 분석하였다.

들의 작품 속에서 새롭게 변모한 어머니상을 만나 보려고 한다.

그리하여 오늘날 붕괴되고 혼란한 가치체계의 새로운 정립을 위하여 과연 잃어버린 것들이 무엇이며 찾아야 할 것이 무엇인지 동화 속에 나타나는 어머니상에서 읽어낼 수 있으리라는 기대감을 갖는다.

한국 모성에 대한 정체감의 탐색이며 존재론적 성찰을 전래동화, 근대창작동화, 현대동화—그 중에서도 문예진흥원에서 선정된 여성작가의 동화 속에서 시도해 보고자 한다. 이는 문예진흥원이 1991년 4월 여석기 문예진흥원장의 주도 아래 이제까지의 창작 지원 체제에서 한 걸음 더 나아가 문학작품의 수용자인 일반 국민에게 향수의 기회를 제공한다는 취지하에 문학작품선을 기획, 편찬하게 되었다. 그후 7년간 문학작품선이 발행되어 명실공히 대한민국 현대창작물의 바람직한 표본으로 부상되고 있었으나 이에 대한 연구는 전무의 상태였기로 유경환선생님의 권유받았던 차에 '모성성 연구' 란 제목을 가지고 살펴볼 기회를 가지게 되었다. 특히 이 작품선이 어느 한 해의 것이 아니고 1년간 각 지면에 발표된 작품을 장르별로 매년 다르게 위촉된 편찬위원회의 선정을 통해 현대문학의 총체적 흐름을 파악할 수 있으며 동시에 연간자료집으로의 의의를 지니고 있기 때문이다. 또한 선정된 시, 시조, 단편소설, 중편소설, 희곡, 수필, 평론, 동시, 동화를 전6권으로 발행하여 전국의 공공도서관, 대학도서관, 마을문고, 문화원 등에 배포되어 이미 그 공정성에 대하여 별 의의가 제기된 바가 없었다는 점도 성찰의 동기가 되었다.

2. 전래동화상에 나타난 어머니상

전래동화란 어린이에게 절대적인 흥미의 대상이 되는 동시에 민족의 꿈과 생활이 단적으로 표현된 삶의 지표라고도 볼 수 있다.

"어머니로서의 여성은 은혜를 베풀며 성스럽고 순수하며 無性이고 풍요롭게 하는 존재다."[2]

외유내강형이던 우리의 여성들의 모습을 찾아보면 다음과 같다.

효녀 지은, 심청, 한석봉의 어머니./백수광부/도미의 아내, 춘향…….

그리고 현모양처형인 사임당은 며느리의 의무와 모범적인 아들과 딸을 길러낸 우아하고 고고한 어머니상이었다면 일찍이 낳은 아들과 딸을 잃은 허난설헌은 좌절한 어머니상으로 가부장적 이데올로기의 비극이라고도 보인다. 그리하여 오로지 난설헌은 문학세계만이 관습적 모성이 거부당한 불모의 육체에 초월적 이상향을 그리게 하였다.

덕성 있던 능력자였던 선덕여왕, 진성여왕[3], 평강공주…….

어머니는 동시에 딸이며 여성이며 며느리이며 집에 있으며 세계에 있고 강력한 듯하나 무력하고 양육의 책임과 관습의 전승자로 정치적으로 무관한 것 같으나 현실과 밀접하게 결합되어 사회적이다.

그러나 그 원형이 차차 시대의 변천과 함께 윤색되어 고유한 특성이 상실되어지고 있는 것은 마치 신화 속으로 사라진 모성성과도 일치한다고 보는 것이다.

그 모성이 담겨 있는 우리 전래동화만이 가지고 있는 특성을 살펴보면 다음과 같다.[4]

첫째, 서술 중심으로 하늘과 깊은 관계를 맺고 있으며(경천성) 구체적, 리얼한 묘사가 없다.

둘째, 시간적 공간이며 배경의 구속이 없다(포용성)

셋째, 천편일률적 구성으로 주인공 중심의 형식이다(잠재력 교육).

---

[2] 이드리엔느리치, 김인성 옮김, 『더 이상 어머니는 없다』, 평민사, 1996, p.37.
[3] 일연, 『삼국유사』, 모두 부드러운 성품에 어질고 영민하여 홀아비와 과부를 위로하고 구제했다고 한다.
[4] 이윤자, 『아동문학평론』, 1977. 5, pp.40~47.

넷째, 인물의 대립이 유형화되어 있다.

다섯째, 권선징악, 보은사상, 충효사상, 瞬間的 機智 등이 주제가 된다(조화성).

선악 구별/윤리 교육, 바람직한 성교육을 함께 병행했다.

이와 같은 특성을 가진 한국전래동화 100편을 선정하여 나타나는 어머니 유형을 분석하여 표를 만들어 보면 다음과 같다.[5] 태도 분석의 기준은 Symonds. P . M[6]의 이론을 참고하여 정리하였다.

〈표 1〉

유형		어린이를 다루는 태도	어린이에게 주는 영향	대표 작품	작품수
거부적 태도	소극적 거부	무시, 방임, 무관심, 불신용, 악감정 불일치감.	*자극에 예민해짐. 창의성이 신장 되기도함. *주의 획득으로 관심을 집중시키려 함. *퇴행 현상이나 공격성이 보일 수 있음.	햇님달님	10편
	적극적 거부	체벌, 학대, 굴욕, 가혹한 요구 방치 등 비교와 비난, 위협형.	*고독과 무언의 증상, 반항과 공격적 태도, 타인의 친절 거부, 범죄심, 질투 현상이 나타남.	콩쥐 팥쥐	12편
지배적 태도	엄격형	애정은 있으나 늘 엄격하고 완고하여 명령, 금지, 비판 등으로 끊임없이 감독함. 잘못한 일을 곧바로 지적/반드시 처벌이 따라야 한다고 생각함.	*권위에 순종하는 복종감은 있으나 약자에게 난폭해짐./우울하고 자살을 생각함 *자발성이 부족하게 됨./책임감, 예절은 바름 *부정적 자아 이미지/자기 비하가 심함.	콩쥐 팥쥐, 견우직녀	7편
	기대형	부모의 야심을 강요하여 어린이의 소질, 적성, 희망이 무시됨. 지나친 지나친 주의를 하며 능력을 과대평가하여 기대하고 요구한다.	*인내심이 부족하여 화를 잘 내게 됨. *늘 쫓기우는 메마른 성격의 소유자로 표면적 이기주의적 냉담한 성격으로 형성됨. *가출에의 유혹을 느끼게 됨	제일 훌륭한 사위	5편

보호적	간섭형	기대형과 공통된 감정이나 더욱 세밀한 것까지 참견하고 조언, 지시함.	*의존성이 크게 됨. *신경질이 많고 겁이 많아서 자신감이 결여되게 됨.	청개구리	6편
	불안형	일상생활, 건강, 교우,관계, 진로에 대하여 지나친 걱정과 불안으로 지나친 보호와 원조를 함.	*어린이도 불안하게 되어 내부적 갈등을 일으켜 정서가 불안해짐. *열등감으로 늠름하지 못함.	칠성님과 어머니	4편
복종적 태도	익애형	지나친 사랑으로 하찮은 일에도 상을 주는 등 나쁜 일도 편들어 주며 자녀를 떠나서 살 수 없다고 하는 경우.	*자기 중심성이기주의)/침착하지 못함/유치한태도/제멋대로(기회주의)/책임회피/쉽게 좌절함./자신감 결여—인정은 많음	심청전/흥부놀부	17편
	맹종형	모든 권한을 자녀에게 주고 어떤 희생을 무릎쓰고 요구를 들어준다.무엇이든지 용납한다.요구이상의 도움을 준다.	*욕구불만을 참지 못함/순종하지 못하고 무책임함/싫증을 느끼며 끊임없는 자극을 요구/공격적이고 난폭하며 규칙을 지키지 못한다.	게으름뱅이 젊은이/4명의 사위	7편
모순과 불일치형	모순형 (제일 심각함)	동일한 행동에 일관성 결여 감정통제가 잘 안됨/안정감 결여/위장된 애정 표현	*이유 없는 불안으로 늘 긴장하고 무질서함. 칭찬도 벌도 주지 않고 비난만 함. *좌절감을 느낌.	금도끼 은도끼	4편
	불일치형	부모가 다른 가치관으로 서로 다른 양육태도를 취함. 자식을 불신.	*심리적 혼란으로 열등의식 심화/건전한 사회 적응이 저지됨.	장화홍련	4편
조화형	민주주의형(엄격+자애로움)	부모도 잘못시 즉시 반성하며 자아 형성에 도움이되도록 절충된 애정을 준다.	*자신감있고 성취 동기가 높음./원만한 인간 관계/사리 분별력 있음/긍정적이며 문제 해결력 있음.	은혜갚은 두꺼비/이엄이지엄이	19편

---

5) *계림출판사:1988,『한국전래동화집』46편.
　　*금성출판사:1988,『한국교육동화』80편.
　　*한영출판사:1979,『컬러어린이전래동화』30편.
　　*삼성당:1984,『컬러어린이한국전래동화』14편—총 170편 중 70편이 중복된 내용이었음.
6) P.M. Symonds, *Personality of the Teacher*, Journal of Education Resarch, May, 1947.

1) 조화성;민주주의형의 모성

앞 분석에 의하면 가장 많이 나타나는 경우가 의외로 민주주의형의 모성이다. 전래동화 속에서 늘 우리의 어머니들은 결핍자로 등장한다. 그러나 불우한 비극적 상황 속에서 자식에게만은 자애로우나 엄격한 바람직한 양육 태도를 견지한다.

그리하여 반드시 문제 해결자인 자식—꼭 아들이 아니고 딸이 경우도 많다—을 주인공으로 성공시킨다. 이는 전래동화의 주제 중 가장 빈번하게 나타나는 것이 機智形이 전체의 29.1%로[7] 한국인이 기지 유머에 빼어난 민족임을 말해 주는 것이라 하겠다. 전래동화에서 흔히 나타나는 명재판, 명화술 등 재치와 기지로 어려움을 극복하는 문제 해결자로 등장한다. 아래와 같은 어머니의 바람직한 양육 태도의 어머니아래에서나 가능한 자유로운 성정의 발현이라고 보인다.

"옛날 어느 마을에 막동이라 불리는 소년이 어머니와 단 둘이 살고 있었습니다. 아버지를 여읜 데다가 가난하기까지 했으나 막동이는 복스럽고 영리하고 담이 컸습니다. 어머니는 막동이가 마을 사람들에게 칭찬을 들을 때마다 너무 기뻐서 어려운 일도 어려운 줄 모르고 열심히 하였습니다……"[8]

"옛날 어느 곳에 어머니와 딸이 가난하게 살았습니다…… 어느 날 커다란 두꺼비가 한 마리 기어들어왔습니다…… 두꺼비는 간난이의 밥을 얻어

---

7) 여영택, 『전래동화연구:전래동화의 주제』, p.57. 훈계26%, 보은 28%, 의협4% 등.
8) 「은혜갚은 호랑이」, 1982. 계림출판사, 한국전래동화집. p.46.

먹어 커다란 두꺼비가 되었습니다. ……금년에는 간난이를 제물로 바치게 되었습니다. "이젠 너에게 밥을 먹여줄 수 없게 되었구나!" 두꺼비를 어루만지며 간난이는 말했습니다……"

—박홍근, 『은혜갚은 두꺼비』

전래동화상의 어머니는 일반적인 남아선호사상에서도 벗어나 '간난이'라는 딸을 어려운 가운데서도 다사로운 애정 속에서 배고픈 두꺼비에게도 사랑을 나눌 수 있는 존재로 성장시킨다. 그리하여 바람직한 모성은 마을 최대의 고민거리까지 퇴치하게 하는 힘을 발휘하게 하는 것이다.

전래동화상에 나타나는 어머니상은 다음과 같은 민주적이며 조화로운 모성성을 지닌다.

ⅰ) 자식이 하고자 하는 일을 정상적인 삶의 한 부분으로 받아들인다(아버지 죽인 호랑이를 잡으러 떠나는 아들을 3번쯤 테스트하여 보냄).
ⅱ) 자녀에게 적절하게 좌절을 경험하게 하여 훈련의 기회를 제공한다.
ⅲ) 가족이 잘못을 범해도 가족이 가진 잠재력, 장점을 발견하고 인정하여 믿어 준다.

2) 포용성

두 번째로 많이 나타나는 유형은 과잉보호형의 익애와 맹종형의 어머니로 전체의 24%를 차지하며 자식에 대한 사랑이 넘쳐 불안해 하고 간섭하는 형태는 10편이 나타나 합하면 무려 34%를 차지한다. 특히

獨子나 末子가 많이 등장하는데 이때 무조건적인 사랑으로 자녀에게 염려하거나 불안해 하며 지나친 보호를 한다. 이러한 불안의식은 자녀에게도 전달되는데 참으로 다행하게도 전래동화에서는 어떠한 계기에서 양육 태도가 변화되어 오히려 그 과보호 대상이었던 자녀를 탐색자의 길로 내보내게 되고 결국은 성공하게 한다.

어린이들은 성장함에 따라 성장단계에 따라 자신이 해결해야만 할 여러 가지 문제에 부딪히게 된다. 어린이에게는 말로 표현할 수 없을 정도로 힘든 것들이 많은데도 대개의 부모는 이러한 마음의 불안에는 관심을 두지 않고 눈으로 보여지는 현실적인 것들에만 주의를 기우린다.

예를 들면 부모에 대한 애정문제, 미래에 대한 불안감, 죽음에 대한 공포, 형제나 친구간의 경쟁의식, 어린이다운 의뢰심 등 어린이 자신의 말로 표현하기에는 힘든 여러 가지 심리학적 문제들이 산적해 있는 것이다.

또한 어린이 자신도 자신이 늘 착한 존재가 아니라는 것을 잘 알고 있다.

이렇듯 인간에게 존재하는 선한 면과 악한 면, 밝은 면과 어두운 면을 '어린이에게 해를 주지 않는 상징적인 형태'로 간결하게 다루어 주고 있다. 인간 기본적인 문제를 요점만 따서 이야기해 주는 것이 전래동화의 특징이다. 어린이는 그것만으로도 문제의 본질을 파악한다. 줄거리가 복잡하면 오히려 혼란을 일으켜 본질 파악이 어렵기 때문이다. 또한 암암리에 부모가 늙어 죽은 후의 세대 교체까지도 다루고 있다 (예:고려장 이야기).

전래동화 속에서는 악은 선과 똑같이 등장한다. 악도 선과 마찬가지의 인간 삶 속의 한 형태로 존재한다. 그러나 양면가치적인 인물은 등장하지 않는다. 이것도 저것도 아닌 중간적인 인물은 없는 것이다. 양극단의 성격을 나란히 내세움으로 어린이에게 양자의 다른 점을 쉽게 이해시키기 위해서이다. 그리하여 어린이로 하여금 인간 세상이 양면성을 가진 것을 이해하게 한다. 이러한 세상에 대한 포용성은 타자를 이해하게 하고 용서하게 하며 변화시키게 하는 모성성이다. 그러나 나쁜 일을 하면 이익보다는 반드시 손해를 본다는 확신을 가지게 한다. 전래동화에 뿌리 박고 있는 원시적인 충동이나 거친 감정은 아직도 어린이 마음속에 함께 내적 갈등으로 존재한다.

사랑받고 싶다는 욕망, 가치없는 인간으로 취급당하지는 않는가하는 두려움이나 미래에 대한 공포는 예나 지금이나 공통된 문제인 것이다.

전래동화에서 끝마치는 마무리말 '……아들딸 낳고 행복하게 잘 살았답니다' 또는 '……그래서 둘이서 언제까지나 행복하게 잘 살다가 죽었단다'는 말의 숨겨진 메시지에는 어린이들 마음에 숨어 있는 가장 큰 걱정거리인 分離不安을 해소하게 하는 힘이 있다.

'부모와 이별하지 않을까' 하는 걱정에 대해 '타인과의 사이에 진실한 연결관계를 맺어 놓으면 그러한 불안에서 피할 수 있다'는 것을 가르쳐 주고 있는 것이다.

3) 경천성 – 선악의 윤리교육

세 번째로 많이 나타나는 어머니는 거부형이다. 흔히 거부형의 어머니는 계모로 등장하는데 약자인 딸을 가혹할 정도로 학대하고 비난하며 무시하고 나중에는 쫓아내기까지 한다. 또한 그러기에 악인의 대명사로 결국은 벌을 받고 마는 존재가 된다.

모든 것을 주기만 하는 어머니의 존재에서 자녀에게 독립적으로 자립할 수 있도록 키워야하는 가혹한 어머니이기도 한 것이다. 어린이 최대의 이익을 위해서는 거부적인 부모의 모습을 가질 수도 있는 것이다. 팥쥐에게는 언제나 '좋은 어머니'이기에 내적인 성숙을 못하게 되고 콩쥐는 심리적인 위기를 이상적으로 극복하게 되어 비로소 바람직한 상대를 진실한 관계를 유지할 준비가 된 것이다. 그런 면에서 거부적인 계모의 모습은 자식에게 자율성과 근면성을 기르게 하는 어머니의 또 다른 모성성이라고도 볼 수 있다.

'부지런하고 진실한 사람은 하늘이 돕는다'는 민담적 운명론이 전래동화상에 나타나는 모성의 신앙이다. 이는 사람의 운명은 이미 정해져 있으므로 거역할 수 없다는 古小說的인 운명론과는 대조를 이루고 있다. 그래서 선과 악의 싸움에서 반드시 선이 이긴다고 하는 정의의 승리에 대한 신뢰감을 가지고 있다. 그래서 동화 속의 어머니들은 낙천적이다. 차라리 그래서 해학적이기까지 하다.

그러면서 행복은 저절로 얻어지는 것이 아니라 쟁취하는 것이라고 어떠한 고난이나 적대자와도 싸워 이길 수 있다는 낙관론은 인간 행위에 대한 신뢰를 가진 사람만의 것으로 그 배경은 하늘에 있다고 보인다.

전래동화에는 신화적인 것, 전설적인 것, 민담적인 것 등이 있는데 특히 건국신화들에는 다음과 같이 하늘과 인연을 가지고 있는 것이 많다.

- 단군할아버지가 하늘나라에서 天符印 셋과 3천명의 인원을 거느리고 내려왔다.
- 고구려의 동명성왕의 어머니 유화가 하늘에서 햇빛을 받아 잉태한 후 알에서 태어난다.
- 신라의 박혁거세 역시 陽山 기슭 蘿井에서 天馬가 품고 있던 알에서 나왔다.

하늘과 관계가 깊기에 하늘을 숭상하고 하늘과 인연을 맺기를 좋아하고 하늘과 화합하려는 하늘 백성인 우리 전설에는 수평적인 사고보다는 수직, 상승적 이야기가 많다.

그 좋은 예로 '나뭇꾼과 선녀', '견우직녀' 이야기이며 '해와 달이 된 오누이 이야기'도 들 수 있다.

  그 이야기의 話者는 이야기 속에서 은연 중 독자에게 '하늘 백성으로의 자존심'을 가르치며 하늘을 두려워해야 할 것과 누구건 언제일지는 모르나 하늘로 환원할 수 있다는 가능성을 암시하고 있다.

  이렇듯 동화를 들려주던 화자였던 할머니는 손자에게 하늘에 대한 경천성을 심어 주었고 이것은 곧 하늘을 두려워 하는 마음으로 자라게 하여 누가 보거나 말거나 부끄럽지 않는 삶을 영위하게 하였던 것이다. 즉 인간 세상의 희노애락을 통한 고진감래와 권선징악의 주제를 통해 막연한 윤리 교육이 아닌 '죄를 죄라고 구체적으로 확실하게 가르치는 윤리교육'의 바탕이 되었으니 오늘날 우리가 잃어버렸던 모성성의 일부가 바로 경천성이라고 볼 수 있다.

3. 근대창작동화에 나타난 어머니상

  한국의 근대문화가 그러했듯이 한국의 근대아동문학의 출발 역시 자연발생적 순수 동기보다는 일제의 식민정치에 대항하는 방법적 일환이라는 기형적 특징을 지닌다. 잃어버린 조국을 회복하려는 분출구로 자리한 것이었다. 따라서 문학역시 교화적, 계몽적이었고 조국을 잃은 슬픔으로 감상적 문학이었다. 더욱이 3·1운동 후 민족의 절대적 호응 속에서 용광로의 불길처럼 파급되어 무엇인가 원초적 안식처를 그리워하는 마음으로 치닫게 되었으니 소파의 『사랑의 선물』에 이어 『어린이』 잡지와 '색동회' 조직이 획기적 이정표가 되었다.

  그리하여 천사적 동심주의시대인 勃興成長期(1923~1930), 近代的 展開期(1930~1940) 過渡期的 文學運動期였던 暗黑受難期

(1940~1945)의 작가에 따른 어머니상을 〈표2〉와 같이 정리하였다. 먼저 〈표1〉의 양육 태도에 따라 위 시대 작가의 대표적 동화를 3편씩 읽어 아래와 같이 분석하였다.

〈표2〉

유 형				대표되는 창작동화의 예	
거부형	소극적	1편	적극적	4편	앙그리께	모래알 고금
지배형	엄격형	10편	기대형	10편	돌멩이	해바라기꽃시계
보호형	간섭형	7편	불안형	4편	바위나리와아기별	미워도 울엄마
복종형	익애형	8편	맹종형	3편	꿈을 찍는 사진관, 은하수	어머니의 선물
모순과 불일치형	모순형	4편	불일치형	3편	곶감과 호랑이	꼬마옥이
민주주의형	4편			색동	
기타 27편 중	1편:해당되지 않는경우/중복되는경우 26편				

〈표3〉

작가	경향	대표작(년도)	특징	어머니상
방정환	계몽교훈주의	사랑의선물(1932) 소파독본(1947)	감상주의적 동심주의	교훈적 어머니
마해송	심미적 민주주의 문화운동	바위나리와 아기별(1923), 어머니의선물, 토끼와 원숭이, 모래알고금(1947)	아동감각해방운동, 맹목적 동심주의, 풍자적 비관동화	간섭형, 애상적 어머니상

이원수	저항적 현실주의(시대의식과 비판적 안목 구축)	숲속나라(1948), 꼬마 옥이, 들불, 파란 구슬.	고발적 사실주의, 현실참여적 동화, 낙천주의적 사상 추방, 아동소설관 확립	함께 울어주는 적극적 어머니상
강소천	자연친화적, 낭만적 교육적 아동문학	꿈을 찍는 사진관(1954), 꽃신(1953), 돌멩이(1939)	주관적 동심주의, 상징동화, 사회적 현실주의와 대립	향수적 어머니상, 극복형, 포용성
이주홍	대중적 아동문학	못난돼지	오락성과 교화성의 조화, 전승설화에 대한 자각 고취.	미소어린 어머니
윤석중	낙천적 음악적 정서 함양	초생달(1946), 해바라기, 꽃시계	광폭한 작품세계, 기지와 재치, 동심제일주의, 모국어를 통한 정서 함양 중시.	귀족적, 도시의 어머니상
김요섭	팬터지 동화, 향토적 서정, 한국적 감성	곶감과 호랑이, 은하수	정통 아동문학가로 본격동화 세계 구축, 팬터지 세계 중시, 현실 고발성	적극적 어머니상, 환상적 어머니
김성도	안델센, 그림의 순수동화 및 생활동화 구축	색동(1959)	민주주의적 생활동화, 전래동화에 뿌리를 둔 창작 중시	민주주의형, 역경 극복의 의지와 소망의 어머니상
김영일	감각적 경향	초록별(1946)	함축의 효과/경쾌 깔끔한 대화의 妙	조용하고 소박한 관조적인 어머니상

앞 〈표2〉에서 볼 때 지배형;엄격형＋기대형 〉 희생형;익애형＋맹종형 〉 과잉보호형;간섭과 불안형의 순으로 나타난다. 전래동화에 비해 주제가 강하게 노출되지 않고 있어 교훈적, 교육적 의도보다는 예술적 승화가 우선되고 있다고 보인다.

1) 희생성

누구의 근대인가?

가부장적 질서 속의 구 여성일 뿐 남성의 근대이다. 여성은 근대문학 형성기 남성이 지배하는 식민지 속의 존재일 뿐이었다.

이러한 과도기적 상태에서 신여성은 가부장적 이데로올로기의 허구성을 깨닫고 이중성을 가진 욕망을 가지게 된다. 남성적 질서와 배치되는 남성질서를 드러내는 기제로서의 여성은 남성을 대비하여 보면 다음과 같다.

남성	이성적	선	정상	삶	공적 영역
여성	감성적	악	비정상	죽음	사적 영역

가부장적 이데올로기에서는 여성스러움이란 곧 어머니 노릇을 충실하게 이행하는 것으로 미화되었으며 반복 재생산 과정을 거치며 남성 지배체제를 공공히 하는데 기여하는 자기 희생을 의미하였다.

특히 군국주의 체제 아래에서는 특히 아들을 훌륭히 양육하는 것이 나라의 운명을 좌우하는 것으로 모성의 역할과 임무로 찬미하고 미화하였으니 바로 '제국주의 모성론'의 연장이라고 보여진다.

즉 독일 나치즘이나 일본 군국주의의 '민족의 어머니'가 바로 그것이다. 그러므로 당연히 당시 작가들은 어려운 현실을 이겨 나가는 것은 전적으로 여성의 희생에 달려 있다는 '나라의 운명을 위한 모성의 역할과 임무'로 제시하며 여성들에게 현실적인 의무를 부과하였던 것이다. 그러므로 결핍의 상태인 식민지 치하에서 어머니란 현실의 고통을 먼 훗날의 희망과 맞바꾸는 고난 극복의 모성성을 지닐 수밖에 없었다. 방정환의 다음 작품은 그 좋은 예로 보인다.

"……아니오, 양말과 샤쓰만은 한 벌씩 남겼는데 저의 어머니가 입었던 옷은 모두 남에게 줘 놓고 벌벌 떠시길래 제가 '어머니 제 샤쓰라도 입으실까요?' 했더니 '네 샤쓰도 모두 남 주었는데 웬 것이 두 벌씩 남았겠니?' 하시기에 저는 입고 있던 것을 어저께 아침에 벗어드렸습니다. ……그의 수 그린 얼굴에서 눈물 방울이 뚝뚝 그의 짚신 코에 떨어졌다.

"저의 어머니는 제가 여덟 살 되던 해에 눈이 멀으셔서 보지를 못하고 사신답니다."

—방정환, 『만년샤쓰』[9]

근대에서나 전래동화에 단골 등장인물은 홀어머니와 외아들이다. 특히 근대에서는 남편과 아들을 전쟁으로 잃은 남성 부재의 현실에서 주체적 아니무스의 여성과 무능한 모계 가족구조에서 아니마적 여성이 등장한다. 주체적 아니무스적 모성은 이때 모든 것을 희생하여 자식을 위하여 헌신하는데 그러기에 또 다른 얼굴이 지배적 모성성도 가지고 있다.

2) 애상성

현실의 절망감과 위기 상황 속에 상실의식은 애상적 어머니로 나타난다. 민족상잔의 6·25의 아픔은 도저히 아물 수 없는 어머니의 恨으로 나타나 특히 동요에서는 '감상적인 어머니상'이 주조를 이루고 나타나고 있는데 비할 때 그 분포도가 크지는 않지만 프로문학의 영향을 받은 '목적적 조작적 어머니상', 현실 저항적 작가군의 '생활적 어머니 상'과는 달리 감각적이고 서민적 애환이 교차되는 '소박한 어머니상'이

---

9) 방정환, 『만년샤쓰』, 신구문화사, 소년소녀한국의 문학 1. Pp.13~14.

주조를 보이고 있다.

> ……판자집 어둔 등불 밑 할머니 읽으십시오. 어머니! 당신의 아들은 일년 전 중부전선에서 은하 수를 따라 어둠 속을 걷던 클라리넷 부는 청년의 등에서 죽었습니다. 〔…중략…〕 어느 은하수의 밤 전쟁하는 나라에서 편지 부침.
>
> ─김요섭, 『은하수』

수많은 계모학대와 설움에 대한 동화가 쏟아져 나오게한 직접적 계기를 된 다음의 동화는 '거부형'의 모성성과 돌아가신 엄마에 의한 '애상형' 모성이 교차되는 작품이다.

> 어머니를 여읜 상봉이는 계모의 학대와 아버지의 무관심 속에 어느날 계모에게 매를 맞고 산 속의 작은 무덤 앞에서 울다가 꿈 속에서 어머니를 만난다. 어머니는 꿈 속에서 능금 한 개를 준다. 아버지에게 갖다 드리라고 하면서…… 그리고 어머니는 어디론가 사라지고 상봉이 는 정신을 차려 사방을 둘러 볼 때 물위에 둥실둥실 떠 내려오는 능금 한 개를 발견한다. 그 때 상봉이를 찾아 나온 아버지에게 그 능금을 준다. 아버지는 상봉이를 안고 눈물을 흘린다.
>
> ─마해송, 어머님의 선물

東西를 통하여 계모의 이미지는 악독, 교활, 시기, 욕심이라면 계모의 상대가 되는 아이는 연약, 의리, 정의, 선함, 순종, 재주 있음으로 나타난다. 그리하여 설화에서는 보편적으로 전처 소생이 남아인 경우 직접 살해되고 여아는 대개 추방의 형태로 나타난다(예;바리공주).
그러나 동심의 눈에 비쳐진 비판적 현실이 주로 다루어지고 있어 잘못된 부모의 양육 태도에 따라 빗나가는 아동상에의 신랄한 고발의식이 나타난다. 어린이 눈으로 보는 성인사회의 姑息的 形式的 矛盾들인 것이다.

이러한 거부형의 모성성은 엄격하기만 하고 자애롭지도 못하여 결코 칭찬을 하지도 않고 어머니의 권위에 대하여 의문을 제기하지도 못하게 한다. 또한 자녀가 잘못한 것을 그 즉시 지적하며 잘못한 일에는 반드시 혹독한 처벌을 한다. 결코 자녀가 변명할 기회조차 주지 않는데 이러한 결과 지나치게 복종적이고 예절바르다. 책임감은 강한 듯하나 부정적 자아 이미지로 늘 자기 비하에 빠지고 우울증에 걸리거나 자살을 생각하기도 한다는 보도를 볼 때 오늘날 문제가 되고 있는 자폐아와 학원 폭력 현상인 '왕따 현상'과도 관계지어 생각할 수도 있다고 보여지는 바이다.

3) 과잉보호형

어머니란 현실의 고통을 먼 훗날의 희망과 맞바꾸는 삶이었다.
그러나 오늘날 젊은 어머니는 현실적 안주와 안정을 희구하는 존재로 바뀌었다.
결핍의 상태에서 어머니란 이름은 타협하지 않는 존재였으며 기다림의 존재이며 용서의 존재이었고 일상의 반복, 습관적 삶에 의미를 부여하는 존재였다.
그러나 일상의 반복, 습관적 삶에서 권태로움을 느끼고 열정을 상실한 무기력한 엄마이기 전에 여성인 엄마는 '잃어버린 꿈들의 실체로 주변으로 밀려난 여성'으로 객관적 세계와 단절감을 느끼며 '희망을 놓친 여성'으로 자녀에게서 대리 만족을 요구한다. 그리하여 근대의 모성은 자신의 투사인 자녀에게 과잉보호를 하게 된다. 이러한 지나친 보호의식은 걱정과 간섭을 하게 하고 정상적인 인격 발달과 건전한 초자아 형성에 장애가 된다. 그리하여 늘 애기같이 취급하며 갖고 싶은 것을 즉시 사다 주며 하고 싶은 것을 다하게 한다.

이러한 어린이는 이기적이고 불순종하며 고집이 세고 건방지고 아무에게나 명령적이다. 또한 의뢰심, 수치심이 많고 고독하며 창의력이 부족하다. 즉 정서적으로 성숙하지 못한 인격체가 되는 것이다.

잘못을 한 어린이가 아닌 그 행동에 대하여 잘못을 지적하여야 하고 자녀에게 자주 사랑을 표현하는 동화가 필요한데 유감스럽게도 그 대상은 어린이가 아닌 갓난 송아지이다.

"아가, 이리 온! 젖 빨고 자자."
송아지는 어미소 젖꼭지를 물고 쭉쭉 빨았습니다. 한참 빨다 보니, 노을은 사그러져 없어지고. 세상은 어둠에 싸여 있었습니다 〔…중략…〕 어미소는 혓바닥이 아프도록 송아지를 핥아 주면서 자지 않고 생각했습니다.

—이원수, 『갓난 송아지』[10]

서민적이면서도 소박하고 다사로운 애정에의 욕구가 미래라는 세계에 대한 기대감으로 나타나 이러한 현상은 해방전후, 6·25 후 세계 제일의 교육열로 나타나 엄격형과 기대형의 부모 유형이 주어진 현실을 극복하기 위하여 보편적으로 지배적 태도를 가장 많이 보이고 있다. 또한 이러한 태도는 더불어서 간섭과 불안형으로 나타나는데 그렇지 않은 민주주의적 형태의 어머니상의 작품도 보였다.

……얼마전 일입니다. 어머니가 맏딸을 불러다 앉혀놓고 귀동이에게 입힐 옷걱정을 했습니다.

---

10) 이원수, 『갓난 송아지』, 전게서, p.263.

"빛깔은 무슨 빛깔이 좋겠느냐?……"〔…중략…〕"다 좋기는 하지만 하나를 고르든지 둘을 골라야 할 테니까 아버지가 돌아오시거든 의논하기로 하자…… 아버지가 돌아오거든 의논하기로 하자……!

―김성도, 『색동』

말은 엄격하나 행동으로 보여주지 못하며 때로는 극단적으로 벌을 주거나 분노를 폭발하여 스스로 죄책감을 느끼는 어머니, 자녀의 모든 것을 다 들어줄 준비가 된 어머니, 늘 자녀에게 양보하는 어머니는 그 자녀를 쉽게 좌절하고 버릇없고 의존적으로 키우게 된다. 김성도 동화에서는 말과 행동이 일치하여 나타나는데 귀동이라는 이름 자체에서 보이는 과잉보호적 남아의식과는 달리 병행적으로 나타나는 '조화형의 모성성'이라고도 돋보이는 것이다. 근대창작동화상에 나타나는 어머니의 유형은 지배적 양육 태도로 과잉 기대로 인해 전래동화에 비교할 때도 과잉 보호의 유형을 벗어나지 못하고 있는 것이다.

5. 현대창작동화 ― 문예진흥원 작품선에 나타나는 어머니

문예진흥원 작품선에 나타나는 한국 현대창작동화, 그 중에서도 여성작가들의 작품 속에 응축되어 나타나는 어머니의 다양한 모습은 변모된 현대적 모성성을 규명하는데 그중 바람직한 자료라고 사료되어 다음과 같이 텍스트로 삼았다.

〈표4〉

번호	제목	대상기간	진흥원장	심사위원	동화작품수	여성작가동화	모성성 분석 대표작
1	91년도한국문학작품선	90.1~90.10	여석기	박화목, 석용원, 이영호	60편	15편	김영자-뚱뚱한 가방 백승자-괘종시계와 콩새
2	92년도한국문학작품선	90.11~91.10	정한숙	신현득, 김종상, 이영호	44편	13편	이상교-반짝반짝 빛나는 햇님 박명희-아빠 부탁이 있어요.
3	93년도한국문학작품선	91.11~92.6	정한숙	신현득, 박두순, 차원재	29편	6편	정영애-편지가 된 팽이 조규선-도토리 키재기
4	93년도한국문학작품선	92.7~93.3	이성재	문삼석, 권용철, 박성배	32편	10편	윤옥자-황금나무의 하소연 김은숙-하루동안의 탐험
5	94년도한국문학작품선	93.4~94.3	정한숙	엄기원, 정채봉, 권용철	39편	15편	신지식-옛날꽃집 이야기/소중애-시궁쥐가 아닌 병아리이야기
6	95년도한국문학작품선	94.4~96.3	문덕수	정두리, 정채봉	15편	7편	강원희-할아버지의 금씨 최은섭-나는 흙터입니다
7	96년도한국문학작품선	95.4~96.8	문덕수	유경환, 송명호, 김용희	39편	10편	신지식-임진강이야기 손연자-아주특별한 단추두개
8	97년도한국문학작품선	96.9~97.12	차범석	이재철, 유경환, 엄기원	30편	16편	김혜리-숨쉬는 독 박경선-난쟁이 왕의 무덤

　　실려 있는 동화는 총 288편으로 그 중 여성작가는 81명으로 92편의 동화가 선정되었는데 그 중에서 나타나는 모성성을 다음과 같이 분석하여 보았다.

〈표5〉

유형					창작동화의 예	
거부형	소극적	3편	적극적	1편	정진숙-꽃 속에 있어요	
지배형	엄격형	2편	기대형	3편	김향이-낡은 가방의비밀	이가을-운동화
보호형	간섭형	2편	불안형	2편	선안나-밝음이 마침내 문을 열다/유효진-할머니	선안나-엄마는 뭐가 무서워요?
복종형	익애형	3편	맹종형	0편	강민숙:할머니와 손수레	손연자-단추 두개
모순과 불일치형	모순형	6편	불일치형	5편	김영희:나래가 잠든 사이 무슨 일이 벌어지나	없었음
민주주의형	3편				손연자-긴하루/김영자-뚱뚱한가방/원유순-늘푸른 소나무	
기타27편중	18편:해당되지않은경우/중복되는 경우14편				김혜리--숨쉬는독(계승성)/신지식--옛날꽃집이야기(향수)	

물론 남성작가의 작품도 함께 다루어져야 하나 여성문학 속에서 보여지는 모성성 추출을 위하여 일차적으로 여성작가의 작품만을 선정하였음을 밝혀 두며 차후에 함께 다루어 그 차이도 분석해 보고자 할 것이다.

1) 모순과 불일치형

현대 사회는 일상의 반복, 습관적 삶에서 권태로움을 느끼는 여성들의 자기 주체성을 찾기 위한 일을 가짐으로 예전과 달리 어머니도 직장을 다니는 소위 맞벌이 부모가 일반화되었다. 또한 여성 각자의 주인됨, 주체적 육체에 대한 자각 없이 성인이 되어 피동적으로 엄마가 된 여성은 세상에 대하여 불안함을 지니게 되고 그의 자녀 역시 삶에 대해 병리적 측면인 극단적 개인주의, 자신감 부재로 주저함을 지니게 된다.

직장에 다니는 어머니를 가진 아동은 부모 없이 지내는 낮 시간과 보상 심리에 의한 밤 시간과의 격차가 심하여 어린이의 감정은 불안정하게 되기도 한다.[11]

일종의 방임과 익애가 교차되는 처음과 나중이 일치하지 않은 태도가 보여지는 것이다. 또한 부모나 다른 가족 사이에 '양육의 태도나 의견이 다른 것'도 포함된다. 아버지는 지나치게 엄격하고 어머니는 지나치게 애정이 많은 경우, 주도권이 조부모에게 있을 경우이다. 이런 경우 어린이의 성격은 부모를 무시하려 하고 차별심이 많고 권력에 맹종하기 쉽고 여자 같은 남자, 남자 같은 여자 아이가 되는 경향이 보인다.

한때는 몹시 꾸짖고 다음 순간에는 아무렇게나 해도 그냥 두는 것, 혹은 꾸짖고 난 후 잘못했다고 빌거나 부모의 위엄을 갖추지 못하는 행동 등을 말한다. 손님이 왔을 때와 식구끼리 있을 때의 태도가 다른 것, 또한 부모끼리 서로 다른 가치관이나 교육관으로 싸우는 것 등이 모순형 부모의 예이다.

> ……"쓸어 담아도 소용 없어요. 당신과는 이젠 절대로 안 살 테니까."/"그럼 우리 나래는 어떻게 되는 거지?"/"내가 길러야죠."/"그건 안돼." /……엄마는 아버지한테 마구 쏘아 부쳤습니다.
> "햐…… 우리 나래. 엄마 없는 불쌍한 애 되겠구나. 이를 어째?"……
> ―김영희, 「나래가 잠든 사이 무슨 일이 벌어지나」[12]

한국 가정에서 흔히 보여지는 아빠의 늦은 술 친구 방문 문제로 나래네 집도 어려움을 겪는다. 그러나 나래는 막연하게 부모의 불화로 불

---

11) 신연식, 『유아교육개론』, 형설출판사, pp.42~49.
12) 김영희, 문학선, 95년도판, pp.286~297.

안을 느낀다. 그러나 외삼촌할아버지의 죽음으로 서로의 중요성을 깨닫고 잃었던 애정을 되찾는다는 내용으로 '가정에서 가장 필요한 것은 서로의 중요성을 깨닫고 아껴주는 마음'이라는 좋은 결말을 맺고 있다.
　즉 동화 속에 나오는 모순과 불일치나 지나친 간섭형이나 지배형의 모성도 결국은 자식 사랑의 한 유형일 뿐이다.

> ……엄마 고양이의 잔소리는 좀처럼 끝나지 않습니다.
> "점잖은 집 고양이는 어떻게 걷는다고 했지?/곱단이가 대답해 보렴."
> "예. 얼굴을 약간 치켜들구요, 발 끝으로 걸어야 해요. 이렇게요."……
> "세수는 하루에 몇 번 해야 하지?"
> 　　　　　　　　　　　　　　　―선안나, 「밝음이 마침내 문을 열다」[13]

　이러한 끊임없는 '간섭형'이 오늘날의 모성의 실태인 것은 누구도 부인하지 못한다. 그러나 앞 〈표1〉에서 보이는 것처럼 지나친 지배에 억압받는 경우 오히려 반발적으로 반항적이 되기도 한다.
　이러한 취급을 받은 어린이들은 정서적으로 불안정하다. 공포심, 경계심, 침착성의 결여현상이 나타나 불량화되거나 반사회적 인물이 될 우려도 보인다. 이중적 인격자가 되기도 쉽다. 그러나 고양이엄마가 보여주는 엄마들의 동질성을 느끼며 독자인 아동은 '모든 엄마는 마찬가지구나!' 하는 안도감을 느끼게 된다고도 보여진다.

---

13) 선안나, 문학선. 93년도, pp.228~233.

2) 전통계승형(보수성, 향수성, 그리움)

그렇다면 어머니의 모성성은 어디에서 비롯되었을까? 물론 그것은 어머니의 어머니인 할머니로부터 대물림된 것이리라. 동화 속에서 어머니가 나타나지 않을 때에는 곧잘 선생님이나 할머니가 등장하여 그 모성을 대신하고 있다.

"……이걸 우리 할머니가 여기다 맡겼니?"/"그래, 여기서 보니 어때?"/"음음, 민속박물관에 있는 것처럼 귀하게 보이는데?"/"그래, 이런 물건들도 다 혼이 있는데 너같이 버리기 좋아하는 사람 들 때문에 물건의 혼이 다 사라지기도 전에 막 갖다 버려서 이런 곳에서 살고 있는 거야."

―박경선, 「난쟁이 왕의 무덤」[14]

아이들과 흙장난으로 만든 흙무덤을 보며 '난쟁이 왕의 무덤' 같다고 한다. 정훈이는 그 무덤 앞에서 난쟁이 왕을 만나 유행 지난 접시며 대소쿠리, 호롱 등 옛 물건들의 의미를 배우며 돌아가신 할머니에 대해 가졌던 생각에 대해 반성을 하게 된다는 이야기다. 할머니가 베푸는 모성의 특징은 우리가 잃은 것들에 대한 향수를 불러일으키며 우리 것의 소중함을 가르치는 '삶의 방파제 같은 모성'이다.

"알고 있어요. 하지만 지금은 쓸데도 없고 자리도 마땅치 않고……"/"구식 재봉틀을 버릴 땐 양보했지만 이번만큼은 안 된다. 저 독에는 대대로 내려온 우리 조상님들의 손때가 묻어 있다. 우리 집안의 온갖 이야기를 가지고 있는 숨쉬는 독이란 말이야."

―김혜리, 「숨쉬는 독」[15]

---

14) 문학선, 97년도판, p.174.

모성이란 오래된 커다란 독과 같다. 조상님 때가 묻은 숨쉬는 항아리인 것이다. 오늘날 모성 역시 지난날의 손때가 묻어 있기에 의미가 있다. 오늘날의 엄마는 가난과 무지 속에서 모든 인습을 이겨내고 자식 성공만을 바라며 인고의 세월을 보낸 우리 할머니들 작품이다. 근대문명의 개화기에 우리 할머니들이 겪었던 상황은 일제와 6·25에서도 무조건 대처로 나가 공부하여야만 성공으로 인식되었다. 그때 우리의 할머니가 생계의 수단으로 바느질하던 재봉틀을 버린다는 것, 몇 대를 내려온 장항아리를 버린다는 것은 '할머니를 버리는 것'과 마찬가지이다. 일종의 현대판 고려장인 셈이다. 이를 도식화해 보면 아래와 같다.

근대문명(해방, 6·25) → 자식 성공 → 엄마 → 나(풍요)
　　　　↑ → ↑
바느질(재봉틀, 호롱불) → 할머니 ← 가난, 무지(가부장제의 인습)

또한 할머니가 가진 모성은 젊은 세대에게서는 차츰 잃어져 가는 분단된 조국으로 인한 아픔을 상기하게 하는 '그리움의 실체'이기도 하다.

"이제 아무도 내 표를 뺏지 못해. 나쁜 사람들 같으니라고. 모두들 한통속이야. 날 고향에 못 가게 하려구 하지만 이젠 안 될 걸. 이렇게 착한 총각을 만났으니까. 이제 곧 기차가 올거야. 그럼 난 기차를 타고……"

—이윤희, 「간이역에서」[16]

---

15) 김혜리,「숨쉬는 독」, 문학선, 97년도, p.165. 간추린 이야기를 그림책으로 출간하여 외국인에게까지도 호평을 받고 있다.
16) 이윤희 , 문학선, 96년도, pp.333~340.

어머니란 그 이름 자체가 모두에게 그리움 덩어리이다. 얼굴도 모른 채 해외로 입양간 아이도 성인이 되어 무조건 어머니란 실체만이라도 확인하고 싶어 자기를 버린 고국을 찾는다. 그 이유는 어머니의 땅이기 때문이다. 평범한 한 여성에 지나지 않아도 엄마란 누구와도 바꿀 수 없는 존재이기에 나라를 사랑하는 마음 역시 어머니에 대한 사랑으로 비견되는 것이리라. 특히 유년기나 청소년기에 잃은 어머니는 이승으로 떠나지 못하고 그리움 자체로 작품 속에 울림으로 남는다.

"엄마, 이젠 이 꽃 버려도 되지요? 너무 말라버렸어요." ……나는 청자 항아리에 꽂혀있는 먼지 낀 수선화를 만지면서 엄마에게 물었습니다./액자 속의 엄마는 그날 잔잔히 웃고만 있었습니다./남 보기에는 언제나 한결같은 미소입니다. 하지만 나에겐 그 미소가 시시때때로 변합니다. ……어느 날 엄마는 몇 송이 남아 있던 다알리아 꽃을 다 잘라버리고 서둘러 뿌리를 캤어요. 그리고 그 뿌리를 사과상자에 담고 흙을 덮어 주면서 말했습니다./
"잘자라, 내 아가 내 귀여운 아가!……"
낮고 가는 엄마의 자장가, 그 정다운 자장가를 들으며 나는 밤마다 꿈나라로 갔습니다.

—신지식, 「옛날 꽃집 이야기」[17]

변모된 현대의 모성에서도 가장 행복한 터는 어머니의 품이라고 나즈막한 소리로 외치고 있다. 오늘날 중요한 것은 지식이나 돈이 아니고 어머니의 사랑이, 어머니에의 추억이 있는 곳에 행복이 있다고 연륜이 깊은 작가일수록 모성 회복 현상의 동화를 쓰고 있는 것이다.

---

17) 문학선, 94년도판, pp.233~240.

3) 불모성(방임, 거절)

딸의 입장에서 볼 때 기존 가치의 수호자로서의 어머니에겐 더 이상 발전으로 열린 통로란 없었다. 늘 자신에게는 부재이며 어머니의 장소은 공백이었다. 그래서 딸들은 '나는 절대로 우리 엄마같이는 안 살어!' 하고 '21세기를 맞을 케리어 여성'이 될 것을 결심한다.

즉 가부장적 사회에서의 모성성을 일단 부정하고 들어가는 것이다. 어머니란 헌신과 인내의 이름으로 가부장적 질서에 충실한 보수집단의 대명사로 각인되어 있기에 이를 벗어버려야 할 굴레로 받아들여졌다는 것이다. 그래서 결혼하지 않는 독신주의나 실험결혼, 결혼은 하나 자녀를 거부하는 특수한 형태의 부부가 등장한다. 그래서 세기말 현대인의 결핍의식, 부재감은 온갖 사고와 이혼 등으로 가정 붕괴 현상을 가져왔고 재혼으로 새로운 가정이 빚는 여러 종류의 모성성도 창출되고 있는 것이다.

……서울에 와서 한달쯤 지나자 향이의 생일이 돌아왔습니다. 새엄마는 커다란 케이크에 촛불도 켜고 푸짐하게 생일상을 차려주었습니다. 하지만 향이는 왠지 가슴 한켠이 허전하기만 했어요…… 할머니가 해마다 해주시던 수수팥떡이 빠졌어요. 그것만이 아니었습니다. 미역국을 떠 먹던 향이는 슬그머니 숟가락을 놓고 말았습니다…… "마늘 냄새 때문에……"/"양념을 하지 않으면 음식맛이 나지 않는걸."/새엄마는 대수롭지 않게 대꾸할 뿐입니다./"커다란 애가 웬 음식 투정이냐? 골고루 먹어야지." ……향이는 그만 눈물이 핑 돌았습니다.

—정진숙, 「꽃 속에 있어요」[18]

---

18) 정진숙, 문학선, 94년도, pp.390~398.

여지껏 가족 구성의 핵심이었던 母子觀이 일탈되어 변모되고 있다. 병리적 현상의 집적이라기보다는 현대를 사는 삶의 한 방편이 되고 있다. 이에 대한 반성으로 동화 속에서도 이러한 불모성의 일면이 엿보이고 있다.

큰 집으로 온 지 채 일주일이 못되어 쇠뭉치는 엄마아빠를 떨어지지 않으면 안 되었습니다. 왜냐면 아빠와 엄마는 서울에 있는 학교에서 학생들을 가르치고 있었기 때문입니다. ……쇠뭉치는 큰 엄마의 품에 안겨 엄마아빠를 서울로 떠나 보내는 아픔이 있었습니다…… 엄마의 품과 다른 게 덩실하게 자리잡은 두 젖무덤이었습니다. 태어나면서부터 분유만 먹고 자라온 쇠뭉치는 엄마의 젖가슴을 몰랐습니다. ……젖병의 우유를 배불리 먹고나서도 쇠뭉치는 젖무덤이 그리워 잠들지 못하고 칭얼거렸습니다.

—한윤이, 「자라는 쇠뭉치」[19]

현대 모성성의 특징은 '구분된 소유관'으로 나타난다. 예전처럼 한 방에 한 식구가 옹기종기 살던 시대에서 새로운 주거 형태인 아파트 문화는 저마다의 공간으로 구획을 짓고 명확한 소유 구분으로 특징지어진다. 모든 것을 주기만 하고 엄마만의 소유가 인정되지 않던 문화에서 이젠 엄마방이란 일종의 성역으로 자리잡아 가고 있는 현장이 동화 속에서도 노출되고 있다.

……엄마는 무어든 엄마 것으로 갖기를 좋아합니다./아빠랑 함께 쓰는 방도 엄마방이라 하고 방에 있는 커다란 옷장도 엄마옷장이라 합니다. 그뿐 아닙니다…… 상자가 두 개 있는데 그것도 몽땅 엄마 것이라고 합니다……

---

19) 한윤이, 「자라는 쇠뭉치」, 한국문학작품선, 91년도 pp.595~600.

—김은숙, 「엄마의 방」[20]

결론은 엄마만의 보물상자가 두 딸들의 성장 과정을 모은 상자로 밝혀지는 일반적인 이야기지만 변모된 미시족 엄마의 모습을 딸의 눈으로 표현된 현대판 모성성이 다루어진 작품이라고 보인다.

불모성의 원인은 근본적으로 불구화된 인간 개인의 삶에 있다고 본다. 그 특징으로 내면 독백과 대화의 구별이 모호한 점을 들 수 있다.

4) 건강성(긍정성)

무엇보다도 고무되는 일은 새로운 모성성의 모습이다.

아래 동화를 〈표1〉에 비추어 볼 때 무조건 남편의 일이라면 맹종하는 유형으로 분류되지만 이것을 현대란 안경으로 볼 때는 삶에 대한 긍정으로도 읽을 수 있다. 다시 말해서 이것은 삶 자체에 대한 신뢰에 뿌리 내린 건강성이라고 보여진다.

"아 글쎄, 산모를 태우고 병원으로 달리는데 말이여 차 안에서 얘기를 낳았지 뭐여."/"아이구 머니나, 저를 어째!"……"그래서 어떻게 했남유?"/"병원에다 입원을 시켰지."/……"미역 값이라도 좀 주구 나오시지 않구유."/"두말 허면 잔소리지?" "잘허셨슈. 정말 잘 허셨슈."

—손연자, 「아주 특별한 단추 두개」[21]

신뢰라는 뿌리깊은 나무가 바람에 흔들리지 않는 것처럼 깊은 샘물이 가뭄에도 마르지 않는 것처럼 모성의 내면은 긍정적 사고에 뿌리

---

20) 김은숙, 「엄마의 방」, 91년도 문학선, pp.258~265.
21) 손연자, 96년도 문학선, pp.260~270.

내린 건강성이다. 이와 비슷한 소재는 전래동화상에도 많이 보이지만 택시운전사라는 가장 현대적 직업의 아빠와 부창부수하는 반디엄마 아래 반디는 '농사꾼이 논밭에다 농사짓듯이, 밭에 심은 깨헌티 한 것처럼 튼실하게 자랄 것'이 분명하기 때문이다. 반디엄마와 긍정적 사고가 나타나는 다음 말을 본다.

"하늘에서 복 주신거구먼유. 당신 허신 일이 하늘에서 내려다보시니께 보기 좋았던게 비유."

아래와 같은 모성이 가지고 있는 긍정성은 자라는 어린이들에게 절박한 위기 상황에서도 극복의 원동력이 된다.

영서는 두 손으로 머리를 감싸안은 채 무릎 사이에 고개를 묻었어요.
영서야, 잘 생각해 봐. 네가 어렸을 때, 머릿속에 있는 나를 긁으며 이게 뭐냐고 묻곤 했잖아. 그때마다 어머니가 했던 말 생각 안 나니? 하느님이 엄마 아들이라고 표시해 둔 거지 하시던 말씀 말야."

— 최은섭,「나는 흉터입니다」[22]

보육원 대표로 소년체전에 달리기 선수로 나가게 된 영서는 흉터를 가리기 위해 머리에 신경을 쓰다 성적이 저조해진다. 그러나 어릴 때 헤어진 엄마가 하시던 말에 힘입어 머리를 빡빡 깎고 출전하여 신기록을 세우며 우승을 하게 되고 드러난 흉터로 헤어졌던 엄마를 다시 만나게 된다는 이야기이다. '엄마의 긍정적인 한마디'는 자기 자신과의 싸움에서 이길 힘이 되는 것이다.

---

22) 문학선, 95년도, pp.393~398.

5) 분별성(관조성)

또 나타나는 모성의 특성 중 눈에 띄는 것은 사리분별력이다. 오래된 억울함이 터져나오지 못하고 삭히다 삭히다가 분출될 때 그 분노는 걷잡을 수 없이 터져나와 또 다른 恨을 부른다. 그러나 모성의 현명함은 미리 그것을 살피고 방비하게 하는 분별력을 가지고 있다.

"순이야."/"야?"/나즈막이 부르는 엄마를 따라 순이는 굴뚝 뒤로 갔습니다./"너 얼른 뛰어가서 데라우치 선생님헌테 피하라고 일러라."/순이는 엄마를 빤히 바라봅니다.

"엄니, 왜유?" 볼멘소리입니다. 선생님한테 가기는 죽기보다 싫습니다.

"왜긴 보면 몰러? 어서 가서 피하라고 그러라니께."/……"이 철없는 것아, 느이 아버지가 살인자가 되어도 좋다는 거냐?"……그렇게 무너진 흙담 밖으로 순이를 밀어냈습 니다.

—손연자, 「긴 하루」[23]

분별력이란 혼자만의 지혜에서 나오기도 하지만 근원을 따지고 보면 오랜 세월 여러 사람들의 의견이 수렴되어서 결정되는 민주주의적 태도에서 비롯된다고 보인다. 우리나라 유아동화의 개척자인 김영자의 유아동화는 이런 점에서 타의 추종을 불허한다. '사랑'이라는 이름의 사슴과 어머니가 아퍼 도시락을 못 싸온 '너미'란 이름의 너구리 '토영이'란 이름의 토끼아가들의 소풍날 이야기—그 인솔자인 선생님이 가진 모성성이 도두라진다.

---

23) 손연자, 「긴하루」, 문학작품선, 97년도, pp.225~233.

……우리 집이 가난하다고…… 동생 주라며 과자랑 과일이랑 이렇게 많이 주었어요…… 저희들도 과자 1개, 깡통 1개, 사과, 배 하나씩 준 것이 이렇게 많이 모일 줄은 몰랐습니다…… "사랑아, 머리를 들어라, 뉘우치는 마음, 새로운 것을 깨닫는 마음도 아주 귀한 것이란다." ……이런 어린이들이 너무 귀여워 선생님은 목이 메입니다.

―김영자, 「뚱뚱한 가방」[24]

아무리 시설과 환경이 좋고 조직과 계획이 훌륭하더라도 모성성이 부족한 교사가 있는 것보다는 비록 교육 환경이 부족하더라도 교사만이 훌륭한 자격자라면 이 모든 결함을 보완할 수 있다고 하였다. 교사의 인격이 교육 전반의 90%를 차지한다는 사실은 교사의 모성성을 중요시하여 로마시대에는 자식을 낳아 보지 못한 여성에게 교사의 직책을 맡기지 않았다는 기록을 볼 때도 간과할 수 없다.[25]

분별력 있는 바람직한 모성이 자녀에게 주는 역할[26]은 다음과 같이 다섯 가지로 정리된다.

ⅰ) 있는 그대로 받아주는 사랑에 의해 안정감을 주게 된다. 이는 의식주만이 아니라 사고력과, 흥미, 자기 존경심(Feeling of importance), 일관성 있는 훈련을 받음으로써 얻어진다.[27]
ⅱ) 사랑의 능력―모성 결핍의 행동은 애정에 대한 지나친 욕구, 애정에 대한 무능, 타인의 인격에 대한 무시, 분개의 4가지 유형으로 나뉘어지는데 올바른 사랑을 받지 못한 사람은 자기를 사랑받을 만한 자

---

24) 김영자, 「뚱뚱한 가방」, 문학선, 91년도, pp.215~219.
25) Lambert, Hazel M., *Teaching is the Kindergarten Child*, New York, 1958. p. 67.
26) Ashley Montagu, *the Direction of Human Development*, Harper&Brothers, New York, 1978. p. 227.
27) Ashley Montagu, *the Direction of Human Development*, Harper&Brothers, New York, 1978. p. 227.

격이 없다는 콤플렉스로 자기 존경심이 부족된다. 그런 사람은 어디를 가든지 자기를 인정받고자 온갖 힘을 다한다. 이런 사람에게는 감정이 입이 불가능하다. 그래서 자기보다 성공한 사람에게도 분개하고 자기를 도와주려는 사람에게도 극도의 분개를 표시하는 수도 있다.

 ⅲ) 행복감[28];많은 병의 원인은 긴장과 불안으로 보는데 참사랑을 받고 자랄 때 자신만의 독특한 목표와 기준으로 바람직한 자아상이 생긴다.

 ⅳ) 적응력;모성은 강력하고 불쾌한 정서를 일으키는 환경을 극복하고 쉽게 적응하는 힘을 가지게 한다. 모성의 격려와 신뢰 속에 실패하더라도 큰 상처 없이 다시금 일어설 수 있는 것이다. 모성 결핍은 쉽게 절망과 위협을 느끼고 부족감과 불행감에서 어두워 가는 세상만을 보게 된다.

 ⅴ) 동일시의 능력;무의식적으로 다른 사람의 가치체계를 자기 것으로 만드는 적응기제의 형태로 기꺼이 부모, 교사에게 순종하는 태도를 말한다. 母性 失調시 생의 방향과 인격의 표본을 잃기가 쉬워 혼란과 불안과 갈등을 겪는다.

 이러한 모성성이 작가의 개성 속에 앞에 제시한 모순불일치형, 방임, 거절의 불모성의 모성성과 대비되는 긍정적인 건강성, 옛것에 대한 향수를 지닌 전통계승형, 관조성 등으로 자연스럽게 용융되어 다양하게 나타나고 있음을 문예진흥원작품선에서 찾아볼 수 있었다.

---

28) 하버트, A. 캐롤 지음, 이남표 번역, 「정신위생」, 극동문화사, 1978, pp.63~64.

5. 맺는말

오늘날의 문학관은 대체로 아들의 입장의 서사였기 때문에 어머니란 헌신과 인내의 이름은 가부장적 질서에 충실한 보수집단의 대명사로 각인되어 여성작가들의 의식 속에서 의도적으로 벗어 버려야 할 굴레로 받아들여졌다. 그러나 최근 이러한 모성 거부 태도가 오늘날 모든 결핍의 간접적 원인이라는 결론으로 전래동화와 근대창작동화에서, 또 현대동화의 결정판이라 볼 수 있는 문예진흥원의 문학선을 살펴보게 되었다. 이 작업을 하는 가운데 잃었던 내 어머니의 모성, 내 할머니들의 모성성을 발견하면서 오늘날의 모성성을 냉철하게 반성하는 계기도 되었다. 그러면서 처음에 설정했던 가설과는 달리 남성 가부장적 시선을 견지하고 있으면서도 아울러 모성 체험을 새로운 시각으로 쓰려는 여성작가군의 움직임이 엿보임에 새로운 희망을 발견하게 된다. 바로 긍정적 사고에 근간을 둔 '놀이문화'에 대한 재인식과 '건강성의 문학이다'. 즉 잊은 듯한 우리의 정체감을 살리려는 전통 계승의 모성성이다. 이는 무엇보다도 전통적 한국적 여성만이 가지고 있는 한과 애증이 새로운 분별력으로 凝集되어 나타남에 이 논문의 기나긴 여정의 노고가 의미 있음을 알게 되었다.

삶이란 섞임이고 변화이고 흔들림이기에 모순과 불일치의 모성도 있고 과도기적 시대의 정체감 상실의 여성성에 의한 불모성도 인정하면서 민족적 예지를 지닌 현대적, 한국적 모성 회복에 깊은 감명을 받았다. 바로 한국 동화 속에 깃든 개성적 모성성은 한국 아동문학의 위상을 드높이는 견인차가 될 것임에 의심할 여지가 없는 바이다.

'자식의 운명은 늘 그 어머니가 만든다'는 나폴레옹의 격언에 비추어 볼 때 한국동화에 나타난 모성성에 의하여 한국의 미래는 확실하게 밝아지리라 보인다.

참고문헌

■ 자료

1. 『한국전래동화집』 46편, 계림출판사, 1988.
2. 『한국교육동화』 80편, 금성출판사, 1988.
3. 『컬러어린이전래동화』 30편, 한영출판사, 1979.
4. 『컬러어린이한국전래동화』 14편, 삼성당, 1984.
5. 방정환, 「만년샤쓰」, 『소년소녀 한국의 문학』 1편.
6. 김부식, 『삼국사기』, 영인본, 민족문화추진회, 1973.
7. 일연, 『삼국유사』, 영인본, 고전간행회, 1932.
8. 『소년소녀 한국의 문학』 1집에서 8집까지, 신구문화사.
9. 문예진흥원, 『한국문학작품선』, 1991~1997 총8권에 실린 81명의 여성작가의 동화 288편.

■ 단행본

1. 허미자, 『한국여성문학연구』, 태학사, 1996.
2. 이재철, 『아동문학의 이해』, 형설출판사, 1988.
3. 이재철, 『한국아동문학작가론』, 서문당, 1991.
4. 이재철, 『한국현대아동문학사』, 일지사, 1978.
5. 손진태, 『한국민족설화의 연구』, 을유문화사, 1954.
6. 최상수, 『한국민간전설집』, 통문관, 1958.
7. 여영택, 「전래동화의 주제」, 『전래동화연구』
8. 최인학, 『한국설화론』, 형설출판사, 1982.
9. 김희경, 『명작동화의 매력』, 교문사, 1994.
10. 박용식, 『한국설화의 원시종교사상연구』, 일지사, 1984.
11. 이드리엔느리치, 김인성 옮김, 『더 이상 어머니는 없다』, 평민사, 1996.
12. 김희경, 『명작동화의 매력』, 교문사, 1994.
13. 신연식, 『유아교육개론』, 형설출판사.
14. Lambert, Hazel M., *Teaching is the Kindergarten Child*, New York, 1958.

15. 하버트, A.캐롤 지음, 이남표 번역, 『정신위생』, 극동문화사, 1978.
16. P.M. Symonds, *Personality of the Teacher*, Journal of Education Resarch,May, 1947.
17. 김영기, 『한국문학와 전통』, 현대문학사, 1973
18. 정효구, 『우주 공동체와 문학의 길』, 시와 시학사, 1994.

■ 논문
1. 이윤자, 「전래동화의 특성」, 『아동문학평론』, 1975.
2. 남미영, 「강소천연구」, 숙대 대학원 석사논문, 1980.
3. 김요섭, 「구름의 시 바람의 동화」, 『아동문학』 10호, 배영사, 1964.
4. 채찬석, 「이원수 동화연구」, 숭전대 석논, 1987.
5. 이재철, 「이원수의 문학세계」, 『아동문학평론』 18호, 1981.
7. 손동인, 「이주홍론」, 『아동문학평론』 26호, 1983, 봄호.
8. 정선혜, 「한국유년동화연구」, 성신여대 석사학위논문, 1980.
9. 정선혜, 「한국동화상에나타난 어머니상」, 『아동문학연구』, 한국아동문학회, 1984.
10. 정선혜, 「방정환동화에 나타난 어머니상고찰」, 『아동문학연구』, 한국아동문학회, 1981.

제4부
한국 아동문학의 방향을 위한 고찰

생명을 위한 아동문학
—대한민국문학상 수상 작품집을 중심으로

1. 육체는 마음의 그림자다

인간은 '마음을 간직한 육체'가 아니라 '육체를 도구로 활동하고 있는 마음' 그 자체이다.

바야흐로 인간 최대의 관심사는 거의 한계에 이른 듯한 온갖 물리적 정신적 공해로 말미암아 생명 연장을 위한 지혜, 건강 수호라고 본다. 건강이란 단순히 병에 걸리지 않았다는 것만이 아니라 육체적으로나 정신적으로 안정되어 활력과 의욕이 충만한 상태를 말한다.

요즈음 어린이들은 비교적 예전보다 약하다고 한다. 특히 심한 공해로 많은 어린이들이 호흡기 질환을 자주 앓는다. 그런데 비교적 자주 호흡기 질환에 전염되는 학생과 그렇지 않은 건강한 학생에 대해 조사해 본 결과 놀라운 사실이 발견되었다. 전자가 현저하게 과거에 좌절감, 패배감, 임무에 대한 위기의식을 더 느꼈다는 점과 어려운 여건에 대했을 때 권위에 쉽게 반발하며 복수심을 느꼈으며 위험한 충동적 행동과 자포자기적 행동으로 포기한다는 점이다.
 즉 건강을 좌우하는 핵심은 마음의 상태이다. 아무리 좋은 음식을 섭취하고 적당한 운동을 하더라도 마음에 근심이 있어 스트레스가 쌓인다면 결국 병이 나고 만다. 인간의 주인은 마음이고 육체는 그림자이기 때문이다. 이 글을 쓰게 된 동기는 본인이 수술을 앞두고 입원까지 한 상태에서 극적으로 종양이 줄게 되어 말할 수 없는 기쁨을 맛보게 되었다. 그후 호전된 사람들을 만나 들어본 공통된 한결같은 대답은 '마음을 비워 스트레스를 줄였다'는 것이다.
 그렇다! 인간의 특징이 마음을 가지고 있다는 점이고 그 마음을 어린 시절부터 건강하게 지키고 가꾸어 주는 일이 아동문학가들의 소명이라는 것을 다시 한번 재확인하게 되었다.

2. 마음의 운동 부족 현상

 몸을 단련하기 위해서는 운동이 필요하다. 기능 유지를 위해서 운동 부족은 大敵이다. 마찬가지로 마음을 단련하기 위해서는 여러 가지 정신적인 체험이 필요하다. 마음의 괴로움을 요리조리 피하기만 하다가는 결국 마음의 운동 부족이 된다. 따라서 어려서부터 적당한 스트레스는 저항력과 회복력을 길러 준다. 그러나 오늘날 어린이들은 과잉보호의 경향으로 마음의 단련이 없어 쉽게 병에 걸리는 것이다. 그러면 이미 그런 나약해진 어린이들에게 우리가 할 수 있는 일이란 무엇인가? 이미 허약해져 있고 오락이나 퇴폐 만화, 비디오 등 찰나적 흥미물에 물들어 마음의 고통 따위에는 관심이 없는 세대가 이윽고 어쩔 수 없이 제멋대로 세상을 살다가 그것이 마음대로 되지 않으면 강한 스트레스를 받는다. 평상시에 훈련이 된 사람은 즉시 뇌하수체에서 여러 가지 호르몬이 나와 부신피질을 자극하여 몸이 큰 자극을 안 받도록 적당히 조절된다. 그러나 스트레스가 오래 지속되면 그 사이에 분비된 호르몬이 너무 많거나 분비되는 시간이 길어져서 분비 균형이 깨어지고 각종 장애가 생긴다. 그 예가 고혈압, 당뇨병, 위궤양, 결핵, 신경증, 노이로제 따위이다. 아동에게는 과잉 행동, 틱, 집중력 부족, 자폐증 등으로 나타나고 있으니 이를 어찌할 것인가? 이들의 가장 공통적인 것은 표현되지 못한 분노의 경험이다. 건강하지 못한 어린이들은 '양심'이라는 형태로 존재하는 부모의 가치관에 의하여 계속 명령받는다. 그리하여 자아상을 실현하기보다는 환경에의 의존을 우선하며 위축된 자아로 '디즈니랜드의 조작되어 꾸며진 재미' 같은 대응 행복 속에 안주하려고 한다. 반면에 건강한 사람들의 성격은 다음과 같다.[1]

1) 자신의 행위 과정을 자유롭게 선택한다.
2) 살아가며 행하는 행위와 자신의 운명에 대해 스스로 책임을 진다.
3) 자기 외부의 힘에 대하여 지배 당하지 않는다.
4) 자기에게 적합한 삶의 의미를 가지고 있다.
5) 자기의 삶을 의식적으로 잘 통제, 관리한다.
6) 창조적, 경험적, 태도적 가치를 표현할 수 있다.
7) 자신에게 관심을 두는 것을 초월한다.
8) 미래의 목표와 과제에 관심을 두는 미래지향적인 사람이다.

그러나 요즈음의 부모는 과잉 보호로 다른 아이에게 질세라 모든 요구를 다 들어주고 말은 엄격하나 행동으로 보여주지 못하며 때로 극단적인 분노, 폭발 등으로 벌을 주어 스스로 죄책감에 빠지기도 한다. 그

---

[1] Viktor Frakl 성장 심리학: 건강한 성격의 제모형 N.Y.D. Van Nostmd Co, 1997. p.213.

리하여 어린이들은 쉽게 포기하며 자신감이 없다. 또 버릇없고 의존적이며, 유아적인 특성에서 벗어나지 못하여 좌절을 극복하지 못한다.

또한 엄격하기만 하다든지 하여 칭찬에 인색하고 자녀의 잘못을 즉시 지적하여 잘못한 일에는 지나친 벌이 따를 때 아동은 늘 긴장하여 불안에 빠지고 죄책감을 많이 느끼며 지나치게 복종적이고 자기 비하가 심해져 자주 우울해지고 자살을 생각하기도 한다.

제일 심각한 유형은 엄격하지도 자애롭지도 못한 부모로 무관심하고 무기력한 부모다. 칭찬도 벌도 주지 않고 비난만 하며 자식을 믿지 못하여 늘 고의적으로 나쁜 행동을 한 것으로 몰아 세우는 부모이다. 그러면 아동은 좌절감을 많이 느끼다가 세상에 대한 불신감이 깊어지고 무질서해지며 적대감에 차서 반사회적 성격이 되어지기도 한다. 이제 어린이에게 바람직하지 않은 행동에 꾸중하고 벌을 주되 어린이 자체가 아닌 행동에 대한 잘못은 지적하고 고쳐 주는 사회적 풍토가 조성되어야겠다. 그러기 위해서는 어른들의 말과 행동이 일치할 때가 온 것이다.

건강한 성격의 제 모형―특성을 여러 학자에 따라 분류 비교해 보았다.

〈표〉 건강한 성격의 제 모형―특성의 비교[2]

특성	올포트	로저스	프롬	매슬로우	융	프랭크	펄스
동기 의식 혹은 무	미래 지향	자아 실현	생산성	자아 실현	자아 인식 의식과	의미성	여기와 지금이 되는 것
의식의 초점	의식	의식	의식	의식	무의식	의식	의식
과거의 강조	강조 안함	강조 안함	강조 안함	강조 안함	강조함	강조 안함	강조 안함
현재의 강조	강조	강조	강조	강조	강조	강조함	강조함

미래의 강조	강조	강조 안함	?	?	강조	강조	강조 안함
긴장의 증가나 감소 강조	증가	증가	?	증가	?	증가	?
일의 역할과 목표	중요	중요하지 않음	?	중요	?	중요	중요하지 않음
지각의 본질	객관적	주관적	객관적	객관적	객관적	?	객관적

3. 우리 몸은 음식의 강이다

세계 도처에서 장수를 누리는 사람들의 경험을 토대로 조사를 한 결과 그 비결은 혈액의 활성화(산성화의 방지)라고 많은 학자들은 주장하고 있다.

'피가 탁해지면 병에 걸린다'는 옛말은 혈액의 산성화, 즉 산혈증(酸血症—에시도시스)을 의미한다. 장수 최대의 적인 癌, 고혈압, 당뇨병, 위장 장애, 간경변증 등 이른바 성인병인 경우 혈액은 예외없이 산성 쪽에 기울어져 있다.[3]

그 원인은 식사의 부조화라고 할 수 있는데 결국 산성 식품을 지나치게 섭취한 때문이다. 또한 잡음, 스트레스, 대기오염, 일광 부족, 정신 불안, 유해 식품, 약물 과잉 등도 산성 혈액의 요인이다. 혈액이 산성화가 되면 알카리성으로 되돌리려는 조절작용이 체내에서 일어나는데 이와 같이 산중화의 주역이 바로 칼슘이다.

'혈액내 칼슘이온이 건강의 척도'라 하여 혈청 안에 10mg%의 칼슘이 들어 있는데 이 중 6mg%는 단백결합형이고 나머지가 자유스런 상

---

[2] 듀에인 슐츠, 『건강한 성격의 소유자란』, 도서출판 그루, p.265. 물음표(?)는 이론가들이 이 점에 대하여 분명하게 밝히지 않았거나 그의 저작에서 그 문제에 대한 논의를 발견하지 못했다는 것을 뜻한다.
[3] 현대가정의학백과사전, 동아출판사, p.1237.

태의 칼슘이온으로 이것이 음식 섭취 후 체내에서 만들어진 각종 강산과 결합하여 혈액을 항상 약알카리성으로 중화시켜 주는 역할을 한다. 따라서 에시도시스를 막기 위하여 어릴 때부터 해조류인 김·미역 등이나 녹황색 채소와 같이 칼슘이 풍부한 식품을 섭취하도록 권장해야 한다. 특히 농·수산물의 인공 재배, 양식법의 발달로 양적으로는 팽창되었으나 실질적으로는 죽은 영양만 대량으로 섭취하여 신진대사에 부담을 주게 되었다. 여기서 '질'이란 바이오(Bio) 즉 살아 있는 영양을 말한다. 그러므로 현대 어린이들은 영양 과잉으로 체격은 좋아졌지만 체력은 약하다. 그리하여 불활성화된 양이 체내에 축척되어 비만이 되었고 과잉된 죽은 영양은 이의 해독, 배설을 위하여 더 많은 것을 필요로 한다. 어린이들이 어려서부터 배워 두어야 할 바이오 식품의 선택이란 다음과 같다.[4]

1) 곡류는 자기지방의 제철음식이다(예:봄―완두콩, 여름―밀, 가을―쌀, 겨울―조).
2) 야채는 제철 야채에 작은 것(은상재배품, 인공재배품은 크다).
3) 과일도 작고 맛이 진한 것이 좋다. 수입품은 크고 맛이 약하다.
4) 육류도 수입품은 배격하고 오래되지 않은 신선한 것.
5) 인스턴트, 가공식품의 선택은 피할 것.

다시 말해서 자연의 일부인 인간이 자연 파괴로 고통 당하고 있는데 누가 해결할 것인가? 자연이 해결할 수밖에 없다. 늦게나마 자연에 순응하는 의식 전환이 우리의 어린이들에게 참생명을 부여하리라고 본다.

---

4) 은성국, 『오행을 알면 체질이 보인다』, 학민사, p.187.

이에 1979~1990년까지의 대한민국 문학상 아동문학 부문의 수상 작품을 대상으로 과연 얼마만큼이나 건강한 대한의 아동상 확립에 기여하였는지 살펴보려고 한다.

'세계 아동의 해'를 기념하여 제정된 이 상은 그 이듬해 대한민국 문학상(아동문학부문)으로 명칭이 바뀌어 오늘에 이르고 있다. 모두 12회에 걸쳐 대통령상, 장관상으로 1회 수여되다가 2회에서부터 본상, 우수상, 신인상으로 수여되었다. 마침 문공사에서 1991, 1993년도에 발행한 동시, 동화집 1, 2를 자료로 하였다.

대한민국문학상 수상작품집 표지.

4. 미래의 아동상은 아마츄어적 프로여야 한다.

21세기의 정보화 시대에는 프로화 시대라고 말할 수 있다. 프로가 아니면 도태될 수밖에 없는 현실에서 발전하여 이제는 어린이들이 도리어 아마츄어적프로가 되되어야 한다고 본다.

1) 자신을 있는 그대로 솔직히 표현하여 자기만의 독특한 연출법으로 남에게 과감하게 인식시킬 수 있어야 한다.
2) 사람의 마음을 감동시킬 수 있는 따뜻한 말 한마디를 할 수 있어야 한다.
3) 남보다 뛰어난 특기가 취미어야 역동적인 자신감이 생기게 된다.

4) 간결하게 이야기하는 습관을 기른다.

5) 창조성은 문화 유산과 우리들의 마음에 깃든 자발성의 만남에서 생긴다. 강한 호기심이야말로 창조성의 바탕이다.

6) 자신만의 스트레스 해소법을 가지고 쌓인 스트레스를 빨리 푸는 것이 중요하다.

7) 정신적 경험이 풍부하면 미래 전망 감각도 풍부해진다. 그 다양성을 풍부히 하는 일이 중요하다. 여행과 독서는 가장 대표적인 방법이다.

5. 생명사상의 정서적 수용

그리하여 제1집의 14편 동화, 제2집의 15편 동화와 동시집의 110여 편의 작품을 살펴보았다.

무엇보다도 실제적인 아동의 건강을 위하여 얼마큼 애써서 세포들이 활력 있게 춤추게 하는가를 보았으며 명랑하고 밝은 감정으로 부정적인 감정을 극복하는 아동상 구현에 노력하는 면과 동기를 유발시키고 정신의 사소한 파생물로서의 감정이 아닌 기억, 판단, 학습과도 깊은 관련이 있는 정서를 살펴보았다. 왜냐하면 마음의 상태는 육체에 그대로 나타나기 때문이다. 또한 건강한 성격의 바람직한 아동상 구현에 얼마나 이루어지고 있는가를 살펴보았다. 그리고 소재의 바이오적 처리―참생명을 위한 신토불이 소재로 살아 움직이는 역동성이 있는가를 중심적으로 보고자 하였다.

새는 움질했다./박제된 소년의 웃음이 생기를 띠며 살아가고 있었다./웃음은 일찍이 비-7이 남긴 '희망'이었다 [⋯중략⋯] 마침내 소년의 에너지를 얻은 소년이 길고 긴 잠에서 깨어나기 시작한 것이다. '희망'이 눈뜨기 시작한 것이다.……둘은, 둘만이 남은 지구에서, 내일을 향해 행진을 하기 시작했다./모든 것이 새롭게 다시 시작되고 있었다.

―손기원, 「다시 나는 새」[5]

21세기를 사는 우리에게 가장 두려운 것은 환경 파괴, 핵전쟁으로의 지구 멸망, 그 이후에 대한 막연한 공포이다. 이를 가장 확실하게 '희망'이란 이름으로 극복하고 있다. 문제점을 찾아내는 합리적 사고의 아동상, 그리고 좌절하지 않고 마지막 순간까지 최선을 다하는 그 모습은 다음 동화에도 나타나고 있다.

용이는 무엇 하나 분간할 수 없는 산길을 무조건 뛰었다……/나당 군사의 횃불은 멈추지 않고 쫓아왔다./"도망치지 마라."/할아버지가 아버지에게 이르던 말이 생각났다./독전병은 도망쳐서도 안 되고 죽어서도 안 된다……/갑자기 무서움과 공포가 일려 왔다. 그 순간 엄마가 보고 싶다는 간절한 생각이 온몸을 휘감았다./……그때 어디선가 불화살 하나가 어린 백제병 북장이를 향해 날아왔다./"용아!"/그 순간 성루 위의 독전병이 피를 토하듯 외치며 성 밖으로 몸을 날렸다./북소리가 잦아들었다.

―이상배, 「북치는 소년」[6]

동화 속의 주인공이 사는 시대가 과거이거나 현재에 관계없이 '여기와 지금'에 충성된 한국인의 모습을 볼 수 있다. 의미를 부여하고 있다. 특히 동화상의 인문은 다른 문학 작품에 비해 그 수가 적고 발달 단계상의 이유로 '작가가 어린 독자에게 주고자 하는 인간 문화에 대한 기본태도'라고 볼 수 있다. 또 그 동화가 쓰여진 시대의 사회적 기

---

5) 대한민국문학상수상동화집1, 문공사, 1993, p.132.
6) 이상배, 대한민국문학상수상동화집 2, 문공사, 1993, pp.153~158.

질과 분위기가 담겨져 무의식적으로 동일시의 모델이 되기도 한다. 이런 우리 사회의 어린이의 모델로 「소년과 집배원」[7]에서의 남수―농구 선수를 들 수 있고 전쟁고아가 부모를 찾는 이야기인 「목각인형」,[8] 이준연의 「도깨비가 된 허수아비」에서 한국적 정서의 새로운 탈바꿈, 새로운 생명으로의 환원을 볼 수 있다.

"사실인즉 나는 허형의 친구가 되어 주려고 오늘 밤에 산에서 내려 온걸세. 넓은 들판에 혼자 서 있는 허형의 모습이 너무너무 보기에도 딱해서 말야."/"도형, 도형! 고맙네, 고마워. 내일도 모레도 날마다 날마다 놀러오게, 도형."/"……하지만 나는 내일 날이 밝기 전에 용마산을 떠나야 한다네. 용마산에 채석장이 생겨서 더 머물러 살 수 없다네. 돌 깨는 소리가 시끄러워서 이사를 간다네."

―이준연, 「도깨비가 된 허수아비」[9]

……노루는 두어 번 몸을 뒤채다가 가만히 서 있었다. 헌이는 우람하게 눈을 이고 선 소나무 밑으로 갔다. 날카로운 돌멩이로 소나무 껍질을 갈아 가루로 만들었다. 가루를 노루의 상처에 발라 주고는 코 묻은 손수건으로 싸잡아 매주었다…….

―임신행, 「까치네 집」[10]

실제 응급처지에 대한 비방을 잘 표현하고 있다. 익히 솔잎가루를 콩가루와 함께 아침 공복에 침으로 삼켜 목병 등을 고친 경우도 있고 옛날 도인들이 솔잎을 생식하였다는 말로 보아서 능히 효험이 있는 방법

---

7) 송명호, 상게서, pp.160~178.
8) 윤사섭, 상게서, pp.31~40.
9) 이준연, 상게서, p.13.
10) 임신행, 상게서, p.93.

이라고 보인다.

특히 동시에서는 실제적인 바이오적 음식물에 대한 다룸이 비교적 많이 나타나고 있음을 볼 수 있다.

학교 가는 일에/나를 따라 나서는 게 있다./네모진 도시락.//……시장한 시간에 선생님과 마주 앉아, 우리/뚜껑을 열면/하얀 낟알이 반짝이는 영양. '이걸 먹으면 얼마나 클까?'/그때 엄마 손이 보이기도 한다.//산에서 조금씩 들에서 조금씩/바다에서 조금씩/가장 영양이 될 부분이 와서……/맛있는 반찬.//그때 농부의 손이 보이기도 한다.//'우리 스스로 크는가?' '아니다.'/우리 뒤에 우리를 키워 주는 이들이 있다./우리가 스스로 배우는 게 아닌 것처럼./그런 것들이 모두/도시락을 통해서만 보인다.//바닷바람에 그물을 끌어올리는/어부들 튼튼한 팔이 보인다.

—신현득, 「우리 도시락」[11]

그렇다. 많은 감각 중에서도 미각이 가장 오래 기억되는 감각이고 후각이 가장 먼저 동물에게 발달되어지는 감각이라는 것을 볼 때도 '먹는다'는 행위는 참으로 귀중하고 의미 있는 것이다. 또한 먹는 행위는 복합감각을 통하여 기억되어지며 민족과 나라의 문화적 유산으로 구비전승되는 것이다.

……놀빛 바라보며/콩밭머리에 모여 앉아/햇콩 구워 먹자꾸나/청솔 가지, 마른 솔 가지 수북히 쌓아 지핀/타는 불길에/햇콩가지 꺾어 두고/까맣게 까맣게/입술은 숯빛깔이 되 도록/햇콩 구워 먹자꾸나.

—권영세, 「햇콩 구워먹으며」[12]

---

11) 신현득, 대한민국문학상수상동화집, 1992, pp.9~10.

해 지난 묵은 콩이나 수입된 비싼 과일 맛을 노래한 동시를 생각할 수 있겠는가? 바로 생명력이 넘치는 우리 땅의 바이오 음식이야말로 전통적인 우리의 정서로 어린이들에게 참생명이 된다. 건강에 나쁜 음식은 전신의 세포를 시들어 가게 하고 결국은 조그만 문제에도 좌절하고 마는 나약한 어린이로 만든다. 나약한 어린이는 우울하고 어두운 감정을 가지게 되고 부정적인 감정을 오래 가지고 있으면 뇌에서 신경 전달 물질인 세르토닌, 노르에피 내프린의 분비가 억제되는 반면 뇌하수체에서 스테로이드, 부신 아드레 날린 호르몬의 분비가 증가된다고 한다. 이 경우 고혈압, 심장병, 골다공증, 정신병이 생기기 쉽고 혈관 내 콜레스테롤의 축적도 현저하게 증가한다고 한다. 그러나 긍정적인 사고로 명랑하고 밝은 감정을 지니고 있으면 뇌의 신경세포를 연결해 주는 시냅스에서의 신경 전달 물질의 분비가 더 원활하게 이루어져서 신경전도가 순조롭게 이루어진다고 한다. 그러므로 어린이들에게 미워하는 마음, 근심하는 마음, 실망하는 마음, 좌절하는 마음을 즐거운 마음, 감사의 마음 사랑하는 마음, 겸손한 마음, 내것을 줄 수 있는 마음으로 아니 한 차원을 높여 남을 위해 기쁘게 봉사할 수 있는 마음으로까지 끌어 올려야 하는 것이 건강한 아동문학의 길이라고 보는 바이다.

> 가랑잎의 몸무게를 저울에 달면
> '따스함'이라고 씌어진 눈금에
> 바늘이 머무를 것 같다.
> 잠자는 풀벌레 풀벌레 풀벌레……
> 꿈꾸는 풀씨 풀씨 풀씨……

---

12) 권영세, 상게서, p.106.

제 몸을 갉아먹던 벌레까지도

포근히 감싸주는

가랑잎의 몸무게를 저울에 달면

이번엔

'너그러움'이라고 씌어진 눈금에 바늘이 머무를 것 같다.

—신형건, 「가랑잎의 몸무게」[13]

……또 나무가 물었다./꽃에도 열매가 되는 것 안 되는 게 있지요./가지에도 열매를 단 것 안 단 것이 있지요. 열매를 달고 끙끙대는 쪽이 어머니이다.//사람에게도 그렇다./여럿 자식을 달고 그 무게로 꼼짝 못하는 쪽이 엄마다.

—신현득, 「석기시대 어머니」[14]

모든 일에는 '얻는 것이 있으면 잃는 것이 있다'는 가장 소박한 법칙도 평생 동안 깨우치지 못하고 자신의 덫에 허덕이며 사는 사람도 많다.

어릴 때부터 마음의 단련을 위하여 글을 통해 뜨거운 눈물을 흘리게 하자. 뜨거운 눈물은 우리 몸의 모든 불순물을 없애준다. 외로움, 상실감, 패배감, 굴욕적인 경험, 마음의 가난함들을 작품 속에서 공감하는 가운데 어린이들은 안도감을 느끼며 자신의 짐을 슬며시 내려놓을 수 있는 것이다. 우리의 어린이에게는 과거나 미래가 짐이 되어서는 안 되고 결코 자아 실현이 긴장으로 느껴서는 안 된다. 다만 동일시될 수 있는 동화 속 주인공이 보다 미래 지향적이고 목표를 가지고 매진할 때 함께 박진감을 느끼며 의미를 느낄 뿐이다.

---

13) 신형건, 전게서, p.234.
14) 신현득, 상게서, p.28.

오늘날의 건강한 어린이들은 전대의 성인이 된 어린이에 비하여 자기가 누구인지에 대하여는 별로 중요시하지 않는다. 다만 자기의 강점과 약점을 잘 알고 있고 자기의 잠재력을 확신하고자 한다. 자기가 될 수 있는 것, 할 수 있는 것을 알고자 하며, 이와 똑같이 할 수 없고 될 수 없는 것이 무엇인지 알고 자기가 아닌 어떤 것이 되려고 노력하지 않는다는 점이 기성세대와 크게 다르다. 즉 목표만을 고집하지 않는다. 특히 위축된 자아 경제가 없다. 그러므로 모든 면을 객관적으로 감지하며 순간의 상황에 의해 지시받고 반응한다. 그래서 쉽게 어떠한 사고나 감정도 배제하지 않는다. 외부적 조정으로부터도 자유롭다.[15] 바로 이러한 가치관의 차이가 '대한민국문학상수상동화집'이라는 거창한 타이틀이 붙혀졌는데도 흥미읽게 읽으려 하지 않고 오히려 책을 읽히려는 극성 엄마들의 이름만 도서관 카드의 항목을 채우고 있다.

흘러가면서/바위에도 갇힌다./많은 것에 가로 막힌다./돌부리에 가로 막힌다./나무뿌리 풀뿌리에 걸린다./바위에도 갇힌다./그렇구나/우리들도 자라나면서/얼마나 많은 것에/부딪쳐야 할까/비잉 돌아보기도 하는/강 속 땅바닥을 기어 보기도 하는/뛰어넘기도 해보는/곧게 나아가 보기도 하는/강/강물

―이창건, 「강 3」[16]

다정한 이웃들에게서 받은 모든 슬픔과 아픔을 씻으려면, 자신이 죽음으로써 해결될 수 있는 것이라고, 진주조개는 그때부터 되도록 높은 곳을 찾아서 기어오르기 시작하였습니다./바위 꼭대기에서 산호 가지의 도움을 받아 가며 산호의 높은 꼭대기까지 올라갔습니다……. 그때 마지막 빛줄기 하

---

15) 듀에인 슐츠, 『건강한 성격의 소유자란』, 도서출판 그루, 1989, p.251.
16) 이창건, 대한민국문학상수상동화집, 1992, p.197.

나가 뱃속으로 스며들었습니다. 마지막 가지를 잡았던 손을 놓았습니다./괴로움이여! 안녕."

　진주조개는 산호 가지에서 바위 위로, 바위 위에서 땅바닥으로……굴러 떨어졌습니다…… 정신을 차리고 보니 모래 바닥 위에 자신이 나동그라져 있었습니다. 가슴 밑에 입었던 생채기 부분에서 말할 수 없으리만치 어떤 기쁨 같은 것이 치솟아 오르는 것을 느꼈습니다……. "여어! 저것은 우리를 구할 때 아주머니가 보여주던 그 몸빛이다."
하고 모두들 부르짖었습니다/그러자 바위에게 참새우도, 아픈 곳이 씻은 듯이 나왔습니다.

—정진채, 「몸빛」[17]

　마음의 얽매임이 없이 사는 방법은 無所有, 無我執, 無差別의 삶을 사는 것이다. 無所有란 재산을 가지지 말라는 것이 아니라 재산 따위에 얽매이지 않고 마음의 자유를 지속함이 중요하다는 것이다. 나를 버리라는 것이다. 사람 차별을 하지 않고 신체적인 얽매임에 벗어나며 마음이 상쾌해지기에 사물에 구애되지 않는 삶을 발견하게 되는 것이다. 마치 석가모니의 일생을 비유한 듯한 이 동화의 장면은 바닷속 동물의 세계 그 다큐멘터리를 보는 것과 흡사하다.

　인생도 마음먹기에 따라 그 미로에서 벗어나 자유를 누린다면 몸도 마음도 건강해질 것이다. 그러나 어린이들은 진주 아주머니의 죽음을 자칫 허무에 의한 자살로 이해하는 것을 본다. 즉 구체적인 사건으로 인한 필연적인 동기에 의한 행동이 아닐 때 쉽게 책장을 덮는다. 즉 어린이들은 동화 속에서 자신들이 알고 싶은 죽음, 생명의 비밀, 미래의 전개 따위를 만나기를 원하지 철강의식이나 작가의 자기 도취적인 과

---

17) 정진채, 대한민국문학상수상동화집, 1993, pp.75~90.

거 회상식의 정서 남발은 회피하는 것이다.
다음은 요즈음 만원인 어느 소아정신과의 검사일지이다.[18]

　*검사 태도: 다소 뚱뚱한 모습, 교복 차림의 남학생으로 말소리가 아주 작고 느려서 힘겹게 대화가 가능. 중죄인처럼 고개를 숙이고 앉아있었고, '왜 왔냐'는 질문에 '스트레스를 받아서 왔다'고 말함. 시종일관 무거운 자세로 검사에 임함. 평균 수준의 지능을 소유하고 있으며 잠재력은 이보다 높은 것으로 사료됨. 낯선 검사와 위축된 상태에서 능력 발휘가 어려운 듯 보임. 언어성 검사에서 평균에 미치지 못하는 상식 점수로 볼 때 환경 조건이 교육적으로 미비하였음과 학교 생활, 문화적 경험이 열악한 상태임을 시사함. 언어 구사력과 적절한 표현 능력의 부족으로 가정에서나 학교, 대인 관계에서 문제 해결의 어려움을 많이 겪고 있을 것으로 사료됨. 특히 자신의 의사 표현을 적절히 못하여 부적절한 방법으로 만족감, 성취감을 얻고자 문제 행동을 야기 시키리라 여김.
　동작성 검사에서 빠진 곳 찾기에서 특히 평균에 미치지 못하는바 환경과의 다양한 접촉에서 사고력, 심리적 과정상 문제점을 시사함. 무엇보다도 축적되어 온 정서적 위축, 수치감, 대인 공포증을 점진적으로 해결해 주어야 될 것으로 사료됨. 무엇보다도 다양한 경험을 제공하고, 최대한의 자율성, 의사 표현의 기회, 인정과 격려가 있는 자신감을 길러 주는 교육 환경이 마련되어야 함.

어려서부터 올바른 자기 표현법을 익히지 못하면 진전한 자기를 표현하지 않음으로 자기 자신을 속이며 살게 된다. 이미 성인병에 걸린 중년기에 가서나 그것을 깨닫게 되고 위축된 정서는 긴장을 낳게 하여

---

18) 강동구 김영화정신과 제공. 1996. 2.

신체적 면연력을 약화시켜 결국 병이 나고 만다. 즉 모든 마음의 활동은 육체와 절대 분리될 수가 없다. 마음이 변하면 육체가 변하고 육체가 변하면 마음도 변한다. 이러한 관계의 오묘한 법칙을 다루고 있는 수작을 꼽는다면 제4회 우수상의 김은숙의 '빨간 왕관의 나라 하얀 왕관의 나라'를 들 수 있다.

……임금님은 당신의 마음을 감출 길이 없다는 듯,
"그렇소. 어인 일인지 자꾸만 끌리는구려. 백성들의 꽃밭은 어떻소?"……
"짐도 지난 밤 내내 그런 생각을 하였다오."
"전하. 그것이 바로 이심전심이 아니오리까."
임금과 백성들의 마음이 하나가 된 것입니다.[19]

임금과 신하가 이렇게 쉽게 자기 의사를 표현하고 최대한의 자율성이 주어지는 나라, 바로 바람직한 민주주의 나라의 모델이 아니겠는가? 어렴풋하기만한 통일의 문제도 이렇게 서로의 공통된 목표로 진솔한 대화가 오고 간다면 쉽게 풀릴 것이다. 그러므로 이런 강렬한 의지가 담긴 감동적인 동화 한 편이 미국에서 스토우 부인의 『톰아저씨의 오두막』처럼 한국의 통일을 앞당길 것이라. 바로 그런 작품으로 손동인의 「하늘에 뜬 돌토끼」를 볼 수 있다. 통속적으로 흔한 할아버지의 옛말 같은 전개는 반전하여 유기적 구성에 의하여 박진감 있고 내내 마음조리게 하는 전쟁 실화에서 비극적 결말이지만 마음에 안도감과 함께 긴 여운을 남기는 말미는 하늘의 달을 볼 때마다 주인공 세호를 만나게 한다. 이에 버금가는 우수작으로 6·25로 말미암은 그 이산가족의 아픔, 입양아의 극적인 가족 상봉, 그로 얽힌 여러 이야기로 신지

---
19) 김은숙, 전게서 1, pp.134~156.

식의「메아리」, 윤사섭의「목각인형」을 들 수 있다. 11년에 걸쳐 동시로 수상한 18명의 동시 백여 편과 유일하게 동극으로는 고성주의「우리들의 광장」, 그리고 27명의 동화작가의 특성은 한마디로 참생명에 대한 한국적 정서의 수용이었다.

6. 마무리

아무리 좋은 동화나 동시가 많아도 그것을 읽을 어린이들이 읽을 수 없을 정도로 마음이 병들어 있기에 아동문학이 소외되고있는 것이 현실이다. 실제로 어린이들의 몸과 마음이 건강해지도록 그 건강의 비밀을 결코 잊지 않도록 그들의 언어로 속삭이는 일, 이미 오염된 우리의 강산을 다시금 금수강산으로 만들려고 결심하게 하는 일 혼자서는 결코 어려우므로 서로 손잡고 나가도록 화합하고 융합하는 것을 가르치는 일이 궁극적인 아동문학가의 몫이다. 이렇듯 힘든 일을 마다하지 않고 밤을 새우는 뜨거운 마음의 작가가 우리에게 있다는 것은 결코 우리는 포기할 수 없다는 희망 그 자체이다. 이 땅의 어린이들을 위하여 평범한 가정도 포기하고 동화를 쓰는 석기시대 엄마의 마음을 가진 작가도 있고 글을 쓰다 돌아가신 선생님도 계시고 마음의 눈을 밝히려 시력을 잃은 작가도 있으며, 이렇게 몇날 며칠, 같은 동화를 읽고 또 읽으며 기도하며 고민하는 평론가도 있다.

모든 부정적인 생각의 세포를 긍정적인 생각의 세포로 만들면서 선물로 어린이에게 건강한 성격을 나누어 주고자 하는 생명사상의 정서적으로 수용된 작품이 전반적으로 우세하게 보이고 있다. 그러나 동시에서는 과거 지향적 향수에 젖은 서술적 정서의 작품이 옥의 티라고 보며 동화 속에는 어린이 마음속에 평생 동안 간직할 건강한 성격의 뚜렷한 아동상이 부재한다는 아쉬움이 있다. 근심을 기쁨으로, 패배감을 자신감으로, 열등의식을 승리감으로, 후퇴에서 전진으로, 증오를 사랑으로 이기주의를 버리고 마음을 비우는 삶을 살게 하는 것은 어부들의 든든한 팔과 농부들의 땀, 석기시대에서 이어온 어머니의 건강한 정신을 그들의 도시락에서 발견하게 아동문학가의 탐색적 작업이 요망된다.

⟨표⟩ 대한민국문학상 아동문학 부문 수상 자료와 그 건강적 특성분석(1979~1990)

연도	구분	수상자	수상 작품	특성
1979 (1회)	대통령상 장관상 〃 〃 〃	신지식 신현득 이준과 김영일 이영희	『열두달 이야기』(연작 동화) 『교실을 노래한 이야기』(연작 동시) 「길을 가다」(동시) 『골목에 피는 꽃들』(장편 소년소설) 「꽃농사 꿈농사」(동화)	바이오적 소재 자아 실현 동일시 마음의 단련 의미성
1980 (2회)	본상 우수상	이원수 박화목	『지혜의 언덕』(장편 소년소설) 「겨레의 소원을 풍선에 실어」(동시)	마음의 단련 서정성
1981 (3회)	본상 우수상 〃 〃 신인상	유경환 김성도 이주훈 손수복	해당작 없음 『풀꽃편지』(동시집) 「눈사람」(동화) 「보이지 않는 강」(중편동화) 「진달래」(동화)	여기와 지금 자아 실현 의미성 의미성
1982 (4회)	본상 우수상 〃 〃	윤석중 김은숙 이영호 이동태	「구두병원」(동요) 「빨간 왕관의 나라 하얀 왕관의 나라」(동화) 『거인과 추장』(장편 아동소설) 「막내뱀 쩔쩔이」(동화)	자아 인식 미래지향, 화합 의미성 희생정신
1983 (5회)	본상 우수상 〃 〃 신인상	정채봉 임신행 제해만 고성주	해당작 없음 『물에서 나온 새』(동화집) 『까치네 집』(동화집) 『바람의 집』(동시집) 「우리들의 광장」(동극)	의미성 자아인식 의미성 ?
1984 (6회)	본상 우수상 〃 신인상	이주홍 박경용 박홍근 손동연	『사랑하는 악마』(소년소설) 「귤한개」(동시) 「이를 뽑기 싫어서」(동화) 「가을산」 외 17편(동시)	자아 인식 지각 본질 의미성 정서성

연도	상	수상자	작품	주제
1985 (7회)	본상 우수상 〃 신인상	이준연 박두순 정진채 권영세	「도깨비가 된 허수아비」(동화) 『마른나무 입술에 흐르는 노래』(동시집) 「하얀 꽃사슴」(동화) 『반디. 고향 반디야』(동시집)	역할성 지각의 본질 자아 실현 바이오적 소
1986 (8회)	본상 우수상 〃 신인상	어효선 노원호 조장희 유일광	『용아의 일기』(연작 동화) 「아이가 그린 가을」(동시) 『아기개비와 꽃씨』(동화집) 「구름 속에 비치는 하늘」(동시)	지각 본질 의미성 자아 실현 자아 인식
1987 (9회)	본상 우수상 신인상	김요섭 박종현 류근원	『이슬꽃』(장편 동화) 『아침을 위하여』(동시집) 『삼총사 행진곡』(장편 동화)	자아 실현 지각의 본질 미래 지향
1988 (10회)	본상 우수상 〃 신인상	박경종 문삼석 박성배 이창건	『문없는 까치집』(동시집) 『별』(동시집) 『꿈꾸는 아이』(장편동화) 「소년과 연」(동시)	의미성 미래 지향 미래 지향 자아 실현
1989 (11회)	본상 우수상 〃 신인상	윤사섭 하청호 손기원 이상배	『목각인형』(동화집) 『별과 풀』(동시집) 『다시 나는 새』(동화집) 『북치는 소년』(동화집)	자아 인식 미래 지향 미래 지향 자아 인식
1990 (12회)	본상 우수상 〃 〃	손동인 송명호 오순택 신형건	「하늘에 뜬 돌토끼」(중편동화) 「소년과 집배원 아저씨」(중편동화) 『초록빛 마을』(동시집) 『거인들이 사는 나라』(동시집)	자아 인식 자아 실현 지각의 본질 긴장의 감소

도덕성 구현을 위한 모색

1. 문제의 제기

충격적인 일!

5살짜리 딸 아이가 산 과자 포장에 10 악마의 얼굴이 인쇄되어 있다. —속에 그 중 한 개의 스티커가 숨겨 있고 나머지 9개도 있으니 사서 모으라는…….

이 시대의 자유분방함은 어린 자식을 놔 두고도 자신만의 人生을 위하여 破鐘을 택하는 신세대를 인정하고 있다. 이들은 '성격 차이'로 표현되는, 이해할 수 없는 이유로 이혼을 결심한다. '자기 중심주의'가 너무도 강한 신세대는 결혼, 가정 그 자체 혹은 배우자나 자녀보다도 나 자신이 가장 중요하다는 이유로 이혼을 하는 것이다. 또한 그들은 이로 피해받을 아이가 불쌍하지 않느냐는 질문에 '나 같은 부모를 만난 것도 그 아이의 운명'이라고 무책임한 답변으로 잘라 말한다.

여의도에서 '무작정 질주', C랜드의 참사 등으로 무고한 어린 생명을 스러져가는 현실이 이 논문의 동기가 되었다.

우리 나라 정부 관리들의 재산 공개에서 보여주는 실망감, 공직자들의 부도덕한 비위 사실들에 이러한 논문을 쓸 수밖에 없었다.

과연 사람같다는 것은 무엇일까? 이에 대한 답은 다음과 같이 아직은 희망이 있다는 것이었다.[1]

ⅰ) 사람은 고도의 가능성을 가지고 있어서 교육의 힘에 의해서 자랄 수 있는 많은 여지가 있다는 점이다. 즉 교육에 의해 변화될 수 있다.

ⅱ) 사람은 당대는 물론 다음 세대와도 의사 소통을 할 수 있다. 뜻을 받아들이며 자기의 뜻을 말과 글로 전달할 수 있다는 점이다.

ⅲ) 사람은 시간 관념을 가지고 있어 옛 조상의 사고 방식을 물려받기도 하고 후손을 위해 이 순간에 국한되지 않고 앞날과 관련지으면서 판단하고 행동할 수 있다. 즉, 내일 죽을지라도 오늘 사과나무를 심는 것이 사람이다.

ⅳ) 사람은 자기를 알고 자기에 대해 마음을 쓰면서 키워 나가려고 하는 자아에 대한 의식을 지니고 있다.

ⅴ) 사람은 자기를 발전시키고 실현할 수 있는 능력을 지녔다. 자기가 목표로 하는 존재가 되려고 애쓰고 노력하는 것이 가장 사람다운 점이다.

어린이에게 아동문학인, 특히 동화작가가 줄 수 있는 것은 '자기를 최대 한도로 실현시킬 수 있는 존재로 도와주는 일'이다.

어린이들도 늘 무엇인가 발휘해 보도록 자극하고 열중해서 읽게 하

---

[1] 金在恩, 李星珍 편, 『좋은 성품과 사회성』, 培英社, p.24.

여 본래의 우리로 만드는 책, 시대가 소명 의식을 가지고 다시금 고향으로 돌아가도록 노력한다는 것은 기쁘고 의미 있는 일이 아닌가!

1) 도덕성의 기본 개념

옳고 그른 것을 아는 힘, 이는, 흔히 양심이라고도 하는, 도덕의식이다. 이론 의식이 발달하면 도덕적 판단력이 되고 어린이 성품의 전부나 일부가 된다.

과연 도덕이란 무엇인가?

어원은 라틴어의 Mores에서 나왔으며 예의, 범절, 습관, 생활 양식을 뜻하고 윤리(Ethos)의 어원과도 같은 것을 미루어 윤리와 더불어 도덕은 인간의 정신 생활의 근간을 이루고 있다고 보겠다.

즉, 도덕성(Morality)이란 도덕 현상을 인식하고 도덕 규범을 준수하려는, 자신과 타인의 행위에 대하여 선·악·정·사를 구별하고 선행과 정의를 실현하려는 심성이다.[2]

Kohlberg는 도덕성이란 타인에 의해 내면화되어진 사회적 행동에 대해 문화적 행동 규칙으로서의 양심이라고 정의하였고,[3] '죄의식은 문화 진화에 가장 중요한 문제'라고 하였다.[4]

이러한 도덕성이 형성되어 가는 과정의 성숙과 발달을 구별하기는 매우 어려운 일이다. 왜냐하면 한 시기에 전적으로 완성되는 것이 아니고 새로운 일면이 형성된다고 본다. Piaget도 도덕성이란 규칙(Rule)의 체계로 구성되어 있으며 모든 발달의 본질은 타인이 이러한 규칙을 어떻게 획득하는가에 있다고 하였다. 이를 표로 나타내면 다음과 같다.

---

2) 『教育學辭典』, 서울, 배영사, 1981, p.163.
3) Kohlberg, *Review of Child Development, Research*, 1964, p.384.
4) 모정임, 「도덕개념에 영향을 미치는 Modeling 효과」, 이화여대 석사논문, 1973, p.3.

〈표1〉 도덕성의 구분

	도덕성의 구분			출전
김재은	認知的 側面		行動的 側面	『어린이도덕성 발달』, p.51.
이문택	도의 판단	도의 心情		『도의와 도의교육』, p.11.
E.Hurlock	知性的인 面	感性的인 面		Child Development, p.375
	Moral Con-concept		Moral behavior	Child Development, p.377
	도의적의식, 개념		도의적실천, 행동	Child Development, p.434
Durkheim	規律	愛着	自律	Child Development, p.109

한마디로 도덕성이란 사회 생활에 있어서 그 사회가 지켜 주기를 원하는 바에 따르면 '바람직한 행위에로의 인식과 그에 따른 일련의 실천적인 행위'라고 할 수 있다.

2) 도덕성의 제원리

사회성(Socialization)의 주요 초점은 자기 통제(Self-control) 혹은 개인에 의해 내면화(Internatization)된 행위의 문화적 준칙을 습득하는 것이다.[5]

서구사회에서는 자기 통제와 내면화는 전통적으로 관련되어 왔다. 동양에서는 윤리라하여 仁을 가르친다. 어질다는 것은 사람이 둘일 수 있는 것으로 인간 공존의 슬기인 더불어 사는 지혜, 우리의식이다.

'우리'는 한국인 정신이다. 다른 나라 사람들은 너와 나로 구분지어 항상 나를 앞세우는데 우리에게는 '너'와 '나'가 아닌 '우리' 의식이 뿌리깊게 자리잡고 있다.

---
5) 李玉, 『도덕성 발달에 관한 이론적 고찰—심리학 측면을 中心으로』, 1982, p.54.

'우리'로 함께 살려면 미워하지 말고 사랑해야 하며 남을 사랑하려면 이기심과 사욕을 버려야 하고 사양하는 마음인 예절을 실천해야 한다고 가르친다.[6]

또한 모든 대인 관계의 원초인 부모 자식 관계를, 그 질서 정신을 효도라고 한다.

그 다음으로 가지는 대인 관계가 형제자매, 동기간의 관계이고 그 질서 정신을 우애라고 한다.

그러므로 효도는 백 가지 행실의 근본이며 충성하는 신하는 효도하는 가문에서 나온다고까지 하였다.

또한 죄책감이란 문화적 행동 규준을 위반한 뒤에 느끼는 가책이나 염려로서 자발적이며 자기 비판적인 반응으로 나타난다.[7]

수취심(Shame)은 당황함이나 노출을 느끼는 것을 의미하는데 사회적 文安을 포함하고 있다. 죄책감은 도덕규정(Moral code)을 위반함으로서 야기되며 수취심은 적절한 수행에 대한 실패와 보다 밀접히 연결된다. 따라서 죄의식은 사적인 반면 수치심은 공적으로 攻難될 수 있다.[8]

양심이란 타인의 의견을 창조하지 않고 어떤 이유나 사적 이익이나 편견에 구에됨이 없이 작용하는 내재적 체제와 같은 것으로 심리학적으로는 '초자아'라고도 언급되어진다. 이는 무의식적이며 항구적이어서 인생의 도덕적 재판관 구실을 한다. 이상적인 것을 추구하며 쾌락이나 현실보다는 완전을 지향한다.[9]

또한 어느 것과도 마찬가지로 개인의 도덕성 발달 수준에는 개인차가 있다. 그 요인을 살펴보면, 생득적 요인으로 천성, 지능, 연령, 대뇌

---

6) 성균관, 『우리의 생활과 예절』, pp.33~34.
7) Hurlock,E.B, Child Development. v.(N.Y. Mac Graw-Hill Book10), 1965, p.375.
8) 李玉, 全揭論文, p.58.
9) 李敦熙, 『도덕교육』, 과학교육사, 1978, p.253.

기능, 질병, 가정, 오락, 교우, 책, 교회 등의 요인이 독립적이 아닌한 체제로서 상호적 관계를 갖고 상호역동적(dynamic)인 영향을 주고 있다.[10]

위와 같은 이론을 표로 나타내면 다음과 같다.[11]

〈표2〉 도덕성 발달 단계의 이론들

kay	peck & Harihurst	hurlock	Maier H. W	연령	piaget		kohlberg	
					인지발달단계	도덕성 발달		
자기 중심적 권위주의적 단계	무도덕기	Moror or individual	감각운동의 단계	1 2	감각, 동작 단계	습관의 단계	벌과 복종에 의한 도덕성	
	편리주의적 단계	egooentric	전조작적 사고의 표상적 단계	3 4 5	전조작적 (preoperational) 표현적 단계		욕구충족 수단의로의 도덕	
	동조성(아동 전기)		직관적 사고의 단계	6		성인의 기준에 동조	대인관계의 조화를 위한 도덕성	수치심의 단계
상호성의 단계	비합리적 양심적 (아동 후기)	cooperation	구체적 조작의 단계	7 8 9 10	구체적 조작 (concrete operation) 단계	동료들 간의 상호적 응	법과 질서 준수로서의 도덕성	
		codification of rules	형식적 조작 단계	11 12 13 14 15 16 세	형식적 조작 (formal operation) 단계	행동의 기초에 있응 기회존중 규칙, 원리, 이념의 설정	사회 계약으로서의 도덕성	죄책감의 단계
이타적 평등의 관계	합리적 애타적 (청년기 성인기)						보편적 도덕 원리에 대한 확신으로서의 도덕성	

〈표2〉와 같이 동화는 연령에 따른 도덕성의 발달을 바탕으로 다음과 같은 교육적 가치를 가진다.

---

10) 徐鳳延, 李圭錥,「도덕성개념의 발달에 관한 연구」, 중앙교육연구원 조사연구 제24집, 1963, p.6.
11) 이온표,「아동의 도덕성 지도에 관한 연구」, 1982, 성신여대 대학원 가정관리 전공.

ⅰ) 정서적 방법으로 윤리적 표준을 동심에 침투시키는 도덕 교육적 가치.

ⅱ) 세계 각국의 풍속, 생활 차이 유사점을 이해하고 국경을 초월한 친근감과 인류애를 갖게하는 지리 교육적 가치.

ⅲ) 과거, 현재, 미래의 인류 생활 사이에 대한 이해와 동정, 밀접한 교섭에 대한 성찰, 그리고 그것을 통한 넓은 인류애를 동심에 배양시키는 역사교육적 가치.

ⅳ) 자연과학 교육적 가치: 자연과학에 대한 침된 이해는 지식습득의 차원을 넘어 사랑과 인생의 진실을 발견한다.[12]

정리하여 본즉 동화는 그것이 문학작품이라는 한계를 넘어 아동에게 인간의 길을 가르치고 인간성의 심화와 아울러 참다운 지식인이 되도록 이끄는 점에서 큰 의의를 가진 것이라 할 것이다. 특히 아동기의 모든 교육을 동화 교육을 빌려 혁신하려는 지금에 와서는 그 가치는 날이 갈수록 보다 높고 넓은 차원에 놓이는 것이다.

위와 같은 이론을 바탕으로 다음과 같이 설문조사를 하였다.

2. 조사 내용

1. 목적
① 동화작가의 창작활동에 제공될 이 시대의 문제의식, 동화의 소재와 주제, 兒童像에 깃들일 도덕적 가치관 재확립을 위하여.
② 출판사의 바람직한 제작, 기획을 위하여.
③ 독서지도교사들의 자체적 반성을 통한 독서교육을 위하여.

---

[12] 李在徹, 「개정판 아동문학개론」, 瑞文當, 1983, pp.143~144.

2. 대상
초등학교 교사 100명(서울 50명, 대전 50명)
학부모 100명(서울 50명, 대전 50명)

3. 조사내용
　이러한 어려운 과제에 접근해 본다는 것이 처음에는 무모한 일이라 생각되어 본인은 2년간 매주 토요일 오후 집을 개방하여 '동화교실'을 열어서 무엇이 문제점이고, 해결책은 무엇인가 모색하여 보았다. 그 가운데 동화 속의 도덕성이 전달 강조되는 것은 '공식적 기계적으로 기억에 메모되는 것이 아니고, 마음속에 동화되어 독자의 心的 血液이 될 수 있으므로 그 효과는 지적 전달보다 크다.'[13] 이원수 선생님의 말씀에 공감하게 되어 확신을 가지고 다음과 같은 설문을 통하여 실태 파악에 나서게 되었다.

　〔설문1〕 우리 한국에 많은 문제점이 있습니다. 그 중 동화작가들이 보다 긴박한 문제의식을 가지고 다루었으면 하는 것이 있다면 순서를 매겨 주십시오.

> ① 환경오염 문제 ② 통일문제 ③ 교육의 문제 ④ 경제적 위기 문제 ⑤ 도덕성 회복의 문제 ⑥ 교통지옥 문제 ⑦ 소비 절약 문제 ⑧ 참동심 찾기 문제 ⑨ 농촌 문제 ⑩ 기타(　　　)

　ⅰ) 서울에서는 1위로 도덕성 회복을 꼽은 사람이 50명 중 32명으로 우리 사회의 도덕 부재의 심각성을 여실히 나타내고 있었고 참동심 찾기, 환경 오염 문제, 교육의 문제, 농촌 문제, 통일 문제 = 교통지옥의

---
13) 이원수, 『兒童文學入門』, 교육자료. Vol. 99, 교육자료사, 1995, p.206.

문제 순으로 문제의식을 들고 있었다. 특히 교통지옥 문제를 질서 회복의 문제, 자기 중심적 사고관의 탈피의 문제라고 지적하고 있었고, 5명이 3D의 문제, 2명이 핵가족에 따른 가정교육의 문제 등을 심각하게 지적하고 있었다.

ⅱ) 대전에서는 도덕성 회복 문제가 34명, 환경오염 문제가 28명으로, 참동심 찾기가 17명, 소비 절약 문제, 교육의 문제, 경제적 위기, 교통지옥 문제, 통일 문제, 농촌 문제 순으로 나타났다. 기타 난에는 역시 강인한 정신 함양 교육 문제와 북핵 문제, 노인 문제와 저질 TV 프로, 비디오의 문제, 일본 만화의 범람 문제 등 구체적 지적도 있었다.

〔설문2〕 도덕성의 여러 덕목 중 동화작가들이 그 회복을 의해 애써야 된다고 보는 덕목 5위를 매겨 주십시오.

① 양심(어떤 상화, 행위에 반응하여 근심을 갖게 되어지는 상황)
② 죄의식(Guilt) : 사적인 가책, 염려(자기 반성)
③ 수치심(Shame) : 공적인 불안
④ 내적 통제력(자기 통제력)
⑤ 진실 존중 ⑥ 의견 발표(악에 대해 용기) ⑦ 책임감
⑧ 동정심 ⑨ 질서의식(효도심 포함) ⑩ 희생과 봉사(친절)
⑪ 근면성 ⑫ 환경 보전 ⑬ 순수성(표리가 없다)
⑭ 개척과 고난 극복 정신(자립심) ⑮ 과학적 사고방식 ⑯ 기타 덕목

ⅰ) 서울에서는 양심(1위, 40명) 내적 통제력, 자립심(개척과 고난 극복 정신이 21명), 죄의식(20명), 진실 존중, 책임감, 질서의식, 수치감, 순수성, 근면성, 희생과 봉사, 환경 보전, 과학적 사고방식, 의견 발표

순이었다. 기타에는 가족이기주의를 탈피하여 공익을 위한 국가관이 형성되기를 바라고 있었고 서로를 너그럽게 이해하는 마음을 키워 주며 양보의 미덕을 가르칠 수 있는 마음의 여유를 지니게 하는 인권 존중의 문학이기를 바라고 있었다.

ii) 대전에서는 양심(53명) 순수성(41명), 내적 통재력, 자립심, 수치심, 질서의식, 근면성, 죄의식, 진실 존중, 동정심, 환경 보전, 자립심, 과학적 사고방식, 희생과 봉사, 의견 발표 순으로 서울보다도 강한 양심 교육의 내용을 강조하고 있으며 도덕의 근본인 효와 우애 사상을 강조하고 있는 점이 충청도 양반으로서의 특징을 보였다. 기타에 용기, 꿈, 바른 심성과 정서적 만족감을 주는 환상의 세계 속에 담아 주기를 요망하는 교사의 수가 4명 이상이나 되었다.

〔설문2〕 최근 어린이에게 동화책을 권해 주신 적이 있습니까?
① 있다면 ㉠ 선물로 (67/59)명[14]
　　　　㉡ 보상으로 (11/15)명
　　　　㉢ 문제 해결 방안으로 (9/14)명
　　　　㉣ 기타 (1/2)명
② 없다면 ㉠ 관심이 없어서 (8/7)명
　　　　㉡ 더 좋은 것이 많아서 (4/3)명
　　　　㉢ 마땅한 게 없어서 (1/2)명

i) 교사들은 보상으로 좋은 동화책을 학생들에게 선물하고 싶지만 마음뿐이라고 기타 영역에서 기술하고 있었고 부모들은 흔히 동화책을 선물하고자 하나 아동들이 장난감 만화들을 더 선호하고

---

14) (서울의 인원/ 대전 인원수)

있다고 호소하고 있다. 특히 도서상품권 등을 더욱 자유롭게 이용할 수 있도록 하는 방안이 검토되었으면 한다고 하고 있다. 특히 대입제도의 변화에 따라 책읽기 교육이 고무되어서 책에 대한 관심이 높아졌다고 보인다.

ⅱ) 과다한 업무, 수업 위주의 교육의 현장에서, 여러 과외 학습의 양과 아동의 시간 부족의 이유로 아직도 책을 권해 보지 못한 교사와 학부모도 소수이긴 하지만 상당수가 있었다. 각급 학교로 학년별, 학생 성격에 합당한 신간도서 안내문 등을 출판사에서 신년 인사 연하장처럼 발송할 수 있으면 교사의 책상 앞이 보다 밝아질 수 있으리라고 본다.

〔설문 4〕 특별한 목적의식을 가지고 동화책을 구입하신 적이 계십니까?
① 있다 ㉠ 도덕성 함양을 위해 (54/45)명
　　　　㉡ 읽기 훈련용 (13/12)명
　　　　㉢ 글자를 익히기 위해 (6/8)명
　　　　㉣ 스트레스 해소용 (19/22)명
② 없다에는 ㉠ 마땅한 게 없었다 (9/7)명
　　　　　 ㉡ 관심이 없었다 (8/5)명

ⅰ) 놀랍게도 압도적으로 독자들은 어둠 속에서 빛을 찾듯이 옳고 바름에 대한 심성을 길러 주고, 스스로 마음의 힘을 기르기 위해 부단히도 노력하고 있었음을 알 수 있었다. 20%만이 재미, 흥미거리로 동화를 택하고 있었고 저학년에서만 읽기와 글자 익히기용으로 동화를 택한 기억이 있다고 답했다. 특히 상상력을 키워 주기 위해서, 고난 극복의 힘을 키워 주기 위해서 동화를 고른다는 부모가 3명이나 있었고 무조건 책을 좋아하게 하기 위해서 책만듦새가 아름답고 내용이 고전,

전래동화들을 고른다는 부모도 상당수가 있었다.

ii) 구체적인 분류 기준이 명시되지 않았고, 서점 안내도 신통치 가 않아서 특수한 경우를 위해 급히 책을 살 경우 구입하지 못한 경우도 있었다고 하였다. 예: 문병 갈 때, 결손 가정이나 문제 가정인 경우, 신체장애자인 경우, 특별한 관습을 고치려고 할 때, 특히 불의의 사고나 병으로 부모 형제를 잃었을 때 마땅히 권할 책이 별로 없다고 하였다.

〔설문 5〕 최근 출판되는 동화에 대한 느낌은 어떠하십니까?
① 너무 오락, 흥미 중심이다 (53/49)명
② 외국 복사물의 범람에 불안하다 (16/17)명
③ 읽힐 만한 것이 없다 (0/0)명
④ 예전에 비해 많이 좋아졌다 (31/34)명

i) 무엇보다도 작가와 출판사 모두에게 박수를 칠 일이다. 30% 이상이 책 만들기에 대해 긍정적 찬사를 보내고 있으니 단 과도기적 현상이라고 보면 긍정적이기도 한 상업주의적 흥미 위주의 명랑, 탐험물, 외국 동화의 무분별한 모방을 걱정하고 있다.

ii) 좋은 책은 많아졌으나 그 값이 너무 비싸고 읽힐 시간이 없으므로 학교 도서실이나 학급도서의 활용을 윤활하게 운영할 방안 모색이 시급하다고 하였다.

특히 고가의 전집류도 낱권 판매를 이제쯤에서 시도할 수 있도록 강력히 조정해 주기를 소망하고 있었다(4명).

iii) 만화 위주, 다이제스트식 동화는 아동의 일회적이고 의지박약형의 많은 문제점을 내포하고 있다. 예술적 차원까지 승화된 그림에 의란 종합예술적인 동화 만들기에 모두가 주력해야 할 때가 되지 않았나고 보인다.

〔설문 6〕 책 구입시 가장 영향받는 것은 어떤 것인가?
① 아동의 요구 (41/39)명 ② 어린이(신문) (22/18)명
③ 친지 권유 (24/39)명 ④ TV광고 등 (12/14)명

ⅰ) 예전에 비해 아동 위주의 책을 골라보고 있고 그 아동들은 특히 주위 친구들의 영향을 크게 받고 있다고 지적하고 있었다. 교사들이 올바른 독서교육 지도 자격을 가지고 일종의 유행처럼 번지는 독서 경향을 올바른 방향으로 유도할 수 있어야 하겠다.
ⅱ) 어릴수록 책 표지의 그림이나 책 제목, 책의 모양 등에 영향받고 있다고 하였다. 책만듦새에 대한 정성이 더욱 필요하다고 보인다. 특히 책의 견고성 등에……

〔설문 7〕 책 구입 후 후회한 적이 있다면 어떤 이유에서 입니까?
① 인쇄불량 (0/0)명 ② 책만듦새 부실 (7/9)명
③ 내용불량 (13/14)명 ④ 아동이 안 읽는다 (74/70)명

10년 전 책 만들기 수준에 비하면 얼마나 급신장했는지를 알 수 있다. 단지 저학년용 책 표지 등이 떨어져 나감 등을 불만으로 하고 있다. 가장 큰 문제점은 아동이 별로 읽지 않아서 책꽂이의 자리만 차지하고 있는 경우였다.
또한 저속하거나 천만한 어휘 사용 등 내용이 허무맹랑하거나 불량한 작품, 폭력, 이해되기 어려운 수식어 사용 등을 문제로 꼽고 있었다.

〔설문 8〕 어린이들은 어떤 상태에서 동화 읽기를 즐기나?
① 기분이 나쁘고 우울할 때 (13/11)명
② 명랑하고 기쁠 때 (20/19)명
③ 슬프고 괴로울 때 (2/3)명
④ 여유가 있는 시간에 (39/42)명
⑤ 숙제로 책 읽기를 냈을 때 (21/28)명

ⅰ) 기타에 기분에 따라 상황이 달라진다고 한 사람이 9명 정도, 강요에 의해 읽는다가 10명, 자동차 장거리 여행시나 잠이 안 올 때 읽었다. 筆者가 어릴 때는 비가 오거나, 괴로운 일이 있을 때 등에 더욱 책을 많이 읽었었는데 요즈음은 다른 오락이 많아서인지 타율에 의해 읽는 경우가 30%에 육박하고 있었다.

ⅱ) 무엇보다도 어린이에게 정신적으로 안정된 가운데 책을 읽을 수 있는 분위기를 조성해 주는 것이 중요하다고 보겠다.

〔설문 4〕 어린이를 위한 동화를 직접 읽어 보십니까?
① 전혀 안 읽는다 (11/14)명
② 여가 있을 때 좀 읽는다 (43/41)명
③ 아동이 흥미있어 하면 한번쯤 읽어 본다 (31/30)명
④ 반드시 읽어 보고 권한다 (11/17)명

ⅰ) 동화의 대상이 아동뿐만이 아니고 동심의 성인도 있음을 고려해야함이 분명하다. 70%의 교사, 학부모가 모두 이렇듯 어린이를 위한 동화에 관심이 있다는 것은 세계 제1의 교육열 탓이기도 하겠다.

ⅱ) 또한 성인용 소설보다는 동화에 손이 더 쉽게 가는 현실을

감안할 때 성인용 동화 개발에 작가들이 눈을 돌려야 할 때라고 보겠다.

〔설문 10〕 동화 선택의 방법에 대한 안내서 등을 읽어본 적이 있는가?
① 있다 (45/46)명 ② 책을 사 보았다 (22/18)명
③ 본 적도 없다 (21/46)명 ④ 그런 책이 있으면 구입하고 싶다 (17/20)명

ⅰ) 동화 선택에 대한 책을 읽어 본 사람이 의외로 많았다. 그만큼 중구난방식의 교육책은 많은데 실제로 사본 사람은 20%도 겨우 넘었다. 특히 지방이 그런 안내 책자의 전달 보급이 확실히 늦은 것을 알 수 있었다.
ⅱ) 교사뿐만 아니라 학부모들도 동화 안내에 대한 서적을 구하고 싶어하고 있다(20%). 아동문학 서적의 좋은 이론이 쉽게 일반에게 보급되었으면 한다.

〔설문 11〕 창작동화를 읽어 보았다면 그 느낌이 어떠하였나?
① 지루하고 재미가 없었다 (19/18)명
② 머릿속에 남는 뚜렷한 인상이 없다 (31/29)명
③ 정신적 자양분이 부족된다고 본다 (29/27)명
④ 재미있고 좋았다 (23/20)명

ⅰ) 재미있고 좋았다고 보는 사람이 20%가 넘으니 그런대로 창작동화의 수준이 향상되었다고 본다. 그러나 소수의 자기 만족적 수필투의 뚜렷한 인상이 없는 동화가 어린이들이 외면하는 요인이라고 들고 있다(9명).
ⅱ) 재미있고 좋은 동화는 곧잘 입에서 입으로 전해져서 전국에 보

극된다. '작가가 프로냐 아마추어냐의 차이는 잘 팔리냐 아니냐하는 차이'라는 헤밍웨이의 말처럼 재미 속에 정신적 자양분이 풍부한 동화 창작에 정진해야 할 것이다.

〔설문 12〕 아동의 호기심과 기대를 충족시키는 동화가 있다면 추천해 주세요.

1. 힘내라 동서남북, 유순, 고려원.
2. 아기참새 찌꾸.
3. 숙제 로봇의 일기, 신현득.
4. 개구쟁이 박사, 오영민.
5. 별난 학교, 최영재.
6. 감나무 골 로버트, 이준연.
7. 반가운 눈물, 김향이.
8. 꾸러기 곰돌이, 남미영.
9. 하하 호호 깔깔, 최일호.
10. 쉬면서 노는 학교, 김자환.
11. 친구여 안녕, 심경석.
12 황금 동전의 비밀, 임철우.

등이 한국 창작 동화 중에서 추천한 것들이었고 만화 중에도 이원복의 『먼나라 이웃나라』 등은 여러 명이 꼽았다. 외국 작품에는

1. 초코렛 전쟁
2. 삼국지, 수호지
3. 나의 라임 오렌지 나무
4. 장발쟝

5. 태양으로 가는 화살, 어문각.
6. 파브르 곤충기
7. 걸리버 여행기
8. 프란더스의 개
9. 왕자와 거지
10. 로빈슨 쿠루우소

등 고전적 작품으로 쉽게 기억되는 작품 위주로 추천하였다.

이들 작품의 특성은 고난을 극복, 대결해 나가는 인물의 비범한 내면을 체험하는 과정에서 감동과 함께 도덕적 교훈을 무의식 중에 얻게 한다. 전형적인 인물의 창조를 통하여 어린이들 의식 속에 강한 인상을 심어주어 동일시를 통한 Modeling을 하고 있다.

아동과 비슷한 동일성과 전혀 다른 비동일성이 교차하며 동화만이 가지고 있는 팬터지의 세계를 만끽하게 하고 있다.

[설문 4] 동화창작을 하는 작가들에게 하고 싶은 의견을 적어 주세요.
1위 : 꿈, 희망, 상상력을 키워 주세요
2위 : 어린이다운 순수성을 강조해 주세요
3위 : 어린이들이 가고 싶은 세계—우주, 미래, 환상의 세계로 이끌어 주세요
4위 : 선악의 판단력을 일깨워 주세요
5위 : 재미와 감동 속에 자기 반성을 꾀하고 변화를 일으키는 동화
6위 : 나이와 수준에 맞는 어휘와 저속어 등을 삼가해 주세요
7위 : 통일을 앞두고 북한 어린이와 함께 읽을 수 있는 우리 전통문화 계승의 동화
8위 : 생각하는 힘을 키워 주는 동화

9위 : 성실하게 성장하게 하는 근면하고 강인한 정신함양의 동화

10위 : 어린시절부터 올바른 직업교육에 대한 이해를 돕는 동화

11위 : 세계 속의 한국인으로 키우는 각국의 동화를 우리의 안목에서 재평가, 번역된 것

등이 부모와 교사들이 작가들에게 바라는 바였다.

그만큼 작가 이상으로 동화에 대한 안목이 높으며 작가에 대한 기대가 큼을 알 수 있었다. 기대가 크면 클수록 실망이 큰 법이라고 하지만 노력하는 만큼 동화문학의 장래는 밝다는 보장을 할 수 있다.

창작동화가 가지고 있는 여러 가지 문제, 고학년들을 위한 소년소설과 동화와의 상호보완적 관계, 한국 동화문학이 해결해야 할 과제는 '바람직한 인간성 회복'이다. 인간 회복이란 단순한 과거의 회복이 아니라 작가들 마음속에 간직되어 있는 최상의 황금 열쇠로 어린이 속에 숨겨져 있던 것을 찾아준다는 것이다. 어린이들이 기쁨으로 불타 오를 수 있도록!

그런 가운데 1993년 봄 출판된 한국아동문학동인 푸른나무회 편 『누가 겨울에 개나리를 피울까?』[15]는 실로 그 제목이 풍기는 것처럼 신선한 귀감이 되는 글모음이라고 볼 수 있다.

3. 결론

'바람직한 인간'이란 올바른 도덕성을 가지고 있다. 도덕성은 앞에서 말했듯이 크게 판단력, 정의감, 성실성으로 나누며[16] 이를 세분하면

---

15) 한국아동문학동인 푸른나무회, 도서출판 한바다, 1993. 5.
16) 金在恩·李星珍, 前揭書, p.204.

다음과 같다(표3 참조).

⟨표3⟩ 도덕성의 여러 덕목

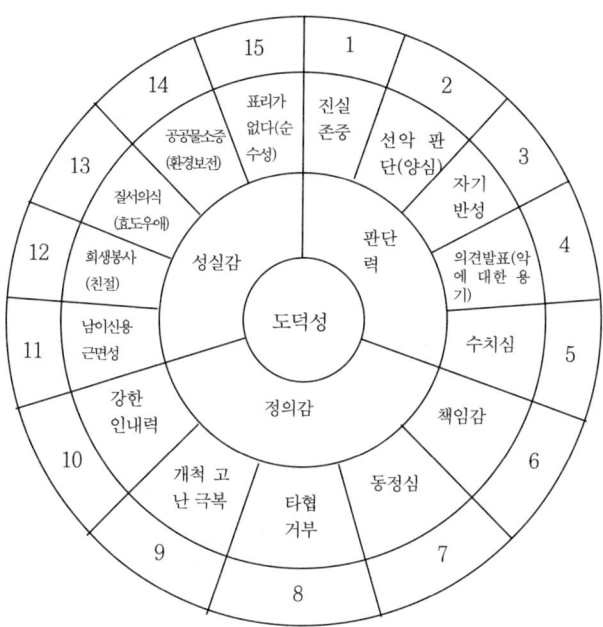

즉 선악의 판단을 어느 정도 할 수 있는지 알아보는 지적인 면에서 출발하여 善을 기뻐하고 惡을 미워하는 감정은 정의감에 의해 파악된다. 그것이 행동으로 실천되는 것이 도덕의 궁극 목적으로 넓은 지식과 감정으로 이어져야 한다.

「누가 이 겨울에 개나리를 피울까」는 총 26편으로 23명의 작가에 의해 쓰여졌다. 이들은 『兒童文學評論』지에 의해 등단한 작가들로 공부하며 쓰는 신진작가들이다. 그 제목과 작품에 따른 도덕성을 살펴보면 다음과 같다.

No.	작가	제목	나타나는 덕목
1	강원희	울밑에 선 봉선화야	4, 9, 12
2	김여울	고향이 그립습니다	14, 15, 1
3	〃	고양이와 뚱딴지	2, 9
4	문정옥	분이의 풍선	7, 6
5	〃	왕잠자리	4, 1
6	소중애	할머니의 나무비녀	14, 12, 4, 6
7	〃	정승의 개	9
8	이영두	민들레와 철모할아버지	9, 10, 6, 7
9	장경호	할아버지가 켜는 바이올린	7, 13, 4
10	김명희	목걸이의 하루	14, 4
11	곽종분	은행잎이 들려주는 이야기	13
12	김준영	나는 누굴까?	4., 14
13	류진교	외로움은 싫어요	5, 6, 4, 3
14	박운택	돋보기 선생님	1, 3, 4, 6
15	백운호	별빛은 언제나 우리를 기다리고 있다	7, 6, 4, 15
16	손수자	누가 겨울에 개나리를 피울까	6, 4
17	신동환	꽃모자	3
18	신충행	참으로 따뜻한 손	12, 1, 2, 7
19	심후섭	부뚤이네 식구들	11, 7, 13
20	윤옥자	아름다운 보석의 꽃	7, 4, 12
21	이슬기	엄마 붕어의 눈물	14, 15, 2
22	김숙분	바쁜섬의 임금님	2, 3

음식에 숨어 있는 영양가는 쉽게 눈에 보이지 않는다. 이처럼 앞 동화 속에 숨겨져 있는 도덕성의 덕목을 찾기란 쉽지 않은 일이었다. 여러 번 또 읽고 또 읽으며 생각하고 분석하여 훗날 아하! 하고 느낀 것으로 가장 많이 나타나고 있는 항목은 다음과 같았다.

① 스스로의 양심 판단에 따른 의견 발표(9편)
② 마음속 깊이 우러나오는 동정심(8편)
③ 도덕의 출발점인 진실 존중(5편)
④ 선악 판단에 대한 내용(4편)

자기 반성에 대한 내용(4편)

규칙에 순응하는 질서의식(4편)

환경 보전에 대한 작품 (4편)

　이외에도 아픔에 대한 작품이 23편 중 12편으로 아픔을 통한 감동을 호소하고 있다.

　즉 망향의 아픔, 동족 상잔의 아픔, 이산 가족의 아픔, 조국에 대한 그리움, 맞벌이 가족으로 인한 별거의 아픔, 팔려간 송아지에 대한 어미소의 아픔, 오염된 환경에 대한 아픔 등.

　아픔이 더 나아가 감정과 지식 행동으로 이어져서 인간이 아름다워질 수 있도록 강하게 호소하고 있으니 백운호의 「별빛은 언제나 우리를 기다리고 있다」 등에서 그 절정을 엿볼 수 있다.

　또한 4편 「바쁜섬의……」, 「으스대던 대장」, 「정승의 개」, 「별빛은……」에서 정치의 문제도 풍자적으로 다루고 있어 문민정부의 정치적 안정 속에서 꽃피우는 동화의 새로운 면도 엿볼 수 있다.

　양심의 문제와 책임감, 의견 발표, 순수성을 지닌 악동을 할아버지 선생과 대비시켜 흡인력을 가지고 끊임없는 새로운 이야기로 이끌어가는 「돋보기 선생님」은 이들 중에서도 어린이가 꼽은 수작이다. 「도깨비와 순사」, 「부뚤이네 식구들」, 「할머니의 나무비녀」, 「바쁜섬의 임금님」, 「아름다운 보석의

한국아동문학동인 푸른나무회 편 『누가 겨울에 개나리를 피울까?』(1993) 표지.

꽃」순으로 재미있고 유익한 동화로 꼽힌다. 즉 '즐거움을 발견할 수 없으면 결코 읽지 않는다'는 L. H. Smith의 말을 빌지 않아도 동화 속의 흥미 있는 스토리 전개—사건 연결의 박진감, 플롯의 짜임새, 그럴듯한 사건들의 동기 부여 등 보편적 질서 체계가 생명이다. 그러나 그렇지 못한 작품도 옥의 티로 몇 편 숨어 있어, 우리 창작동화가 가지고 있는 취약점을 내보이고 있다—동화를 아는 사람을 읽어 보면 다 안다. 그 작품이 어느 것인지! 어린이들까지도 인상이 애매한 진부한 글로 시간을 낭비할 수 없음을 알고 있기에.

다시 말해서 우리 창작동화는 우리의 전래동화에 비해 엄청나게 개연성이 결여된 사건과 전체적 통일성의 결여, 결말 처리의 작위성, 우연성, 획일성 등을 노출시켜 왔다. 이 약점들만 잘 극복한다면 앞 설문에서 독자들이 요구하는 바와 결합하여 우리 창작동화야말로 영속적인 가치를 드높여 줄 것이다.

……이 세상 어딘가에 반드시 영원히 타오르는 별처럼 깨지지 않을 아름답게 반짝이는 영혼을 가진 사람, 아무도 보아 주지 않고 관심조차 가지지 않아도 수천만 년을 두고 혼자 반짝이는 별,[17]……바로 이런 별과 같은 마음을 가진 사람이야말로 동화작가라고 생각된다.

'어린이들의 영혼을 바로잡는 자가 나라를 사로잡는다'[18]고 하였다.

동화를 읽은 어린이들이 커서 훗날 정치가도 되고, 종교가도 되고, 교육자도 되고, 외교관도 되고, 예술가도 된다.

우리들에게 무엇을 원하느냐고 꼬치꼬치 묻지 않고 넌지시 그것을 마련해 주시던 이제는 늙으신 우리의 어머니처럼 동화작가는 이 시대에 가장 절실히 필요한 올바름에 대한 갈급함을 채워 줘야만 한다.

찬란한 義를 위하여!

---

17) 신충행, 「참으로 따뜻한 손」, p.187.
18) 영국 속담.

한국 동화의 구조를 위한 탐색
— 「선녀와 나뭇꾼」과 「잉어색시」,「바위나리와 아기별」,「인어공주」 분석

1. 기능으로 본 서사의 구조, 그 출발의 상황

구조란 일반적으로 전체를 이루는 부분들이 배열되는 樣態를 말한다. 그런데 어떤 사상에 있어 배열되는 각 부분들이 상호 아무런 관련이 없이 나열되었을 때 이들은 단순한 집합체에 지나지 않으나 배열되는 각 부분들이 일련의 법칙을 가지고 연결된다면 비로소 구조를 가진 전체가 되는 것이다. 말하자면 어떤 구조물에 있어서 서로 이웃해 있는 요소들은 인과 관계를 가진 것으로 인식될 수 있는 것이다.

그러므로 구조라는 것은 하나의 전체성의 내적 분석 즉 제요소 상호 관련 및 이들의 관련 자체의 배치와 체계에 의하여 파악될 수 있는 것인데, 이 분석의 결과 어떠한 제관련이 기본적인 것이고, 어떠한 것이 종속적인 것인가가 드러나게 된다. 엄밀한 의미로 말한다면 구조를 형성하는 것은 전자, 즉 기본적인 관련인 것이므로 구조 분석의 결과 우리는 본질적인 것, 기본적인 것, 변할 수 없는 것을 종속적인 것, 부수

적인 것, 변할 수 있는 것으로부터 구별해낼 수 있을 것이다.

설화로부터 이러한 구조를 찾아내려고 했던 것은 러시아의 프롭으로부터 시작된다. 프롭(Vladimir Jakovievic Propp)은 1895년 4월 17일 러시아의 페델부르그에서 태어났다. 러시아어와 독일어의 어원 학자로 한동안 고등학교에서 가르치다가 1932년부터 레닌그라드대학에서 강의를 시작하였다. 1928년 『동화의 형태소』[1]를 썼으나 이 고전적인 명저는 언어의 장벽 때문에 몇몇 사람에게만 알려졌었고 근 1세기 동안 빛을 못 보고 있다가 1958년 영어로 번역되면서 설화 연구자들의 주목을 받게 되었으며 프랑스 구조주의의 발달에 영향을 미친다.

프롭은 우선 간편한 동화의 영역을 택하여 자신의 이론을 펼치는데 마치 프라이가 개인의 가치 판단에 의존하는 기존의 비평이 주관적이고 비과학적이라고 비난하였듯이 기존의 민담 연구 방식이 비과학적이라고 지적한다. 내용에 따라 범주를 나누는 것(환상적인 것, 일상적인 것, 우화적인 것)이 가장 흔한 방식인데 이런 범주화에서 문제가 생긴다. 우화는 환상적이 아니란 말인가. 분트(Wundt)는 신화적 우화, 순수 동화, 생애담과 우화, 순수 동물 우화, 교훈적 우화 등 7가지로 나눈다. 이것 역시 혼돈을 일으킨다. 순수 우화도 교훈담이라고 볼 수 있기 때문이다.

동화의 내용 가운데 어떤 것을 결정적인 요소로 택하느냐라는 문제가 발생하기 때문에 주제에 따른 분류 역시 혼란을 부른다고 보았다. 그리하여 프롭은 다음과 같이 이야기하고 있다.[2]

---

1) 『민담의 형태소; Morphology of Folktale』, 1928. 프롭은 1938년 이후에는 민담 연구에만 몰두한다. 「동화의 발생」(1939), 「동화의 역사적 뿌리」(1946) 등의 글을 남긴다.
레비-스트로스는 1960년 그 책에 대한 공격적인 서평을 썼고 프롭은 이에 대한 방어를 한다. 알렌 던디즈는 미국에 프롭을 소개했고 70년대에 프랑스 구조주의자, 브래몽, 그레마스, 토도로프 등이 프롭의 이론을 세련되게 하였다. 『민담의 형태소』는 프롭 자신이 후일 회상하였듯 민담의 모든 복잡한 형태를 연구한 것이 아니고 동화(wondertale)라는 특정 타입만 연구한 책이었는데 편집자가 독자의 눈을 끌기 위하여 민담으로 제목을 바꾸어 놓았다고 말한다.

따라서 그런 분류방식은 정확한 의미에서 과학적이지 못하다. 그것은 가치가 심히 의심스러운 관습적인 목록에 불과하다. 그런 분류가 첫눈이 아니고 두고두고 탐색한 긴 연구에 의해 얻어진 동식물의 분류체계와 비교가 되겠는가?[3]

프롭의 이런 의문은 프라이의 '해부'를 연상시키는데 '비평의 과학화'를 동식물의 해부도에 비교했기 때문이다.

이전까지의 비과학적인 연구들[4]을 제시하고 자신의 논리를 향하여 한 걸음 더 접근한다. 즉 이야기 그 자체가 '어떻게 제시되는가'를 탐색 형태로의 전환이다. 형태의 구조가 연구되고서야 역사적이고 사회적인 연구가 뒤따른다고 본 것이다. 예를 들어 각 나라의 민담을 비교할 때, 민담의 유사성을 밝힐 때 그 기준은 내용이 아닌 '구조'에 의거되어야 한다는 것이다.

그러기에 밤마다 어린아이들은 다른 이야기를 해달라고 조르지만 수많은 다른 이야기 속에서 어딘가 닮은 구석, 어떤 친숙한 구조에 익숙해져서 한동안은 호기심에 차서 듣다가 어느 틈에 만족한 웃음을 띠우며 스르르 잠이 드는 것이다.

인물과 시간과 장소가 다를 망정 어딘가 자장가처럼 되어 버린 그 구조란 것을 끄집어내어 눈으로 볼 수는 없는가.

---

2) 볼코프(V lkov)는 주제에 따라 동화를 세분한다.; 부당하게 학대받는 사람들, 영웅—바보에 대하여, 세 자녀에 대하여, 용과 싸우는 사람, 구출되는 신부, 영리한 하녀, 주문이나, 마법에 걸린자들, 부적을 가진자, 마법을 부리는 자, 부정한 아내에 대하여 등인데 '부적을 가진 자가 부정한 아내를 벌하는 얘기'는 존재할 수 없단 말인가.
3) V. Propp, *Morphology of the Folktale*(Austin;Univ of Texas Press,1968), p.8.
4) 베젤로프스키:주제를 모티프(최소의 서사단위로서 더 이상 분해가 불가능한 요소)의 복합체로 봄, 그러나 그가 예로 든 모티프는 얼마든지 다시 분해될 수가 있다. 하나의 문장도 모티프이기 때문임.
베디어:민담의 중심형과 변이형 사에에 상호연관성이 존재한다고 보았다. 변치않는 요소 를 기호로 표시하고 여기에 변이요소들을 덧붙였다(Q+a+b+c혹은 Q+a+b+c+n 등). 즉 중심형의 정확한 개념이 정립되지 않았고 그런 식의 표기는 수도 없이 많이 생기므로 하나의 논리로 설 수가 없다.

어린이를 잠들게 만드는 요람과 같은 그 반복의 구조. 혹시 그것은 인간 내부에 잠재된 근원적인 소망같은 것이 아닐까. 성인이 된 우리가 어떤 소설을 읽고 얘기가 왜 그런가 하고 반문을 한다면 그것도 어떤 친숙한 구조 때문은 아닐까. 만일 그것을 하나의 도식으로 묶을 수 있다면……

프롭의 학문적 욕심은 위와 같은 상황에서 출발하였다.

2. 기능 선정의 실제

프롭은 아파나시예프가 수집한 자료 가운데 50번에서 151번까지의 동화100개를 객관적으로 선정하였다. 이 가운데 계모에게 시달림을 받는 소녀의 이야기들을 보면『모로즈코』란 동화 속에서 계모는 소녀를 숲 속의 모로즈코에게 보낸다. 차가운 서리의 왕은 소녀를 얼려 죽이려 하나 소녀의 착한 얘기를 듣고 오히려 선물을 주어 살려 보낸다. 그렇다 이야기는 반드시 마음씨 나쁜 계모의 딸은 서리왕의 시험에 실패하고 지상에서 사라지게 된다. 그런데 다른 얘기에서는 모로즈코가 아니라 숲의 도깨비, 곰, 야수 등과 만난다. 이들은 나름대로 주인공을 시험하고 나름대로 상을 주어 살려 보내지 않는가.

이 다른 종류의 이야기들은 모두 다르지만 무언가 변치 않는 부분이 있다. 흔히 우리 고전에서는 권선징악, 사필귀정, 고진감래로 귀결짓고 안도를 하고 있었지만 프롭은 그것을 형식, 구조, 플롯으로 보았다. 그리고 이 행위에 '기능'(function)이라는 이름을 붙인다.

기능이란 서사가 진행되는 동안에 일어나는 주요 행동들이다. 그러나 주인공이 말을 타고 공주의 창문으로 뛰어든다고 해서 '말타고 뛰어들기'가 기능이 아니다. '연인을 구하기 위하여 어려운 임무를 수행하는 것'이 기능이다. 마찬가지로 독수리가 주인공을 공주가 있는 나라로 데려갈 때 '새 타고 날기'가 기능이 아니다. '구하려는 대상이 있는 곳으로 데려다 주기'가 기능이다.

그러니까 기능이란 행동 자체가 아니라 그 행위가 전체 이야기에서 차지하는 역할, 그리고 그 이야기와의 관계 속에서 산출된 그릇 같은 것이며 '행위의 진행에서 어떠한 의의를 지니는가'라는 관점에서 규정된 등장인물의 처신'이다.

이와 같은 견해는 진정 구조주의자의 것이라고 하겠다. 그는 수많은 민화의 철저한 분석에 의거하여, 그는 동화가 그 특징으로 '다양한 인물에게 동일한 행위를 부여한다'라는 결론에 도달하고 있다.

사실인즉 표면적인 세부(detaile)는 다양하지만 인물의 수가 많은 반면 기능의 수는 극히 적다. 이리하여 Levi-Stauss가 신화의 구조에서 주목했던 '중복성(duplicity)'의 현상과 이것이 언어에 끼치는 미묘한 효과— '민화의 양면성, 즉 놀랄 만큼의 다양성, 그림에서와 같은 아름다움과 색채가 있고 그리고 한편에는 이에 못지 않는 단일성과 반복성이 있다(Propp, pp.20~21).

　*임금이 주인공에게 독수리를 하사한다. 독수리는 주인공을 다른 나라로 데려간다.
　*노인이 수첸코에게 말을 준다. 말은 수첸코를 다른 나라로 데리고 간다.
　*마법사가 이반에게 작은 배를 준다. 배는 이반을 다른 나라로 데려간다.
　*왕자가 이반에게 반지를 준다. 반지 속에서 젊은이가 나와 이반을 다른 나라로 데려간다.[5]

---

5) V. Propp., *Theory and of Folklore*(Minneapolise : Univ. df Minnesota Press, 1984), pp.69~74.
　이로부터 이 책 인용시 THF, 면수로 표기함.

위의 예에서 등장인물과 사물은 변하지만 행위는 변치 않는다. 그것은 인물의 기능으로서 다양한 이야기 속에서 반복되는 구조이다. 이 기능이 이야기의 뼈대이다. 그리고 동화 속에서 기능이 일어나는 순서는 같다. 모든 동화는 구조적인 측면에서 한 가지 유형에 속한다. 이것이 동화의 형태소이다. 식물학에서 형태소란 구성 부분의 상호연관성과 이것이 전체와 갖는 관계들, 즉 구조이다.

이처럼 문학을 향한 과학적 접근에의 욕망은 프라이로 하여금 '해부'란 단어를 빌려오게 하고 프롬은 '형태소'란 단어를 빌려오게 하였다. 이러한 내용 중심의 작품 파악을 하던 기존의 방식에서 구성을 통한 작품 이해로의 전환은 어떤 의미에서 20세기 구조주의와 후기구조주의에까지 연장되는 학문 연구의 기본 방향 전환이 아닐까 싶다.

'기능의 관계들'은 구조주의 분석의 바탕이 되고 멀게는 지라르의 욕망의 삼각구조나 푸코가 지식과 권력의 관계를 따지는 데도 연결이 된다. 푸코는 개별 저자의 고유 의미를 지우고 대신 기능으로 대체시킨다. 그리고는 역사 속에서 그 기능이 어떻게 담론을 선택하고 배제하고 유통시켜 권력을 형성하는가를 본 것이다. 물론 프롭이 고안한 기능의 관계들과 그 이후 이론들이 똑같지는 않다. 단지 의미의 영역에서 기능이라는 구조로 바꾼 점이 공통되는 것이다. 그리하여 100편의 동화를 분석하여 다음과 같은 31개의 기능을 밝혀냈다.

1	不在	2	금지	3	위반	4	정탐	5	누설
6	사기	7	공모,(동의)	8	악행, 결핍	9	중계(연계적 사건)	10	반 작용 (동의)
11	출발(파견)	12	원조자	13	영웅의 반응	14	획득(마법의)	15	이동(안내)
16	투쟁	17	標示	18	승리	19	불행.결핍의 제거	20	귀환
21	추적	22	구제	23	남몰래 도착	24	근거없는 주장	25	난제
26	해결	27	確證	28	폭로	29	변신	30	처벌
31	결혼								

위를 하나의 도식으로 연결되는데 이 연속된 기능들 가운데 어느 부분이 모여 엮어지면서 순서는 차례를 따른다.

1. 가족들 가운데 누군가가 집에 없다(β). 2. 금기 명령이 주인공에게 내려진다(γ). 3. 금기가 위반된다(δ). 4. 악인이 정보를 탐색한다(ε). 5. 악인이 정보를 얻는다(ζ). 6. 악인이 희생자를 속이려 한다(η). 7. 희생자가 속고 악인을 돕는 꼴이 된다(θ). 여기까지가 도입부로 동화에서는 흔히 나타나지 않기도 한다. 8. 악인이 가족 가운데 누구를 해친다(A). 이때 가해 행위 대신 어떤 결핍이 제시되기도 한다(a). 9. 불행이나 결핍이 주인공에게 알려지고 주인공은 요청이나 명령을 받아 출발한다(B). 이때 주인공에는 탐색자형이 있고 희생자형이 있다. 10. 탐색자형 주인공이 대결하기로 마음먹는다(C). 11. 주인공이 집을 떠나면서 모험이 시작된다(↑)(D). 12. 주인공이 돕는 자를 만난다.(D). 13. 돕는 자의 시험을 겪는다(E).14. 시험을 겪고 요술도구를 얻는다(F). 15. 주인공이 탐색 대상이 있는 곳으로 옮겨진다(G). 16. 적을 만나 싸운다(H). 17. 주인공에게 가벼운 상처, 혹은 공주의 키스 등 낙인이 찍힌다(J). 18. 적이 죽는다(I). 19. 최초의 불행이나 결핍이 해소된다(K). 20. 주인공이 되돌아 온다(↓). 21. 주인공이 추적당한다(Pr). 22. 주인공이 추적으로부터 구조된다(Rs). (제2라운드로 이어지는 경우). 23. 주인공이 몰래 집이나 다른 나라에 도착한다(o). 24. 가짜 주인공이 부당한 요구를 한다(L). 25. 어려운 문제가 주어진다(M). 26. 문제를 해결한다(N). 27. 주인공이 발견되고 인정받는다.(Q). 28. 가짜 주인공이나 악인의 정체가 폭로된다(Ex). 29. 주인공에게 새로운 모습이 주어진다.(T). 30. 악인이 벌을 받는다(U). 31.주인공이 결혼하여 왕위에 오른다(W). (제3장 25~65면에서 발췌 요약).

이 31개의 기능 중 가장 중요한 것은 '결핍'의 기능이며 또 이와 같은 기능이 잘 나타난 '용퇴치자(Dragon slayer)' 설화로 우리 나라 민담에서는 '지하국 괴물 퇴치'라는 이름으로 잘 알려진 이야기이다.

그런데 이 31개의 기능은 몇 개의 등장인물로 배속된다. 즉 많은 기능이 논리적으로 어떤 영역과 결합하게 되는데, 이 영역들은 각각 그 수행자와 상응하게 되므로 결국 그들은 행위의 영역인 셈이다. 설화에 나오는 행위의 영역은 다음과 같은 7가지로 본다.[6]

1. 악행(자)
2. 기여자(증여자)
3. 원조자(돕는 자)
4. 공주(왕녀, 탐색 대상자) 및 그 父王
5. 파견자
6. 주인공(영웅)
7. 가짜 주인공

결국 설화는 위의 31개의 기능과 7종의 등장인물의 조합에 의하여 생겨 나오는 것이다.

3.「선녀와 나무꾼」,「잉어색시」에 나타나는 구조

프롭의 발견은 이야기가 전혀 다른 내용을 가지면서도 즉, 전혀 다른 모티프들로 되어 있으면서도 구조는 동일한 것이 많다는 데서 시작되었다. 우리 설화 중에 있는「잉어색시」와「선녀와 나뭇꾼」을 예로 들어 본다.

---

6) 조희웅, 『설화학강요』, 새문사, 1993. p.51.

「잉어색시」	「선녀와 나뭇꾼」
1. 어부가 잉어를 잡았다가 놓아 준다. (19), (22).	1. 포수에게 쫓긴 사슴을 나뭇꾼이 숨겨준다.(22)(19)
2. 잉어는 처녀로 화하여 어부의 아내가 된다.(1)(31)(29)	2. 선녀의 깃옷을 감추고 승천 못한 선녀와 결혼한다.(7)(31)
3. 자녀를 가진다.	3. 자녀를 가진다.
4. 목욕도중엿보지말라는 타부를 어긴다.(2)(3)(4)	4. 아들을 셋낳기 전에는 깃옷을 주지 말라는 타부를 어긴다.(2)(3)(5)
5. 처는 불신을 책망하고 자녀와 함께 돌아간다.(20)	5. 선녀는 깃옷을 입자 자녀를 데리고 돌아간다.(20)
6. 돌아온 용녀와 함께 어부도 같이 간다.(26)	6. 나뭇꾼은 두레박을 타고 승천하여 선녀와 재회한다.(26)

주인공인 어부와 나뭇꾼은 한결같이 결핍자(가난, 노총각;19)이다. 언제나 인간에게는 충족된 상태보다는 무엇인가 부족하거나 약할 때 기적처럼 준비된 원조자(잉어, 사슴;12)가 나타날 여지가 보이는 것이고 그 결핍이 차라리 축복(자식, 결혼, 승천)으로 이어지는 통로가 되어지고 있다.

이 두 이야기에서 보듯이 등장인물은 가변적이나 구조를 형성하는 행위는 불변적이다. 다시 말하면 가변적 등장인물은 구조를 이루는 요소가 될 수 없지만, 불변적인 행위 자체는 구조를 형성한다. 그러므로 설화나, 동화, 소설 등의 서사의 구조적 연구에서는 개개의 모티프 내용보다는 그것이 전체 속에서 가진 위치가 더 중요하다고 생각한다.

특히 '결여된 사물을 찾기 위해서 갖가지 시련을 극복하는 여행'인 '탐색'은 인간의 경험 중 가장 극적이고 흥미를 자아내는 이야깃거리 중의 하나이다.

따라서 그것은 인간이 만들어낸 이야기, 서사문학 중에서 늘 반복 표현되어 왔다. 미지의 세계에 대한 호기심, 모험을 좋아하는 인간의 性情으로 과거에서 현재까지 '탐색'이라는 구조의 틀로 끊임없이 재창조하여 오고 있다. 그러므로 '용퇴치자설화' 속에 31가지의 기능이 전부 포함되어진 것이라고 보여진다.

특히 한국문학에 있어서 늘 부족했던 박진감 부재의 현실이 바로 이러한 구조의식의 부족—기능과 인물이 잘 어우러지는 조화가 부재한 탓으로 드릴과 서스펜스를 못 느끼게 하고 환상성과 재미 부재의 원인이 된다.

왜냐하면 신화와 마찬가지로 동화(fairy tale)도 모든 설화의 중요한 원초형인 것으로 평가되고 있기 때문이다.

그러므로 Propp의 분석에는 동화는 원래 서정시가 보여주고 있는 상합적인 '수직'의 구조라기보다는 오히려, 연합적인 '수평'의 구조를 구현하고 있는 것으로 보아지고 있다.

요컨대, 설화는 기본적으로 '그 양식에 있어서 연합적이다'라는 견해를 강하게 보여주고 있다. 그러나 그의 연구의 성공은 다음과 같은 그의 주장에서 오고 있다.

동화에서의 매우 중요한 통일 요소는, 말하자면 준 '음성학적(quasi-phonetic)' 레벨이라고 할 스토리의 '등장인물' 자체가 아니고, '음소적(Phonemic)' 레벨에 상당하는 등장인물의 기능에서, 즉 플롯 안에서 그들이 행하는 역할에서 찾아볼 수 있다는 것이다.

그러기 때문에 어린이들은 동서양을 막론하고 이야기를 대할 때 그 등장인물의 역할이 Bad Guy이냐 Good Guy인가에 가장 많은 관심을 가지고 있어 그 역할이 애매모호할 때 결코 편안한 잠을 들지 못하는 것이고 그런 이야기야말로 '썰렁하다'고 느끼는 것이다.

특수한 경우에는 한 사람의 등장인물이 복수의 행동권에 관여되기도 하고, 또 여러 인물들이 동일한 행동권에 참여하는 수도 있다. 그러나 주목해야 하는 것은 동화에 나타나는 행동권의 수는 유한하다는 것이다. 그러므로 우리는 식별해 볼 수 있는 그리고 되풀이되는 구조들을 다루고 있는 셈인데 이들 구조가 만일 설화의 표현 양식에 뿌리깊게 내재하는 특성이라고 한다면 모든 설화와 긴밀한 관계를 맺고 있음을 다음에서 보게 된다.

예술이라는 과정의 생명력은 행동안에서 볼 수 있는 그것의 '수법(device)'에 의존한다는 것이 포르마리즘의 중심명제이다. 그리고 '장치를 노출'시킴으로써, 자신이 집필할 때 의지하고 있는 '비친숙화'의 기법에 주의를 기울임으로써, 문학예술가는 모든 장치들 중에서 더할 나위 없이 중요한 장치에 접근할 수 있게 되는 것이다. 그러니 그것은 예술을 작동케 하는 과정에서 은밀히 통해 있는 '일탈감각'(alienation)인 것이다. 일탈이라는 특출한 수법의 주된 목적은 본질상, 언어가 우리의 지각에 대해서 지니고 있는 마취적 속박으로부터 우리를 잠깨워 주는 일이다.

그리하여 Greimas는 프롭의 7개의 '행동권(Sphere of action)'을 상기하여 서로 대립되는 3개 짝의 '행위자'들로 환원하거나 정리함으로써 구조적 관계를 강조하려고 하여 다음과 같은 범주로 재정비하였다.

1. 주체; 객체. 여기에 프롭의 주인공(주체)과 탐색되어지는 인물(객체)이라는 범주가 포함되며, 특히 탐색과 욕망에 관한 이야기를 만들어낸다.
2. 발송자; 수령자. Greimas에 의하면 프롭이 세운 범주들 중의 어떤 것들은 너무 소박하다는 것이, 이것에 의하여 드러나고 있는데, 그것들에서는 송출자라는 기본적인 행위자가 두 종류의 연기자로 갈라

져서 나타나기 때문이라는 것이다. 이것들 중 첫째(아버지)는 탐색이나 욕망의 대상과 혼동되어서 넷째 범주에 나타나 있다. 한편, 둘째 것은 다섯째(파견자)에 나타나 있다. 실제 이 양자는 송출자라는 단일 행위자의 두 모습으로, 특히 '커뮤니케이션'을 전반적인 취지로 삼는 이야기를 생산하는 범주 안에 나타나고 있다.

두 사람의 연기자만의 하나의 이야기 :범속한 애정 이야기의 구조	그 남자 = 주체 및 수령자
	그 여자 객체 및 송출자

그런데 더욱 복잡한 설화, 이를테면 "성배탐색" 같은 것에는 4사람의 행위자가 관련된다.

주체	영웅	및	송출자	신
객체	성배		수령자	인간

이 두 범주는 인간 속성이 바탕하고 있는 A:B는 -A:-B와 같다는 의미작용의 '기본구조'를 연출하고 있다. 즉 설화는 의미작용을 행하는 하나의 총체를 이루며, '따라서 기본적인 의미구조로 체계화되어 있어야 한다'라는 Greimas의 요청을 충족시키고 있다.

제 3의 보조적인 범주; 두 개의 범주에서 제한되었던 욕망이나 커뮤니케이션이 도움을 받거나 방해당하거나 한다.

3. 돕는자; 적대자. 여기에서 프롭의 범주들 중 증여자와 돕는자가 다른 편에서는 악행자가 포함된다. 프롭의 일곱째 범주(가짜 주인공)도 적대자로써의 기능을 수반하고 있을 것이나 Greimas는 그렇게 보지 않고 있다. 또한 프롭은 별개의 것으로 본 '금지'와 '위반'을 하나의 형식으로 보는 등 Levi-Strauss가 제시한 수정안을 Greimas는 이항대

립으로 짝 맞춤하는 이항결합의 감축을 지적하였다

그리하여 프롭의 독창적인 통찰을 발전시키고 세련되게 한 것으로 Greimas의 목적도 궁극적으로는 프롭과 같다고 본다. 즉 기본적인 플롯의 系合을 규정하고 그것들의 결합가능성의 전역을 답사해 보는 일, 다시 말하면 구조주의자가 말하는 설화적 결합론, 즉 이야기를 생성하는 '얼개(Mechanism)'를 구축'하는 일이다. 그것은 이야기라는 운용(Performace)을 생성해내는 '설화의 능력'(Competence)으로 바로 문학의 랑그(Langue)인 것이다.[7]

4. 「바위나리와 아기별」과 「인어공주」에 나타나는 구조

우리나라 최초의 창작동화라고 하는 마해송의 작품과 안델센의 「인어공주」의 구조 속의 행위자를 비교 분석하므로써 구조에 대한 매듭을 지어보려 한다.

두 작품이 모두 설화를 기반으로 신화적 요소를 조화시킨 아름다운 동화이다. 또한 모든 생명체의 고향인 바닷가를 배경으로 벌어진다는 공통점도 가지고 있다.

「바위나리와 아기별」	「인어 공주」
1. 주체(섬세하고 힘이 없어 보이는 작은 풀, 바위나리가지가 뻗어 영롱한 꽃이 됨.) :객체(남쪽 하늘에서 제일 먼저 뜬 아기별) 2. 발송자(고운 목소리로 사랑의 노래를 부르는 바위나리)	1. 주체(어머니 없이 할머니 밑에 큰 막내 인어공주) :객체(아름다운 젊은 왕자) 2. 발송자(인어:인간 세계에 대한 동경심—3백년의 수명이 있으나 영혼이 없어 죽으면 물거품으로 끝남) :수령자(애정의 대상인 왕자;영원의 혼을 얻기 위

---

7) 테렌스.호옥스, 오원교 역, 『구조주의와 기호학』, 신아사, 1982, p.125.

;수령자(울음따라 바닷가로 내려 온 아기별)―아버지에 대한 반항의식투사 3. 돕는자(바람); 적대자(하늘나라 임금님) *금지와 위반 :하늘나라 별의 마음대로의 외출금지를 어김.	한 매개자―사랑의 부조리가 잠재됨;가문,종족, 신분의 문제 암시)―안델센자신이 체험한 고통,열등감이 투사됨. 3. 돕는자(할머니―확실한 윤리,사려깊음, 자매애을 교육, 언니들도 머리카락을 자라 마녀에게 주고 칼(분노)을 얻어옴./공기의 요정―해탈의 경지인 공주를 신의 세계로 인도됨, 죽지않는 영혼을 얻게 됨) ;적대자(마귀할멈:물물교환의 제안―세상의 현실적 원리 시사:필연적인 통과의례―성인식/가짜 주인공:이웃나라 공주

두 작품이 모두 질적으로 구별되는 다른 세계 속에서 주인공이 죽음이라는 비극으로 끝나고 있는 경우이지만 '재생이라는 영적인 세계' 로 가는 것으로 미화되어 있다.

인어공주의 슬픈 생애는 현세의 애증에 얽매여 있는 평범한 사람들에게 '참다운 사랑의 교과서' 구실을 하고 있다.

만약에 인어공주의 사랑이 세속적인 것이었으면 아마도 여성의 상징인 검은 머리를 잘라 주고서 얻은 자매들의 지극한 사랑의 희생으로 얻은 칼로 왕자를 죽였을 것이다. 그러나 아침이 되자 공격성은 無私의 사랑으로 승화되어 왕자의 아름다운 이마에 입맞춤하고 바다로 뛰어들어 그 신체가 녹아서 물거품이 된다.

또 왕자가 자기를 구해준 사람이 다름 아닌 인어공주였다는 사실을 알았다면 인어공주를 결혼 상대로 선택하였을까?

바로 이렇게 철저하게 숨겨진 구성의 장치―주체와 객체, 그리고 발송자와 수령자에 의하여 골격이 형성되고 돕는자와 적대자에 의해 활력이 더하여져서 이 작품은 생명력을 가지게 되는 것이다.―어떻게 하여야 왕자를 만나기 위하여 두 다리 대신 '목소리를 빼앗긴 인어공주'가 그 사실을 알릴 수 있단 말인가? 이러한 철저한 주인공의 결핍 상황이 어린이들에게 긴박한 호기심을 불러일으키는 것이며 이 문제는 누구나에게 처할 수 있는 심리적 극한 상황을 암시하면서 어린이들이 말로 표현하지 못하고 있는 추상적인 마음의 문제들을 극복하게 하는 힘을 주는 것이다. 그러나 인어공주에 있어서 모든 것이 「바위나리와 아기별」에 비하여 더 구체적이고 환상성이 도입되므로 선명한 이미저리에 의하여 아동의 욕구 충족을 시키고 있다고 보인다. 즉 인간 본연이면 모두 삶에서 중요한 가치 있는 존재이고 싶은 욕망으로 주로 등장하는 왕자나 공주를 행위자로 등장시킨 것이 정적인 갸날픈 꽃이나 먼 하늘의 별보다는 더욱 인상적이고 '돕는 자'나 '적개자'도 할머니나 마귀할멈으로 등장시켜 같은 할머니라도 대조시킨 것은 바람과 하늘나라임금을 행위자로 내세운 것보다 나은 장치라고 보이는 것이다.

그러나 인어공주는 인간과 맺어지는 애정의 방법이 아니라 공기요정이 되어 빛나는 신을 향하여 처음으로 눈물로 뺨을 적신다. 영원의 혼을 습득하는 제 일보를 내딛게 된 것이다.

5. 결어

「미운 오리새끼」,「성냥팔이 소녀」,「백설공주」,「신델레라」,「장화신은 고양이」,「닐슨의 신기한 여행」,「이상한 나라의 앨리스」,「쟈크와 콩나무」,「오즈의 마법사」 모두 외관상으로는 일치하지 않지만, 그 본질에 있어서 언제나 어김없이 이러한 구성의 기능이 일치하고 있음을 발견하였다.

이제는 한번 챠트를 만들고 구조의 얼개를 짜면서 동화를 쓰자. 자신만의 일탈감각을 가지고 표현하고자 하는 내용에 적합한 행위자들을 탐색해내자. 박물관 유리 진열대 안에서 땅 속 깊숙이에서 태어나고 싶어서 꿈틀거리고 있는 영혼에게 새로운 생명을 불어넣는 일. 그래서 그러므로 작가의 이름은 역사에 남게 되는 것이리라.

　우리에게도 고조선시대에서부터 이제껏 얼마나 많은 탐색자[8]가 만주 벌판과 황해를 오가며 한반도를 누비고 다녔고 근대에는 홀홀단신 배를 타고 태평양과 현해탄을 넘나들던 수많은 선각자들이 있었다.

　그들이 품고 있던 꿈과 정열이 작가의 것이 될 때 그들이 흘렸던 뜨거운 눈물을 함께 흘릴 수 있을 때 비로소 어린이들은 만족의 얼굴로 책장을 덮으며 「인어공주」를 읽고 흘렸던 진주 같은 눈물을 흘려 줄 것이다.

　이러한 구조적 측면을 중점적으로 고려하는 것은 잃었던 서사의 매력을 되찾는 것이며 이로 인해 영상매체에게 빼앗긴 아동문학의 독자를 되찾을 수 있으리라고 본다.

(1998. 9)

---

[8] 참고:구비문학, 고소설학회, 설화문학회, 국사학회 등에 의뢰하여 구체적 자료를 가지고 아동문학가들과 공동주제로 세미나가 정기적으로 개최되었으면 한다. 참고로 구비문학회와 고소설학회에서는 협조하겠다고 하였음.

한국 동화의 세계화를 향한 발돋움
―생텍쥐페리의 『어린왕자』 분석

1. 『어린왕자』에 나타나는 동화의 본질적 요소

1) 예술성; 팬터지 속의 고독과 죽음

(1) 인간 본질 탐구

한국의 동화가 세계로 진출하기 위하여 어떠한 노력을 경주해야 할까? 이러한 이유로 본고는 한 세기를 통틀어 어른이고 어린이에게 계속 읽히는 동화인 『어린왕자』를 분석하여 오늘날의 한국동화의 과제를 찾아보고자 한다.

과학적 발전과 평화의 영속을 믿고 물질적 생활에 만족을 하고 있는 20세기 초엽의 사회에 Antoine-marie-Roger de Saint-Exupery는 비행기라는 현대문명의 기계를 단순한 교통수단으로 삼지 않고 오히려 우주적인 안목을 넓혀 주고 인간의 기본 문제를 사색하며 세계 인류에 대한 책임감을 실감하며 체험케 하는 직무 수행을 위한 하나의 '도구'로 삼고 있다.

또한 그 속에서 사색하는 하나의 高空의 집으로 길들이고 있다.

그런 그가 43세에 쓴 『어린왕자』가 한 세기를 통틀어 어른이고 어린이에게 계속 읽히는 이유가 무엇일까? 『어린왕자』에 대한 연구는 여러 각도에서 이루어진 것이 많이 있지만 본고는 우선 동화의 보편적인 특성을 찾아보고자 한다. 생텍쥐페리의 또 다른 대표작인 『인간의 대지』(1939)의 첫머리는 이런 글로 시작된다.

"대지는 우리에게 온갖 책들보다도 더 많이 가르쳐 준다. 대지가 우리에게 저항하기 때문이다. 인간은 장애와 겨룰 때 저 자신을 드러낸다. 그러나 그것에 다다르려면 연장이 필요하다. 대패가 필요하고 혹은 쟁기가 필요하다. 농사꾼은 땅을 가는 동안에 조금씩 조금씩 자연에서 어떤 비밀을 뜯어낸다. 그리고 그가 끌어내는 진리는 보편적이다. 그와 마찬가지로 항공로의 연장인 비행기도 인간을 온갖 오랜 문제들에 개입케 한다."

사람이란 외부세계의 저항과 장애에 부딪칠 때 저 자신의 존재와 능력을 드러내고 그것과 겨루는 피땀어린 행동을 통하여 몸소 체득하는 진리만이 어느 곳 어느 때이건 어김없는 진리라는 말이다. 그리하여 세계항공사의 초창기부터 2차대전 때 전사하기까지 항공조종사로 그 자신은 '비행기' 역시 농사꾼의 쟁기와 마찬가지로 인간으로 하여금 온갖 문제에 부딪혀 진실을 발견할 수 있게 하는 '연장'으로 생각하고 있다. 말하자면 그는 비행기를 쟁기삼아 하늘을 개척하는 농사꾼으로 자처한 것이다. 거기에서 피땀으로 캐어낸 주옥같은 진리들이 『어린왕자』에 밤하늘의 별처럼 반짝이고 있는 것이다.

그러기 때문에 작품에 나타나는 독특한 문체도 묵시록처럼, 불경처럼, 구체적인 실례, 비유, 삽화, 깨달음을 일으키는 설법의 문체이다. 진리 자체는 평범하고 간결.적절한 잠언으로 설파되며 항상 시적인 서정이 넘치는 문장으로 군더더기가 없다.

문학이면서 문학 이상의, 철학이면서도 철학 이상의 은은하고 오묘한 장엄한 감동을 불러일으킨다. 오직 그에게서 보여지는 독특한 특질은 바로 그의 사색과 시적 직관은 항상 일상적인 지상의 얕고 좁은 마당에서 초연하게 높이 떠오른 고공의 관점에서 거침없이 관조하는 엄청나게 거시적인 시야를 담고 있다는 점이다. 그러면서도 그의 천직인 직업의 탓으로 항상 냉철 치밀한 과학적 사고와 진실로 뒷받침되고 있다는 특질을 가지고 있다.

외부세계와 사물에 부딪쳐 행동을 통하여 사실의 핵심에 들어나는 진리를 체득하는 그가 실체 없는 관념상의 이론을 경멸함은 당연한 일이다.

우리 모두에게 주어진 명제 '먼저 개인인가? 숨어 있는 개인보다 더 큰 '인간'인가?' 직무를 통한 사람과 자연과의 유대, 영겁의 무상과 '과객'의 고독에서 교감합체의 염원과 그 실천, 이것이 인간 생활권 안에서의 평화로운 일상적인 삶의 의미라면 그 반면에는 준엄하고 비장한 '인간'의 행동을 통한 의미와 존재 이유의 구현이 있다.

그는 야간비행이라는 인류의 새로운 사업을 개척하는 일에 몸소 참가했고 거기서 수많은 동료가 사랑하는 가족을 남기고 순직하는 비극을 몸소 겪었다. 그래도 그 사업은 계속되었다. 창백하게 질린 아내의 얼굴을 뒤로 하고 비행기에 올라타는 것이다.

무엇 때문에?, 무엇을 위하여? 사람들은 흔히 논리나 또는 육체적 물질적 계산으로는 도저히 수지가 맞지 않는 '교환' 행동을 한다. 자식을 구하기 위하여 불길 속에 뛰어드는 연약한 어머니의 행동에서, 물에 빠진 어린이를 구하고 자신은 죽는 무명의 '인간' 행위에 이르기까지. 과연 무엇이 자기의 목숨보다 더 큰 가치가 있기에 그럴 수 있는가? 개인 속에 잠들었던 '인간'이 눈 뜨고 그 '인간'의 부름이 범속한 개인 '나'에게 홀연히 그런 행동을 명령하는 것이리라. 그러한 뜨거운 눈물의 예술성이 『어린왕자』의 영원한 생명력이라고 보인다.

촛불의 본질은 뒤에 흔적을 남기는 기름이 아니고 어둠을 밝히는 불빛인 것처럼 우리 인간의 본질에 대한 탐구—덧없는 개인이 '인간'의 부름에 따라 공동체의 사업에 참가(Participation; 앙가쥬망과 대비됨)할 때 비로소 인간으로서의 불멸의 본질이 구현되며 의미를 갖게 되는 것이다.

(2) 팬터지 속의 고독의 의미

생텍쥐페리가 말하는 고독이란 인간 세계를 떠나 홀로 있다는 것이 아니라 자기 인생이 무익하게 낭비되어 무의미하게 느낀다는 감정이다.

그는 자기 목숨을 바쳐 일해야 되는 절대를 필요로 하기 때문에 그것이 존재치 않거나 상대화되었을 때 고독감을 가진다.

그가 30대 이전에는 야간비행을 하며 우편 수송이라는 절대를 위하여 봉사에 몸을 바쳤기 때문에 고독을 느끼지 않았다. 그러나 그 직장을 떠나 공동체에 충실하던 생활이 사라졌기에 고독을 느끼고 있다고 본다. 거기에서 그는 인생에 하나의 의의를 찾아야 한다고 느꼈다.

일상에서 항상 생기지는 않지만 인간 상호간에 보다 친밀한 관계가 생겨나는 감성—보이지 않는 세계에 대한 중요성을 강조하고 있는데 이러한 마음의 사랑만이 인간의 고독을 극복할 수 있다고 표현하고 있다.

인간이 고독을 극복하는 과정을 어린 왕자의 입을 빌려 잘 표현하고 있는 것이다.

(3) 팬터지화한 죽음의 의미

누구나 어렸을 때 한번 읽어 본 『어린왕자』를 훗날 다시 또 읽어 보게 하는 마력은 무엇일까? 그것은 '왕자의 죽음' 때문이다. 비록 이 작품은 동화식으로 된 어린이용으로 보이지만 작가는 서문에서 분명히 이 작품의 가치를 알지 못하는 어른을 위한 책이라고 밝히고 있다.

이 작품의 제1장은 화자가 되어 등장하는 비행사의 소년시대의 추억에서 시작된다. 어른의 세계와 어린이의 세계를 대립시켜 어른의 세계를 부정하는 것은 '보아 구렁이가 코끼리를 삼킨 그림을 어른 모자로 보는 이야기'가 잘 입증하고 있다. 어른은 집을 보아도 가격이나 묻지 그 집의 아름다움에 대하여 알려고 하지 않는다. 그러나 어린이는 그 집의 풀 한 포기에도 아름다움을 느낀다. 이러한 순수한 세계는 공상세계의 아름다움으로 표현된다. 이렇듯 어른이 되어 누구나 가지고 있었던 어린 시절의 꿈이 잃었던 공상세계와 함께 반갑게 해후하게 하는 동화—그것이 『어린왕자』의 마력이다.
어린왕자가 등장하지 않는 곳은 제1장과 마지막 장뿐이다. 즉 제1장에는 아무 가치도 찾을 수 없는 허망한 현실 세계로서의 어른의 세계와 인간에게 정말로 귀중한 순수성을 지닌 어린이의 세계가 대립되어 있다.
『어린왕자』 이전의 작품에서는 인간의 마음의 교류가 이루어지는 세계가 현실인지 공상인지 모색하고 있다.[1]
이러한 현실 세계에 대한 절망이 그를 다시 동심의 세계로 이끌어 나간다. 그러나 단순한 도피가 아니라 어린이 세계에서 어른들의 잃어버린 진실을 되찾아 다시 어른이 되는 과정을 모색하고 있으니 이 과정이 바로 『어린왕자』에서 완성된 것이다.

즉 제1장에서 어른의 세계를 부정함으로 각자가 구하는 세계가 현실 세계가 아니고 공상의 세계임을 암시한다. 그러한 공상의 세계의 진리를 여우는 '마음으로만 볼 수 있지요. 중대한 것은 무엇이든지 눈에는 비치지 않으니까'라고 표현한다.

특히 물이 마음에 좋은 약이라고 '나'라는 인물과 어린왕자가 사막으로 우물을 찾아가는 장면은 그 절정이다. 그것은 '어린왕자=어린이'가 여우의 힘으로 찾아낸 진실을 '나=어른'에게 준 것을 의미한다. 즉 어린왕자는 우물을 발견한 후 '나'라는 인물에게 진실을 가르쳐 주었기 때문에 세상을 떠나는 것이다.

왕자는 뱀에 물려 세상을 떠나고[2] '나'는 비애에 잠긴다. 어른의 세계란 사회의 모든 악과 타협하는 길이라 어떠한 진실도 찾아볼 수 없으니 타협을 거부한다면 죽은 길밖에 없다는 것을 암시한다고도 볼 수 있다.

그러나 이러한 사고방식은 어디까지나 '나'라는 인물과 어린왕자라는 대립 관계로만 파악하는 데서 오는 것이다. 그러나 그 둘을 똑같은

---

1) 『남방비행』에서는 주인공 베르니는 불안 속에 어렸을 때 친구 쥬느비에브와의 추억 속에 산다. 그러나 결국 현실 도피라는 실패 속에 『야간비행』에서 현실을 무대로 진실을 추구한다. 그러나 역시 확고한 기반을 얻지 못한다. 그러던 중 1935년 12월 29일 파리—사이공 간의 비행 기록을 수립하려는 귀중한 체험을 하던 중 카이로로 향해 가다 구름에 쌓여 사구에 충돌, 목숨을 구한다. 4일의 방황 끝에 기적적으로 베드윈족에게 구출된다. 이 체험은 『인간의 대지』 7장에 묘사되고 8장에는 이 체험에서 얻은 사상이 나타난다. 인간의 따뜻한 마음씨를 인류에 대한 희망으로 느낀 것이다. 그러나 2차대전이 벌어지고 그는 다시 실망하여 『전투조정사』에서 현실 세계에서 자기 역할을 못한 실망 상태를 그려내고 있다.
2) 끄래몽 보르갈은 『신앙없는 신비』라는 저서에서 예수가 주께로 돌아간 것처럼 어린 왕자도 육체를 빌려 지상에 머물다 떠날 때 육체를 버린 것으로 본다(하나님나라 사람이라 죽지 않는다는 설).
삐엘 앙리 시몽은 「생떽쥐뻬리론」에서 어린 왕자는 지구에 도달하기 전까지는 순수성의 상징으로 어른의 세계를 통렬히 풍자하나 지구에 도달 후 장미꽃에 대한 사랑 문제로 괴로워한다는 해석을 한다. 어린왕자가 하나님나라에서 왔다면 장미가 귀찮아 자기 별을 떠난 장면은 부자연스럽다. 따라서 어린 왕자의 신성은 부정되고 그러므로 이러한 인간성과 신성을 동시에 구비한 존재는 어린이뿐이다. 그러므로 동화적 형식을 빌릴 수밖에 없었다고 보여진다.
삐엘 빠제는 『생떽쥐뻬리와 어린이의 세계』라는 책에서 어린 왕자를 인간으로 보며 그의 죽음까지도 지상(어른의 세계)에서 동심의 세계를 소생시키는 일이 불가능하다고 결론을 내리고 있다.

인간의 분신으로 본다면 다른 해석이 가능해진다.

'나'라는 고독한 인간은 어린왕자를 만남으로 처음으로 참된 우정이 무엇인가 알게 되고 자기의 고독도 극복한다. 사막에 불시착한 작가는 죽음과 직면하는 긴장된 대립 속에서 '참다운 자아'를 발견하게 되고 그것을 자기의 친구로 생각한다. 다시 말하여 나라는 인물이 인생에 있어 극적인 체험을 하는 순간 자기 내부에서 어린왕자를 발견한다. 그러기에 어린왕자의 죽음은 내가 다시 고독에 잠기게 됨을 의미한다. '나'는 참된 자아로서의 소년시대의 자기의 모습이며 분신 관계이다. 그러기에 현실 세계에서의 나의 고독은 더욱 심해진다. 왜냐면 어린왕자가 사는 별을 향하여 '나'라는 인물이 미소를 짓는다면 현실 세계에 사는 어른들은 '나'를 미친 사람 취급하기 때문이다.

결국 어린왕자를 통해 찾아낸 진실을 어른의 세계에 소생시키려 시도한 노력이 헛된 것임을 깨닫고 좌절감에 사로잡힌다. 그래서 어린왕자가 지상을 떠나는 장면이 유난히 슬픈 이유라고 보인다.

이 슬픈 분위기는 바로 작가가 진실을 파악하고 있으면서도 그것을 현실 세계에서 살릴 수 없다는 절망감에서 왔다고 보여진다. 그리하여 작가도 다음 해 저 하늘 어느 별에 빨려 들어간 것처럼 지상을 떠난다. 어린왕자가 육체를 헌 옷 벗듯 벗어 버리고 자기 별로 돌아가듯이.[3]

2) 교육성

(1) 사랑 ; 길들임의 미학

아동문학이라는 특수한 문학에 있어서 성인문학과 구별되는 점이 바

---

[3] 인도 요가에서나 우리나라의 국선도에서도 마음에 의한 氣의 움직임으로 우주적 이행이 가능하다고 본다. 결국은 가장 평안한 상태로 영혼이 육체를 떠나기 위하여 요가를 행한다고 한다.

로 발달 과정에 놓인 어린이들을 대상하는 하는 문학이기에 필연적으로 교육성을 고려해야 된다는 점이다.

'교육'이라는 단어가 의미하는 '이끌어낸다'는 뜻과 『어린왕자』에서 가장 핵심적인 용어인 '길들인다(Apprivoiser)'는 단어는 무엇인가 상관관계를 보이고 있다. '길들인다'는 '순하게 만들다', '제 편에 끌어들이다'란 뜻인데 이것은 두 개체의 '관계'를 의미한다.

여우는 재차 묻는 왕자의 질문에 '관계를 맺는다'라고 설명하는데 이는 정확히 '창조하다', '만들어내다'란 뜻으로 '관계의 창조'를 의미한다. 구체적으로 여우의 설명을 들어보자.

내게 있어서 네가 아직 몇 천만 명의 어린이들과 조금도 다름없는 사내아이에 지나지 않는다. 그리구 나는 네가 필요없고 너는 내가 아쉽지 않을거야. ……그렇지만 네가 나를 길들이면 우리는 서로 아쉬워질거야. 내게는 네가 세상에서 하나밖에 없는 아이가 될 것이구 네게는 내가 이 세상에 하나밖에 없는 것이 될 거야……

그렇다면 이 '관계의 창조'로 무엇이 달라지는 것일까? 여우는 말한다.

내 생활은 변화가 없었다. 나는 닭을 잡고 사람들은 나를 잡구…… 그래서 나는 좀 심심하단 말이야. 그렇지만 네가 나를 길들이면 내 생활은 해가 돋는 것처럼 환해질 거야. 난 어느 발 소리 하구두 틀리는 발소리를 알게 될 거다. 다른 발소리를 들으면 나는 땅 속으로 들어간다. 그러나 네 발자국 소리는 음악 소리 모양으로 나를 굴 밖으로 불러낼 거야.

마르틴 부버의 표현을 빌리면 '나와 그'의 관계가 '나와 너'의 관계로 바뀐 것을 말한다. 여우는 두 개의 세계에 대하여 이야기하고 있다. 서로 '필요도 없고 아쉽지도 않은', 그리하여 변화가 없고(Monotone), 심심한(S' enver) 관계맺음의 이전의 그것이 '아쉽고 환해지는' 관계맺음 이후의 그것이다. 관계맺음은 막막한 존재의 세계를 전폭적인 인격의 결합으로 일변시킨다. 어린왕자는 자기 별에 두고 온 장미가 지구에 핀 수천 개의 장미와 왜 다른가를 깨닫는다. 그는 자기를 괴롭히는 새침한 장미와 이미 관계를 맺고 있었던 것이다.

……물론 내 장미도 보통 행인은 너희들과 비슷하다고 생각할 거야. 그렇지만 그 꽃 하나만으로도 너희들을 모두 당하고도 남아. 그건 내가 물을 준 꽃이니까…… 그리구 원망하는 소리나 자랑하는 말이나 혹 어떤 때는 점잖게 있는 것까지도 들어준 것이 그 꽃이니까. '그건 내 장미꽃'이니까.

어린이에게 중요한 것은 바로 자신감이다. 자신감은 스스로가 귀중한 존재라는 것에 대한 자각에서부터 온다. 더구나 나와 너의 관계맺음을 통하여 서로의 중요성은 배가된다.
어린이들이 사랑스러운 것은 순결한 사랑을 느끼게 하는 것은 그 관계맺음에 있다.
'금빛깔이 도는 밀을 보면 네 생각이 나구 밀밭으로 지나가는 바람소리가 좋아질 거'라고 기대한다. 그리고 비행사는 어린왕자를 안고 이렇게 독백한다.

잠이 든 이 어린왕자가 이렇게까지 내 마음을 깊이 감동시키는 것은 이 애가 꽃 하나에 대하여 충실한 것, 잠을 자는 동안에도 등불의 불꽃 모양 그 안에서 빛살을 내쏘는 장미꽃의 모습 때문이다……

비행사 역시 어린왕자와 관계를 맺고 있었다. 그리고 여우는 관계맺음—사랑의 영속을 위해 중요한 교훈을 마지막으로 추가한다. 참을성—'어떤 날이 그밖의 날과, 어떤 시간이 그외의 시간과 다르게 만드는' 예절(rite)이 그것이다. 예절이란 의식이며 하나의 제례를 치루기 위해 우리는 많은 정성과 기대를 바친다. 마치 성인식을 앞둔 미성년이 겪는 일종의 통과의례의 양식으로도 볼 수 있다. 여기에는 많은 토템과 금기가 있다. 하나의 잔치를 앞두고 우리는 풍요한 소망과 관대한 心氣를 갖을 수 있다.

그래서 어린 왕자를 다시금 읽는 어른은 어린이처럼 아름다워질 수 있고 잃어버렸던 자아를 만나 즐겁고 따뜻해진다. 이러한 '예절'이 바로 바람직한 교육성이 아니고 무엇이랴. 이러한 예절이 지속될수록 어린이는 참된 사랑으로 더욱 살찌고 순수해지며 영원해진다.

(2) 모험의 미학

'결여된 사물을 찾기 위해서 갖가지 시련을 극복하는 여행'인 '탐색'은 인간의 경험 중 가장 극적이고 흥미를 자아내는 이야깃거리 중의 하나였다.

따라서 그것은 인간이 만들어낸 이야기, 서사문학에서 늘 반복, 표현되어 왔다.

미지의 세계에 대한 호기심, 모험을 좋아하는 인간의 性情으로 과거에서 현재까지 '탐색'이라는 구조의 틀로 끊임없이 재창조하여 오고 있다. 어린왕자 역시 탐색자로 여섯 개의 별을 여행한다.

우주비행사만이 실감할 수 있는 지구의 높이 초월한 우주 감각과 동시에 지구애라 부를 수 있는 실감을 그의 글에서 발견할 수 있다. 우주인들의 수기를 읽게 되면 우리는 반드시 생텍쥐페리의 말 몇 마디를 그대로 발견할 수 있다. 이 '우주감각'과 '地球愛'는 과학정신과 혼연 일체가 된 높은 시정신으로 승화되고 있다.

생텍쥐페리는 생물학자, 지질학자, 신문기자, 전투비행사, 작가, 항로개척가, 그리고 미술가였다. 그는 인간들이 서로 눈에 보이지 않는 연줄로 얽혀 있어 인간 공동체를 이루고 있다고 본다. 태고 이래 생활을 통하여 이루어 놓은 연줄의 그물―그것이 대지에 얽힌 길이다. 인간과 자연 사이를 혈관처럼 맺어 놓은 '연줄'의 그물이다.

그것은 또한 思考의 면에서 우리에게 낯익고 습관지어진 논리의 길이기도 하다. 허나 그는 정말로 광막하고 미지로 가득 찬 세계를 향해 항로를 개척하던 탐색자였다. 그리하여 그는 高空의 거시적 과학 시인으로 변모한다.

인간들이 얼마나 얄팍하고 덧없는 지표 위에 살고 있는가를 관조하며 정말 중요한 것이 무엇인가를 끊임없이 가르치고 싶어하는 영혼의 교사가 되고 싶어한다.

길가 벽에 기대어 소리 없이 우는 아이가 있다. 만약 그 애의 울음을 달래고 그 이지러진 얼굴에 미소를 피어 오르지 못하게 한다면 그 생명은 자기 기억 속에 한 평생을 두고 두고 울음을 거두지 못하는 형상으로 남을 것이다…… 그는 생각한다. ―이것은 중대한 문제다. 그 애 얼굴이 울음에 이지러져 있는 한, 나머지 온 세계도 태평일 수는 없으리라고 무엇보다도 앞서는 염원이다.

그러나 이 뭇 기적의 교차 속에 기적같은 '만남'으로 한 거리에 모여 사는 사람들이 모두 저마다의 껍질 속에 굳게 갇혀있음은 어찌된 일인가? ……오직 사람들만이 그들의 고독을 쌓아올리고 있다고 그는 한탄하고 있다.

저녁녘에 걸음을 재촉하여 집으로 돌아가는 소녀가 있다. 입가에 남모를 미소가 서린다. 남에게 속을 열어 보이고 남을 맞아들이는 미소가 아니고 자기 비밀을 혼자 숨기는 미소다. 무엇을 생각하며 무엇을 숨긴 미소인가? ……그 미소 뒤에는 하나의 왕국이 숨겨져 있다. 그러나 지금의 그에게는 중국보다도 티벳보다도 먼 나라 어떤 비행기로도 날아가 착륙할 수 없는 먼 왕국이다. 그렇다고 '他者, 그것은 곧 지옥'일 수 있겠는가? 인간에게는 소통 교감의 길이 있고 合體의 秘儀가 있다.

『인간의 대지』 서두에서 개척기의 첫 야간비행 때를 회상하며 밤하늘에서 지상의 등불을 보며 불현듯 '저 등불들과 합쳐야겠다', '어서 소통해야만 한다'는 염원을 말하고 있다. 탐색자는 결국 집으로 돌아온다. 어린왕자도 자기의 별, 장미의 옆으로 가듯이.

그러나 왕자가 집으로 돌아가기 위해서는 죽음을 거쳐야만 한다. 이것이 진정한 탐색의 의미이고 모험과 몽상, 발견의 최종적 결론이리라.

결국 진정한 교육이란 삶이란 다른 사람이 대행해 줄 수 없는 공간과 범위사이에서 물질과 정신사이에 물리적인 제약으로부터 자유로울 수 자아를 형성하게 하는 것—즉 참된 죽음의 의미를 가르치는 것이리라.

3) 흥미성; 구조와 풍자

(1) 구조

구조주의 바탕을 만든 Propp이 인물과 시간과 장소가 다를망정 어던가 자장가처럼 되어 버린 그 구조[4]란 것을 끄집어내어 눈으로 볼 수는 없는가 하여 다음과 같이 말하고 있다.

어린이를 잠들게 만드는 요람과 같은 그 반복의 구조. 혹시 그것은 인간 내부에 잠재된 근원적인 소망 같은 것이 아닐까. 성인이 된 우리가 어떤 소설을 읽고 얘기가 왜 그런가 하고 반문을 한다면 그것도 어떤 친숙한 구조 때문은 아닐까. 만일 그것을 하나의 도식으로 묶을 수 있다면……

특히 한국문학에 있어서 늘 부족한 흥미성은 바로 박진감 부재의 현실로 바로 이러한 구조의식의 부족—기능과 인물이 잘 어우러지는 조화가 부재한 탓으로 드릴과 서스펜스를 못 느끼게 되고 환상성과 재미 부재의 원인이 된다.

왜냐하면 신화와 마찬가지로 동화(fairy tale)도 오늘날 설화의 새로운 형태인 것으로 평가되고 있기 때문이다.

그러므로 Propp의 분석에는 동화는 원래 서정시가 보여주고 있는 상합적인 '수직'의 구조라기보다는 오히려, 연합적인 '수평'의 구조를 구현하고 있는 것으로 보아지고 있다.

요컨대, 설화는 기본적으로 '그 양식에 있어서 연합적이다'라는 견해를 강하게 보여주고 있다.

특수한 경우에는 한 사람의 등장인물이 복수의 행동권에 관여되기도 하고, 또 여러 인물들이 동일한 행동권에 참여하는 수도 있다. 그러나 주목해야 하는 것은 동화에 나타나는 행동권의 수는 유한하다는 것이다.

---

[4] 기능이란 서사가 진행되는 동안에 일어나는 주요행동들이다. 그러나 주인공이 말을 타고 공주의 창문으로 뛰어든다고 해서 말타고 뛰어들기가 기능이 아니다. '연인을 구하기 위하여 어려운 임무를 수행하는 것'이 기능이다. 마찬가지로 독수리가 주인공을 공주가 있는 나라로 데려갈 때 '새 타고 날기'가 기능이 아니다. '구하려는 대상이 있는 곳으로 데려다 주기'가 기능이다.

그러므로 우리는 식별해 볼 수 있는 그리고 되풀이되는 구조들을 다루고 있는 셈인데 이들 구조가 만일 설화의 표현 양식에 뿌리깊게 내재하는 특성이라고 한다면 모든 설화와 긴밀한 관계를 맺고 있음을 부정할 수 없게 된다.

예술이라는 과정의 생명력은 행동 안에서 볼 수 있는 그것의 '수법(device)'에 의존한다는 것이 포르마리즘의 중심 명제이다.

'장치를 노출'시킴으로써, 자신이 집필할 때 의지하고 있는 '비친숙화'의 기법에 주의를 기울임으로써, 문학예술가는 모든 장치들 중에서 더할 나위 없이 중요한 장치에 접근할 수 있게 되는 것이다. 그러니 그것은 예술을 작동케 하는 과정에서 은밀히 통해 있는 일탈감각(alienation)인 것이다.

일탈이라는 특출한 수법의 주된 목적은 본질상, 언어가 우리의 지각에 대해서 지니고 있는 마취적 속박으로부터 우리를 잠깨워 주는 일이다. 『어린왕자』에서 보이는 것은 바로 작가가 먼저 그림을 그렸고 그 그림을 본 출판 편집자에 의하여 이야기는 시작되어 그림에 맞는 이야기 얼개를 엮어 전개하게 되었다고 한다. 흔히 작가의 글에 그림을 알맞추어 그려넣은 이야기와는 근본적으로 차원이 다른 흥미를 유발시키는 것이다. 마치 유아기에 친숙한 그림책 같은 동화 안델센의 『그림 없는 그림책』과 유사한 구조로 그것을 표로 나타내 본다.

예:추락한 조정사(화자)────그 남자 = 주체(어린왕자) 및 수령자
    자기 별에서의 장미꽃   그 여자   객체(왕, 허영꾼, 및 송출자
                                          주정뱅이, 실업가, 점화부)

그리하여 다시 말하면 구조주의자가 말하는 설화적 결합론, 즉 이야기를 생성하는 얼개(Mechanism)를 구축하는 일에 생텍쥐페리는 맥락

을 같이하고 있는 것이다.

그것은 이야기라는 운용(Performace)을 생성해내는 설화의 능력(Competence)인데, 간단히 말하면 문학의 '랑그'(Langue)라고 볼 수 있다.[5]

(2) 풍자

문학이 그 시대의 삶의 문제를 담는 容器라 할 때 특히 그 시대가 어둡고 불합리한 면이 많은 역사적 전환기라면 더욱 더 교정 개량의 목적을 가진 풍자문학이 가진 의미는 크다고 보겠다. 미의식의 범주는 크게 숭고미, 우아미, 비장미, 골계미 등의 네 범주로 파악할 수 있는데 풍자는 골계미의 하위계급으로 설정된다.

골계는 기대했던 것과 실현된 것 사이의 양적 질적 모순에서 나온 미이며 그 주관적 체험은 기대와 실현의 모순이 갑자기 의식되어 긴장하고 있던 심적 에네르기가 급격히 분출될 때 생기는 쾌감을 이용한다.

동시에 그 의외성에서 발생한 놀라움이나 환멸감 따위의 불쾌감이 주체의 정관적 유희적 태도로 극복될 때 성립하는 미적 쾌감으로 일종의 모순에서 나온 대조 감정이라고 할 수 있다. 크게 객관적 골계(작가의 창조가 아닌 육체적 정신적 결함이나 성격에 기인하는 성격의 골계)와 주관적 골계(지적 요소가 강한 기지와 신랄한 조소나 비난을 포함하는 불합리란 사상에 대한 예리한 공격성을 갖는 풍자)가 있는데 『어린왕자』는 후자에 속한다.

제2차 대전의 암흑 속 생텍쥐페리는 멀리 고국을 떠나 미국에 망명

---

5) 테렌스 호옥스 지음, 오원교 역, 『구조주의와 기호학』, 신아사, 1982, p.125.

하여 있었다. 밤이 깊으면 일어나 새벽이 될 때까지 쓴 동화 나치스의 점령당한 파리를 그리워하며 망명자의 서글픔 신세로 쓴 동화이다. 출판사에서 크리스마스용 동화로 발간할 원고였지만 새벽에 일어나 시장끼를 견디며 쓰는 작업은 파리의 새벽에 바치는 별의 고독과 모래의 눈부신 슬픔의 기도이기도 했다.

마치 성화에 그려진 십자가에서 처형당하기 전의 그리스도의 얼굴에 서린 슬픔만큼 절실함과 고귀함이 있다. 별과 별의 여로 끝에 뱀에게 육체의 죽임을 당하는 이집트식의 동화의 끝머리답지 않은 절정이 우수감을 자아낸다. 이 우수감의 감동을 간직하고 있는 가운데 현대문명에 대한 생텍쥐페리의 난타가 있으니 기성 체제의 허구를 적발하고 회화화하는 데 동심이 연장이 된 것이다.

이런 패턴은 이미 안델센이나 톨스토이 및 다른 우수한 동화에서도 찾아볼 수 있던 고도의 풍자란 수법이다. 여섯 별을 정리하면 다음과 같다.

번호	별에 있는 사람	풍자 내용
처음	잘난 척하는 왕	높은 지위에 앉아 아무것도 하지 않고 횡포를 부리는 사람.
2째	허영꾼(인사하기)	능력도 없는 자가 지위만 얻어 자기만족에 급급하다.
3째	주정뱅이	세상에 염증을 느끼고 술에 취해 망각해버리려는 의욕상실자.
4째	실업가(돈만 계산함)	무엇이든지 돈으로 해결하고자하는 잔악한 인간.
5째	가스등의 점화부(바쁨)	아무 의욕 없이 먹고 살기 위해 기계처럼 움직이는 인간상.
6째	지리학자(기록에 바쁨)	지구라는 별을 어린왕자에게 가르쳐 준다.

이 책은 아동문학의 특별한 예외이며 비극적 마지막을 마친 시인의

유언이기도 하다. 훌륭한 가정에서 태어났기에 틀림없이 고전적인 민화집을 읽었을 것이고 안델센을 좋아했을 것이다.

이렇게 말할 수 있는 것은 그도 안델센처럼 '슬픈 결말을 갖는 용기'를 가지고 있었기 때문이다. 아동문학에서 이런 일은 드물기 때문이다. 뱀에게 물려 한 그루 나무처럼 쓰러진 어린왕자와 존재를 다하고 거품으로 사라진 인어공주⋯⋯ 두 사람은 100년의 사이를 두고 있지만 같은 마음의 소유자다. 용기와 최후의 고독이라는 점에서 두 사람은 일치한다. 또한 생텍쥐페리는 영국 캐롤의 『이상한 나라의 앨리스』도 알고 있었으리라.

어린왕자가 작은 자기 별을 정리하고 한 그루밖에 안 되는 꽃에 유리를 덮고 무릎의 높이밖에 안 되는 화산의 그을음을 털고 활화산에서 아침을 데우고 또 휴화산에 걸터 앉는 모양을 이야기할 때 있을 것 같지 않은 이 소세계를 이야기하는 데서 영국인 특유의 영역인 '넌센스'를 분명하게 느낄 수 있다. 이는 국가의 조직, 어린이답게 단순하기는 하나 유치하다고만 말할 수 없는 '인간의 살아가는 방법'을 풍자하고 있는 것이다.

또한 어린왕자보다 연상의 친구들—프랑스의 바바아르 임금님을 당대에 어린이책에 친숙해진 사람이라면 생각해낼 수 있다. 그 친구도 사랑스런 화가의 연필에서 태어난 네 발 가진 존재로 자기 국민에게 행복과 문화, 평화를 보낸 박애의 임금이다.

바바아르는 많은 나라에서 실제로 어린이의 마음을 사로잡았고 그의 생활은 善의 진보를 굳게 믿고 있는 낙천주의적인 생활 태도의 소산이기에 1930년대의 어린이들이며 제2차 대전을 체험하고 있지 않다. 화가 브류노프는 마지노라인을 지키며 굳힌 당시의 프랑스 사람들이 마음속으로 그릴 수 있는 기묘한 전쟁을 그릴 수가 있었던 것이다.

어린왕자가 비행사와 이야기하고 있는 대화 속 내용은 당시의 작가가 그리 심하다고 느낄 수 없었던 그러나 우리 시대에 와서는 심각한 우리의 문제들이다.

현대의 천박함, 어수선함, 야하면서도 눈에 띄려고 하는 것, 가혹성, 게다가 차가운 쓸모없는 지식을 위한 학문, 경제성 같은 것이 죄다 여기에 풍자란 도구로 나타난다. 이처럼 어린왕자의 생명력은 미래를 예시했던 작가의 안목에 있었던 것이다.

그러나 그보다도 가장 교묘한 풍자는 장미이다. 장미가 가지고 있는 가시는 천체의 탐식자에 대한 대항을 의미한다—여성 이면의 차원에서 볼 때 장미는 '약간 의심 많은 허영심의 여인'이라는 인상을 갖게 한다. '어떤 날 알지 못하는 곳으로부터 실려온 씨앗'에서 싹튼 장미나무의 출현은 동양의식인 '윤회의 업'이란 소중한 이미지를 가진다.

미지의 시간과 공간으로부터 실려온 '씨앗'은 자신 속에 함축 압축하고 있는 회생의 본질인 眞我의 이미지라고도 보인다.

당시 서구에 만연되어 있던 근대정신, 합리주의와 수평적 사고에 대한 일종의 경종이었다.

이미 생과 사를 지양하는 생명에 대한 신앙을 풍자하고 있다고도 볼 수 있는 것이다. 그리하여 깨닫게 되는 장미의 소중함은 업(순환의식)의 소중함이고 이는 정신의 소중함을 의미하며 목적론의 소중함이다.

이는 앞 여섯 별의 방황에 대비되는 긍정적, 여유적, 화해적, 모성적, 감성적 비유로 처음부터 아동이 이해하기에는 힘든 暗喩이지만 세월이 가면서 함께 해득되는 고차원적 풍자[6]라고도 보인다.

---

[6] 풍자란 在下者나 서민들이 정면으로 거부하거나 비판의 무기를 가차없이 휘두를 수 없을 때 우회적이거나 측면 비판의 방도를 취한다. 즉 참을 수 없는 저항정신에서 출발하여 인간의 이지적 자극을 자극하는 것이다.

2. 한국 아동문학의 발전적 과제

앞에서 『어린왕자』에 나타난 아동문학으로서의 3가지 특성—예술성, 교육성, 흥미성에 대하여 부족하나마 살펴보았다. 신념과 설교의 문학 대신에 탐구의 문학이 프로스트, 지이드로 시작되는 시기에 이론이나 무슨 주의에 앞서 '행동'을 통하여 우주를 펼쳐 보인 교감의 詩魂과 직관적인 세계의 비밀을 한국아동문학가들은 포착할 수 있어야 된다고 보인다.

그리하여 한국 아동문학이 극복해 나가야할 당면 과제를 다음과 같이 분석하여 보았다.

1) 팬터지와 극복을 위한 동심 부재

크리스마스를 앞두고 절박한 프랑스의 어린이들에게 미국의 골방에서 쓴 생텍쥐페리의 『어린왕자』처럼 동화나 동시나 동극, 평론 모두 그 속에 절대로 포기할 수 없는 '팬터지의 세계'를 다루고 있는 작품들이 부족한 현실이다.

어린이 영혼의 양식인 팬터지와 상상력의 마지막 보루는 '어린왕자'가 가지고 있었던 超克을 위한 동심의 영역에서만 가능하다고 보인다.

2) 과거 아동문학의 정리 및 계승 문제

우리 아동문학의 근간이 되는 자료들은 이미 시골 아궁이의 불쏘시개로 던져진 지 오래다. '~습니다'가 아니고 '~읍니다'라는 어미인 것만 보면 폐지로 던져졌기 때문이다.

더 늦기 전에 세종대왕의 월인석보처럼 서로 발굴하여 보존하며 더욱이 근대아동문학에 대한 연구가 심도 있게 이루어져야 오늘날 저마다의 좌표 설정과 미래의 향방에 대한 가늠도 가능해지리라고 보여진다. 그래야 뿌리가 깊은 나무 바람에 아니 흔들리기 때문이다.

기존 작가에 대한 연구는 장르에 대한 연구와 병행되기 마련이다.

동화를 식민지시대의 '아동설화'의 준말 정도로 생각하였고 아동문학을 민족의식의 고취용으로 생각한 아동문화운동시대의 잔재가 아직도 남아 있으니 아직도 동화가 팬터지의 세계일 수밖에 없는데 어설픈 생활동화에 머무른 수준인 작품이 양산되고 있는 것이 그 증거이다. 또한 성인문학가라는 말이 없는데 비하여 애매모호하게 '아동문학가'로 뭉뚱그려 지칭하는 것은 잘못된 것으로 동시인이며 동화작가라 하는 것이 합당하며 다른 장르를 쓸 때는 정식으로 문단에 다시 추천을 받은 후 떳떳하게 활동하는 것이 바람직하다고 보인다.

3) 작가의식 부족의 문제; 바람직한 아동상 부재

아동문학가들이 작품 속에서 구현하였으면 하는 아동상이 모호하다.

예전의 얄개처럼 인상적인 아동상이 없는 것이다. 탐구모험형, 창의적, 고난극복형, 어린이다운, 미래지향적, 아동상이 절박하다고 보인다.

무엇보다도 어떠한 상황에도 굴하지 않는 강인한 아동, 그러면서도 어린이다운 순수성을 잃지 않는 것을 요구하고 있었다. 모험을 통하여 탐구하는 어린이가 이야기적 재미를 가지게 하면서 모든 요소를 가지게 하려면 탐구자적 태도를 가진 아동상이 요구된다고 반수 이상이 주장하고 있었다. 작가 개인의 특성이 담긴 아동상이 요구되는 바이다.

4) 민족의 정체성 구현의 문제; 세계관 결핍의 문제

작품 속에 우리 민족의 토착적 정서를 담아야 한다는 생각은 작가 개인의 성향이라고 보인다. 훌륭한 작품은 그것 자체도 의식할 필요가 없기 때문이다.

『어린왕자』와 같은 독창적 고유 세계가 없는 것은 공부하는 태도가 부족한 탓이라고 지적하였듯이 작가들에게 소명의식에 바탕을 둔 장인의식이 요구된다. 우리의 토착 정서가 세계화 시대에 걸맞게, 국수적이며 폐쇄적 사고가 인류애와 열린사고로 확장되어야 한다. 세계 어린이가 함께 이해할 만한 정서를 보편적으로 담아야 하기 때문에 작가의 세계관 확립이 무엇보다도 시급한 점이다.

5) 영상매체와의 대결 문제; 독자 수용에 대한 연구—흥미성 탐색

아동문학인이 적극적으로 수용하고 활용하여 새로운 문학 영역으로 확보하는 것이 시급하다. 어쩔 수 없이 피할 수 없는 공간이 된 현실에서 적극적으로 연구하여 효과적으로 활용하여 나갈 때 새로운 아동문학의 영토로 자리매김을 할 것이다. 무엇보다도 영상매체의 주역이라는 자신감 회복이 중요하다고 보인다.

3. 맺는글

1960년대에는 100명이던 아동문학가가 70년대에는 200명이 되더니 이제는 한국아동문학인협회 500명, 한국아동문학회 300명, 한국어린이문학인협의회 80여 명에 무소속까지하여 천 명선을 넘고 있다. 이중으로 가입된 사람도 있지만 그 많은 작가의 작품을 전문 평론가는 10여 명도 안 되니 작가들이 스스로 평필을 들고 있는 상황이다. 한마디로 교통 정리가 크게 미흡한 점으로 이것이 아동문학의 옥석 구분이 안 되는 사유 중 하나이다. 특히 일반 비평문학에 대한 공부 없이 막연한 자로 작품을 평가한다는 것은 장님이 코끼리 만지는 격이다.

평론에 대하여 관심이 없는 것은 아닌데 평론을 위한 평론이 존재하는 것 같은 오늘이다.

아동문학인조차도 다른 작품을 읽는데 시간을 투자하지 않는다는 사실과 읽어도 창작활동에 보탬이 되는, 기억에 남는 평론이 부족하다는 현실이다. 물론 작품 분석을 통한 정리 작업도 의미 있지만 비평가들이 주관적 감상이나 즉흥적 단상을 가지고 유동적인 해설을 하는 인상주의적 비평이 만연되고 있는 것이 문제이다. 지역이나, 파벌의식 없이 작가 위주가 아닌 작품 위주의 분석적 독창적 비평이 일관된 평가 기준을 가지고 기능을 발휘하여야 된다고 보인다.

더욱이 평론가들 자체에 리이더가 없어 나름대로의 모임 자체도 없어 중구난방식의 평론을 하고 있는 상태이다. 즉 아동문학에 대한 구체적인(객관적이고 보편적인) 진단과 방향도 제대로 이루어지지 못하고 있는 현실로 평론가 나름대로의 단체 결성을 하여 제대로 된 평론을 하여야 한다고 본다. 그리하여 작가가 가진 사고의 질, 구축하고 있는 구성의 견고성, 언어 표현력을 일괄성 있는 자로 재 보아야 한다. 그러나 어린왕자는 그러한 평가 자체를 하고 있는 어리석은 어른을 신랄하게 평가하고 있지 않은가? 또한 문제는 평론이라는 작업이 구체적 비전이 보이지 않는 소모당하는 듯한 고독한 작업이기에 차라리 창작의 길로 나서려고 하는 경향이 보이는 것이 작금의 실태이고 보면 평론 육성에 대한 구체적인 지원이 선행되어야 한다고 생각된다.

상업주의시대, 세계화의 시대, 환경 파괴의 인간성 상실의 위기의 늪에서 표류하는 아동문학에 향방은 몇 명의 동시인, 동화작가, 동극작가, 평론인—생텍쥐페리의 고공의 예시적 안목을 가진, 어린왕자를 만날 수 있는 '길들여진 영혼'에 달려 있다고도 말할 수 있겠다.

(1998. 12)